U0536856

郭和才◎著

敢问籴在何方

——【问籴一号】周线选股研究

中国书籍出版社
China Book Press

图书在版编目（CIP）数据

敢问籴在何方：【问籴一号】周线选股研究 / 郭和才著 . —北京：
中国书籍出版社，2016.6
ISBN 978-7-5068-5521-1

Ⅰ . ①敢… Ⅱ . ①郭… Ⅲ . ①股票投资—基本知识
Ⅳ . ① F830.91

中国版本图书馆 CIP 数据核字 (2016) 第 087512 号

敢问籴在何方：【问籴一号】周线选股研究

郭和才　著

策　　划　安玉霞
责任编辑　许艳辉
责任印制　孙马飞　马　芝
封面设计　展　华
出版发行　中国书籍出版社
地　　址　北京市丰台区三路居路 97 号（邮编：100073）
电　　话　（010）52257143（总编室）（010）52257140（发行部）
电子邮箱　eo@chinabp.com.cn
经　　销　全国新华书店
印　　刷　北京汉玉印刷有限公司
开　　本　710 毫米 ×1000 毫米　1/16
字　　数　400 千字
印　　张　26
版　　次　2016 年 5 月第 1 版　2016 年 5 月第 1 次印刷
书　　号　ISBN 978-7-5068-5521-1
定　　价　88.00 元

内容简介和免责声明

本书是一本选股工具书。你得到了这本书，你就得到了一个实用工具及其使用说明书。本书以论证【问籴一号】周线选股公式底部恒定坚守的功能为主线，分别介绍主要知识点、常用术语、使用方法、软件安装、选股操作、技术测试和效益评测等内容。结论鲜明，论据充分，实例众多。

大量数据表明：通过每年一只具有代表性个股的周 K 线图技术分析、目标期经济效益验证周 K 线图、每年一至三只个股及其选股公式与选出日期的横列表达式等大量实例，来论证【问籴一号】周线选股公式的高成功率。

大量数据表明：通过实测 1499 只股收益率排序表所列个股，来证实【问籴一号】周线选股公式的赢利实用性。

大量数据表明：通过实测 5580 股次买卖时间表所列个股，来见证【问籴一号】周线选股公式历史买卖点的可追溯性。

综上所述，本书是以文字为导引，以数模为核心，以图形为前瞻，以数据为鉴证的一项技术研究报告，具有较强的可操作性，可望成为广大知音读者在股市底部恒定坚守的好帮手。

书中夹送刻有【问籴 01】等数学模型选股公式的光盘一张，读者可自行安装到财富证券 6.30 以上的版本软件中。

本书作为选股工具书，作者概不承担工具使用者实际买卖股票的风险责任，特作免责声明。

本书表中数据，由财富软件测算得出，不作为股票买卖依据，特此声明。

自　序

——恒定坚守

为了恒定坚守，这本书我写了十稿，历时十年，从六十岁写到七十岁。老骥伏枥，志在千里，下述感言，代以为序：

十年耕耘，秉笔而书，系丝成茧，终成一册。
传世佳宝，众人领悟，有心读懂，必有所获。
股市博弈，万千数据，科学计算，结论追寻。
股市江湖，血雨腥风，二十余载，煎熬有加。
回首往事，沧桑折箭，漫问归处？苦不堪言。
我乃散兵，难翻云雨，离别沙场，笃学不倦。
心心在艺，其艺精工，心心在职，其职必举。
执着追求，黾勉苦幸，朝乾夕惕，聚精会神。
混浊之势，浇灌盘亘，课晴话雨，抱瓮勤耕。
日复求索，集腋成裘，天道酬勤，赐我良方。
世界万物，能量守恒，思维运动，皆有遵循。
百态有相，循规蹈矩，股道有律，道法自然。
草木昌荣，落地生根，筑底牢靠，股值升腾。
敢问大籴，籴在何方？精准计算，帜在必胜。
问籴必答，日周两盈，底部拐点，分批籴进。
重复出现，问籴得道，感悟深邃，稳操胜券。
日线周线，周日共济，相得益彰，皆大双喜。
周日双九，渐入佳境，两赢必得，立竿见影。
传承问籴，趋势多头，均线发散，承接有力。

等差均线，指点迷津，幅比突起，量增价稳。

条件选股，旌旗传信，技术指标，山头为号。

大盘拐点，与势俱进，乘势而为，步步为营。

乱市不惊，我行我素，繁华独行，恒定坚守。

效益评价，昭示显著，独辟粜道，获利甚佳。

人是精神的载体，除了生存和发展过程中得以留存的精神而外，他还需要一种放纵和安放精神永恒的第三空间——书本。它承载着超越物欲之上阅读世界的思考和表达，它蕴藏着自己的思索和行动的结晶，它存放着自己的传世力量，它延续着自己的智慧灵光，它传递着自己的灵魂秘籍。

我思考着股票浩如烟海的数据与事物形态之间的联系，经过自我设计的数学表达式计算，发现股票无穷数据是事物的内在表达，探之愈久，知之愈深，行之愈坚。我渐渐地寻找退休人生志趣的发展方向，常常问自己思考些什么？发现了什么？归纳了什么？偶见股市有律，留得志趣常在，激化思维活跃，问粜何方得道？日日探索相伴，天天安度岁月，恒久规律研判，建立数模表达。集腋终于成裘，系丝业已成茧，借以写成此书，留得空间传承。

目　录

第一章　总　论

第 1 节　以股史为鉴恒定坚守

以股史为鉴，可知股市兴替。中国股市的兴替，要在历史的大背景下去寻找，从历史大数据中去寻找中国股市规律。

人性的最高境界是无为而不为，股道的最高历练是恒定坚守。总结 24 年的收获和经验，觉得有很多东西要记下来。技术理论“与势俱进”的乘势而为方法的建树，基本法则【问籴一号】周线公式选股方法的发现，促进恒定坚守理念得以实践成功。恒定坚守，这是我长久探索的成果。

财富软件 V6.30 评测系统多次重复计算结果显示，按选出后 20 周股价涨幅 20% 计算，【问籴一号】（以下简称【问籴 01】）周线公式 24 年（1991 至 2014 年）发出 2790 股次买入信号（见第四章历年买卖时间表），盈利信号 2771 股次，周线胜率 99.32%。

上述计算结果证明两条：第一、股市运行是有规律可循的，买入拐点位置是可以经过重复计算得到的；第二、按照特定选股信号指引，在恒定地方坚守就能稳操胜券。这是本书《敢问籴在何方》周线选股研究的两条重要结论。

第 2 节　反复计算并重复出现之结果才科学

在浩瀚股海里，只有经受了心惊肉跳般的数据跳动的感受，承受了血雨腥风般的多空厮杀的枯竭心痛，享受了历经艰辛的长久渴望的滋味，倾听了失败乃成功之母信念的诉说，倾多年执着与追求，倾多年时光与精力，倾多年思维与智慧，才能求得股市内在的规律，才会赢得成功的喜悦。这才是最震撼的人心之美，这才是人生精神之升华。

在一种浩瀚与枯竭之间，想尽力架起一座简易的桥梁，让有心之人，依此寻找到那些隐蔽而又令人神往的方向。这里，有着人们所希望的一切。我坚信，桥梁可以建筑，方向必能找到，目标一定实现。

天地万物的变化皆有规律可循，碳同位素告知人们发掘考古的秘密，年轮揭示树木的风霜岁月。一串串的数据，它的意义，不仅在于原始的符号，还在于它是向着规律无限接近必不可少的基本元素。任何事物都有自身的规律，人们大脑思维是物质运动的过程，也有自己的规律。市场留下股票运行的数据，它是人们大脑思维运动刻下的痕迹，当我们理清这些轨迹之时，就是无比接近规律之日。本书研究结果表明，股市数据的跳动是有律可循的。

自然科学早已证明能量守恒定律。人的思维是一种能量运动，能量运动皆有自身规律。人们在股市里的各种行为，都是受大脑支配的，我坚信，股票数据是人们经过大脑思考后用金钱堆砌的轨迹，反映在 K 线上的运动符号同样是有规律的。

数学公式，是人们在研究自然界物与物之间关系时，发现的一些关联表达式，并以一定的数学模型表达出来的一些方式。数学公式，是表征自然界不同事物之数量彼此间的或等或不等的联系，是人们理解事物的内涵和本质，是从一种事物到达另一种事物的依据。我坚信，只有经过反复计算，其结果重复出现的事物，才是科学的。

为了在一个恒定的地方坚守，寻找合适的买点，我在财富快车 6.30 版本软件（简称财富）中编写了选股数学公式【问籴一号】，下载了全部 A 股票历史数据，进行了成千上万次的反复计算，其结果都能重复出现。这种底部信号重复出现的时刻，就是买入特定股票的好机会，就是恒定坚守的买点。历年选股信号可以检验一切合适买点，第二章、第三章、第四章列表结果就是佐证。

第 3 节　选股公式问枀一号

二十多年来，我凭着自己的兴趣，坚持在一串串的数据中，寻找股市里无穷而枯燥的原始数据符号的意义，寻找从一种事物（量价）到达另一种事物（形态）的依据，寻找表达事物量价与形态的规律，用数学公式将它们联系起来，目的在于找到一个恒定坚守的买点。

一、选股数学公式【问枀一号】写法：

```
VAR1：=ZIG（3，28）；
JMR1：REF（VAR1，2）>REF（VAR1，1）
AND   VAR1>REF（VAR1，1）
AND   CLOSE/OPEN>1.0
AND   CLOSE/OPEN<5.0
AND   BACKSET（REF（CLOSE，2）/REF（OPEN，3）<1
AND   ABS（REF（OPEN，1）-REF（CLOSE，1））/REF（CLOSE，1）<2
AND   REF（OPEN，1）<REF（CLOSE，2）
AND   CLOSE>REF（CLOSE，2），3）
AND   （CLOSE-REF（HIGH，10））/（REF（HIGH，10））<-0.1
AND   （CLOSE-MA（CLOSE，12））/MA（CLOSE，34）*100<-0.03
AND   （CLOSE-MA（CLOSE，56））/MA（CLOSE，78）*100<-28
AND   CLOSE>=REF（CLOSE，1）
AND   CLOSE>OPEN
AND   VOL>99
AND   （VOL/CAPITAL）>0.001
AND   REF（（VOL/CAPITAL>=0.0001），
      BARSCOUNT（VOL/CAPITAL>=0.0001）-1）
AND   ZIG（3，28）
AND   REF（（VOL/CAPITAL），（VOL/CAPITAL）-1）
```

```
AND  REF（COUNT（C<REF（C，3），1），3）=1
AND  （CLOSE-REF（CLOSE，1））/（REF（CLOSE，1））<0.10；
```

{以上是【问氽一号】公式，简称【问氽 01】。}

读者可以将以上公式自行写入财富快车 V6.30 版软件中，实际体验这个公式选股的显著功能 。在《敢问氽在何方》一书中，记录了【问氽 01】周线公式 24 年选股实例，感兴趣者可以亲身验证。

二、【问氽 01】结构特征功能。

1. 公式结构：包括收盘价的 28% 之字转向 × 转势红 K 线 × 等差均线 × 不涨停 × 其他参数等。

2. 主要特征：

（1）该公式引用等差均线 MA（12，34，56，78）进行计算，后一个数字减去前一个数字的差都等于 22，效果独特。

（2）【问氽 01】周线公式——胜率“周线双九”，即周线（按 20 周股价上升 20% 计算）胜率 99%。限于篇幅，计算过程不再赘述。

（3）【问氽 01】日线公式——胜率“日线双九”，即日线（按 20 天股价上升 10% 计算）胜率 99%。限于篇幅，计算过程不再赘述。

（4）【问氽 01】周线在财富和大智慧两套软件中双双取胜，在财富【问氽 01】周线胜率 99%，在大智慧周线成功率 99%，是两套软件可同步应用的“财智双赢”的极好公式。

3.【问氽 01】主要功能。

【问氽 01】周线用来寻找个股周线底部拐点，具有“多而准”底部拐点选股功能。24 年来，共计选出周线底部“飞流直下三千次” 多周下跌，继而转阳上升的股票达 1499 只。

第 4 节　底部与势俱进是基本规律

股市是一匹无羁之马，没有人可以想当然地来控制它，然而它却是一道永远令人沉醉的自我命题。掌握了底部与势俱进的法则，就懂得了股市运行的基本规律，也就基本破解了这道命题。

底部与势俱进基本规律的主要表现形式，就是个股趋势与底部沪深两市大盘趋势的与势俱进。从操作层面来讲，就是指个股选股公式【问籴01】与大盘公式【大势上海】乘势而为或顺势而为的一种选股方法。【大势上海】日线公式可以找到上海大盘的底部拐点。【问籴01】日线公式可以找到个股的底部拐点。

乘势而为指的是选股公式【问籴01】与大盘公式【大势上海】同一天选出个股的方法。顺势而为指的是选股公式【问籴01】在大盘公式【大势上海】选出信号前后各五天选出个股的方法。两种方法选股越多，对大势的支撑作用越大。

一、上海大盘的底部拐点判断。

1.【大势上海】公式写法：

```
VAR1：=ZIG（1，11）；
JMR：REF（VAR1，2）>REF（VAR1，1）
AND VAR1>REF（VAR1，1）
AND BACKSET（REF（CLOSE，2）/REF（OPEN，3）<1.95
AND ABS（REF（OPEN，1）-REF（CLOSE，1））/REF（CLOSE，1）<2
AND CLOSE/OPEN<2
AND CLOSE>REF（CLOSE，2），3）
AND （CLOSE-MA（CLOSE，11））/MA（CLOSE，28）*100<-0.03
AND BACKSET（REF（CLOSE，2）/REF（OPEN，3）<1
AND ABS（REF（OPEN，1）-REF（CLOSE，1））/REF（CLOSE，1）<0.03
AND CLOSE>REF（CLOSE，2），3）
AND VOL>2014；
```

{以上是【大势上海】公式，用来测试大盘，给出大盘拐点。}

读者可以将以上公式自行写入财富快车V6.30版软件中，实际体验这个公式选股的显著功能 。

2. 历年上海大盘底部拐点日期由财富软件随机计算得出。

（1）得到拐点日期的方法指引：

在财富软件上海大盘000002『A股指数』K线图上，右击『副图指标』区域/左击『副图指标』功能/左击『选择副图指标』/常用指标/其他类型/【D大势上海】/确定。技术指标【大势上海】公式名称就会显示在『副图指标』左边区域，同时【大势上海】公式还会以山峰图形显示在『副图指标』区域。1991年1月1日至2014年12月31日时间段有35座山峰显示在『副图指标』区域内。把每个山峰指向的日期写在24年【大势上海】日线公式选出35次上海拐点日期列表内。表中列出上海大盘名称、选出日期、20天内大盘涨幅等内容。见下表：

24年【大势上海】日线公式选出35次上海拐点日期列表

序号	股票代码	股票名称	大势上海日线选出日期	20天内上海大盘涨幅（%）
01	SH000002	A股指数	19910517	19天涨16.66
02	SH000002	A股指数	19921118	11天涨118.61
03	SH000002	A股指数	19921217	19天涨52.89
04	SH000002	A股指数	19930308	3天涨4.69
05	SH000002	A股指数	19930728	13天涨28.15
06	SH000002	A股指数	19941101	9天涨9.53
07	SH000002	A股指数	19950220	11天涨19.19
08	SH000002	A股指数	19950705	9天涨12.78
09	SH000002	A股指数	19960123	19天涨16.61
10	SH000002	A股指数	19960528	16天涨23.71
11	SH000002	A股指数	19961104	20天涨20.05
12	SH000002	A股指数	19970107	19天涨9.41
13	SH000002	A股指数	19970709	7天涨8.06
14	SH000002	A股指数	19971006	16天涨13.36
15	SH000002	A股指数	19980819	20天涨11.27
16	SH000002	A股指数	19990209	15天涨7.67
17	SH000002	A股指数	19990518	19天涨34.42
18	SH000002	A股指数	19991230	5天涨13.13
19	SH000002	A股指数	20020130	18天涨19.13
20	SH000002	A股指数	20020606	16天涨14.03
21	SH000002	A股指数	20030106	20天涨13.19
22	SH000002	A股指数	20031114	18天涨10.56
23	SH000002	A股指数	20040914	4天涨12.53

续表

序号	股票代码	股票名称	大势上海日线选出日期	20 天内上海大盘涨幅（%）
24	SH000002	A 股指数	20050606	3 天涨 9.36
25	SH000002	A 股指数	20070606	9 天涨 13.11
26	SH000002	A 股指数	20071204	20 天涨 8.22
27	SH000002	A 股指数	20080423	6 天涨 14.73
28	SH000002	A 股指数	20080919	**5 天涨 21.20**
29	SH000002	A 股指数	20081105	8 天涨 15.32
30	SH000002	A 股指数	20090105	20 天涨 18.27
31	SH000002	A 股指数	20090902	11 天涨 12.73
32	SH000002	A 股指数	20100706	19 天涨 10.91
33	SH000002	A 股指数	20110126	13 天涨 8.26
34	SH000002	A 股指数	20130627	10 天涨 6.32
35	SH000002	A 股指数	20140121	16 天涨 6.72
	SH000002	A 股指数	1991–2014	24 年选出 35 次

（上表由财富软件上海 SH000002 实测得到）

表注：选出后 20 个交易日涨幅大于 20% 为大涨，涨跌幅用黑体文字标识。

3. 二十四年上海大盘底部拐点成败分析：

（1）选出后 20 个交易日，大盘涨幅小于 10% 有 10 次，占比 28.57%。

（2）选出后 20 个交易日，大盘涨幅大于 10% 有 25 次，占比 71.43%。

（3）选出后 20 个交易日，大盘涨幅大于 20% 有 7 股，占比 20.00%。

（4）选出后 20 个交易日，大盘涨幅大于 40% 有 2 股，占比 5.71%。

二、深圳大盘的底部拐点判断。

个股与大盘的与势俱进，就是指个股公式与大盘公式乘势而为或顺势而为的一种方法。深圳大盘的底部拐点判断，就是指选股公式【问枀 01】与大盘公式【大势深圳】乘势而为或顺势而为的一种操作。首先【大势深圳】日线公式找到深圳大盘的底部拐点，再次用日线公式【问枀 01】选出与大盘公式【大势深圳】拐点信号同一天的个股，称乘势而为。用日线公式【问枀 01】在大盘公式【大势深圳】信号日前后各五天内选出个股，称顺势而为。两种方法选股越多，对大势支撑作用越大。

1.【大势深圳】公式写法同前面【大势上海】内容，省略。

2. 历年深圳大盘底部拐点日期由财富软件随机计算得出。得到拐点日期的方法指引：

在财富软件深圳大盘 399107『深圳 A 指』K 线图上，右击『副图指标』区域 / 左击『副图指标』功能 / 左击『选择副图指标』/ 常用指标 / 其他类型 /【D 大势深圳】/ 确定。技术指标【大势深圳】公式名称就会显示在『副图指标』区域，同时【大势深圳】公式还会以山峰图形显示在『副图指标』区域。1991 年 1 月 1 日至 2014 年 12 月 31 日时间段有 34 座山峰显示在『副图指标』区域内。把每个山峰指向的日期写在以下深圳拐点日期列表内。表中列出深圳大盘名称、选出日期、20 天内大盘涨幅等内容。见下表：

24 年【大势深圳】日线公式选出 34 次深圳拐点日期列表

序号	股票代码	股票名称	大势深圳日线选出日期	20 天内深圳大盘涨幅（%）
01	SZ399107	深圳 A 指	19960828	5 天涨 12.65
02	SZ399107	深圳 A 指	19960916	**20 天涨 40.52**
03	SZ399107	深圳 A 指	19961221	2 天涨 14.11
04	SZ399107	深圳 A 指	19970526	7 天涨 11.77
05	SZ399107	深圳 A 指	19970613	7 天涨 7.54
06	SZ399107	深圳 A 指	19970709	9 天涨 9.03
07	SZ399107	深圳 A 指	19971006	17 天涨 19.65
08	SZ399107	深圳 A 指	19980313	18 天涨 11.43
09	SZ399107	深圳 A 指	19980819	20 天涨 12.43
10	SZ399107	深圳 A 指	19990518	**19 天涨 35.11**
11	SZ399107	深圳 A 指	19991230	**20 天涨 28.30**
12	SZ399107	深圳 A 指	20010223	19 天涨 7.77
13	SZ399107	深圳 A 指	20020123	20 天涨 13.55
14	SZ399107	深圳 A 指	20030106	20 天涨 11.64
15	SZ399107	深圳 A 指	20031114	19 天涨 7.83
16	SZ399107	深圳 A 指	20040914	7 天涨 14.54
17	SZ399107	深圳 A 指	20050606	3 天涨 8.73
18	SZ399107	深圳 A 指	20050720	20 天涨 18.18
19	SZ399107	深圳 A 指	20051207	20 天涨 11.06
20	SZ399107	深圳 A 指	20060808	19 天涨 8.09
21	SZ399107	深圳 A 指	20070606	9 天涨 17.59

续表

序号	股票代码	股票名称	大势深圳日线选出日期	20天内深圳大盘涨幅（%）
22	SZ399107	深圳A指	20071129	20天涨15.81
23	SZ399107	深圳A指	2008 0423	13天涨18.98
24	SZ399107	深圳A指	20081105	**20天涨24.23**
25	SZ399107	深圳A指	20090303	20天涨16.35
26	SZ399107	深圳A指	20090903	10天涨11.39
27	SZ399107	深圳A指	20100209	11天涨8.52
28	SZ399107	深圳A指	20100706	19天涨16.01
29	SZ399107	深圳A指	20110126	19天涨12.70
30	SZ399107	深圳A指	20110621	18天涨13.29
31	SZ399107	深圳A指	20111024	16天涨11.25
32	SZ399107	深圳A指	20120109	20天涨7.55
33	SZ399107	深圳A指	20130626	20天涨8.86
34	SZ399107	深圳A指	20140520	18天涨6.72
	SZ399107	A股指数	1991–2014	24年选出34次

（上表由财富软件深圳SZ399107实测得到）

表注：选出后20个交易日涨幅大于20%为大涨，涨跌幅用黑体字标识。

3. 二十四年深圳大盘底部拐点成败分析：

（1）选出后20个交易日，大盘涨幅小于10%有10股，占比29.41%。

（2）选出后20个交易日，大盘涨幅大于10%有24股，占比70.59%。

（3）选出后20个交易日，大盘涨幅大于20%有4股，占比11.76%。

（4）选出后20个交易日，大盘涨幅大于40%有1股，占比2.94%。

三、【盘股问籴】的底部拐点判断。

【盘股】类公式是指大盘公式与个股公式配合起来写成的二合一选股公式。先用【大势上海】日线公式找到上海大盘的拐点日期，再用【问籴01】日线公式找到与上海大盘的拐点相同时间的个股。把两个公式合并起来写，这就是个股与大盘乘势而为的【盘股问籴】公式了。

以下是【大势上海】×【问籴01】合写内容，称【盘股问籴】。

1.【盘股问籴】公式写法：

```
VAR1：=ZIG（3，28）；
JMR1：REF（VAR1，2）>REF（VAR1，1）
```

```
AND  VAR1>REF（VAR1，1）
AND  CLOSE/OPEN>1.0
AND  CLOSE/OPEN<5.0
AND  BACKSET（REF（CLOSE，2）/REF（OPEN，3）<1
AND  ABS（REF（OPEN，1）-REF（CLOSE，1））/REF（CLOSE，1）<2
AND  REF（OPEN，1）<REF（CLOSE，2）
AND  CLOSE>REF（CLOSE，2），3）
AND  （CLOSE-REF（HIGH，10））/（REF（HIGH，10））<-0.1
AND  （CLOSE-MA（CLOSE，12））/MA（CLOSE，34）*100<-0.03
AND  （CLOSE-MA（CLOSE，56））/MA（CLOSE，78）*100<-28
AND  CLOSE>=REF（CLOSE，1）
AND  CLOSE>OPEN
AND  VOL>199
AND  （VOL/CAPITAL）>0.001
AND  REF（（VOL/CAPITAL>=0.0001），BARSCOUNT
     （VOL/CAPITAL>=0.0001）-1）
AND  ZIG（3，28）
AND  REF（（VOL/CAPITAL），（VOL/CAPITAL）-1）
AND  REF（COUNT（C<REF（C，3），1），3）=1
AND  （CLOSE-REF（CLOSE，1））/（REF（CLOSE，1））<0.10
{以上是【问伞01】写法。以下是【大势上海】非重复写法。}
AND =ZIG（1，11）
AND  VAR1>REF（VAR1，1）
AND  BACKSET（REF（CLOSE，2）/REF（OPEN，3）<1.95
AND  ABS（REF（OPEN，1）-REF（CLOSE，1））/REF（CLOSE，1）<2
AND  CLOSE/OPEN<2
AND  CLOSE>REF（CLOSE，2），3）
AND  （CLOSE-MA（CLOSE，11））/MA（CLOSE，28）*100<-0.03
AND  BACKSET（REF（CLOSE，2）/REF（OPEN，3）<1
```

```
AND    ABS（REF（OPEN，1）-REF（CLOSE，1））/REF（CLOSE，1）<0.03
AND    CLOSE>REF（CLOSE，2），3）
AND    VOL>2014;
```

{ 以上是【盘股问籴】公式。用来遴选大盘与个股兼容的股票。财富评测该公式 24 年日线胜率 99.82%= 盈利次数 1123/ 总次数 1125。}

读者可以将以上公式自行写入财富快车 V6.30 版软件中，实际体验这个公式选股的显著功能 。

第 5 节　常用术语浅释

1.【问籴】。

①问，对关切之事或道理求解答；②籴，（读 Dí ）原意买入粮食，引申为买进、进货之意。【问籴一号】简称【问籴 01】。

2. 日周两盈。

即【问籴 01】日线、【问籴 01】周线两种周期选出之股都盈利。

3. 日周双九。

即【问籴 01】日线、【问籴 01】周线两种评测方法胜率都是 99%。

4. 周日共济。

即【问籴 01】周线公式内容与【问籴 01】日线公式内容合写在同一个公式之内，写成【问籴 0101】如下：

```
VAR1：=ZIG（3，28）；
JMR1：REF（VAR1，2）>REF（VAR1，1）
AND    VAR1>REF（VAR1，1）
AND    CLOSE/OPEN>1.0
AND    CLOSE/OPEN<5.0
AND    BACKSET（REF（CLOSE，2）/REF（OPEN，3）<1
AND    ABS（REF（OPEN，1）-REF（CLOSE，1））/REF（CLOSE，1）<2
AND    REF（OPEN，1）<REF（CLOSE，2）
```

```
AND    CLOSE>REF（CLOSE，2），3）
AND    （CLOSE-REF（HIGH，10））/（REF（HIGH，10））<-0.1
AND    （CLOSE-MA（CLOSE，12））/MA（CLOSE，34）*100<-0.03
AND    （CLOSE-MA（CLOSE，56））/MA（CLOSE，78）*100<-28
AND    CLOSE>=REF（CLOSE，1）
AND    CLOSE>OPEN
AND    VOL>99
AND    （VOL/CAPITAL）>0.001
AND    REF（（VOL/CAPITAL>=0.0001），
       BARSCOUNT（VOL/CAPITAL>=0.0001）-1）
AND    ZIG（3，28）
AND    REF（（VOL/CAPITAL），（VOL/CAPITAL）-1）
AND    REF（COUNT（C<REF（C，3），1），3）=1
AND    （CLOSE-REF（CLOSE，1））/（REF（CLOSE，1））<0.10
{以上是【问籴 01】日线公式内容。以下是【问籴 01】周线内容。}
AND    REF（EXPLORER.‘问籴 01’#WEEK，T）
AND  （（WMA（CLOSE，6）-CLOSE）/CLOSE）>0.001;
```

{以上【问籴 0101】日线、周线的胜率都是 99%。周线比日线选股多一些。T=0—1。}

读者可以将以上公式自行写入财富快车 V6.30 版软件中，实际体验这个公式选股的显著功能。

5. 周线测股胜率（%）。

胜率等于盈利次数除以总交易次数的百分比。周线测试通常按照选出后 20 周股价升 20% 的目标值计算，可评测某个公式的周线胜率。

评测指引：按照财富快车版 V6.30 软件的提示，点击财富桌面上方 / 功能 / 公式系统 / 程序交易评测系统 / 选定【问籴 01】公式 / 分析周期选定周线 / 设定股票数据时间段 1991 年 1 月 1 日至 2014 年 12 月 31 日 / 目标值 20 周股价升 20%/ 加入全部 A 股 / 保存默认方案 / 开始测试。评测结果显示：【问籴 01】周线公式 24 年测股胜率为 99.32%，计算依据是盈利次数 2771 股次 / 交易次数 2790 股次。

6. 收益率（%）。

一定年限（本文采用 24 年）累计净利润除以起始本金等于收益率（%）。累计收益率由快车版 V6.30 软件随时随机计算得出。

收益率评价方法指引：按照财富快车软件的提示，点击财富桌面上方 / 功能 / 公式系统 / 程序交易评测系统 / 选定【问籴 01】公式 / 分析周期选定周线 / 设定股票数据时间段 1991 年 1 月 1 日至 2014 年 12 月 31 日 / 目标值 20 周股价升 20%/ 加入全部 A 股 / 保存默认方案 / 开始测试。测试结果：【问籴 01】周线公式 24 年选出之股累计收益率 58.65%。详见第三章、第四章列表。

7. 等差均线。

在财富软件周 K 线图上，有四条均线。文中选择的是 12 日、34 日、56 日、78 日四条股价均线。因为后一个数减去前一个数的差均为 22，所以称为等差均线。在财富软件上，右击任意一条均线，按照提示点击指标 / 调整指标参数，将 12、34、56、78 确认为缺省值，就成了等差均线。

8. 常规多头发散形均线。

在财富周 K 线图上，有四条均线。我选择的是 12 日、34 日、56 日、78 日四条股价均线。当 MA12 均线大于 MA34 均线、MA34 均线大于 MA56 均线、MA56 均线大于 MA78 均线，或者当 MA12 均线分别大于其余三条均线时，四条均线是散开的，称之为常规多头发散形均线。写法如下：

```
AND MA（CLOSE，12）>MA（CLOSE，34）
AND MA（CLOSE，12）>MA（CLOSE，56）
AND MA（CLOSE，12）>MA（CLOSE，78）
AND MA（CLOSE，12）>MA（CLOSE，100）；
```

或者：

```
AND MA（CLOSE，12）>MA（CLOSE，34）
AND MA（CLOSE，34）>MA（CLOSE，56）
AND MA（CLOSE，56）>MA（CLOSE，78）
AND MA（CLOSE，78）>MA（CLOSE，100）；
```

{以上写法主要用于股价底部拐点类公式。}

读者可以将以上公式自行写入财富快车 V6.30 版软件中，实际体验这个公式选股的显著功能 。

9. 长期多头发散形均线。

在财富软件周 K 线图上，有四条均线。四条均线不同于常规的 MA12：=MA（CLOSE，12）写法，而是采用 12 天、34 天、56 天、78 天长期均价成交金额分别除以 12 天、34 天、56 天、78 天的成交长期均量的写法。如下：

MA12：=MA（AMOUNT，12）/MA（VOL，12）/100;

MA34：=MA（AMOUNT，34）/MA（VOL，34）/100;

MA56：=MA（AMOUNT，56）/MA（VOL，56）/100;

MA78：=MA（AMOUNT，78）/MA（VOL，78）/100;

AND　　MA12>MA34

AND　　MA34>MA56

AND　　MA56>MA78

{以上写法可用于底部公式，也可用于回落承接拐点类公式。}

此处选择的是 12 日、34 日、56 日、78 日四条股价均线。当 MA12 均线大于 MA34 均线、MA34 均线大于 MA56 均线、MA56 均线大于 MA78 均线时，四条均线是散开的，称之为长期多头发散形均线。这种写法主要用于股价高位回落承接类公式。【问籴 01】公式是判断低位拐点回升的公式，一般不写入长期多头发散形均线内容。

读者可以将以上公式结合实际自行写入财富快车 V6.30 版软件中的相关公式里面，实际体验这个公式选股的显著功能。

10. 量价幅比值。

换手率（%）除以股价涨幅（%）等于幅比值。把【幅比】内容写入财富软件技术指标栏目，在财富软件的周 K 线图的副图上，出现一条幅比值指标线，幅比值一般大于 2 倍或以上。当幅比指标线异常突出时，表示量增价增或价格均线走平。

【幅比 22】写法：

VAR1：=ZIG（3，28）;

```
JMR1：REF（VAR1，2）>REF（VAR1，1）
AND     VAR1>REF（VAR1，1）
AND     CLOSE/OPEN>1.0
AND     CLOSE/OPEN<5.0
AND     BACKSET（REF（CLOSE，2）/REF（OPEN，3）<1
AND     ABS（REF（OPEN，1）-REF（CLOSE，1））/REF（CLOSE，1）<2
AND     REF（OPEN，1）<REF（CLOSE，2）
AND     CLOSE>REF（CLOSE，2），3）
AND     （CLOSE-REF（HIGH，10））/（REF（HIGH，10））<-0.1
AND     （CLOSE-MA（CLOSE，12））/MA（CLOSE，34）*100<0
AND     （CLOSE-MA（CLOSE，56））/MA（CLOSE，78）*100<0
AND     CLOSE>=REF（CLOSE，1）
AND     CLOSE>OPEN
AND     VOL>199
AND     （VOL/CAPITAL）>0.001
AND     REF（（VOL/CAPITAL>=0.001），
        BARSCOUNT（VOL/CAPITAL>=0.001）-1）
AND     （MA（VOL，2）/CAPITAL）
        /（（MA（CLOSE，2）-REF（CLOSE，1））/REF（CLOSE，1））>2
AND     （（VOL/CAPITAL））
        /（（CLOSE-REF（CLOSE，1））/REF（CLOSE，1））>2;
```

{以上是【幅比22】公式。当天幅比和两天均线的两个幅比值都大于2倍。测试该公式日线胜率99.72%，周线胜率98.89%。}

读者可以将以上公式结合实际自行写入财富快车V6.30版软件中的相关公式里面，实际体验这个公式选股的显著功能。

11. 除权数据均线。

在财富软件周K线图的附图上，设置有采用除权数据的价格均线。包括MA12、MA34、MA56、MA78等均线。第二章、第三章和第四章全是引用的除权数据。（注释：引用除权数据与引用复权数据计算结果是不同的，引用除权数据的选股数量大于引用复权数据的选股数量。）

12. 选股成败色彩标识。

在历年选股记录列表中，20 个交易周涨幅大于 40%，20 周内获利用黑体文字标识。20 个交易周涨幅大于 100%，股票名称用黑体文字标识。

第二章　历年选股实录

本章专门用来记录【问籴 01】周线公式选出之股票。1991—2014 年，该公式 24 年共计选出 1499 只股，限于篇幅，每年挑选其中 1—3 股，写出其周 K 线图、周 K 线分析、经济效益验证周 K 线图；每年挑选 1—3 股写出其选出公式与选出日期的横列表达式，其余之股，列表写出股票代码、股票名称、选出日期、20 周内获利幅度等内容。

第 1 节　历年周线选股数量统计表

采用【问籴 01】周线公式选出沪深历年股次，见下表：

表 1　1991—2014 年【问籴 01】周线选股统计表

问籴 01 周线选出（年份）	问籴 01 周线选出（股次）	问籴 01 周线选出（年份）	问籴 01 周线选出（股次）
1991 年	0	1992 年	0
1993 年	0	1994 年	1
1995 年	4	1996 年	5
1997 年	22	1998 年	16
1999 年	38	2000 年	3
2001 年	22	2002 年	318
2003 年	130	2004 年	66
2005 年	380	2006 年	34
2007 年	7	2008 年	502
2009 年	3	2010 年	218
2011 年	95	2012 年	636
2013 年	118	2014 年	90

表注：某一只股票不同年份可被【问籴 01】周线重复选出。

第2节　1994年选股记录

敢问：哪些股票之伞在何方？

答案：【问伞01】周线告诉你，

1994年选出1只股票大伞所在年月日。

一、1994年选股记录。

【问伞01】周线公式1994年选出1股，列出股票名称、选出日期、20周内获利等内容。见表2：

表2　1994年【问伞01】周线选出1股详表

序号	股票代码	股票名称	问伞01周线选出日期	20周内获利（%）
01	000502	绿景控股	19940722 星期五	**89.88**

表注：选出后20个交易周涨幅大于40%为大涨，获利用黑体文字标识。

二、1994年选股成败分析。

1. 选出后20个交易周股价涨幅大于40%有1股大涨，占比100%。

1994年7月29日　星期五

敢问：绿景控股之伞在何时？

答案：【问伞01】周线告诉你，

大伞就在1994年7月22日。

1994年选出唯一之股绿景控股，

列出该股的周K线图及其分析内容。

一、当选初期绿景控股周K线图。

1994年7月22日，【问伞01】周线公式选出绿景控股。是1994年唯一选出具有『问籴 01』周线形态的股票。见 1994 年 7 月 29 日 /000502 绿景控股周 K 线图：

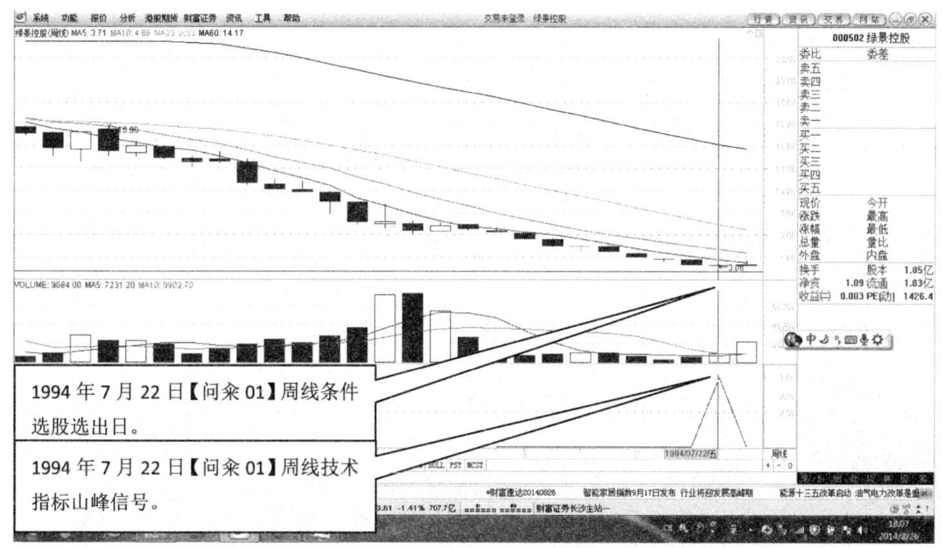

1994 年 7 月 29 日 /000502 绿景控股周 K 线图

二、『问籴 01』周线形态显现。

『问籴 01』周线形态，是指【问籴 01】周线公式选出某只股票形态的简称（下同）。

1994 年 7 月 22 日，【问籴 01】周线公式选出 000502 绿景控股，见上图箭头所示。1994 年 7 月 22 日，星期五，是【问籴 01】周线条件选股选出日。1994 年 7 月 22 日，星期五，是【问籴 01】周线技术指标山峰信号日。见上图箭头及山峰所示。

三、买入理由。

1. 底部『问籴 01』周线形态符合恒定坚守条件的个股会上涨。

2.【问籴 01】周线公式选股成功率高达 99%。

3. 周 K 线图技术分析——见财富软件显示的 1994 年 7 月 29 日 /002502 绿景控股周 K 线图。

（1）1994 年 7 月 22 日【问籴 01】周线选出绿景控股。见周 K 线图上显现的【问籴 01】周线条件选股箭头所示信号和【问籴 01】周线技术指标山峰信号。图中条件选股箭头所示信号和技术指标山峰信号，均是底部拐点起步信号，该股底部拐点出现，分批买入。

（2）根据周 K 线显示，选出当周 1994 年 7 月 22 日的周线换手率 2.57%，周线涨幅 0.31%，股价小幅上涨。1994 年 7 月 22 日以前，周线出现了“飞流直下三千尺”形态，之后的底部出现小阳线，小幅回落可入，等候拉升。

4. 综上所述，写成选出该股的采用公式 / 选出时间横列表达式，绿景控股形成了『问籴 01』周线形态：

$$\frac{【问籴01】周线}{19940722}=000502\ 绿景控股$$

上述四条分析结果，是买入绿景控股的技术性理由。

四、1994 年 9 月 23 日绿景控股效益验证。

选出日 1994 年 7 月 22 日股价 3.26 元，卖出日 1994 年 9 月 16 日股价 6.19 元，1994 年 7 月 22 日—1994 年 9 月 16 日，共 9 个交易周，绿景控股的股价上升 89.88%。见下图：

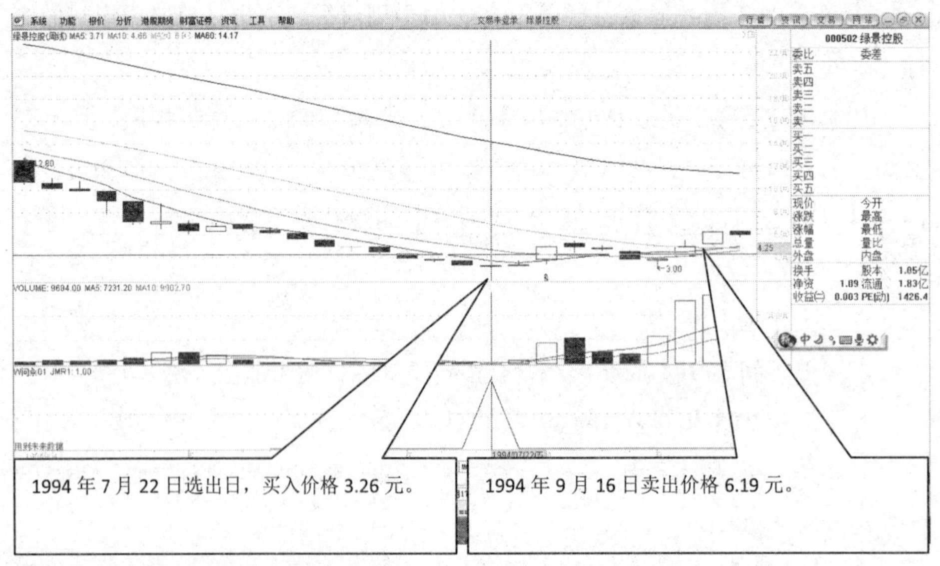

补记 1994 年 9 月 16 日 /000502 绿景控股周 K 线图

第 3 节　1995 年选股记录

敢问：哪些股票之籴在何方？

答案：【问籴 01】周线告诉你，

1995 年选出 4 只股票大籴所在年月日。

一、1995 年选股记录。

【问籴 01】周线公式 1995 年选出 4 股，列出股票名称、选出日期、20 周内获利等内容。见表 3：

表 3　1995 年【问籴 01】周线选出 4 股详表

序号	股票代码	股票名称	问籴 01 周线选出日期	20 周内获利（%）
01	600647	同达创业	19950224 星期五	**61.37**
02	600668	**尖峰集团**	19950127 星期五	**104.47**
03	000007	零七股份	19950512 星期五	33.25
04	000526	银润投资	19951020 星期五	39.21

表注：选出后 20 个交易周涨幅大于 40% 为大涨，获利用黑体文字标识。

选出后 20 个交易周涨幅大于 100% 为特涨，股名用黑体文字标识。

二、1995 年选股成败分析。

1. 选出后 20 个交易周股价涨幅小于 20% 有 0 股失败，占比 0.00%。

2. 选出后 20 个交易周股价涨幅大于 20% 有 4 股成功，占比 100%。

3. 选出后 20 个交易周股价涨幅大于 40% 有 2 股大涨，占比 50.0%。

4. 选出后 20 个交易周涨幅大于 100% 有 1 股特涨，占比 25.0%。

1995 年 3 月 3 日 星期五

敢问：同达创业之籴在何方？

答案：【问籴 01】周线告诉你，

大朵就在 1995 年 2 月 24 日。

1995 年选出 4 股，列出其中的一股

同达创业周 K 线图及其分析内容。

一、当选初期同达创业周 K 线图。

【问朵 01】周线公式 1995 年 2 月 24 日星期五选出同达创业，是 1995 年选出的四只股票之一。见 1995 年 3 月 3 日 /600647 同达创业周 K 线图：

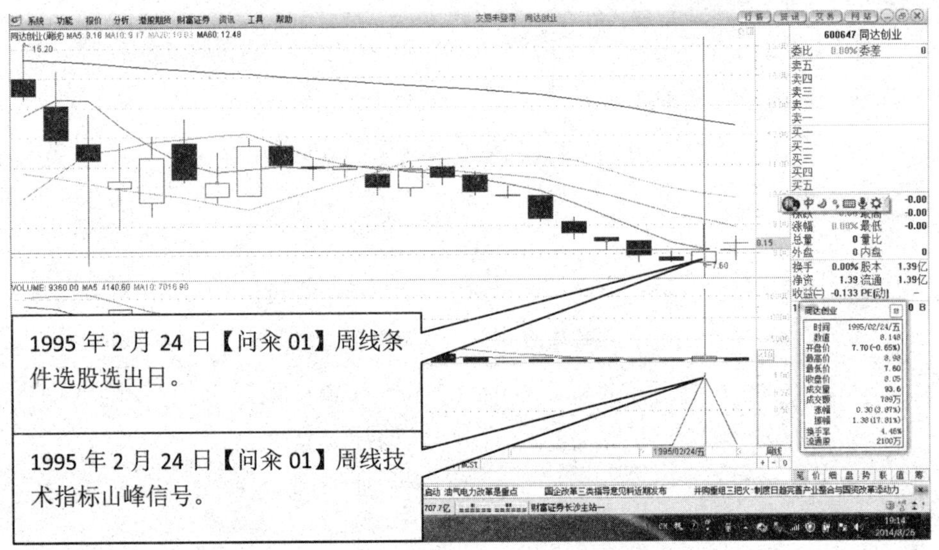

1995 年 3 月 3 日 /600647 同达创业周 K 线图

二、『问朵 01』周线形态显现。

1995 年 2 月 24 日，【问朵 01】周线选出 600647 同达创业。见上图箭头所示位置：1995 年 2 月 24 日星期五是【问朵 01】周线条件选股选出日。1995 年 2 月 24 日星期五是【问朵 01】周线技术指标山峰信号日。

三、买入理由。

1. 底部『问朵 01』周线形态符合恒定坚守条件的个股会上涨。

2.【问朵 01】周线公式选股成功率高达 99%。

3. 周 K 线图分析——见财富软件显示的 1995 年 3 月 3 日 /600647 同达创

业周K线图。

（1）1995年2月24日【问籴01】周线公式选出同达创业。见周K线图上显现的【问籴01】周线条件选股旗帜信号和【问籴01】周线技术指标山峰信号。图中箭头所指是底部拐点起步信号，还有上升空间，放心买入。

（2）根据周K线显示，选出当周1995年2月24日的周线换手率4.46%，周线涨幅3.87%，股价中幅上涨。1994年7月22日以前，周线出现了“飞流直下三千尺”形态，之后的底部出现小阳线，小幅回落可入，等候拉升。

4. 综上所述，同达创业形成了『问籴01』周线形态。写成选出该股采用的公式/选出时间横列表达式：

$$\frac{\text{【问籴01】周线}}{19950224}=600647\text{同达创业}$$

上述四条分析结果，是买入同达股份的技术性理由。

四、1995年5月26日同达创业效益验证图。

选出日1995年2月24日股价8.05元，卖出日1995年5月19日股价12.99元，1995年3月3日—1995年5月19日，共12个交易周，同达创业的股价上升61.37%。见下图：

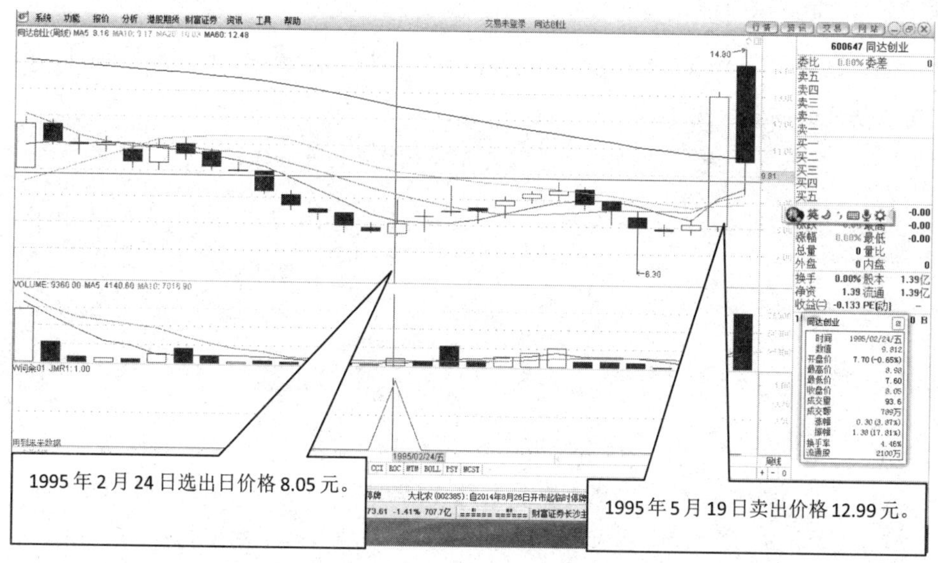

补记1995年5月26日/600647同达创业周K线图

五、1995 年【问籴 01】周线共选出四股，除了上述同达创业之外还写有以下三股采用公式 / 选出日期的横列式：

$$\frac{\text{【问籴 01】周线}}{19950127}=\text{600668 尖峰集团，20 周内涨 104.47\%}$$

$$\frac{\text{【问籴 01】周线}}{19950512}=\text{000007 零七股份，20 周内涨 33.25\%}$$

$$\frac{\text{【问籴 01】周线}}{19951020}=\text{000526 银润投资，20 周内涨 39.21\%}$$

第 4 节　1996 年选股记录

敢问：哪些股票之籴在何方？

答案：【问籴 01】周线告诉你，

1996 年选出 5 只股票大籴所在年月日。

一、1996 年选股记录

【问籴 01】周线公式 1996 年选出 5 股，列出股票名称、选出日期、20 周内获利等内容。见下表 4：

表 4　1996 年【问籴 01】周线选出 5 股详表

序号	股票代码	股票名称	问籴 01 周线选出日期	20 周内获利（%）
01	600692	亚通股份	19960126 星期五	**88.82**
02	600855	航天长峰	19960920 星期五	**56.52**
03	000037	深南电 A	19960202 星期五	27.55
04	000567	海德股份	19960216 星期五	**48.70**
05	000571	**新大洲**	19960126 星期五	**217.11**

表注：选出后 20 个交易周涨幅大于 40% 为大涨，获利用黑体文字标识。

选出后 20 个交易周涨幅大于 100% 为特涨，股名用黑体文字标识。

二、1996 年选股成败分析。

1. 选出后 20 个交易周股价涨幅小于 20% 有 0 股失败，占比 0.00%。

2. 选出后 20 个交易周股价涨幅大于 20% 有 5 股成功，占比 100%。

3. 选出后 20 个交易周股价涨幅大于 40% 有 4 股大涨，占比 80.00%。

4. 选出后 20 个交易周涨幅大于 100% 有 1 股特涨，占比 25.00%。

1996 年 2 月 2 日　星期五

敢问：新大洲之氽在何时？

答案：【问氽 01】周线告诉你，

大氽就在 1996 年 1 月 26 日。

1996 年选出 5 股，列出其中的一股

新大洲的周 K 线图及其分析内容。

一、当选初期新大洲周 K 线图。

1996 年 1 月 26 日，【问氽 01】周线公式选出新大洲。是 1996 年选出的 5 只股票之一。见 1996 年 2 月 2 日 /000571 新大洲周 K 线图：

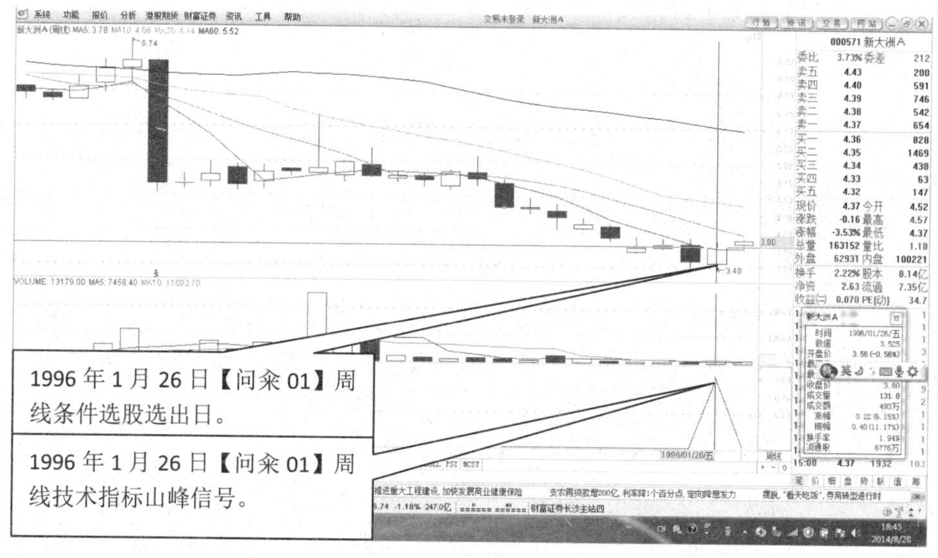

1996 年 2 月 2 日 /000571 新大洲周 K 线图

二、『问籴 01』周线形态显现。

1996 年 1 月 26 日【问籴 01】周线选出 000571 新大洲，见上图箭头所示：1996 年 1 月 26 日星期五是【问籴 01】周线条件选股选出日。1996 年 1 月 26 日星期五是【问籴 01】周线技术指标山峰信号日。

三、买入理由。

1. 底部『问籴 01』周线形态符合恒定坚守条件的个股必定上涨。

2.【问籴 01】周线公式选股成功率高达 99%。

3. 周 K 线图分析——见财富软件显示的 1996 年 2 月 2 日星期五 000571 新大洲的周 K 线图。

（1）1996 年 1 月 26 日【问籴 01】周线公式选出新大洲。见周 K 线图上显现的【问籴 01】周线技术指标山峰信号。图中山峰信号是底部拐点起步信号，还有上升空间，放心买入。

（2）根据周 K 线显示，选出当周 1996 年 1 月 26 日的周线换手率 1.94%，周线涨幅 6.15%，股价大幅上涨。1996 年 1 月 26 日以前，周线出现了“飞流直下三千尺”形态，之后的底部出现小阳线，小幅回落可入，等候拉升。

4. 综上所述，新大洲形成了『问籴 01』周线形态。写成选出该股采用的公式 / 选出时间横列表达式：

$$\frac{\text{【问籴 01】周线}}{19960126} = \text{000571 新大洲}$$

上述四条分析结果，是买入新大洲的技术性理由。

四、1996 年 6 月 28 日新大洲效益验证。

选出日 1996 年 1 月 26 日股价 3.80 元，卖出日 1996 年 6 月 21 日股价 11.99 元，1996 年 1 月 26 日—1996 年 6 月 21 日，共 19 个交易周，新大洲的股价上升 215.53%。见下图：

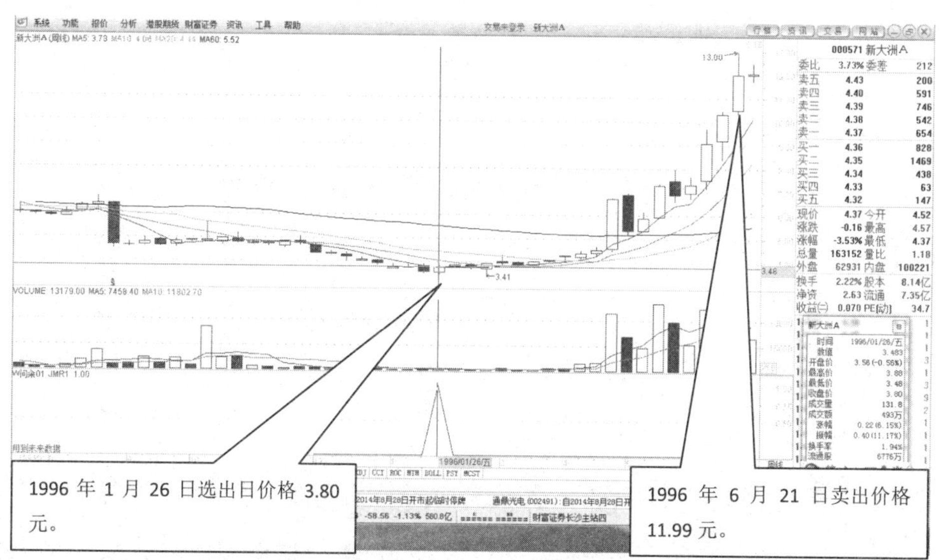

补记 1996 年 6 月 28 日 /000571 新大洲周 K 线图

五、代表性个股横列表达式。

1996 年【问籴 01】周线共选出 5 股，除了上述新大洲之外还有以下 3 股采用公式 / 选出日期的横列式：

$$\frac{\text{【问籴 01】周线}}{19960126} = \text{600692 亚通股份，20 周内涨 88.82\%}$$

$$\frac{\text{【问籴 01】周线}}{19960920} = \text{600855 航天长峰，20 周内涨 56.52\%}$$

$$\frac{\text{【问籴 01】周线}}{19960216} = \text{000567 海德股份，20 周内涨 48.70\%}$$

第 5 节　1997 年选股记录

敢问：哪些股票之籴在何方？

答案：【问籴 01】周线告诉你，

1997 年选出 23 只股票大籴所在年月日。

一、1997 年选股记录。

【问籴 01】周线公式 1997 年选出 23 股，列出股票名称、选出日期、20 周内获利等内容。见表 5：

表 5　1997 年【问籴 01】周线选出 23 股详表

序号	股票代码	股票名称	问籴 01 周线选出日期	20 周内获利（%）
01	600630	龙头股份	19970718 星期五	**134.22**
02	600711	盛屯矿业	19971231 星期三	**207.20**
03	600843	上工申贝	19970711 星期五	**61.28**
04	600847	万里股份	19970711 星期五	**63.77**
05	000007	零七股份	19971010 星期五	28.83
06	000011	深物业 A	19971010 星期五	**37.34**
07	000019	深深宝 A	19970905 星期五	**78.27**
08	000021	长城开发	19971010 星期五	**73.10**
09	000022	深赤湾 A	19971226 星期五	38.76
10	000031	中粮地产	19970822 星期五	37.91
11	000042	中洲控股	19970930 星期二	71.77
12	000043	中航地产	19971010 星期五	**43.12**
13	000046	泛海控股	19971010 星期五	**57.05**
14	000049	德赛电池	19971010 星期五	37.27
15	000505	珠江控股	19971226 星期五	22.33
16	000511	**烯碳新材**	19970718 星期五	**156.25**
17	000517	荣安地产	19971010 星期五	**75.93**
18	000523	广州浪奇	19971226 星期五	35.71
19	000530	大冷股份	19971010 星期五	33.96
20	000566	海南海药	19971231 星期三	29.98
21	000571	新大洲	19971010 星期五	27.17
22	000572	海马汽车	19971226 星期五	21.60
23	000582	北部湾港	19971010 星期五	**44.60**

表注：选出后 20 个交易周涨幅大于 40% 为大涨，获利用黑体文字标识。

选出后 20 个交易周涨幅大于 100% 为特涨，股名用黑体文字标识。

二、1997 年选股成败分析。

1. 选出后 20 个交易周，股价涨幅小于 20% 有 0 股，占比 0.00%。

2. 选出后 20 个交易周，股价涨幅大于 20% 有 23 股，占比 100%。

3. 选出后 20 个交易周，股价涨幅大于 40% 有 12 股，占比 52.17%。

4. 选出后 20 个交易周，股价涨幅大于 100% 有 3 股，占比 13.04%。

1997 年 7 月 25 日　星期三

敢问：烯碳新材之粜在何方？

答案：【问粜 01】周线告诉你，

大粜就在 1997 年 7 月 18 日。

1997 年选出 23 股，列出其中的一股

烯碳新材的周 K 线图及其分析内容。

一、当选初期烯碳新材的周 K 线图。

【问粜 01】周线选出烯碳新材。1997 年 7 月 18 日【问粜 01】周线选出 000511 烯碳新材。是 1997 年选出的 23 只股票之一。见 1997 年 7 月 25 日 /000511 烯碳新材周 K 线图。

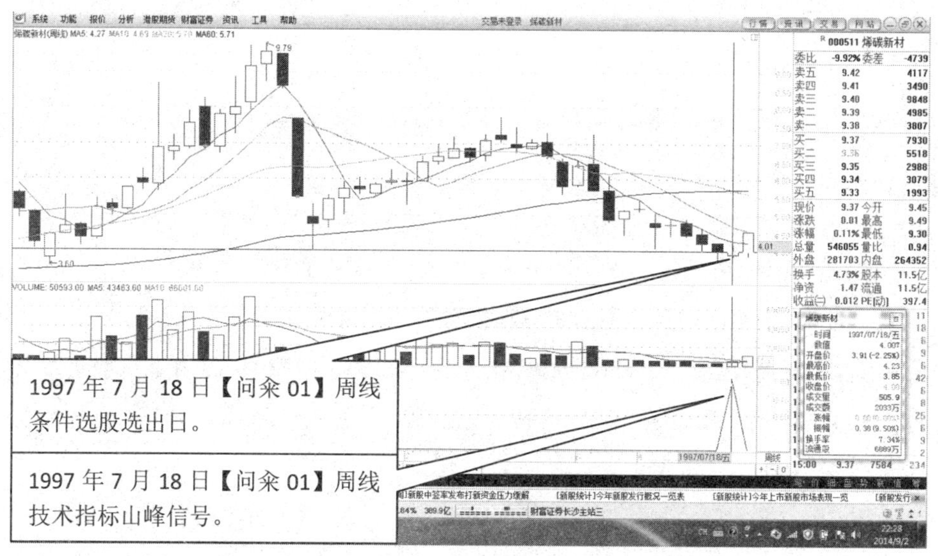

1997 年 7 月 25 日 /000511 烯碳新材周 K 线图

二、『问籴 01』周线形态显现。

1997 年 7 月 18 日【问籴 01】周线选出 000511 烯碳新材，见上图箭头所示：1997 年 7 月 18 日星期五是【问籴 01】周线条件选股选出日。1997 年 7 月 18 日周五是【问籴 01】周线技术指标山峰信号日。

三、买入理由。

1. 底部『问籴 01』周线形态符合恒定坚守条件的个股能上涨。

2.【问籴 01】周线选股成功率高达 99%。

3. 周 K 线图分析——见财富软件显示的 1997 年 7 月 25 日 /000511 烯碳新材的周 K 线图。

（1）1997 年 7 月 18 日【问籴 01】周线公式选出烯碳新材。见周 K 线图上显现的【问籴 01】周线条件选股箭头信号和【问籴 01】周线技术指标山峰信号，都是底部拐点起步信号，还有上升空间，放心买入。

（2）根据周 K 线显示，选出当周 1997 年 7 月 18 日的周线换手率 7.34%，周线涨幅 0.00%，股价未涨。1997 年 7 月 18 日以前，周线出现了“飞流直下三千尺”形态，之后的底部出现小阳线，小幅回落可入，等候拉升。

4. 综上所述，烯碳新材形成了『问籴 01』周线形态。写成选出该股的采用公式 / 选出时间横列表达式：

$$\frac{\text{【问籴 01】周线}}{\text{19970718 星期五}} = \text{000511 烯碳新材}$$

上述四条分析结果，是买入烯碳新材的技术性理由。

四、1997 年 12 月 12 日 000511 烯碳新材效益验证图。

选出日 1997 年 7 月 18 日股价 4.00 元，卖出日 1997 年 12 月 5 日股价 5.30 元，1997 年 7 月 25 日—1997 年 12 月 5 日，共 20 个交易周，烯碳新材的股价上升 32.50%。见下图：

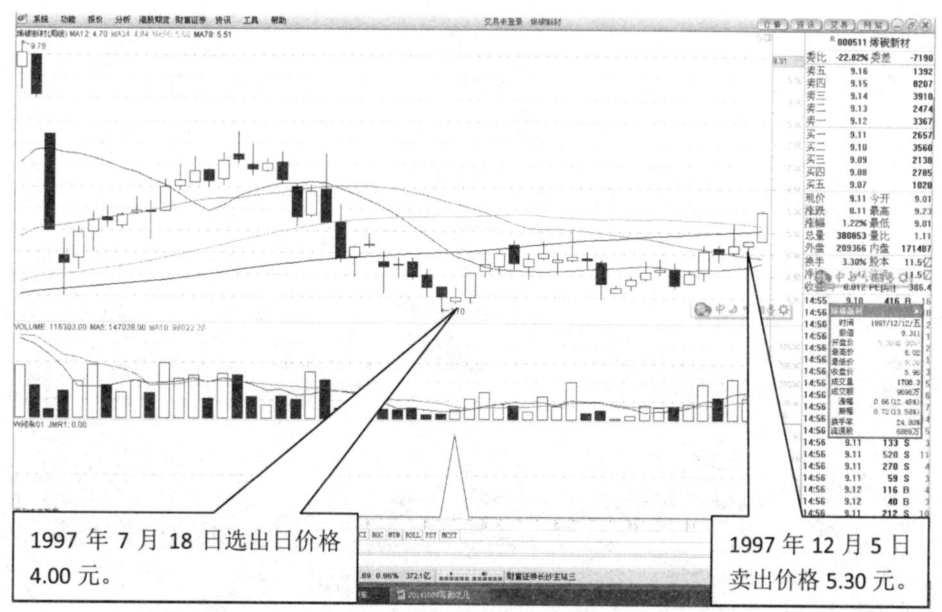

补记 1997 年 12 月 12 日 /000511 烯碳新材周 K 线图

1998 年 1 月 9 日 星期五

敢问：盛屯矿业之籴在何方？

答案：【问籴 01】周线告诉你，

大籴就在 1997 年 12 月 31 日。

1997 年选出 23 股，列出其中第二股

盛屯矿业的周 K 线图及其分析内容。

一、当选初期盛屯矿业的周 K 线图。

【问籴 01】周线选出盛屯矿业。1997 年 12 月 31 日【问籴 01】周线选出 600711 盛屯矿业。是 1997 年选出的 23 只股票之二。见 1998 年 1 月 9 日 /600711 盛屯矿业周 K 线图：

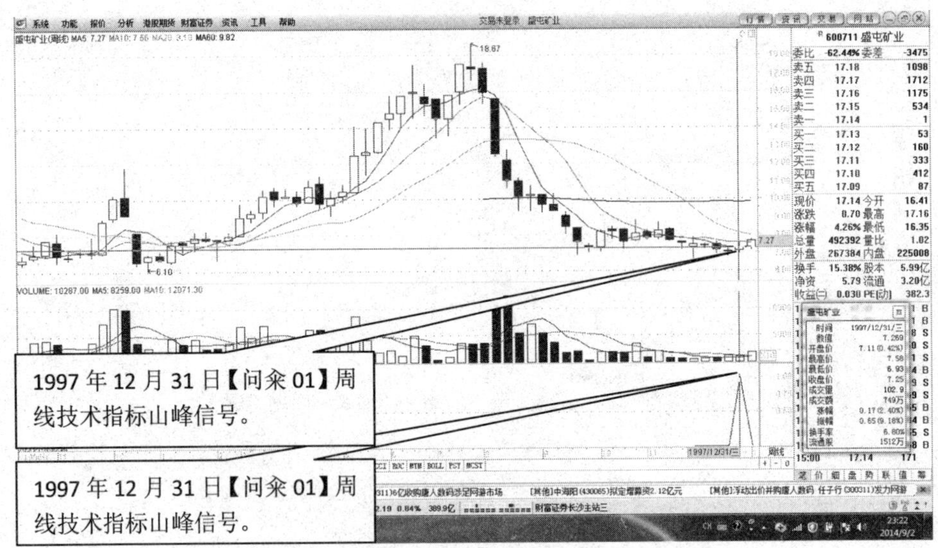

1998年1月9日/600711盛屯矿业周K线图

二、『问籴01』周线形态显现。

1997年12月31日【问籴01】周线选出600711盛屯矿业，见上图箭头所示：1997年12月31日星期三是【问籴01】周线条件选股选出日。1997年12月31日是【问籴01】周线技术指标山峰信号日。

三、买入理由。

1. 底部『问籴01』周线形态的个股符合恒定坚守的条件。

2.【问籴01】周线公式选胜率高达99%。

3. 周K线图分析——见财富软件显示的1998年1月9日/600711盛屯矿业的周K线图。

（1）1997年12月31日【问籴01】周线公式选出盛屯矿业。见周K线图上显现的【问籴01】周线技术指标山峰信号。图中山峰信号是指向底部拐点的起步信号，还有上升空间，放心买入。

（2）根据周K线显示，选出当周1997年12月31日的周线换手率6.80%，周线涨幅2.40%，股价小幅上涨。1997年12月31日以前，周线出现了“飞流直下三千尺”形态，之后的底部出现小阳线，小幅回落可入，等候拉升。

4. 综上所述，盛屯矿业形成了『问籴01』周线形态。写成选出该股采用

的公式 / 选出时间横列表达式：

$$\frac{\text{【问汆 01】周线}}{\text{19971231 星期三}}=\text{600711 盛屯矿业}$$

上述四条分析结果，是买入盛屯矿业的技术性理由。

四、1998 年 10 月 09 日 600711 盛屯矿业效益验证图。

选出日 1997 年 12 月 31 日股价 7.08 元，卖出日 1998 年 9 月 30 日股价 21.75 元，1997 年 12 月 31 日—1998 年 9 月 30 日，共 38 个交易周，盛屯矿业的股价上升 207.20%。见下图：

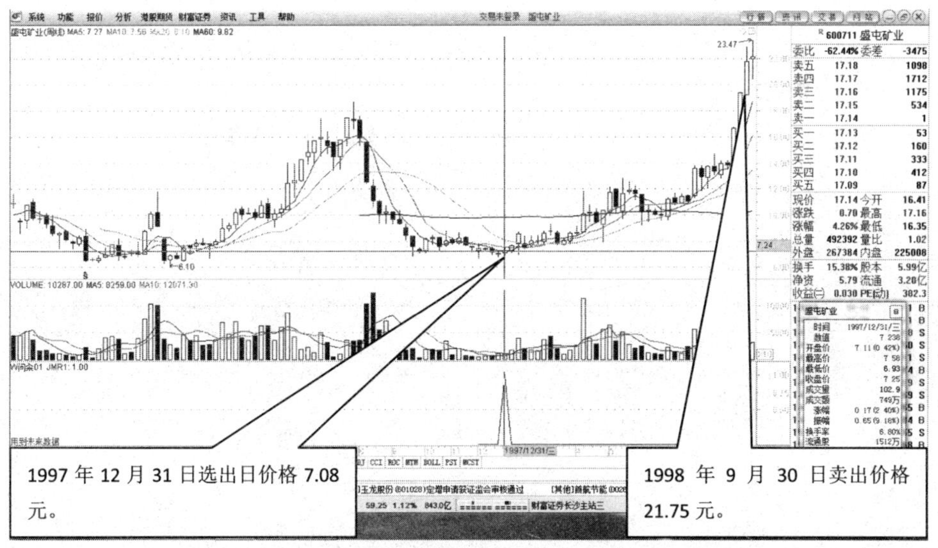

补记 1998 年 10 月 09 日 /600711 盛屯矿业周 K 线图

五、代表性个股横列表达式。

1997 年【问汆 01】周线公式选出 23 股，除了烯碳新材、盛屯矿业外，还选取有代表性的三股，写出采用公式 / 选出时间横列表达式：

$$\frac{\text{【问汆 01】周线}}{\text{19970905 星期五}}=\text{000019 深深宝 A，20 周内涨 48.27\%}$$

$$\frac{\text{【问汆 01】周线}}{\text{19970718 星期五}}=\text{600630 龙头股份，20 周内涨 134.22\%}$$

$$\frac{\text{【问籴 01】周线}}{\text{19971010 星期五}} = \text{000517 荣安地产，20 周内涨 75.93\%}$$

第 6 节　1998 年选股记录

敢问：哪些股票之籴在何方？

答案：【问籴 01】周线告诉你，

1998 年选出 16 只股票大籴所在年月日。

一、1998 年选股记录。

【问籴 01】周线公式 1998 年选出 16 股，列出股票名称、选出日期、20 周内获利等内容。见表 6：

表 6　1998 年【问籴 01】周线选出 16 股详表

序号	股票代码	股票名称	问籴 01 周线选出日期	20 周内获利（%）
01	600620	天宸股份	19980821 星期五	**74.35**
02	600761	安徽合力	19980904 星期五	**54.84**
03	600777	新潮实业	19980904 星期五	**41.30**
04	600891	秋林集团	19980904 星期五	**60.55**
05	600893	航空动力	19980904 星期五	33.82
06	000023	深天地 A	19980904 星期五	33.59
07	000026	飞亚达 A	19980403 星期五	39.64
08	000058	深赛格	19980904 星期五	**48.63**
09	000408	金谷源	19980403 星期五	29.04
10	000421	南京中北	19980904 星期五	33.06
11	000498	山东路桥	19981225 星期二	34.25
12	000516	开元投资	19980904 星期五	29.18
13	000582	北部湾港	19980327 星期五	**88.59**
14	000635	英力特	19980904 星期五	30.94
15	000637	茂化实华	19980904 星期五	33.17
16	000685	中山公用	19980904 星期五	32.57

表注：选出后 20 个交易周涨幅大于 40% 为大涨，获利用黑体文字标识。

二、1998 年选股成败分析。

1. 选出后 20 个交易周，股价涨幅小于 20% 有 0 股，占比 0.00%。

2. 选出后 20 个交易周，股价涨幅大于 20% 有 16 股，占比 100%。

3. 选出后 20 个交易周，股价涨幅大于 40% 有 6 股，占比 37.5%。

1998 年 8 月 28 日　星期五

敢问：天宸股份之籴在何时？

答案：【问籴 01】周线告诉你，

大籴就在 1998 年 8 月 21 日。

1998 年选出 16 股，列出其中的一股

天宸股份的周 K 线图及其分析内容。

一、当选初期天宸股份周 K 线图。

【问籴 01】周线公式 1998 年 8 月 21 日选出 600620 天宸股份，是 1998 年选出的 16 只股票之一。

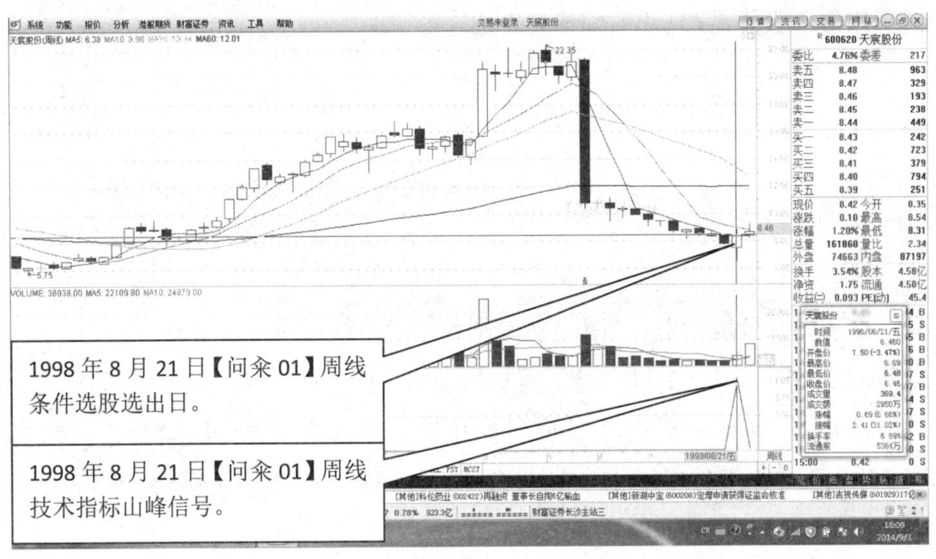

1998 年 8 月 28 日 /600620 天宸股份周 K 线图

二、『问籴 01』周线形态显现。

1998 年 8 月 21 日【问籴 01】周线公式选出 600620 天宸股份，见上图箭头所示：1998 年 8 月 21 日星期五是【问籴 01】周线条件选股选出日。1998 年 8 月 21 日是【问籴 01】周线技术指标山峰信号日。

三、买入理由。

1. 底部『问籴 01』周线形态满足恒定坚守要求的个股会上涨。

2. 周线选股【问籴 01】公式选股成功率高达 99%。

3. 周 K 线图分析——见财富软件显示的 1998 年 8 月 28 日 /600620 天宸股份的周 K 线图。

（1）1998 年 8 月 21 日【问籴 01】周线公式选出 600620 天宸股份。见周 K 线图上显现的【问籴 01】周线技术指标山峰信号。图中山峰信号是底部拐点起步信号，还有上升空间，放心买入。

（2）根据周 K 线显示，选出当周 1998 年 8 月 21 日的周线换手率 6.89%，周线涨幅 8.88%，股价大幅上涨。1998 年 8 月 21 日以前，周线出现了“飞流直下三千尺”形态，之后的底部出现小阳线，小幅回落可入，等候拉升。

4. 综上所述，600620 天宸股份形成了『问籴 01』周线形态。写成选出该股采用的选股公式 / 选出时间横列表达式：

$$\frac{\text{【问籴 01】周线}}{\text{19980821 星期五}} = \text{600620 天宸股份}$$

上述四条分析结果，是买入天宸股份的技术性理由。

四、1998 年 12 月 11 日天宸股份效益验证图。

选出日 1998 年 8 月 21 日股价 8.46 元，卖出日 1998 年 12 月 4 日股价 14.75 元，1998 年 8 月 21 日—1998 年 12 月 4 日，共 15 个交易周，600620 天宸股份的股价上升 74.35%。见下图：

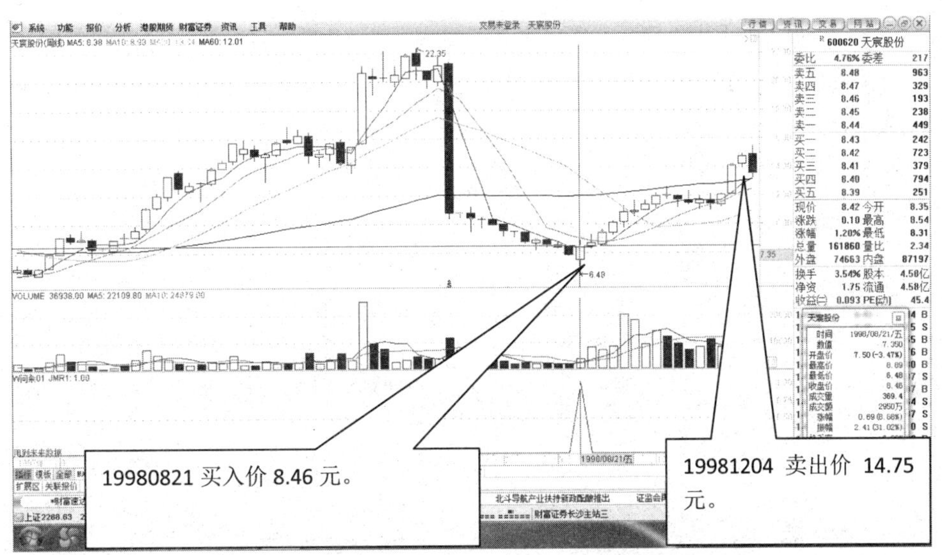

补记 1998 年 12 月 11 日 /600620 天宸股份周 K 线图

五、代表性个股横列表达式。

1998 年【问籴 01】周线公式选出 16 股，除了天宸股份外，其他还选取有代表性的 3 股，写出采用公式 / 选出时间横列表达式：

$$\frac{\text{【问籴 01】周线}}{\text{19980327 星期五}}=\text{000582 北部湾港，20 周内涨 88.59\%}$$

$$\frac{\text{【问籴 01】周线}}{\text{19980904 星期五}}=\text{600761 安徽合力，20 周内涨 54.84\%}$$

$$\frac{\text{【问籴 01】周线}}{\text{19980904 星期五}}=\text{600891 秋林集团，20 周内涨 60.55\%}$$

第 7 节　1999 年选股记录

敢问：哪些股票之籴在何方？

答案：【问籴 01】周线告诉你，

1999 年选出 36 只股票大籴所在年月日。

一、1999 年选股记录。

【问籴 01】周线公式 1999 年选出 36 股，列出股票名称、选出日期、20 周内获利等内容。见表 7：

表 7　1999 年【问籴 01】周线选出 36 股详表

序号	股票代码	股票名称	问籴 01 周线选出日期	20 周内获利（%）
01	600062	华润双鹤	19990521 星期五	56.41
02	600074	中达股份	19990521 星期五	41.43
03	600105	永鼎股份	19991230 星期四	31.54
04	600658	电子城	19990209 星期二	121.93
05	600708	海博股份	19990514 星期五	50.78
06	600727	鲁北化工	19990528 星期五	56.95
07	600743	华远地产	19990521 星期五	30.70
08	600744	华银电力	19991230 星期五	70.44
09	600749	西藏旅游	19990305 星期五	39.56
10	600760	中航黑豹	19990521 星期五	47.64
11	600769	祥龙电业	19990507 星期二	37.57
12	600868	梅雁吉祥	19990521 星期五	58.84
13	600870	厦华电子	19990305 星期五	70.91
14	600881	亚泰集团	19990521 星期五	34.03
15	600885	宏发股份	19991230 星期四	50.59
16	601607	上海医药	19990514 星期五	83.42
17	000005	世纪星源	19990209 星期二	55.19
18	000069	华侨城 A	19990514 星期五	76.87
19	000404	华意压缩	19990521 星期五	41.64
20	000502	绿景控股	19990521 星期五	46.60
21	000566	海南海药	19990521 星期五	38.16
22	000567	海德股份	19990209 星期二	61.93
23	000592	平潭发展	19990521 星期五	74.39
24	000631	顺发恒业	19990521 星期五	57.40
25	000659	ST 中富	19990521 星期五	61.54
26	000683	远兴能源	19990305 星期五	42.11
27	000688	建新矿业	19990521 星期五	94.40
28	000692	惠天热电	19990521 星期五	46.48
29	000738	中航动控	19990305 星期五	35.08
30	000757	浩物股份	19991217 星期五	39.74

续表

序号	股票代码	股票名称	问籴01周线选出日期	20周内获利（%）
31	000777	中核科技	19990521 星期五	**63.94**
32	000779	三毛派神	19990521 星期五	**43.45**
33	000785	武汉中商	19990521 星期五	**50.06**
34	000800	一汽轿车	19991230 星期四	**62.88**
35	000819	岳阳兴长	19990611 星期五	33.57
36	000828	东莞控股	19990521 星期五	**72.10**

表注：选出后20个交易周涨幅大于40%为大涨，获利用黑体文字标识。
选出后20个交易周涨幅大于100%为特涨，股名用黑体文字标识。

二、1999年选股成败分析。

1. 选出后20个交易周涨幅小于20%有0股失败，占比0.00%。
2. 选出后20个交易周涨幅大于20%有36股成功，占比100%。
3. 选出后20个交易周涨幅大于40%有27股大涨，占比75.00%。
4. 选出后20个交易周涨幅大于100%有1股特涨，占比2.78%。

1999年2月16日 星期五

敢问：电子城之籴在何时？
答案：【问籴01】周线告诉你，
大籴就在1999年2月9日。
1999年选出36股列表，列出其中的一股
电子城的周K线图及其分析内容。

一、当选初期电子城周K线图。

【问籴01】周线公式1999年2月9日（星期二）选出电子城，是1996年选出的三十六只股票之一。见1999年3月5日/600658电子城周K线图：

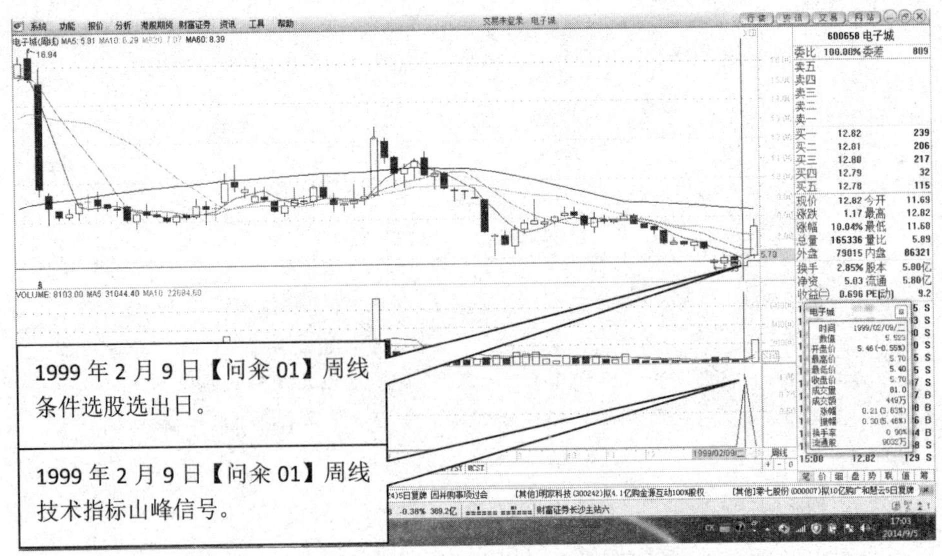

1999 年 3 月 5 日 /600658 电子城周 K 线图

二、『问籴 01』周线形态显现。

1999 年 2 月 9 日，星期二，【问籴 01】周线公式选出 600658 电子城，见上图箭头所示：1999 年 2 月 9 日星期二是【问籴 01】周线条件选股选出日。1999 年 2 月 9 日星期二是【问籴 01】周线技术指标山峰信号日。

三、买入理由。

1. 底部『问籴 01』周线形态符合恒定坚守条件的个股能上涨。

2. 高成功率公式选中该股，上涨的可能性大。周线选股【问籴 01】公式选股成功率高达 99%。

3. 周 K 线图分析——见财富软件显示的 1999 年 3 月 5 日 /600658 电子城的周 K 线图。

（1）1999 年 2 月 9 日【问籴 01】周线公式选出电子城。见周 K 线图上显现的【问籴 01】周线技术指标山峰信号。图中山峰信号是底部拐点起步信号，还有上升空间，放心买入。

（2）根据周 K 线显示，选出当周 1999 年 2 月 9 日的周线换手率 0.90%，周线涨幅 3.83%，股价中幅上涨。1999 年 2 月 9 日以前，周线出现了“飞流直下三千尺”形态，之后的底部出现小阳线，小幅回落可入，等候拉升。

4. 综上所述，电子城形成了『问籴 01』周线形态。写成选出该股采用的公式 / 选出时间横列表达式：

$$\frac{\text{【问籴 01】周线}}{\text{19990209 星期二}} = \text{600658 电子城}$$

上述四条分析结果，是买入电子城的技术性理由。

四、1999 年 6 月 25 日电子城效益验证图。

选出日 1999 年 2 月 9 日股价 5.70 元，卖出日 1999 年 6 月 25 日最高股价 12.65 元，1999 年 2 月 9 日—1999 年 6 月 25 日，共 17 个交易周，电子城的股价上升 121.93%。见下图：

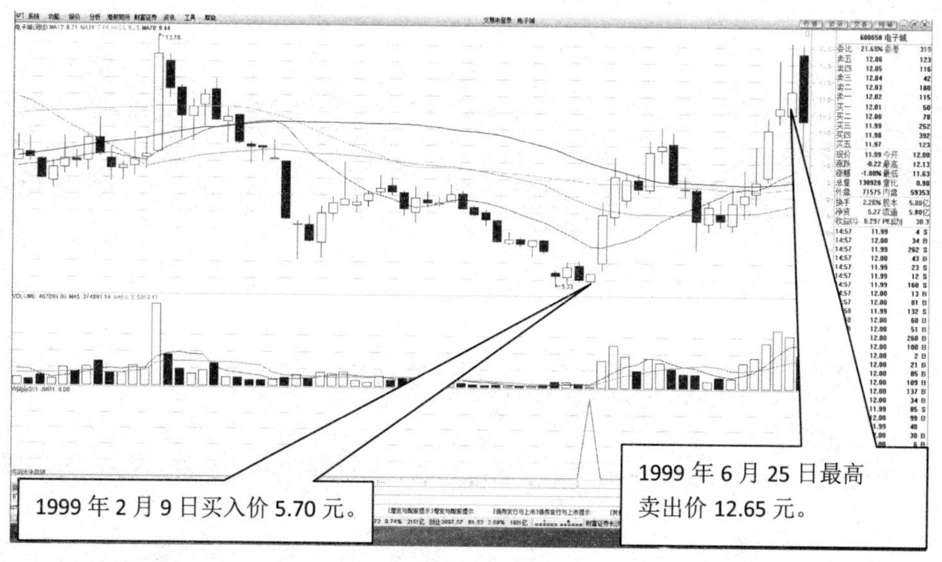

补记 1999 年 7 月 2 日 /600658 电子城周 K 线图

1999 年 8 月 28 日 星期五

敢问：建新矿业之籴在何时？

答案：【问籴 01】周线告诉你，

大籴就在 1999 年 5 月 21 日。

1999 年选出 36 股列表，列出其中的第二股

建新矿业的周 K 线图及其分析内容。

一、当选初期建新矿业周 K 线图。

【问籴 01】周线公式 1999 年 5 月 21 日（星期五）选出建新矿业，是 1999 年选出的 36 只股票之二。

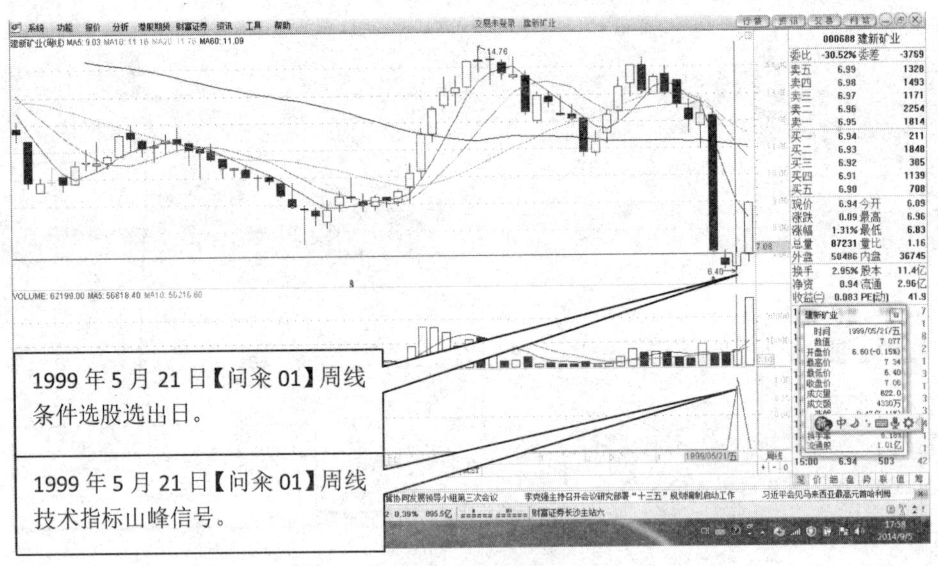

1999 年 5 月 28 日 /000688 建新矿业周 K 线图

二、『问籴 01』周线形态显现。

1999年5月21日，星期五，【问籴01】周线选出建新矿业，见上图箭头所示：

1999 年 5 月 21 日星期五是【问籴 01】周线条件选股选出日。1999 年 5 月 21 日星期五是【问籴 01】周线技术指标山峰信号日。

三、买入理由。

1. 底部『问籴 01』周线形态符合恒定坚守条件的个股会上涨。

2. 周线选股【问籴 01】公式选股成功率高达 99%。

3. 周 K 线图分析——见财富软件显示的 1999 年 5 月 28 日 /000688 建新矿业的周 K 线图。

（1）1999 年 5 月 21 日【问籴 01】周线公式选出建新矿业。见周 K 线图上显现的【问籴 01】周线技术指标山峰信号。图中山峰信号所指是底部拐点起步信号，还有上升空间，放心买入。

（2）据周 K 线显示，选出当周 1999 年 5 月 21 日周线换手率 6.18%，周线涨幅 7.11%，股价大幅上涨。1999 年 5 月 21 日以前，周线出现了“飞流直下三千尺”形态，之后底部出现小阳线，小幅回落可入。

4. 综上所述，000688 建新矿业形成了『问籴 01』周线形态。写成选出该股的采用公式 / 选出时间横列表达式：

$$\frac{\text{【问籴 01】周线}}{\text{19990521 星期五}} = \text{000688 建新矿业}$$

上述四条分析结果，是买入建新矿业的技术理由。

四、1999 年 7 月 2 日 000688 建新矿业效益验证图。

选出日 1999 年 5 月 21 日随机买入价 7.02 元，卖出日 1999 年 6 月 25 日最高股价 14.00 元，1999 年 5 月 21 日—1999 年 6 月 25 日，共 6 个交易周，000688 建新矿业的股价上升 94.43%。见下图：

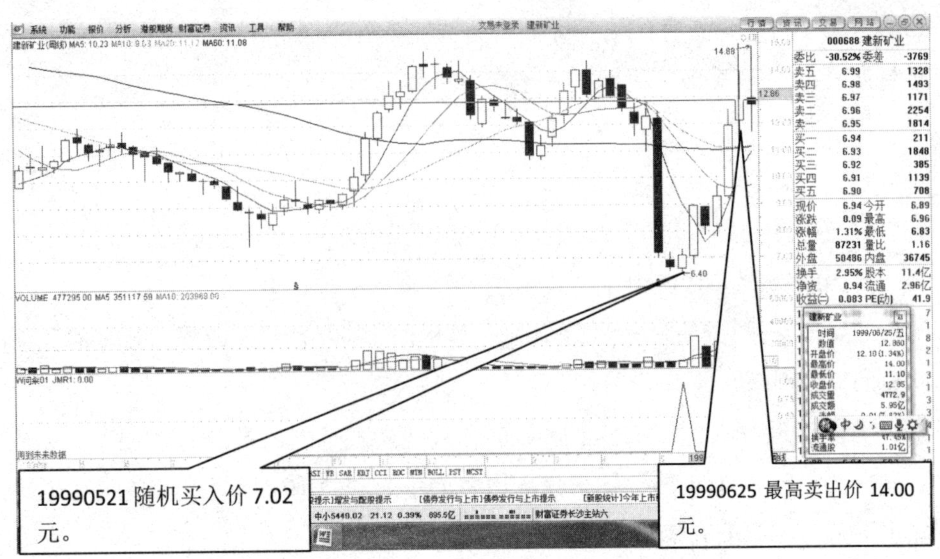

补记 1999 年 7 月 2 日 /000688 建新矿业周 K 线图

五、代表性个股横列表达式。

1999 年【问籴 01】周线公式选 36 股，除了建新矿业外，其他还选取有代表性的 3 股，写出采用公式 / 选出时间横列表达式：

$$\frac{\text{【问籴 01】周线}}{\text{19990514 星期五}} = \text{601607 上海医药，20 周内涨 83.42\%}$$

$$\frac{\text{【问籴 01】周线}}{\text{19990521 星期五}} = \text{000828 东莞控股，20 周内涨 72.10\%}$$

$$\frac{\text{【问籴 01】周线}}{\text{19990514 星期五}} = \text{000069 华侨城 A，20 周内涨 76.87\%}$$

第 8 节　2000 年选股记录

敢问：哪些股票之籴在何方？

答案：【问籴 01】周线告诉你，

2000 年选出 3 只股票大籴所在年月日。

一、2000 年选股记录。

【问籴 01】周线公式 2000 年选出 3 股，列出股票名称、选出日期、20 周内获利等内容。见表 8：

表 8 2000 年【问籴 01】周线选出 3 股详表

序号	股票代码	股票名称	问籴 01 周线选出日期	20 周内获利（%）
01	600862	南通科技	20000616 星期五	35.68
02	000010	深华新	20000218 星期五	**88.28**
03	000752	西藏发展	20001027 星期五	**87.63**
	2000 年	失败 0 股	成功 3 股	**大涨 2 股**

表注：选出后 20 个交易周涨幅大于 40% 为大涨，获利用黑体文字标识。

二、2000 年选股成败分析。

1. 选出后 20 个交易周涨幅小于 20% 有 0 股失败，占比 0.00%。

2. 选出后 20 个交易周涨幅大于 20% 有 3 股成功，占比 100%。

3. 选出后 20 个交易周涨幅大于 40% 有 2 股大涨，占比 66.67%。

2000 年月 25 日 星期五

敢问：深华新之籴在何时？

答案：【问籴 01】周线告诉你，

大籴就在 2000 年 2 月 18 日。

2000 年选出 3 股写出其中的一股

深华新的周 K 线图及其分析内容。

一、当选初期深华新周 K 线图。

2000 年 2 月 18 日，【问籴 01】周线公式选出深华新，是 2000 年选出的 3 只股票之一。见 2000 年 2 月 25 日 /000010 深华新周 K 线图：

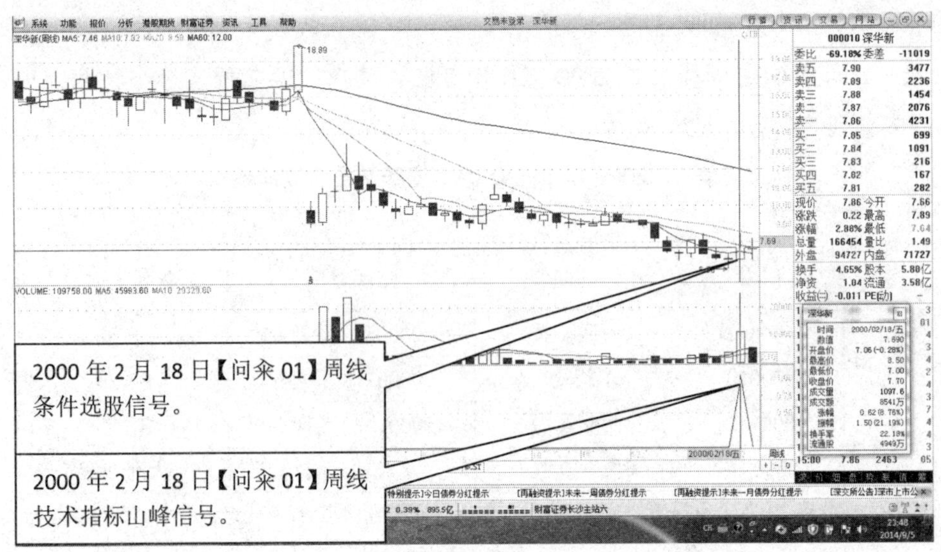

2000 年 2 月 25 日 /000010 深华新周 K 线图

二、『问籴 01』周线形态显现。

2000 年 2 月 18 日，星期五，【问籴 01】周线选出深华新，见上图箭头所示：2000 年 2 月 18 日，星期五是【问籴 01】周线公式条件选股选出日。2000 年 2 月 18 日，星期五是【问籴 01】周线公式技术指标山峰信号日。

三、买入理由。

1. 底部『问籴 01』周线形态满足恒定坚守的条件的个股会上涨。

2. 周线选股【问籴 01】公式选股成功率高达 99%。

3. 周 K 线图分析——见财富软件显示的 2000 年 2 月 25 日 /000010 深华新周 K 线图。

（1）2000 年 2 月 18 日【问籴 01】周线公式选出深华新。见周 K 线图上显现的【问籴 01】周线技术指标山峰信号。图中山峰信号是底部拐点起步信号，还有上升空间，放心买入。

（2）根据周 K 线显示，选出当周 2000 年 2 月 18 日的周线换手率 22.18%，周线涨幅 8.16%，量价齐升，股价大幅上涨。2000 年 2 月 18 日以前，周线出现了“飞流直下三千尺”形态，之后的底部出现小阳线，小幅回落可入，等候拉升。

4. 综上所述，深华新形成了『问籴 01』周线形态。写成选出该股采用公式 / 选出时间横列表达式：

$$\frac{\text{【问籴 01】周线}}{\text{20000218 星期五}} = \text{000010 深华新}$$

上述四条分析结果，是买入深华新的技术性理由。

四、2000 年 4 月 14 日深华新效益验证图。

选出日 2000 年 2 月 18 日股价 7.70 元，卖出日 2000 年 4 月 7 日股价 10.20 元，2000 年 2 月 18 日—2000 年 4 月 7 日，共 7 个交易周，000010 深华新的股价上升 32.47%。见下图：

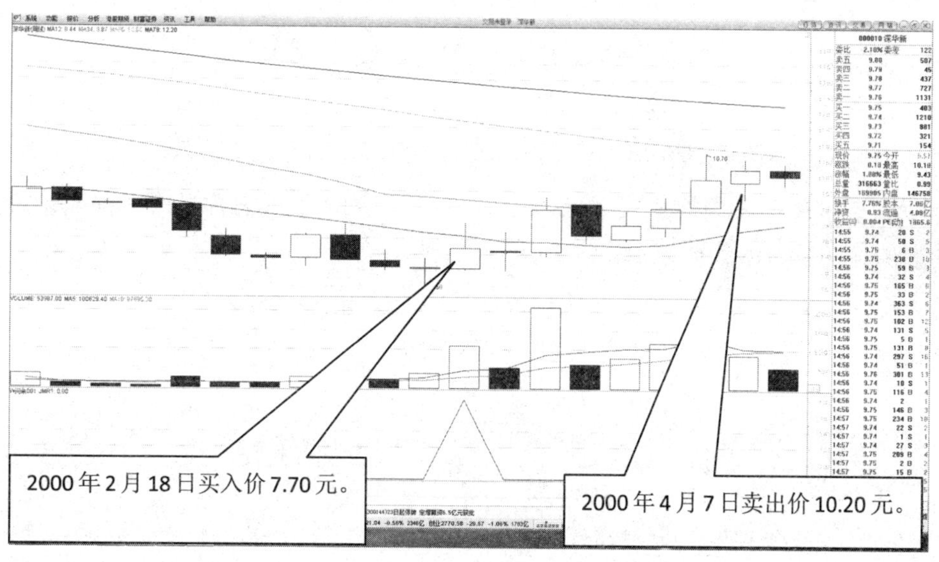

补记 2000 年 4 月 14 日 /000010 深华新周 K 线图

五、代表性个股横列表达式。

2000 年【问籴 01】周线公式选出三股，除了深华新外，还有其他两股，写出采用公式 / 选出时间横列表达式：

$\frac{\text{【问余 01】周线}}{\text{20001027 星期五}}$ = 000752 西藏发展，20 周内涨 87.63%

$\frac{\text{【问余 01】周线}}{\text{20000616 星期五}}$ = 600862 南通科技，20 周内涨 35.68%

第 9 节　2001 年选股记录

敢问：哪些股票之余在何方？

答案：【问余 01】周线告诉你，

2001 年选出 22 只股票大余所在年月日。

一、2001 年选股记录。

【问余 01】周线公式 2001 年选出 22 股，列出股票名称、选出日期、20 周内获利等内容。见表 9：

表 9　2001 年【问余 01】周线选出 22 股详表

序号	股票代码	股票名称	问余 01 周线选出日期	20 周内获利（%）
01	600055	华润万东	20011026 星期五	32.05
02	600084	中葡股份	20011026 星期五	30.50
03	600110	中科英华	20011027 星期五	56.55
04	600149	廊坊发展	20011228 星期五	68.22
05	600153	建发股份	20011026 星期五	28.62
06	600198	大唐电信	20010831 星期五	31.79
07	600226	升华拜克	20011102 星期五	27.29
08	600662	强生控股	20011026 星期五	29.60
09	600781	辅仁药业	20011116 星期五	33.14
10	600807	天业股份	20011102 星期五	40.68
11	600816	安信信托	20010907 星期五	30.77

续表

序号	股票代码	股票名称	问籴01周线选出日期	20周内获利（%）
12	600834	申通地铁	20011026 星期五	29.86
13	600839	四川长虹	20010921 星期五	28.14
14	600857	工大首创	20010302 星期五	26.53
15	000007	零七股份	20011026 星期五	31.30
16	000048	康达尔	20010810 星期五	34.35
17	000068	华控赛格	20011026 星期五	31.44
18	000411	英特集团	20010302 星期五	**57.27**
19	000537	广宇发展	20011026 星期五	32.46
20	000681	视觉中国	20010302 星期五	29.40
21	000793	华闻传媒	20010302 星期五	29.76
22	000796	易食股份	20011026 星期五	35.29
	2001年	失败0股	成功22股	大涨4股

表注：选出后20个交易周涨幅大于40%为大涨，获利用黑体文字标识。

二、2001年选股成败分析。

1. 选出后20个交易周涨幅小于20%有0股失败，占比0.00%。

2. 选出后20个交易周涨幅大于20%有22股成功，占比100%。

3. 选出后20个交易周涨幅大于40%有4股大涨，占比18.18%。

2001年3月9日　星期五

敢问：英特集团之籴在何时？

答案：【问籴01】周线告诉你，

大籴就在2001年3月2日。

2001年选出22股，列出其中的一股

英特集团的周K线图及其分析内容。

一、当选初期英特集团周K线图。

2001年3月2日，星期五，【问籴01】周线公式选出英特集团，是2001年选出的22只股票之一。见2001年3月9日英特集团周K线图：

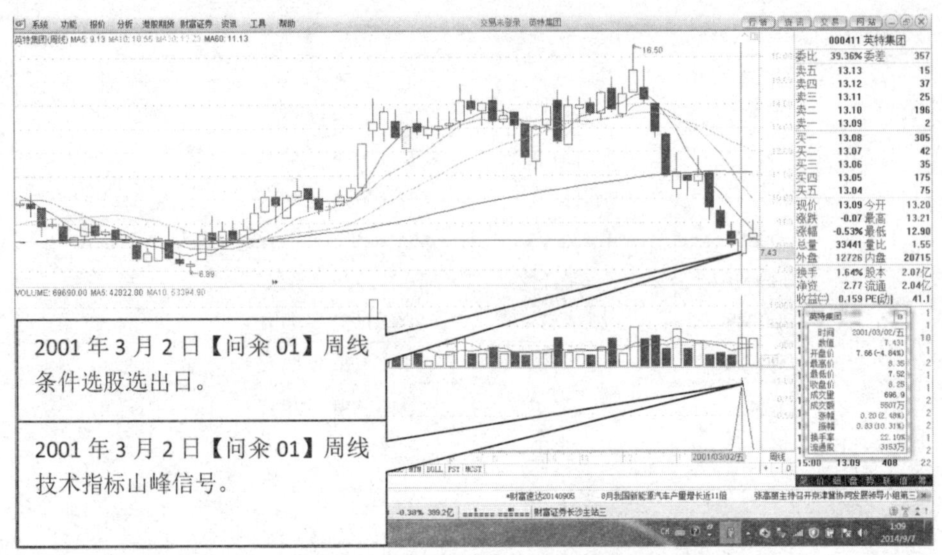

2001 年 3 月 9 日 /000411 英特集团周 K 线图

二、『问籴 01』周线形态显现。

2001 年 3 月 2 日，星期五，【问籴 01】周线公式选出英特集团，见上图箭头所示：2001 年 3 月 2 日，星期五是【问籴 01】周线公式条件选股选出日。2001 年 3 月 2 日，星期五是【问籴 01】周线技术指标山峰信号日。

三、买入理由。

1. 底部『问籴 01』周线形态符合恒定坚守的条件的个股会上涨。

2. 周线选股【问籴 01】公式选股成功率高达 99%。

3. 周 K 线图分析——见财富软件显示的 2001 年 3 月 9 日 /000411 英特集团的周 K 线图。

（1）2001 年 3 月 2 日【问籴 01】周线公式选出英特集团。见周 K 线图上显现的【问籴 01】周线技术指标山峰信号。图中山峰信号是底部拐点起步信号，还有上升空间，放心买入。

（2）根据周 K 线显示，选出当周 2001 年 3 月 2 日的周线换手率 22.10%，周线涨幅 2.48%，股价小幅上涨。2001 年 3 月 2 日以前，周线出现了“飞流直下三千尺”形态，之后的底部出现小阳线，小幅回落可入，等候拉升。

4. 综上所述，英特集团形成了『问朵 01』周线形态。写成选出该股的采用公式 / 选出时间横列表达式：

$$\frac{\text{【问朵 01】周线}}{\text{20010302 星期五}}=\text{000411 英特集团}$$

上述四条分析结果，是买入英特集团的技术性理由。

四、2001 年 7 月 27 日英特集团效益验证图。

选出日 2001 年 3 月 2 日股价 8.05 元，卖出日 2001 年 7 月 20 日股价 12.66 元，2001 年 3 月 2 日—2001 年 7 月 20 日，共 19 个交易周，英特集团的股价上升 57.27%。见下图：

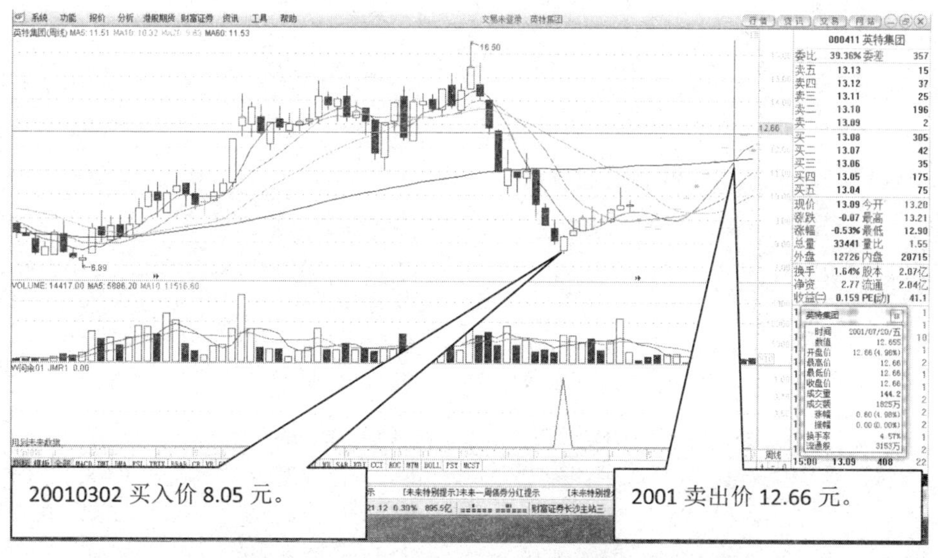

补记 2001 年 7 月 27 日 /000411 英特集团周 K 线图

五、代表性个股横列表达式。

2001 年【问朵 01】周线公式选出 22 股，除了英特集团外，还有代表性的其他三股，写出采用公式 / 选出时间横列表达式：

$$\frac{\text{【问籴 01】周线}}{\text{20011228 星期五}}$$ = 600149 廊坊发展，20 周内涨 68.22%

$$\frac{\text{【问籴 01】周线}}{\text{20011026 星期五}}$$ = 600110 中科英华，20 周内涨 56.55%

$$\frac{\text{【问籴 01】周线}}{\text{20011102 星期五}}$$ = 600807 天业股份，20 周内涨 40.68%

第 10 节　2002 年选股记录

敢问：哪些股票之籴在何方？

答案：【问籴 01】周线告诉你，

2002 年选出 318 只股票大籴所在年月日。

【问籴 01】周线公式 2002 年选出 318 股，列出股票名称、选出日期、20 周内获利等内容。见表 10：

表 10　2002 年【问籴 01】周线选出 318 股详表

序号	股票代码	股票名称	问籴 01 周线选出日期	20 周内获利（%）
01	600007	中国国贸	20020125 星期五	42.68
02	600051	宁波联合	20020125 星期五	37.40
03	600056	中国医药	20020201 星期五	28.60
04	600061	中纺投资	20020113 星期五	42.02
05	600069	银鸽投资	20020113 星期五	34.66
06	600071	凤凰光学	20020125 星期五	63.43
07	600076	青岛华光	20020125 星期五	41.41
08	600077	宋都股份	20020125 星期五	24.24
09	600079	人福医药	20020125 星期五	29.50
10	600080	金花股份	20020125 星期五	35.87
11	600094	大名城	20020125 星期五	28.40
12	600099	林海股份	20020125 星期五	31.60
13	600107	美尔雅	20020201 星期五	37.70
14	600108	亚盛集团	20020201 星期五	42.34
15	600112	天成控股	20020125 星期五	69.19

续表

序号	股票代码	股票名称	问氽 01 周线选出日期	20 周内获利（%）
16	600117	西宁特钢	20020201 星期五	39.74
17	600121	郑州煤电	20020125 星期五	38.80
18	600122	宏图高科	20020125 星期五	32.65
19	600125	铁笼物流	20020201 星期五	36.77
20	600128	弘业股份	20020201 星期五	25.65
21	600131	岷江水电	20020125 星期五	57.73
22	600133	东湖高新	20020125 星期五	36.32
23	600135	乐凯胶片	20020125 星期五	28.52
24	600148	长春一东	20020201 星期五	42.88
25	600152	维科精华	20020201 星期五	34.07
26	600155	宝硕股份	20020125 星期五	38.73
27	600156	华升股份	20020125 星期五	46.93
28	600158	中体产业	20020125 星期五	32.13
29	600173	卧龙地产	20020125 星期五	30.57
30	600176	中国玻纤	20020125 星期五	30.41
31	600179	黑化股份	20020201 星期五	36.25
32	600183	生益科技	20020201 星期五	57.50
33	600189	吉林森工	20020125 星期五	30.40
34	600192	长城电工	20020125 星期五	26.68
35	600196	复星医药	20020125 星期五	30.50
36	600199	金种子酒	20020201 星期五	28.05
37	600202	哈空调	20020125 星期五	39.46
38	600206	有研新材	20020125 星期五	28.99
39	600209	罗顿发展	20020201 星期五	31.75
40	600210	紫江企业	20020125 星期五	28.71
41	600225	天津松江	20020201 星期五	92.76
42	600229	青岛碱业	20020125 星期五	32.27
43	600232	金鹰股份	20020125 星期五	38.48
44	600233	大杨创世	20020125 星期五	30.82
45	600248	延长化建	20020125 星期五	31.38
46	600259	广晟有色	20020125 星期五	33.25
47	600262	北方股份	20020125 星期五	38.15
48	600299	ST 新材	20020125 星期五	38.60
49	600359	新农开发	20020125 星期五	32.97

续表

序号	股票代码	股票名称	问汆01周线选出日期	20周内获利（%）
50	600366	宁波韵升	20020621 星期五	28.06
51	600611	大众交通	20020125 星期五	31.27
52	600612	老凤祥	20020125 星期五	53.79
53	600614	鼎立股份	20020125 星期五	44.49
54	600615	丰华股份	20020125 星期五	33.47
55	600261	华鑫股份	20020125 星期五	40.74
56	600624	复旦复华	20020125 星期五	45.14
67	600628	新世界	20020125 星期五	41.91
58	600635	大众公用	20020125 星期五	26.13
59	600639	浦东金桥	20020125 星期五	49.01
60	600647	同达创业	20020201 星期五	62.68
61	600650	锦江投资	20020125 星期五	53.57
62	600660	福耀玻璃	20020621 星期五	28.87
63	600666	西南药业	20020201 星期五	35.29
64	600668	尖峰集团	20020125 星期五	47.05
65	600671	天目药业	20020125 星期五	44.37
66	600679	金山开发	20020621 星期五	49.79
67	600681	万鸿集团	20020125 星期五	43.83
68	600689	ST 三毛	20020201 星期五	29.30
69	600691	阳煤化工	20020125 星期五	57.58
70	600692	亚通股份	20020125 星期五	43.28
71	600693	东百集团	20020201 星期五	33.69
72	600695	大江股份	20020125 星期五	66.24
73	600696	多伦股份	20020201 星期五	50.00
74	600701	工大高新	20020125 星期五	41.70
75	600703	三安光电	20020201 星期五	46.66
76	600705	中航资本	20020201 星期五	41.19
77	600707	彩虹股份	20020125 星期五	44.15
78	600708	海博股份	20020125 星期五	39.55
79	600713	南京医药	20020125 星期五	56.91
80	600714	金瑞矿业	20020125 星期五	43.26
81	600715	松辽汽车	20020201 星期五	38.45
82	600716	凤凰股份	20020125 星期五	42.98
83	600722	金牛化工	20020125 星期五	45.32

续表

序号	股票代码	股票名称	问籴01周线选出日期	20周内获利（%）
84	600726	华电能源	20020125 星期五	28.27
85	600728	佳都科技	20020125 星期五	31.64
86	600729	重庆百货	20020125 星期五	43.83
87	600730	中国高科	20020125 星期五	46.45
88	600731	湖南海利	20020125 星期五	32.24
89	600732	上海新梅	20020125 星期五	53.75
90	600736	苏州高新	20020125 星期五	44.73
91	600746	江苏索普	20020201 星期五	31.83
92	600747	大连控股	20020118 星期五	57.10
93	600751	天津海运	20020201 星期五	31.63
94	600753	东方银星	20020201 星期五	40.81
95	600754	锦江股份	20020125 星期五	42.63
96	600757	长江传媒	20020201 星期五	51.65
97	600758	红阳能源	20020201 星期五	31.85
98	600760	中航黑豹	20020125 星期五	57.93
99	600765	中航重机	20020201 星期五	45.18
100	600768	宁波富邦	20020201 星期五	50.35
101	600769	祥龙电业	20020201 星期五	42.59
102	600773	西藏城投	20020125 星期五	59.40
103	600777	新潮实业	20020125 星期五	33.14
104	600781	辅仁药业	20021129 星期五	46.72
105	600783	鲁信创投	20020125 星期五	52.22
106	600790	轻纺城	20020125 星期五	28.80
107	600794	保税科技	20020125 星期五	32.65
108	600797	浙大网新	20021018 星期五	18.11
109	600798	宁波海运	20020201 星期五	41.15
110	600802	福建水泥	20020125 星期五	47.67
111	600803	威远生化	20020125 星期五	33.14
112	600804	鹏博士	20020201 星期五	34.43
113	600805	悦达投资	20020125 星期五	31.76
114	600814	杭州解百	20010201 星期五	30.24
115	600817	ST 宏盛	20020125 星期五	30.21
116	600821	津劝业	20020125 星期五	52.45
117	600828	成商集团	20020125 星期五	41.59

续表

序号	股票代码	股票名称	问氽 01 周线选出日期	20 周内获利（%）
118	600836	界龙实业	20020201 星期五	57.07
119	600841	上柴股份	20020125 星期五	36.35
120	600846	同济科技	20020125 星期五	42.49
121	600848	自仪股份	20020201 星期五	47.51
122	600856	长白集团	20020125 星期五	40.19
123	600858	银座股份	20020125 星期五	57.04
124	600866	星湖科技	20020125 星期五	41.18
125	600867	通化东宝	20020125 星期五	38.04
126	600869	智慧能源	20020201 星期五	28.46
127	600871	石化油服	20020125 星期五	46.39
128	600872	中炬高新	20020207 星期四	37.77
129	600873	梅花生物	20020125 星期五	46.26
130	600874	创业环保	20020125 星期五	30.52
131	600875	东方电气	20020201 星期五	48.85
132	600876	洛阳玻璃	20020201 星期五	43.68
133	600882	华联矿业	20020125 星期五	34.68
134	600883	博闻科技	20020125 星期五	56.60
135	600885	红发股份	20020125 星期五	33.97
136	600889	南京化纤	20020201 星期五	30.43
137	600891	秋林集团	20020125 星期五	48.54
138	600893	航空动力	20020201 星期五	50.34
139	600894	广日股份	20020201 星期五	62.69
140	600895	张江高科	20020621 星期五	34.04
141	600897	厦门空港	20020125 星期五	47.12
142	000005	世纪星源	20020125 星期五	73.10
143	000007	零七股份	20020125 星期五	73.43
144	000008	宝利来	20020125 星期五	91.55
145	000010	深华新	20020125 星期五	61.02
146	000011	深物业 A	20020125 星期五	51.75
147	000017	深中华 A	20020201 星期五	92.69
148	000021	长城开发	20020125 星期五	69.13
149	000022	深赤湾 A	20020201 星期五	58.21
150	000029	深深房 A	20020125 星期五	104.55.
151	000033	ST 新都	20020113 星期五	43.41

续表

序号	股票代码	股票名称	问籴 01 周线选出日期	20 周内获利（%）
152	000034	深信泰丰	20020125 星期五	40.80
153	000036	华联控股	20020125 星期五	46.89
154	000040	宝安地产	20020201 星期五	63.44
155	000046	泛海控股	20020125 星期五	46.49
156	000048	康达尔	20020201 星期五	69.72
157	000049	德赛电池	20020125 星期五	75.63
158	000056	深国商	20020125 星期五	69.41
159	000058	深赛格	20020125 星期五	77.56
160	000059	华锦股份	20020125 星期五	66.91
161	000060	中金岭南	20020125 星期五	54.60
162	000062	深圳华强	20020201 星期五	52.31
163	000070	海王生物	20020125 星期五	23.03
164	000404	华意压缩	20020201 星期五	42.78
165	000410	沈阳机床	20020201 星期五	32.44
166	000413	东旭光电	20020125 星期五	32.61
167	000413	吉林化纤	20020201 星期五	56.21
168	000421	南京中北	20020125 星期五	38.49
169	000422	湖北宜化	20020125 星期五	25.46
170	000429	粤高速	20020201 星期五	29.90
171	000430	张家界	20020201 星期五	53.73
172	000498	山东路桥	20020125 星期五	41.37
173	000501	鄂武商	20020125 星期五	45.61
174	000502	绿景控股	20020201 星期五	39.84
175	000503	海虹控股	20020201 星期五	36.36
176	000504	南华生物	20020125 星期五	35.89
177	000507	珠海港	20020125 星期五	29.70
178	000509	华塑控股	20020125 星期五	25.17
179	000517	丽珠集团	20020125 星期五	59.93
180	000514	渝开发	20020201 星期五	58.00
181	000516	开元投资	20020201 星期五	25.40
182	000519	江南红箭	20020201 星期五	25.74
183	000521	美菱电器	20020125 星期五	37.75
184	000523	广州浪奇	20020125 星期五	53.83
185	000524	东方宾馆	20020125 星期五	56.19

续表

序号	股票代码	股票名称	问余 01 周线选出日期	20 周内获利（%）
186	000526	银润投资	20020125 星期五	26.54
187	000531	穗恒运 A	20020201 星期五	33.33
188	000532	力合股份	20020125 星期五	54.14
189	000533	万家乐	20020201 星期五	32.86
190	000545	金浦钛业	20020125 星期五	34.11
191	000547	闽福发	20020125 星期五	25.65
192	000551	创元科技	20020125 星期五	33.00
193	000557	ST 广夏	20020125 星期五	107.49
194	000558	莱茵置业	20020201 星期五	47.36
195	000560	昆百大 A	20020201 星期五	38.15
196	000562	宏源证券	20020125 星期五	48.60
197	000563	陕国投	20020125 星期五	50.00
198	000564	西安民生	20020125 星期五	27.06
199	000565	海南海药	20020121 星期四	68.59
200	000567	海德股份	20020201 星期五	40.50
201	000570	苏常柴	20020125 星期五	45.52
202	000571	新大洲 A	20020125 星期五	35.07
203	000572	海马汽车	20020201 星期五	33.57
204	000573	粤宏远 A	20020125 星期五	60.44
205	000582	北部港湾	20020201 星期五	24.89
206	000568	汇源通信	20020125 星期五	52.12
207	000589	黔轮胎 A	20020125 星期五	39.04
208	000590	紫光古汉	20020201 星期五	37.56
209	000592	平潭发展	20020201 星期五	40.53
210	000600	建投能源	20020125 星期五	54.06
211	000603	盛大矿业	20020201 星期五	25.19
212	000606	青海明胶	20020125 星期五	107.35
213	000608	阳光股份	20020125 星期五	25.98
214	000609	绵世股份	20020201 星期五	22.38
215	000611	四海股份	20020125 星期五	46.61
216	000612	焦作万方	20020125 星期五	28.98
217	000615	湖北金环	20020201 星期五	40.81
218	000616	亿城投资	20020125 星期五	45.84
219	000620	新华联	20020301 星期五	31.15

续表

序号	股票代码	股票名称	问衾 01 周线选出日期	20 周内获利（%）
220	000622	恒立实业	20020125 星期五	26.86
221	000623	吉林敖东	20020125 星期五	21.01
222	000631	顺发醋业	20020125 星期五	37.28
223	000635	英力特	20020125 星期五	42.12
224	000636	风华高科	20020125 星期五	51.01
225	000638	万方发展	20020201 星期五	71.29
226	000656	金科股份	20020201 星期五	59.14
227	000657	中钨高新	20020125 星期五	38.92
228	000661	长春高新	20020201 星期五	30.39
229	000660	永安林业	20020125 星期五	37.78
230	000665	湖北广电	20020125 星期五	29.58
231	000666	经纬纺织	20020201 星期五	24.85
232	000667	美好集团	20020125 星期五	55.80
233	000668	荣丰控股	20020201 星期五	31.44
234	000669	金鸿能源	20020125 星期五	36.42
235	000670	盈方微	20020125 星期五	26.67
236	000671	阳光城	20020125 星期五	46.63
237	000673	当代东方	20020125 星期五	22.55
238	000677	恒天海龙	20020125 星期五	34.00
239	000683	远兴能源	20020125 星期五	39.65
240	000685	中山公用	20020621 星期五	22.28
241	000687	恒天天鹅	20020201 星期五	30.47
242	000691	亚太实业	20020125 星期五	35.37
243	000697	炼石有色	20020125 星期五	31.05
244	000698	沈阳化工	20020125 星期五	30.99
245	000701	厦门信达	20020125 星期五	60.09
246	000703	恒逸石化	20020201 星期五	27.49
247	000707	双环科技	20020125 星期五	37.68
248	000710	天兴仪表	20020201 星期五	53.74
249	000715	中兴商业	20020125 星期五	47.74
250	000718	苏宁环球	20020514 星期五	25.58
251	000721	西安饮食	20020125 星期五	25.81
252	000722	湖南发展	20020201 星期五	28.02
253	000727	华东科技	20020125 星期五	31.75

续表

序号	股票代码	股票名称	问籴 01 周线选出日期	20 周内获利（%）
254	000728	国元证券	20020125 星期五	46.25
255	000731	四川美丰	20020125 星期五	41.17
256	000733	振华科技	20020125 星期五	27.38
257	000728	中航动控	20020125 星期五	72.39
258	000739	普洛药业	20020125 星期五	34.65
259	000748	长城信息	20020125 星期五	28.74
260	000750	国海证券	20020125 星期五	48.17
261	000752	西藏发展	20020125 星期五	32.07
262	000755	ST 三维	20020125 星期五	38.90
263	000757	浩物股份	20020201 星期五	26.42
264	000758	中色股份	20020125 星期五	49.73
265	000760	斯太尔	20020201 星期五	18.24
266	000768	中航飞机	20020125 星期五	32.10
267	000777	中核科技	20020125 星期五	34.57
268	000779	ST 派神	20020201 星期五	27.79
269	000782	美达股份	20020125 星期五	38.21
270	000788	北大医药	20020201 星期五	30.71
271	000791	甘肃电投	20020201 星期五	33.66
272	000795	太原刚玉	20020201 星期五	34.98
273	000797	中国武夷	20020125 星期五	26.73
274	000800	一汽轿车	20020125 星期五	40.18
275	000806	银河投资	20020125 星期五	32.72
276	000809	铁岭新城	20020201 星期五	39.35
277	000812	陕西金叶	20020125 星期五	37.58
278	000813	天山纺织	20020125 星期五	44.03
279	000816	江淮动力	20020201 星期五	38.35
280	000818	方大化工	20020201 星期五	30.23
281	000821	京山轻机	20020125 星期五	29.12
282	000823	超声电子	20020125 星期五	23.11
283	000826	桑德环境	20021129 星期五	19.42
284	000830	鲁西化工	20020125 星期五	26.16
285	000851	高鸿股份	20020201 星期五	32.94
286	000852	江钻股份	20020125 星期五	37.44
287	000856	冀东装备	20020125 星期五	28.89

续表

序号	股票代码	股票名称	问朵 01 周线选出日期	20 周内获利（%）
288	000860	顺鑫农业	20020125 星期五	25.66
289	000862	银星能源	20020125 星期五	21.51
290	000868	安凯客车	20020201 星期五	30.58
291	000881	大连国际	20020125 星期五	39.65
292	000886	海南高速	20020125 星期五	**42.70**
293	000887	中鼎股份	20020125 星期五	**42.41**
294	000890	法尔胜	20020125 星期五	39.60
295	000897	津滨发展	20020125 星期五	30.35
296	000902	新洋丰	20020125 星期五	**44.75**
297	000905	厦门港务	20020201 星期五	**42.48**
298	000908	天一科技	20020125 星期五	38.46
299	000909	数源科技	20020201 星期五	33.54
300	000910	大亚科技	20020125 星期五	22.77
301	000913	钱江摩托	20020201 星期五	31.50
302	000915	山大华特	20020201 星期五	24.03
303	000926	福星股份	20020125 星期五	28.10
304	000928	ST 吉炭	20020201 星期五	23.03
305	000929	兰州黄河	20020201 星期五	**56.42**
306	000931	中关村	20020125 星期五	27.65
307	000935	四川双马	20020125 星期五	30.43
308	000936	华西股份	20020125 星期五	32.60
309	000949	新乡化纤	20020125 星期五	**53.58**
310	000950	建峰化工	20020201 星期五	**43.17**
311	000953	河池化工	20020125 星期五	**51.21**
312	000960	锡业股份	20020201 星期五	22.39
313	000966	长源电力	20020125 星期五	**43.59**
314	000970	中科三环	20020607 星期五	30.46
315	000976	春辉股份	20020201 星期五	26.71
316	000999	华润三九	20020125 星期五	19.83
317	001696	宗申动力	20020201 星期五	36.31
318	001896	豫能控股	20020201 星期五	**40.79**
	2002 年	失败 2 股	成功 316 股	**大涨 137 股**

表注：选出后 20 个交易周涨幅大于 40% 为大涨，获利用黑体文字标识。

选出后 20 个交易周涨幅大于 100% 为特涨，股名用黑体文字标识。

二、2002 年选股成败分析。

1. 选出后 20 个交易周股价涨幅小于 20% 有 2 股失败，占比 0.63%。

2. 选出 20 个交易周股价涨幅大于 20% 有 316 股成功，占比 99.37%。

3. 选出 20 个交易周股价涨幅大于 40% 有 137 股大涨，占比 43.08%。

4. 选出后 20 个交易周股价涨幅大于 100% 有 3 股特涨，占比 0.94%。

2002 年 2 月 1 日 星期五

敢问：深深房 A 之籴在何时？

答案：【问籴 01】周线告诉你，

大籴就在 2002 年 1 月 25 日。

2002 年选出 318 股，列出其中的一股

深深房 A 的周 K 线图及其分析内容。

一、当选初期深深房 A 周 K 线图。

2002 年 1 月 25 日，星期五，【问籴 01】周线公式上周选出深深房 A，是 2002 年选出的 318 只股票之一。见 2002 年 2 月 1 日 /000029 深深房 A 周 K 线图：

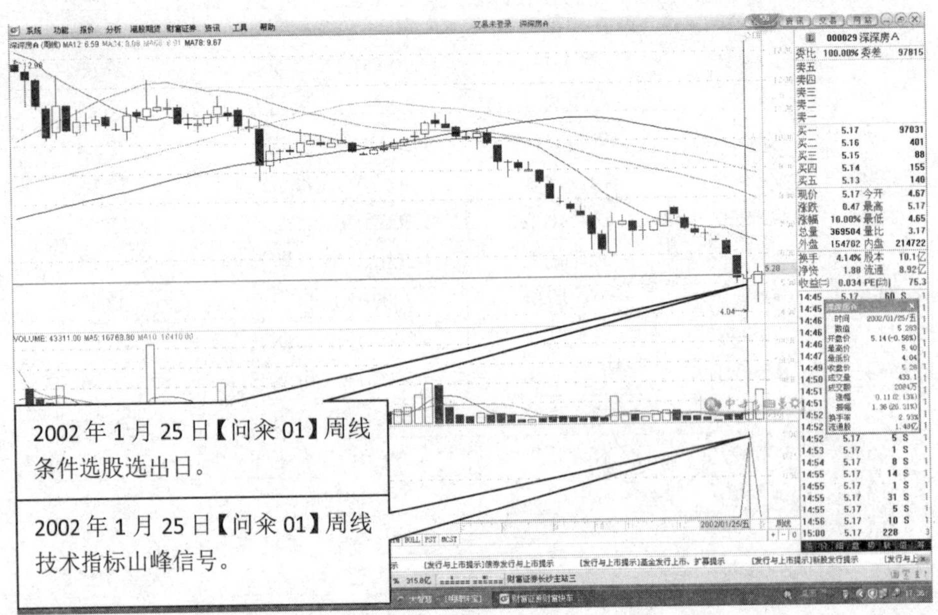

2002 年 2 月 1 日 /000029 深深房 A 周 K 线图

二、『问籴 01』周线形态显现。

2002 年 1 月 25 日，星期五，【问籴 01】周线选出 000029 深深房 A，见上图箭头所示：2002 年 1 月 25 日，星期五是【问籴 01】周线条件选股选出日。2002 年 1 月 25 日，星期五是【问籴 01】周线技术指标山峰信号日。

三、买入理由。

1. 底部『问籴 01』周线形态的个股上涨有后劲。

2. 周线选股【问籴 01】公式选股成功率高达 99%。

3. 周 K 线图分析——见财富软件显示的 2002 年 2 月 1 日 /000029 深深房 A 的周 K 线图。

（1）2002 年 1 月 25 日【问籴 01】周线公式选出深深房 A。见周 K 线图上显现的【问籴 01】周线技术指标山峰信号。图中山峰信号是底部拐点起步信号，还有上升空间，放心买入。

（2）根据周 K 线显示，选出当周 2002 年 1 月 25 日的周线换手率 2.93%，周线涨幅 2.13%，股价微幅上涨。2002 年 1 月 25 日以前，周线出现了“飞流直下三千尺”形态，之后的底部出现小阳线，小幅回落可入，等候拉升。

4. 综上所述，深深房 A 形成了『问籴 01』周线形态，写成选出该股采用公式 / 选出时间横列表达式：

$$\frac{\text{【问籴 01】周线}}{\text{20020125 星期五}} = \text{000029 深深房 A}$$

上述四条分析结果，是买入深深房 A 的技术性理由。

四、2002 年 4 月 19 日深深房 A 效益验证。

选出日 2002 年 1 月 25 日股价 5.28 元，卖出日 2002 年 4 月 12 日股价 10.80 元，2002 年 2 月 1 日—2002 年 4 月 12 日，共 9 个交易周，深深房 A 的股价上升 104.55%。见下图：

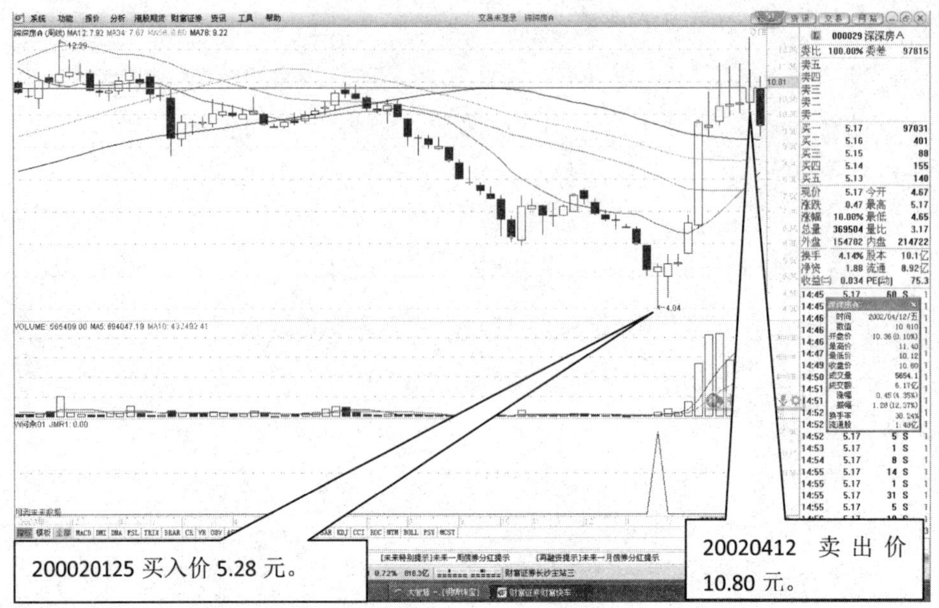

补记 2002 年 4 月 19 日 /000029 深深房 A 周 K 线图

五、代表性个股的横列表达式。

2002 年『问籴 01』周线选出 318 股，除了 000029 深深房 A，还选取代表性的其他三股，写出其采用公式 / 选出时间横列表达式：

$$\frac{\text{【问籴 01】周线}}{\text{20020125 星期五}} = \text{000606 青海明胶，20 周内涨 107.35\%}$$

$$\frac{\text{【问籴 01】周线}}{\text{20020125 星期五}} = \text{000008 宝利来，20 周内涨 91.55\%}$$

$$\frac{\text{【问籴 01】周线}}{\text{20020201 星期五}} = \text{000017 深中华，20 周内涨 92.69\%}$$

第 11 节　2003 年选股记录

敢问：哪些股票之氽在何方？

答案：【问氽 01】周线告诉你，

2003 年选出 137 只股票大氽所在年月日。

一、2003 年选股记录。

【问氽 01】周线公式 2003 年选出 137 股，列出股票名称、选出日期、20 周内获利等内容。见表 11：

表 11　2003 年【问氽 01】周线选出 137 股详表

序号	股票代码	股票名称	问氽 01 周线选出日期	20 周内获利（%）
01	600000	浦发银行	20030110 星期五	41.54
02	600056	中国医药	20031107 星期五	24.98
03	600059	古越龙山	20031107 星期五	36.35
04	600074	保千里	20030110 星期五	10.87
05	600077	宋都股份	20031114 星期五	66.93
06	600097	开创国际	20031114 星期五	45.56
07	600110	中国卫星	20031114 星期五	31.96
08	600119	长江投资	20031226 星期五	33.76
09	600120	浙江东方	20031226 星期五	47.53
10	600133	东湖高新	20031114 星期五	37.17
11	600137	浪莎股份	20031114 星期五	68.67
12	600138	中青旅	20031114 星期五	95.89
13	600139	西部资源	20031107 星期五	36.17
14	600146	大元股风	20031114 星期五	45.19
15	600156	华升股份	20031114 星期五	30.33
16	600187	国中水务	20031114 星期五	34.90
17	600193	创兴资源	20031114 星期五	31.17
18	600195	中牧股份	20031114 星期五	68.56
19	600198	大唐电信	20031121 星期五	66.15
20	600209	罗顿发展	20031114 星期五	59.28

续表

序号	股票代码	股票名称	问籴01周线选出日期	20周内获利（%）
21	600211	西藏药业	20031114 星期五	34.70
22	600213	亚星客车	20031121 星期五	35.75
23	600241	时代万恒	20031114 星期五	34.21
24	600242	中昌海运	20031114 星期五	30.43
25	600243	青海华鼎	20031114 星期五	30.66
26	600247	ST 成城	20031114 星期五	35.84
27	600257	大湖股份	20031121 星期五	51.35
28	600258	首旅酒店	20031114 星期五	47.95
29	600260	凯乐科技	20031114 星期五	36.53
30	600275	武昌鱼	20031114 星期五	44.28
31	600280	中央商场	20031114 星期五	39.04
32	600293	三峡新材	20031107 星期五	32.49
33	600295	鄂尔多斯	20031114 星期五	30.77
34	600297	美罗药业	20031114 星期五	35.18
35	600305	恒顺醋业	20031114 星期五	33.28
36	600328	兰太实业	20031121 星期五	69.20
37	600335	国机汽车	20031121 星期五	29.51
38	600346	大橡塑	20031114 星期五	26.82
39	600363	联创光电	20030110 星期五	22.96
40	600365	通葡股份	20031114 星期五	29.01
41	600367	红星发展	20030808 星期五	9.92
42	600391	成发科技	20031114 星期五	40.14
43	600396	金山股份	20031121 星期五	70.61
44	600466	迪康药业	20031114 星期五	31.37
45	600486	扬农化工	20031114 星期五	38.58
46	600488	天药股份	20031114 星期五	56.52
47	600520	中发科技	20031121 星期五	36.85
48	600530	交大昂立	20031121 星期五	32.30
49	600568	中珠控股	20031114 星期五	42.81
50	600603	大洲兴业	200310523 星期五	43.94
51	600610	中毅达	20031121 星期五	33.98
52	600618	氯碱化工	20031121 星期五	43.78
53	600621	华鑫股份	20031114 星期五	38.40
54	600640	号百控股	20031121 星期五	51.45

续表

序号	股票代码	股票名称	问朵 01 周线选出日期	20 周内获利（%）
55	600657	信达地产	20031031 星期五	48.59
56	600665	天地源	20031114 星期五	45.86
67	600671	天目药业	20031114 星期五	29.76
58	600673	东阳光科	20031114 星期五	44.04
59	600681	万鸿集团	20031114 星期五	38.20
60	600687	刚泰控股	20031114 星期五	59.69
61	600689	上海三毛	20031114 星期五	44.91
62	600695	大江股份	20031107 星期五	39.23
63	600696	多伦股份	20031226 星期五	27.83
64	600732	上海新梅	20031121 星期五	44.41
65	600742	一汽富维	20031107 星期五	28.97
66	600758	红阳能源	20031121 星期五	39.34
67	600770	**综艺股份**	20031114 星期五	127.32
68	600774	汉商集团	20031114 星期五	54.35
69	600780	通宝能源	20030930 星期二	68.27
70	600793	ST 宣纸	20031114 星期五	61.40
71	600794	保税科技	20031226 星期五	44.43
72	600818	中路科技	20031121 星期五	30.76
73	600822	上海物贸	20031121 星期五	68.17
74	600828	成商集团	20031114 星期五	28.24
75	600930	香溢融通	20031114 星期五	54.55
76	600833	第一医药	20031114 星期五	34.61
77	600834	申通地铁	20031114 星期五	34.67
78	600841	上柴股份	20031121 星期五	37.44
79	600846	同济科技	20031114 星期五	35.80
80	600855	航天长峰	20031114 星期五	40.48
81	600856	长百集团	20031114 星期五	44.21
82	600857	工大首创	20031114 星期五	42.14
83	600862	南通科技	20030110 星期五	26.99
84	600885	宏发股份	20031114 星期五	26.40
85	000010	深华新	20031114 星期五	52.13
86	000023	深天地	20031121 星期五	48.75
87	000028	国药一致	20031121 星期五	55.74
88	000029	深深房 A	20031121 星期五	70.40

续表

序号	股票代码	股票名称	问伞01周线选出日期	20周内获利（%）
89	000034	深信泰丰	20031114 星期五	62.53
90	000035	中国天楹	20031114 星期五	44.60
91	000038	深大通	20031114 星期五	61.60
92	00042	中洲控股	20031114 星期五	44.96
93	000043	中航地产	20031121 星期五	37.50
94	000048	康达尔	20031114 星期五	38.59
95	000049	德赛电池	20031114 星期五	80.00
96	000056	深国商	20031121 星期五	58.01
97	000061	农产品	20031114 星期五	41.96
98	000063	中兴通讯	20030110 星期五	49.56
99	000150	宜华地产	20031114 星期五	44.66
100	000151	中成股份	20031114 星期五	34.37
101	000408	金谷源	20031114 星期五	29.93
102	000419	通程控股	20031114 星期五	31.80
103	000509	华塑控股	20031114 星期五	40.36
104	000532	广州浪奇	20031114 星期五	36.11
105	000540	中天城投	20031114 星期五	70.56
106	000552	靖远煤电	20031114 星期五	56.42
107	000590	紫光古汉	20031114 星期五	35.60
108	000598	兴蓉投资	20031114 星期五	30.25
109	000606	青海明胶	20030919 星期五	26.07
110	000607	华智控股	20031114 星期五	62.90
111	000610	西安旅游	20031114 星期五	33.07
112	000611	四海股份	20031114 星期五	37.18
113	000622	恒立实业	20031114 星期五	28.60
114	000655	金岭矿业	20031114 星期五	31.85
115	000702	正虹科技	20031114 星期五	57.35
116	000721	西安饮食	20031121 星期五	41.37
117	000739	普洛药业	20031114 星期五	41.61
118	000785	武汉中商	20031114 星期五	32.91
119	000791	甘肃电投	20031114 星期五	39.86
120	000797	中国武夷	20031114 星期五	32.68
121	000835	四川圣达	20031121 星期五	55.21
122	000838	国兴地产	20031121 星期五	40.85

续表

序号	股票代码	股票名称	问籴01周线选出日期	20周内获利（%）
123	000856	冀东装备	20031114 星期五	37.11
124	000859	国风塑业	20031114 星期五	28.69
125	000912	泸天化	20030718 星期五	18.72
126	000948	南天信息	20031121 星期五	37.76
127	000952	广济药业	20031114 星期五	33.97
128	000953	河池化工	20031107 星期五	**43.32**
129	000955	欣龙控股	20031114 星期五	24.36
130	000958	东方热电	20031107 星期五	30.84
131	000967	上风高科	20031114 星期五	**41.56**
132	000969	安泰科技	20031114 星期五	**70.86**
133	000981	银亿股份	20031121 星期五	32.55
134	000987	广州友谊	20031114 星期五	27.31
135	000988	华工科技	20031114 星期五	**46.12**
136	000989	九芝堂	20030110 星期五	23.64
137	000999	华润三九	20031114 星期五	**67.35**
	2013 年	失败 2 股	成功 135 股	**大涨 65 股**

表注：选出后 20 个交易周涨幅大于 40% 为大涨，获利用黑体文字标识。

选出后 20 个交易周涨幅大于 100% 为特涨，股名用黑体文字标识。

二、2003 年选股成败分析。

1. 选出后 20 个交易周涨幅小于 20% 有 2 股失败，占比 1.46%。

2. 选出后 20 个交易周涨幅大于 20% 有 135 股成功，占比 98.54%。

3. 选出后 20 个交易周涨幅大于 40% 有 64 股大涨，占比 46.72%。

4. 选出后 20 个交易周涨幅大于 100% 有 1 股特涨，占比 0.73%。

2003 年 11 月 21 日 星期五

敢问：综艺股份之籴在何时？

答案：【问籴 01】周线告诉你，

大籴就在 2003 年 11 月 14 日。

2003 年选出 137 股，列出其中的一股

综艺股份的周 K 线图及其分析内容。

一、当选初期综艺股份周 K 线图。

【问籴 01】周线公式 2003 年 11 月 14 日，星期五，选出综艺股份，是 2003 年选出的 137 只股票之一。见 2003 年 11 月 21 日 /600770 综艺股份周 K 线图：

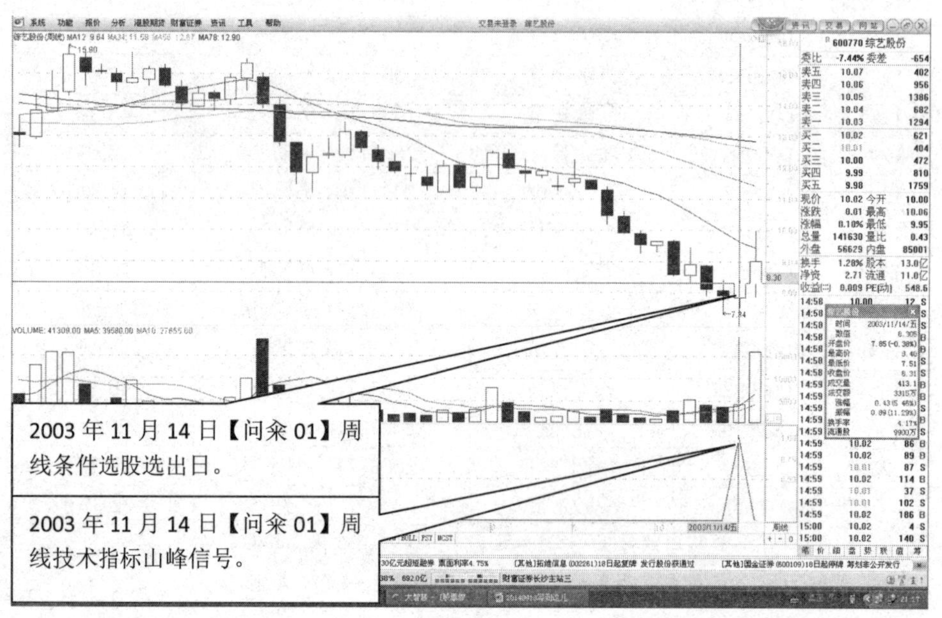

2003 年 11 月 21 日 /600770 综艺股份周 K 线图

二、『问籴 01』周线形态显现。

2003 年 11 月 14 日，星期五，【问籴 01】周线公式选出综艺股份，见上图箭头所示：2003 年 11 月 14 日，星期五是【问籴 01】周线条件选股选出日。2003 年 11 月 14 日，星期五是【问籴 01】周线技术指标山峰信号日。

三、买入理由。

1. 底部『问籴 01』周线形态适应恒定坚守条件的个股会上涨。

2. 周线选股【问籴 01】公式选股成功率高达 99%。

3. 周 K 线图分析——见财富软件显示的 2003 年 11 月 21 日 /600770 综艺股份的周 K 线图。

（1）2003 年 11 月 14 日【问汆 01】周线公式选出综艺股份。见周 K 线图上显现的【问汆 01】周线技术指标山峰信号。图中山峰信号所指是底部拐点起步信号，还有上升空间，放心买入。

（2）根据周 K 线显示，选出当周 2003 年 11 月 14 日的周线换手率 4.17%，周线涨幅 5.46%，股价中幅上涨。2003 年 11 月 14 日以前，周线出现了“飞流直下三千尺”形态，之后的底部出现小阳线，小幅回落可入，等候拉升。

4. 综上所述，综艺股份形成了『问汆 01』周线形态。写成选出该股的采用公式 / 选出时间横列表达式：

$$\frac{\text{【问汆01】周线}}{\text{20031114 星期五}} = \text{600770 综艺股份}$$

上述四条分析结果，是买入综艺股份的技术性理由。

四、2004 年 3 月 26 日综艺股份效益验证图。

选出日 2003 年 11 月 14 日股价 8.31 元，卖出日 2004 年 3 月 19 日股价 18.89 元，2003 年 11 月 21 日—2004 年 3 月 19 日，共 17 个交易周，综艺股份的股价上升 127.32%。见下图：

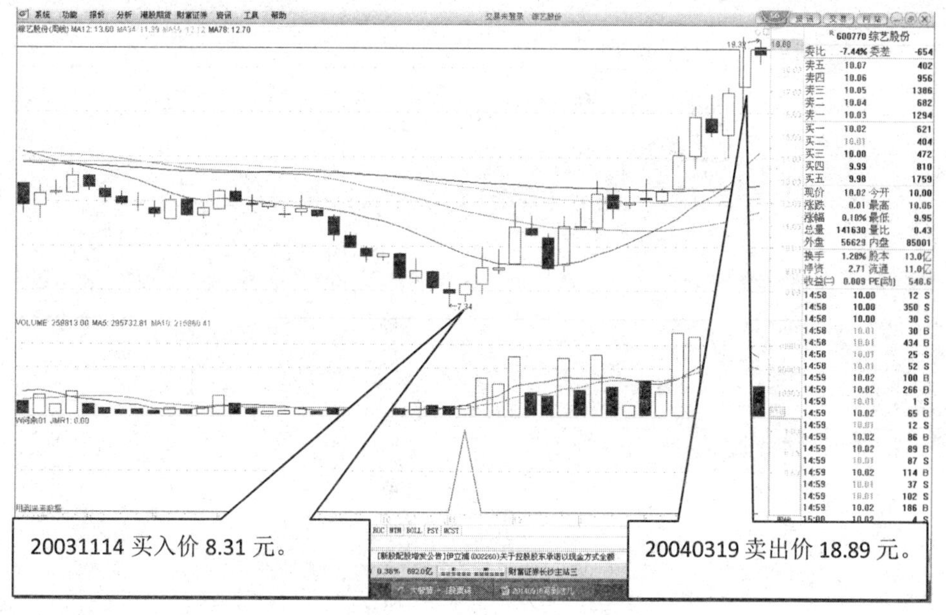

补记 2004 年 3 月 26 日 /600770 综艺股份周 K 线图

五、代表性个股横列表达式。

2003 年『问籴 01』周线选出 137 股，除了综艺股份外，还选取有代表性的其他三股，写出采用公式 / 选出时间横列表达式：

$$\frac{\text{【问籴 01】周线}}{\text{20031114 星期五}} = \text{600138 中青旅，20 周内涨 95.89\%}$$

$$\frac{\text{【问籴 01】周线}}{\text{20031114 星期五}} = \text{000049 德赛电池，20 周内涨 80.00\%}$$

$$\frac{\text{【问籴 01】周线}}{\text{20031121 星期五}} = \text{600328 兰太实业，20 周内涨 69.20\%}$$

第 12 节　2004 年选股记录

敢问：哪些股票之籴在何方？

答案：【问籴 01】周线告诉你，

2004 年选出 68 只股票之籴所在年月日。

一、2004 年选股记录。

【问籴 01】周线公式 2004 年选出 68 股，列出股票名称、选出日期、20 周内获利等内容。见表 12：

表 12　2004 年【问籴 01】周线选出 68 股详表

序号	股票代码	股票名称	问籴 01 周线选出日期	20 周内获利（%）
01	600005	武钢股份	20041105 星期五	31.09
02	600033	福建高速	20040625 星期五	29.76
03	6000 53	中江地产	20040130 星期五	60.57
04	600062	华润双荷	20041029 星期五	23.61
05	600083	博信股份	20040827 星期五	24.45
06	600090	啤酒花	20040910 星期五	23.51
07	600093	禾嘉股份	20040827 星期五	38.28
08	600055	华润万东	20040827 星期五	27.04

续表

序号	股票代码	股票名称	问枀 01 周线选出日期	20 周内获利（%）
09	600129	太极集团	20040903 星期五	31.45
10	600146	大元股份	20041105 星期五	20.77
11	600239	云南城投	20040827 星期五	48.94
12	600246	万通地产	20040116 星期五	61.55
13	600247	ST 成城	20040903 星期五	18.97
14	600250	南纺股份	20040903 星期五	27.30
15	600309	万华化学	20040703 星期五	38.98
16	600320	振华重工	20040528 星期五	25.15
17	600331	宏达股份	20040709 星期五	38.81
18	600353	旭光股份	20040903 星期五	30.42
19	600380	健康元	20040109 星期五	30.69
20	600385	ST 金泰	20041105 星期五	40.16
21	600526	非达环保	20040903 星期五	45.21
22	600582	天地科技 i	20040625 星期五	25.80
23	600597	光明乳业	20040903 星期五	29.34
24	600603	大洲兴业	20041112 星期五	23.57
25	600634	中技控股	20041029 星期五	48.30
26	600645	中原协和	20040903 星期五	49.26
27	600661	新南洋	20040903 星期五	22.33
28	600705	中航资本	20040903 星期五	27.51
29	600708	海博股份	20040903 星期五	32.79
30	600735	新华锦	20040827 星期五	23.18
31	600739	辽宁成大	20040827 星期五	44.27
32	600751	天津海运	20041029 星期五	20.92
33	600783	鲁信创投	20040903 星期五	28.48
34	600806	昆明机床	20040827 星期五	33.57
35	600807	天业股份	20040116 星期五	29.38
36	600827	百联股份	20040827 星期五	43.03
37	600831	广电网络	20040709 星期五	32.69
38	600847	万里股份	20040109 星期五	60.98
39	600848	自仪股份	20040109 星期五	35.00
40	000004	国农科技	20040903 星期五	25.16
41	000010	深华新	20041029 星期五	34.28

续表

序号	股票代码	股票名称	问叅 01 周线选出日期	20 周内获利（%）
42	000034	深信泰丰	20041029 星期五	24.80
43	000050	深天马	20040903 星期五	36.18
44	000088	盐田港	20040903 星期五	**49.18**
45	000153	丰原药业	20041029 星期五	25.43
46	000155	川化股份	20040827 星期五	34.34
47	000409	山东地矿	20040109 星期五	27.21
48	000503	海虹控股	20040910 星期五	**62.03**
49	000517	荣安地产	20040903 星期五	31.80
50	000519	江南红箭	20040827 星期五	37.98
51	000536	华映科技	20040109 星期五	**50.94**
52	000558	莱茵置业	20040109 星期五	39.86
53	000561	烽火电子	20040130 星期五	39.83
54	000567	海德股份	20040903 星期五	21.18
55	000581	威孚高科	20041105 星期五	**51.19**
56	000587	金叶珠宝	20041105 星期五	**83.75**
57	000592	平潭发展	20040109 星期五	32.84
58	000613	大东海 A	20041112 星期五	23.95
59	000661	长春高新	20040109 星期五	36.52
60	000679	大连友谊	20040116 星期五	**64.29**
61	000681	视觉中国	20040827 星期五	26.70
62	000725	京东方 A	20040903 星期五	26.69
63	000795	太原刚玉	20041105 星期五	**51.98**
64	000802	北京旅游	20041029 星期五	**57.14**
65	000950	**建峰化工**	20041105 星期五	**164.50**
66	000970	中科三环	20040709 星期五	29.28
67	000978	桂林旅游	20040109 星期五	**47.65**
68	000995	皇台酒业	20040116 星期五	31.20
	2004 年	失败 1 股	利 40% 以上 20 股	占比 29.41%

表注：选出后 20 个交易周涨幅大于 40% 为大涨，获利用黑体文字标识。
选出后 20 个交易周涨幅大于 100% 为特涨，股名用黑体文字标识。

二、2004 年选股成败分析。

1. 20 个交易周涨幅小于 20% 有 1 股失败，占比 1/68=1.47%。

2. 20 个交易周涨幅大于 20% 有 67 股成功，占比 67/68=98.53%。

3. 20 个交易周涨幅大于 40% 有 20 股大涨，占比 20/68=29.41%。

4. 20 个交易周涨幅大于 100% 有 1 股特涨，占比 1/68=1.47%。

2004 年 11 月 12 日 星期五

敢问：建峰化工之氽在何时？
答案：【问氽 01】周线告诉你，
大氽就在 2004 年 11 月 5 日。
2004 年选出 68 股，列出其中的一股
建峰化工的周 K 线图及其分析内容

一、当选初期建峰化工周 K 线图。

【问氽 01】周线公式 2004 年 11 月 5 日，选出建峰化工，是 2004 年选出 68 只股票之一。见 20041112/000950 建峰化工周 K 线图：

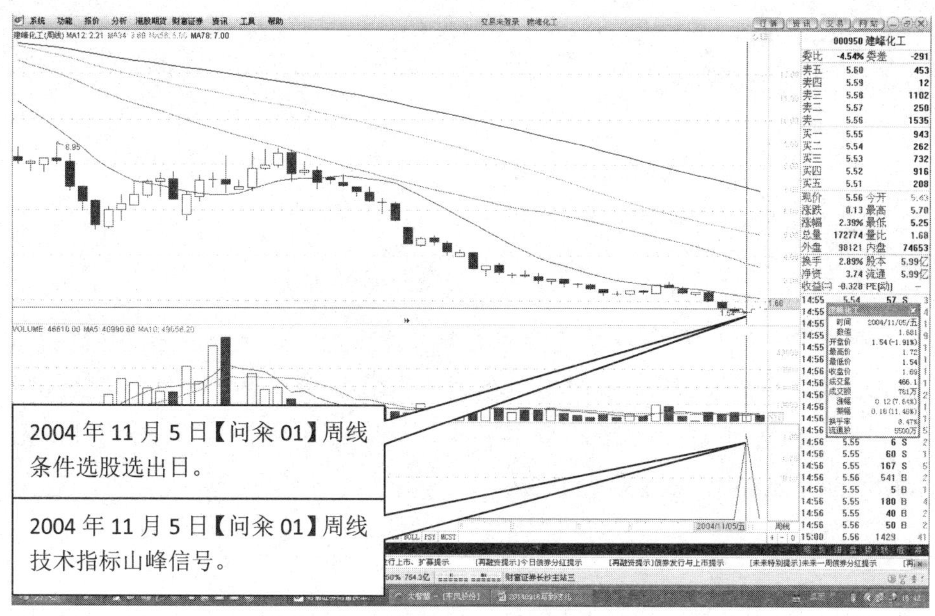

20041112/000950 建峰化工周 K 线图

二、『问籴 01』周线形态显现。

2004年11月5日，星期五，【问籴01】周线选出建峰化工，见上图箭头所示：2004年11月5日，是【问籴01】周线条件选股选出日。2004年11月5日是【问籴01】周线技术指标山峰信号日。

三、买入理由。

1. 底部『问籴 01』周线形态的个股必会上涨。

2. 周线【问籴 01】公式选股成功率高达 99%。

3. 周 K 线图分析——见财富软件显示的 2004 年 11 月 12 日 /000950 建峰化工的周 K 线图。

（1）2004 年 11 月 5 日【问籴 01】周线公式选出建峰化工。见周 K 线图上显现的【问籴 01】周线技术指标山峰信号。图中山峰信号是底部拐点起步信号，还有上升空间，放心买入。

（2）据周 K 线显示，选出当周 2004 年 11 月 5 日周线换手率 8.47%，周线涨幅 7.64%，股价大幅上涨。2004 年 11 月 5 日以前，周线出现了“飞流直下三千尺”形态，之后底部出现小阳线，小幅回落可入。

4. 综上所述，建峰化工形成了『问籴 01』周线形态。写成选出该股采用公式 / 选出时间横列表达式：

$$\frac{\text{【问籴01】周线}}{\text{20041105 星期五}}=\text{000950 建峰化工}$$

上述四条分析结果，是买入建峰化工的技术性理由。

四、2005 年 3 月 18 日建峰化工效益验证图。

选出日 2004 年 11 月 5 日股价 1.69 元，卖出日 2005 年 3 月 11 日股价 4.47 元，2004 年 11 月 12 日—2005 年 3 月 11 日，共 17 个交易周，000950 建峰化工的股价上升 164.50%。见下图：

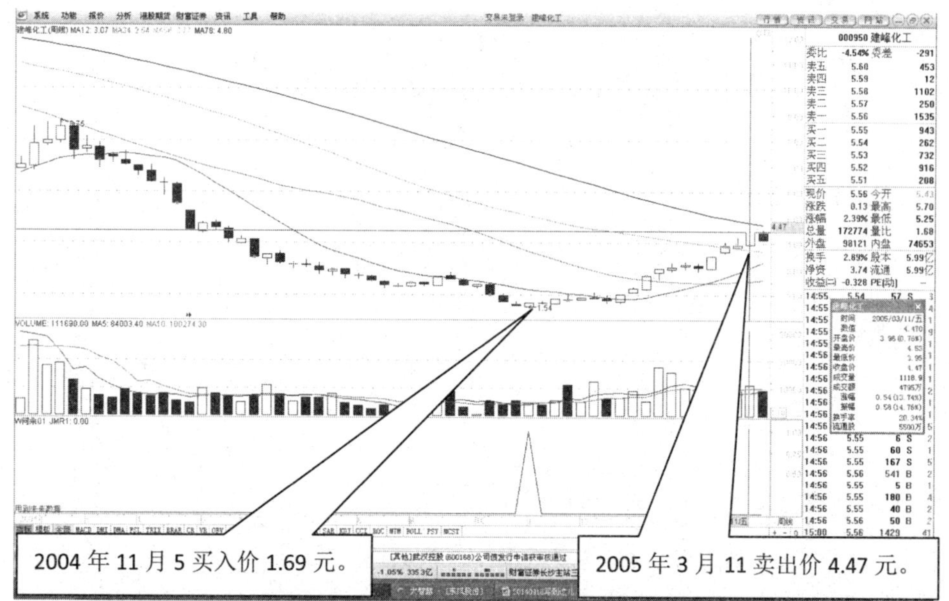

补记 20050318/000950 建峰化工周 K 线图

五、代表性个股横列表达式。

2004 年【问籴 01】周线选出 68 股，除了建峰化工，还选取有代表性的其他三股，写出采用公式 / 选出时间横列表达式：

$$\frac{\text{【问籴 01】周线}}{\text{20041105 星期五}}=\text{000587 金叶珠宝，20 周内涨 83.75\%}$$

$$\frac{\text{【问籴 01】周线}}{\text{20040910 星期五}}=\text{000503 海虹控股，20 周内涨 62.03\%}$$

$$\frac{\text{【问籴 01】周线}}{\text{20040116 星期五}}=\text{000679 大连友谊，20 周内涨 64.29\%}$$

第 13 节　2005 年选股记录

敢问：哪些股票之伞在何方？

答案：【问伞 01】周线告诉你，

2005 年选出 385 只股票之伞所在年月日。

一、2005 年选股记录。

【问伞 01】周线公式 2005 年选出 385 股，列出股票名称、选出日期、20 周内获利等内容。见表 13：

表 13　2005 年【问伞 01】周线选出 385 股详表

序号	股票代码	股票名称	问伞 01 周线选出日期	20 周内获利（%）
01	600021	上海电力	20051209 星期五	20.76
02	600030	中信证券	20050401 星期五	32.70
03	600031	三一重工	20051104 星期五	29.02
04	600039	四川路桥	20050722 星期五	29.06
05	600071	凤凰光学	20050729 星期五	24.41
06	600074	中达股份	20050729 星期五	24.60
07	600076	青岛华光	20050722 星期五	27.83
08	600080	金花股份	20050729 星期五	29.15
09	600097	开创国际	20050722 星期五	39.77
10	600099	林海股份	20050722 星期五	30.49
11	600103	青山纸业	20050722 星期五	23.78
12	600105	永鼎股份	20050722 星期五	31.93
13	600108	亚盛集团	20050722 星期五	31.01
14	600111	包钢稀土	20050722 星期五	36.86
15	600118	中国卫星	20050722 星期五	61.64
16	600119	长江投资	20050722 星期五	39.15
17	600121	郑州煤电	20051104 星期五	36.09
18	600127	金健米业	20050722 星期五	50.89
19	600129	太极集团	20050722 星期五	65.87
20	600130	波导股份	20050729 星期五	30.00

续表

序号	股票代码	股票名称	问籴 01 周线选出日期	20 周内获利（%）
21	600133	东湖高新	20050722 星期五	36.73
22	600136	道博股份	20050715 星期五	54.75
23	600139	西部资源	20050729 星期五	73.15
24	600145	ST 国创	20050715 星期五	25.76
25	600160	巨化股份	20050729 星期五	78.19
26	600161	天坛生物	20050722 星期五	71.78
27	600162	香江控股	20050722 星期五	43.52
28	600165	新日恒力	20050722 星期五	40.09
29	600166	福田汽车	20050729 星期五	22.02
30	600167	联美控股	20050722 星期五	31.07
31	600168	武汉控股	20050729 星期五	25.52
32	600169	太原重工	20050722 星期五	37.71
33	600170	上海建工	20051209 星期五	17.12
34	600173	卧龙地产	20050722 星期五	55.62
35	600176	中国玻纤	20050107 星期五	15.76
36	600179	黑化股份	20050722 星期五	45.00
37	600180	瑞茂通	20050729 星期五	36.68
38	600182	S 佳通	20051216 星期五	16.40
39	600183	生益科技	20050715 星期五	39.90
40	600187	国中水务	20050527 星期五	51.26
41	600188	兖州煤业	20051118 星期五	50.28
42	600199	金种子酒	20050729 星期五	43.62
43	600206	有研新材	20050722 星期五	38.61
44	600209	罗顿发展	20050729 星期五	35.71
45	600213	亚星客车	20050722 星期五	48.63
46	600217	秦岭水泥	20050722 星期五	58.45
47	600226	升华拜克	20050722 星期五	45.21
48	600228	ST 昌九	20050722 星期五	45.00
49	600234	山水文化	20050722 星期五	59.70
50	600237	铜峰电子	20050729 星期五	28.91
51	600241	时代万恒	20050729 星期五	31.00
52	600242	中昌海运	20050729 星期五	36.09
53	600243	青海华鼎	20050722 星期五	25.78
54	600250	南纺股份	20050722 星期五	58.30

续表

序号	股票代码	股票名称	问余01周线选出日期	20周内获利（%）
55	600252	中恒集团	20050715 星期五	40.30
56	600259	广晟有色	20050722 星期五	42.24
57	600260	凯乐科技	20050722 星期五	32.20
58	600262	北方股份	20050722 星期五	34.64
59	600268	国电南自	20050722 星期五	55.16
60	600273	华芳纺织	20050722 星期五	39.11
61	600278	东方创业	20050722 星期五	47.70
62	600279	重庆港九	20050729 星期五	40.00
63	600301	ST 南化	20051209 星期五	25.90
64	600302	标准规范	20050722 星期五	41.40
65	600311	荣华实业	20050722 星期五	46.44
66	600313	农发种业	20050722 星期五	44.21
67	600318	巢东股份	20050722 星期五	79.37
68	600328	兰太实业	20050204 星期五	18.83
69	600329	中新药业	20050722 星期五	28.57
70	600330	天通股份	20050729 星期五	35.31
71	600333	长春燃气	20051104 星期五	33.65
72	600339	天利高科	20051216 星期五	32.38
73	600343	航天动力	20050722 星期五	42.00
74	600345	长江通信	20050729 星期五	38.92
75	600346	大橡塑	20050729 星期五	32.52
76	600351	亚宝药业	20050722 星期五	45.72
77	600352	浙江龙盛	20051104 星期五	13.46
78	600353	旭光股份	20050722 星期五	59.27
79	600355	精伦电子	20050722 星期五	42.91
80	600358	国旅联合	20050722 星期五	33.33
81	600359	新农开发	20050722 星期五	33.33
82	600360	华微电子	20051125 星期五	70.14
83	600369	西南证券	20050729 星期五	52.67
84	600372	中航电子	20050722 星期五	20.50
85	600373	中文传媒	20050729 星期五	35.62
86	600379	宝光股份	20050729 星期五	40.93
87	600381	ST 贤成	20050729 星期五	27.23
88	600388	龙净环保	20050729 星期五	38.10

续表

序号	股票代码	股票名称	问朵01周线选出日期	20周内获利（%）
89	600389	江山股份	20050729 星期五	28.57
90	600393	东华实业	20051209 星期五	42.22
91	600395	盘江股份	20050722 星期五	29.45
92	600399	抚顺特钢	20050722 星期五	36.09
93	600400	红豆股份	20050722 星期五	43.75
94	600418	江淮汽车	20050114 星期五	28.97
95	600419	天润乳业	20050722 星期五	41.53
96	600422	昆明制药	20050715 星期五	41.65
97	600425	青松建化	20050722 星期五	46.18
98	600458	时代新材	20050722 星期五	63.93
99	600462	石岘纸业	20050722 星期五	44.41
100	600468	百利电气	20050729 星期五	45.05
101	600476	湘邮科技	20050722 星期五	46.62
102	600478	科力远	20050722 星期五	62.33
103	600480	凌云股份	20050722 星期五	33.99
104	600488	天药股份	20051216 星期五	49.41
105	600490	鹏欣资源	20050722 星期五	53.50
106	600498	烽火通信	20050729 星期五	26.19
107	600506	香梨股份	20050729 星期五	43.10
108	600509	天富能源	20050722 星期五	51.35
109	600510	黑牡丹	20050729 星期五	45.65
110	600517	置信电气	20050722 星期五	86.67
111	600520	中发科技	20050722 星期五	33.90
112	600521	华海药业	20051216 星期五	31.29
113	600522	中天科技	20050722 星期五	39.39
114	600523	贵航股份	20050722 星期五	34.29
115	600527	江南高纤	20050729 星期五	51.99
116	600529	山东药玻	20050722 星期五	21.03
117	600531	豫光金铅	20050722 星期五	41.44
118	600556	北生药业	20050729 星期五	36.70
119	600557	康缘药业	20050722 星期五	73.77
120	600559	老白干酒	20050729 星期五	28.02
121	600560	金自天正	20050429 星期五	24.19
122	600561	江西长运	20050722 星期五	39.66

续表

序号	股票代码	股票名称	问余01周线选出日期	20周内获利（%）
123	600562	国睿科技	20050722星期五	36.20
124	600563	法拉电子	20050722星期五	42.27
125	600571	雅信达	20051216星期五	20.48
126	600576	万好万家	20050429星期五	40.36
127	600579	天华院	20050722星期五	39.57
128	600584	长电科技	20050429星期五	50.58
129	600587	新华医疗	20050520星期五	48.57
130	600595	中孚实业	20050603星期五	34.42
131	600597	光明乳业	20050722星期五	27.48
132	600599	熊猫雅化	20050729星期五	45.09
133	600609	金杯汽车	20050729星期五	27.89
134	600610	ST中纺	20050722星期五	95.05
135	600615	**丰华股份**	20050722星期五	219.74
136	600617	**国新能源**	20050429星期五	128.73
137	600618	**氯碱化工**	20050729星期五	104.83
138	600626	申达股份	20050729星期五	35.86
139	600629	棱光实业	20050729星期五	96.84
140	600630	龙头股份	20050722星期五	37.73
141	600637	百视通	20050722星期五	28.88
142	600639	浦东金桥	20050722星期五	60.34
143	600640	号百控股	20050722星期五	54.46
144	600643	爱建股份	20050722星期五	27.68
145	600645	中原协和	20050722星期五	44.21
146	600657	信达地产	20050722星期五	35.38
147	600658	电子城	20050722星期五	41.60
148	600663	陆家嘴	20050722星期五	59.10
149	600667	太极实业	20050729星期五	26.20
150	600668	尖峰集团	20050722星期五	34.87
151	600677	航天通信	20050722星期五	51.27
152	600680	上海普天	20050722星期五	63.11
153	600681	万鸿集团	20050729星期五	76.84
154	600685	广船国际	20050722星期五	64.48
155	600692	亚通股份	20051216星期五	36.40
156	600696	多伦股份	20050722星期五	27.17

续表

序号	股票代码	股票名称	问籴01周线选出日期	20周内获利（%）
157	600699	均胜电子	20050722 星期五	36.45
158	600703	三安光电	20050722 星期五	40.09
159	600704	物产中大	20050729 星期五	26.46
160	600710	常林股份	20050722 星期五	35.60
161	600711	盛屯矿业	20050729 星期五	80.92
162	600718	东软集团	20050715 星期五	34.41
163	600720	祁连山	20050722 星期五	34.66
164	600721	百花村	20050722 星期五	40.68
165	600722	金牛化工	20050722 星期五	33.19
166	600725	云维股份	20050722 星期五	38.72
167	600728	佳都科技	20050708 星期五	51.10
168	600733	S 前锋	20050722 星期五	49.29
169	600737	中粮屯河	20050204 星期五	30.91
170	600750	江中药业	20050722 星期五	46.49
171	600763	通策医疗	20050729 星期五	75.00
172	600767	运盛实业	20050729 星期五	81.30
173	600773	西藏城投	20050722 星期五	35.26
174	600775	南京熊猫	20050722 星期五	71.63
175	600776	东方通信	20050729 星期五	28.62
176	600778	友好集团	20050729 星期五	32.35
177	600780	通宝能源	20050722 星期五	48.86
178	600783	鲁信创投	20050729 星期五	36.52
179	600784	鲁银投资	20050729 星期五	24.35
180	600801	华新水泥	20050722 星期五	78.00
181	600802	福建水泥	20050722 星期五	35.98
182	600803	威远生化	20050722 星期五	39.77
183	600804	鹏博士	20050722 星期五	57.96
184	600806	昆明机床	20050722 星期五	51.69
185	600807	天业股份	20050729 星期五	66.04
186	600812	华北制药	20050722 星期五	30.00
187	600815	厦工股份	20050722 星期五	40.47
188	600816	安信信托	20050722 星期五	53.30
189	600819	耀皮玻璃	20050729 星期五	45.10
190	600824	益民集团	20051216 星期五	21.43

续表

序号	股票代码	股票名称	问余01周线选出日期	20周内获利（%）
191	600825	新华传媒	20051104 星期五	71.63
192	600836	界龙实业	20051111 星期五	95.31
193	600838	上海九百	20050722 星期五	29.20
194	600841	上菜股份	20050729 星期五	44.67
195	600843	上工申贝	20050520 星期五	56.96
196	600846	同济科技	20050715 星期五	38.38
197	600850	华东电脑	20050729 星期五	30.06
198	600851	海欣股份	20050729 星期五	22.35
199	600853	龙建股份	20050722 星期五	39.01
200	600860	ST 京城	20050722 星期五	28.36
201	600862	南通科技	20050729 星期五	52.90
202	600866	星湖科技	20050729 星期五	27.65
203	600881	亚泰集团	20050729 星期五	20.09
204	600882	华联矿业	20050729 星期五	31.03
205	600883	博闻科技	20050715 星期五	60.99
206	600889	南京化纤	20050722 星期五	72.81
207	600891	秋林集团	20050729 星期五	53.28
208	600892	宝城股份	20050401 星期五	90.41
209	600894	广日股份	20050722 星期五	34.86
210	600898	三联商社	20050729 星期五	25.25
211	000004	国农科技	20050729 星期五	34.59
212	000005	世纪星源	20050722 星期五	40.16
213	000010	深华新	20050729 星期五	44.08
214	000016	深康佳	20050722 星期五	26.73
215	000023	深天地	20050722 星期五	53.29
216	000030	富奥股份	20050729 星期五	96.15
217	000034	深信泰丰	20050729 星期五	100.0
218	000035	中国天楹	20050729 星期五	87.05
219	000036	华联控股	20050722 星期五	27.51
220	000038	深大通	20050729 星期五	41.86
221	000046	泛海控股	20050722 星期五	21.77
222	000055	方大集团	20050722 星期五	51.89
223	000056	深国商	20050722 星期五	62.73
224	000058	山赛格	20050729 星期五	53.10

续表

序号	股票代码	股票名称	问籴 01 周线选出日期	20 周内获利（%）
225	000061	农产品	20050204 星期五	23.01
226	000065	北方国际	20050519 星期四	72.43
227	000070	特发信息	20050722 星期五	49.09
228	000096	广聚能源	20050729 星期五	51.91
229	000150	宜华地产	20050722 星期五	36.36
230	000153	丰原药业	20050715 星期五	53.16
232	000158	常山股份	20050729 星期五	45.11
233	000159	国际实业	20050722 星期五	34.10
234	000301	东方市场	20050729 星期五	36.50
235	000400	许继电气	20050729 星期五	48.04
236	000403	ST 生化	20050722 星期五	29.69
237	000404	华意压缩	20050722 星期五	38.16
238	000408	金谷源	20050429 星期五	30.42
239	000418	小天鹅	20050729 星期五	45.39
240	000422	湖北宜化	20050729 星期五	17.21
241	000425	徐工机械	20050722 星期五	90.29
242	000428	华天酒店	20050729 星期五	36.87
243	000488	晨鸣纸业	20051118 星期五	32.64
244	000498	山东路桥	20050729 星期五	37.57
245	000502	绿景控股	20050722 星期五	52.48
246	000503	海虹控股	20050513 星期五	49.45
247	000505	珠江控股	20050729 星期五	54.78
248	000509	华塑控股	20050722 星期五	44.44
249	000513	丽珠集团	20051209 星期五	16.14
250	000514	渝开发	20050722 星期五	80.46
251	000517	荣安地产	20050722 星期五	34.26
252	000518	四环生物	20050722 星期五	37.50
253	000524	东方病馆	20050729 星期五	39.41
254	000525	红太阳	20050729 星期五	27.85
255	000532	力合股份	20050722 星期五	40.43
256	000533	万家乐	20050729 星期五	49.01
257	000536	华映科技	20050729 星期五	51.63
258	000537	广宇发展	20051216 星期五	55.08
259	000543	皖能电力	20050722 星期五	34.03

续表

序号	股票 代码	股票 名称	问余 01 周线 选出日期	20 周内 获利（%）
260	000544	中原环保	20050722 星期五	33.49
261	000545	金浦钛业	20050722 星期五	49.74
262	000553	沙隆达	20050722 星期五	34.53
263	000555	神州信息	20050729 星期五	75.42
264	000561	烽火电子	20051223 星期五	25.30
265	000562	宏源证券	20050401 星期五	34.96
266	000565	渝三峡	20050722 星期五	53.50
267	000573	粤宏远	20050722 星期五	29.65
268	000576	广东甘化	20050722 星期五	64.10
269	000586	汇源通信	20050722 星期五	36.88
270	000592	平潭发展	20050729 星期五	95.24
271	000593	大通燃气	20050729 星期五	30.98
272	000596	**古井贡酒**	20050722 星期五	100.82
273	000597	东北制药	20050722 星期五	42.28
274	000598	兴蓉投资	20051104 星期五	91.46
275	000600	建设能源	20050204 星期五	20.24
276	000603	盛大矿业	20050729 星期五	50.22
277	000510	西安旅游	20050729 星期五	42.19
278	000615	湖北金环	20050722 星期五	44.93
279	000620	新华联	20050715 星期五	67.96
280	000622	恒立实业	20050729 星期五	66.67
281	000627	天茂集团	20050729 星期五	45.95
282	000628	高新发展	20050722 星期五	30.00
283	000631	顺发恒业	20050729 星期五	79.17
284	000632	三木集团	20050722 星期五	45.79
285	000633	合金投资	20050429 星期五	24.84
286	000635	英力特	20051216 星期五	87.37
287	000636	风华高科	20050715 星期五	34.83
288	000655	**金岭矿业**	20050722 星期五	117.39
289	000661	长春高新	20050722 星期五	34.71
290	000665	湖北广电	20050722 星期五	34.62
291	000670	盈方微	20050722 星期五	55.49
292	000672	上峰水泥	20050722 星期五	43.17
293	000673	当代东方	20050729 星期五	42.59

续表

序号	股票代码	股票名称	问衆 01 周线选出日期	20 周内获利（%）
294	000676	**智度投资**	20050722 星期五	121.53
295	000677	恒天海龙	20050128 星期五	28.18
296	000680	山推股份	20050722 星期五	37.82
297	000681	视觉中国	20050729 星期五	36.73
298	000685	中山公用	20050722 星期五	41.10
299	000687	恒天天鹅	20050729 星期五	27.57
300	000692	惠天热电	20050729 星期五	29.13
301	000693	华泽钴镍	20050722 星期五	55.56
302	000697	炼石有色	20050722 星期五	42.86
303	000698	沈阳化工	20050722 星期五	65.57
304	000702	正虹科技	20050422 星期五	27.69
305	000703	恒逸石化	20050729 星期五	39.92
306	000707	双环科技	20050722 星期五	37.14
307	000710	天兴仪表	20050729 星期五	80.35
308	000711	天伦置业	20050722 星期五	38.36
309	000713	丰乐种业	20050729 星期五	25.97
310	000719	大地传媒	20050722 星期五	47.14
311	000720	新能泰山	20050722 星期五	52.23
312	000722	湖南发展	20050429 星期五	28.34
313	000723	美锦能源	20051104 星期五	22.22
314	000725	京东方 A	20050729 星期五	22.10
315	000727	华东科技	20050722 星期五	42.92
316	000728	国元证券	20050729 星期五	66.52
317	000729	燕京啤酒	20051118 星期五	52.36
318	000732	泰禾集团	20050708 星期五	27.66
319	000733	振华科技	20050722 星期五	25.15
320	000735	罗牛山	20050722 星期五	30.93
321	000736	中房地产	20050520 星期五	99.36
322	000737	南风化工	20050729 星期五	37.16
323	000738	中航动控	20050722 星期五	93.62
324	000739	普洛药业	20050722 星期五	48.56
325	000748	长城信息	20050722 星期五	30.63
326	000750	国海证券	20050722 星期五	41.30
327	000752	西张发展	20050722 星期五	46.52

续表

序号	股票代码	股票名称	问余01周线选出日期	20周内获利（%）
328	000756	新华制药	20050729 星期五	24.54
329	000757	浩物股份	20050520 星期五	30.54
330	000760	斯太尔	20050729 星期五	56.52
331	000762	西藏矿业	20050715 星期五	106.43
332	000783	长江证券	20050722 星期五	59.09
333	000791	甘肃电投	20050729 星期五	96.52
334	000799	酒鬼酒	20050729 星期五	34.96
335	000813	天山纺织	20050729 星期五	53.33
336	000815	美利纸业	20050722 星期五	27.93
337	000819	岳阳兴长	20050722 星期五	49.48
338	000821	京山轻机	20051216 星期五	31.75
339	000822	ST 海化	20050729 星期五	17.29
340	000823	超声电子	20050722 星期五	42.81
341	000829	天音控股	20050722 星期五	30.12
342	000830	鲁西化工	20051104 星期五	40.06
343	000835	四川圣达	20050722 星期五	46.33
344	000836	鑫茂科技	20050722 星期五	36.00
346	000860	顺鑫农业	20051118 星期五	22.96
347	000861	海印股份	20050722 星期五	47.02
348	000863	三湘股份	20050729 星期五	85.61
349	000868	安凯客车	20050729 星期五	25.86
350	000887	中鼎股份	20050729 星期五	97.09
351	000889	茂业物流	20050722 星期五	36.45
352	000890	法尔胜	20050722 星期五	37.40
353	000892	星美联合	20050729 星期五	48.71
354	000901	航天科技	20050722 星期五	51.63
355	000902	新洋丰	20050722 星期五	47.27
356	000906	物产中拓	20050722 星期五	54.25
357	000908	天一科技	20050722 星期五	55.06
358	000909	数源科技	20050729 星期五	35.47
359	000911	南宁糖业	20050729 星期五	38.95
360	000917	电广传媒	20050722 星期五	29.63
361	000918	嘉凯城	20050729 星期五	25.14
362	000920	南方汇通	20050722 星期五	58.08

续表

序号	股票代码	股票名称	问籴 01 周线选出日期	20 周内获利（%）
363	000922	佳电股份	20050513 星期五	**87.44**
364	000929	兰州黄河	20050722 星期五	32.62
365	000933	神火股份	20051118 星期五	37.99
366	000937	集中能源	20051209 星期五	27.39
367	000949	新乡化纤	20050729 星期五	32.35
368	000951	中国重汽	20050729 星期五	28.65
369	000955	欣龙控股	20050729 星期五	31.93
370	000958	东方热电	20050722 星期五	28.09
371	000962	东方钽业	20050722 星期五	**42.36**
372	000963	华东医药	20050121 星期五	17.54
373	000965	天保基建	20050729 星期五	33.80
374	000966	长源电力	20050722 星期五	37.95
375	000967	上风高科	20050722 星期五	31.43
376	000969	安泰科技	20050722 星期五	**66.52**
377	000971	蓝鼎控股	20050729 星期五	27.85
378	000973	佛塑科技	20050722 星期五	26.55
379	000975	银泰资源	20050722 星期五	39.51
380	000981	银亿股份	20050722 星期五	**40.23**
381	000983	西山煤电	20051118 星期五	**53.83**
382	000988	华工科技	20051216 星期五	**71.14**
383	000990	诚志股份	20050729 星期五	35.09
384	001696	宗申动力	20050603 星期五	37.83
385	001896	豫能控股	20050722 星期五	**44.50**
	2005 年	失败 9 股	利 40% 以上 184 股	**占比 47.79**

表注：选出后 20 个交易周涨幅大于 40% 为大涨，获利用黑体文字标识。
　　选出后 20 个交易周涨幅大于 100% 为特涨，股名用黑体文字标识。

二、2005 年选股成败分析。

1. 20 个交易周涨幅小于 20% 有 9 股失败，占比 9/385=2.34%。

2. 20 个交易周涨幅大于 20% 有 377 股成功，占比 377/385=97.92%。

3. 20 个交易周涨幅大于 40% 有 184 股大涨，占比 184/385=47.79%。

4. 20 个交易周股价涨幅大于 100% 有 8 股特涨，占比 8/385=2.08%。

2005年7月29日 星期五

敢问：智度投资之籴在何时？

答案：【问籴01】周线告诉你，

大籴就在2005年7月22日。

2005年选出385股，列出其中的一股

智度投资的周K线图及其分析内容。

一、当选初期智度投资周K线图。

2005年7月22日，【问籴01】周线公式选出智度投资，是2005年选出的385只股票之一。见2005年7月29日/000676智度投资周K线图：

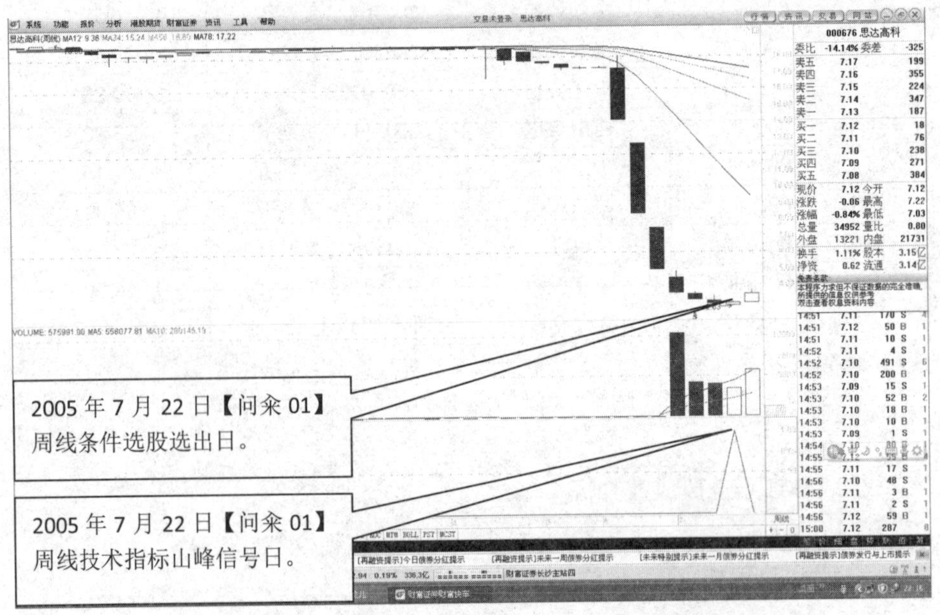

2005年7月29日/000676智度投资周K线图

二、『问籴01』周线形态显现。

2005年7月22日，【问籴01】周线选出智度投资，见上图箭头所示：2005年7月22日，星期五是【问籴01】周线条件选股选出日。2005年7月22日是【问籴01】周线技术指标山峰信号日。

三、买入理由。

1. 底部『问籴01』周线形态满足恒定坚守要求的个股必能上涨。

2. 周线选股【问籴01】公式选股成功率高达99%。

3. 周K线图分析—见财富软件显示的2005年7月22日/000676智度投资的周K线图。

（1）2005年7月22日【问籴01】周线公式选出智度投资。见周K线图上显现的【问籴01】周线技术指标山峰信号。图中山峰信号是底部拐点起步信号，还有上升空间，放心买入。

（2）据周K线显示，选出当周2005年7月22日周线换手率36.00%，周涨幅3.23%，股价中幅上涨。2005年7月22日前，周线出现“飞流直下三千尺”形态，之后底部出现小阳线，小幅回落可入。

4. 综上所述，智度投资形成了『问籴01』周线形态。写成选出该股采用公式/选出时间横列表达式：

$$\frac{\text{【问籴01】周线}}{\text{20050722 星期五}}=\text{000676 智度投资}$$

上述四条分析结果，是买入智度投资的技术性理由。

四、2005年10月21日000676智度投资效益验证图。

选出日2005年7月22日股价2.88元，卖出日2005年10月14日股价6.38元，2005年7月29日—2005年10月14日，共11个交易周，智度投资的股价上升121.53%。见下图：

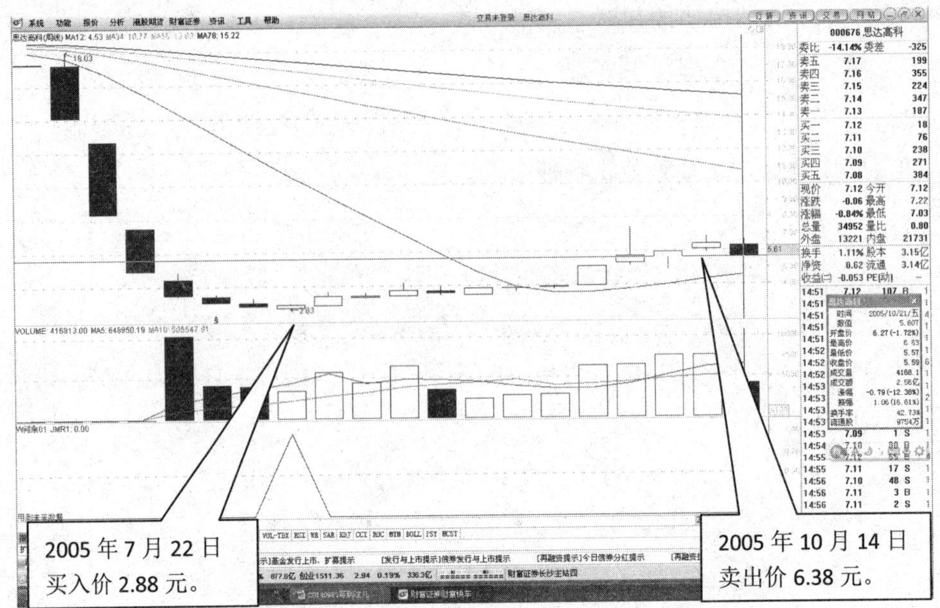

补记2005年10月21日/000676智度投资周K线图

五、代表性个股横列表达式。

2005年【问氽01】周线选出385股，除了智度投资，还选取有代表性的其他三股，写出采用公式/选出时间横列表达式：

$$\frac{\text{【问氽01】周线}}{\text{20020722 星期五}}=\text{600615 丰华股份，20 周内涨 219.74\%}$$

$$\frac{\text{【问氽01】周线}}{\text{20050715 星期五}}=\text{000762 西藏矿业，20 周内涨 106.43\%}$$

$$\frac{\text{【问氽01】周线}}{\text{20051111 星期五}}=\text{600836 界龙实业，20 周内涨 95.31\%}$$

第 14 节　2006 年选股记录

敢问：哪些股票之籴在何方？

答案：【问籴 01】周线告诉你，

2006 年选出 34 只股票之籴所在年月日。

一、2006 年选股记录。

【问籴 01】周线公式 2006 年选出 34 股，列出股票名称、选出日期、20 周内获利等内容。见表 14：

表 14　2006 年【问籴 01】周线选出 34 股详表

序号	股票代码	股票名称	问籴 01 周线选出日期	20 周内获利（%）
01	600200	**江苏吴中**	20061124 星期五	160.65
02	600202	**哈空调**	20061117 星期五	114.72
03	600222	**太龙药业**	20061013 星期五	104.95
04	600328	**兰太实业**	20061124 星期五	146.72
05	600399	抚顺特钢	20060428 星期五	51.34
06	600422	昆明制药	20060428 星期五	40.06
07	600438	通威股份	20060616 星期五	39.66
08	600449	宁夏建材	20060825 星期五	74.87
09	600488	天药股份	20060811 星期五	14.51
10	600499	科达洁能	20060825 星期五	86.43
11	600512	腾达建设	20060818 星期五	19.70
12	600586	金晶科技	20060317 星期五	35.71
13	600711	盛屯矿业	20060512 星期五	99.06
14	600885	宏发股份	20060811 星期五	19.95
15	600976	武汉健民	20060901 星期五	49.81
16	000089	深圳机场	20060811 星期五	51.52
17	000403	ST 生化	20060512 星期五	42.23
18	000408	金谷源	20060811 星期五	32.73
19	000529	**广弘控股**	20060428 星期五	巨利 911.5
20	000584	友利控股	20060428 星期五	35.41

续表

序号	股票代码	股票名称	问尜01周线选出日期	20周内获利（%）
21	000605	渤海股份	20060811 星期五	40.35
22	000631	**顺发恒业**	20060427 星期四	巨利 1919.7
23	000637	茂化实华	20060317 星期五	76.18
24	000639	西王食品	20061201 星期五	88.96
25	000662	索芙特	20060428 星期五	75.59
26	000667	美好集团	20060317 星期五	74.59
27	000780	**平庄能源**	20060428 星期五	107.82
28	000812	**陕西金叶**	20061124 星期五	139.54
29	000876	**新希望**	20060825 星期五	139.51
30	000985	**大庆华科**	20061124 星期五	127.43
31	002001	**新和成**	20061215 星期五	104.80
32	002005	德豪润达	20060811 星期五	21.41
33	002019	鑫富药业	20060512 星期五	38.44
34	002026	山东威达	20060825 星期五	22.84
	2006年	失败3股	获利40%以上24股	占比 76.47

表注：选出后20个交易周涨幅大于40%为大涨，获利用黑体文字标识。
选出后20个交易周涨幅大于100%为特涨，股名用黑体文字标识。

二、2006年选股成败分析。

1. 20个交易周涨幅小于20%有3股失败，占比8.82%。

2. 20个交易周涨幅大于20%有31股成功，占比91.18%。

3. 20个交易周涨幅大于40%有24股大涨，占比70.59%。

4. 20个交易周涨幅大于100%有11股特涨，占比32.35%。

2009年6月5日　星期五

敢问：顺发恒业之尜在何时？

答案：【问尜01】周线告诉你，

大尜就在2006年4月27日。

2006年选出34股，列出其中的一股

顺发恒业的周K线图及其分析内容。

一、当选初期顺发恒业周 K 线图。

【问籴 01】周线公式选出顺发恒业。该股 2006 年 4 月 28 日—2009 年 6 月 4 日停牌三年多。2006 年 4 月 27 日，星期五，【问籴 01】周线公式选出顺发恒业，是 2006 年选出的 34 只股票之一。见 2006 年 6 月 5 日 /000631 顺发恒业周 K 线图：

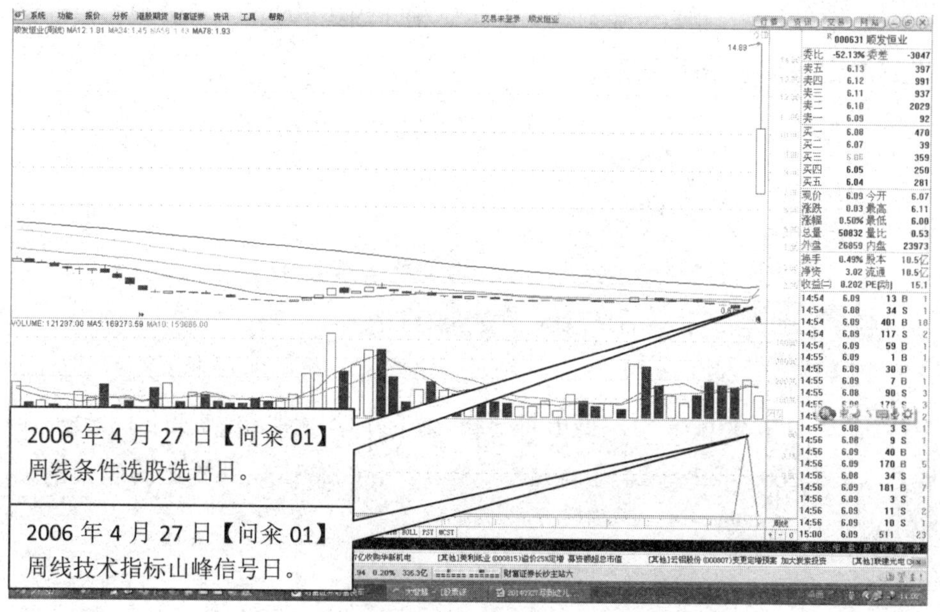

2006 年 6 月 5 日 /000631 顺发恒业周 K 线图

二、『问籴 01』周线形态显现。

2006 年 4 月 27 日，【问籴 01】周线选出顺发恒业，见上图箭头所示：2006 年 4 月 27 日，星期五是【问籴 01】周线条件选股选出日。2006 年 4 月 27 日，星期五是【问籴 01】周线技术指标山峰信号日。

三、买入理由。

1. 底部『问籴 01』周线形态符合恒定坚守要求的个股能上涨。

2. 周线选股【问籴 01】公式选股成功率高达 99%。

3. 周 K 线图分析—见富财软件显示的 2006 年 4 月 27 日 /000631 顺发恒业的周 K 线图。

（1）2006 年 4 月 27 日【问籴 01】周线公式选出顺发恒业。见周 K 线图上显现的【问籴 01】周线技术指标山峰信号。图中山峰信号是底部拐点起步信号，还有上升空间，放心买入。

（2）根据周K线显示，选出当周2006年4月27日的周线换手率17.62%，周线涨幅1.33%，股价微幅上涨，出现十字星。2006年4月27日以前，周线出现了“飞流直下三千尺”形态，之后的底部出现大阳线，小幅回落可入，等候拉升。

4. 综上所述，顺发恒业形成了『问籴01』周线形态。写成选出该股的采用公式/选出时间横列表达式：

$$\frac{\text{【问籴01】周线}}{\text{20060427 星期四}}=\text{000631 顺发恒业}$$

上述四条分析结果，是买入顺发恒业的技术性理由。

四、2009年7月31日顺发恒业效益验证图。

顺发恒业2006年4月27日—2009年6月4日停牌三年多。选出日2006年4月27日股价0.76元，卖出日2009年7月24日股价15.35元，2009年6月5日—2009年7月24日，共8个交易周，000631顺发恒业的股价上升1919.74%。见下图：

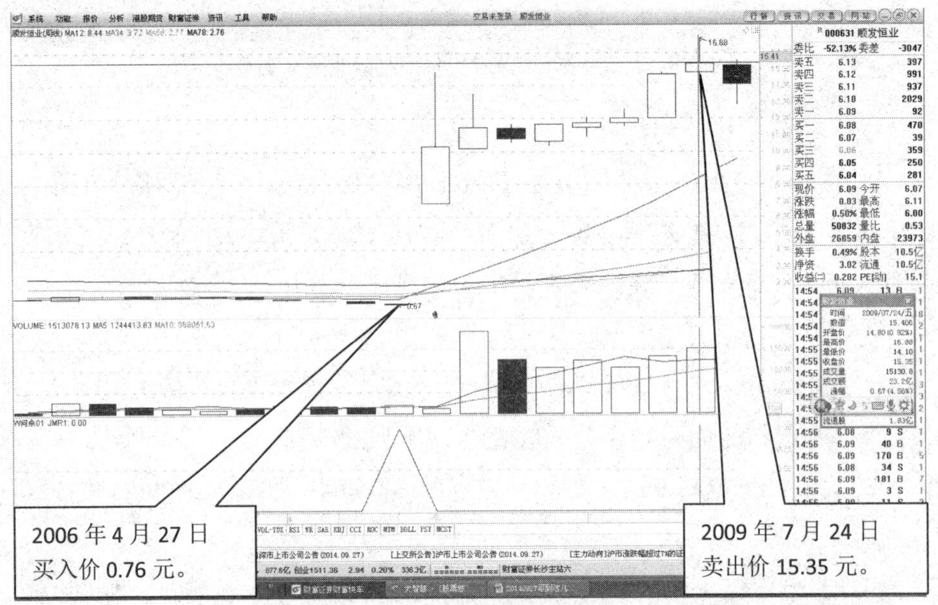

补记2009年7月31日/000631顺发恒业周K线图

五、代表性个股横列表达式。

2006 年【问籴 01】周线公式选出 34 股，除了顺发恒业，还选取有代表性的其他三股，写出采用公式 / 选出时间横列表达式：

$$\frac{\text{【问籴 01】周线}}{\text{20060428 星期五}} = \text{000529 广弘控股，20 周内涨 947.62\%}$$

$$\frac{\text{【问籴 01】周线}}{\text{20061124 星期五}} = \text{600200 江苏吴中，20 周内涨 160.65\%}$$

$$\frac{\text{【问籴 01】周线}}{\text{20061124 星期五}} = \text{000812 陕西金叶，20 周内涨 139.54\%}$$

第 15 节 2007 年选股记录

敢问：哪些股票之籴在何方？

答案：【问籴 01】周线告诉你，

2007 年选出 7 只股票之籴所在年月日。

一、2007 年选股记录。

【问籴 01】周线公式 2007 年选出 7 股，列出股票名称、选出日期、20 周内获利等内容。见表 15：

表 15 2007 年【问籴 01】周线选出 7 股详表

序号	股票代码	股票名称	问籴 01 周线选出日期	20 周内获利（%）
01	600132	重庆啤酒	20071207 星期五	30.84
02	600298	安琪酵母	20071123 星期五	**55.95**
03	600405	动力源	20071109 星期五	**78.03**
04	600485	信威集团	20071109 星期五	**83.94**
05	600750	江中药业	20071123 星期五	36.71
06	600978	宜华木业	20071123 星期五	23.29
07	000972	新中基	20071116 星期五	**90.24**
	2007 年	失败 0 股	获利 40% 以上 4 股	**占比 57.14**

表注：选出后 20 个交易周涨幅大于 40% 为大涨，获利用黑体文字标识。

二、2007 年选股成败分析。

1. 20 个交易周股价涨幅小于 20% 有 0 股失败，占比为零。

2. 20 个交易周股价涨幅大于 20% 有 7 股，占比 7/7=100%。

3. 20 个交易周股价涨幅大于 40% 有 4 股，占比 4/7=57.14%。

2007 年 11 月 23 日　星期五

敢问：新中基之籴在何时?

答案：【问籴 01】周线告诉你，

大籴就在 2007 年 11 月 16 日。

2007 年选出 7 股，列出其中的一股

新中基的周 K 线图及其分析内容。

一、当选初期新中基周 K 线图。

【问籴 01】周线公式 2007 年 11 月 16 日选出新中基，年内选出 7 只股票之一。见 2007 年 11 月 23 日 /000972 新中基周 K 线图：

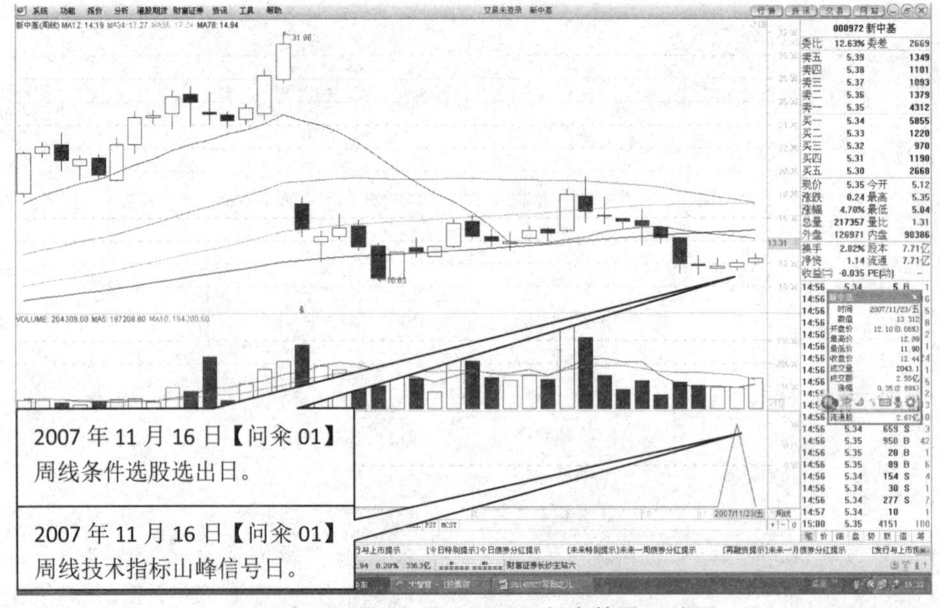

2007 年 11 月 23 日 /000972 新中基周 K 线图

二、『问籴 01』周线形态显现。

2007 年 11 月 16 日，【问籴 01】周线选出新中基，见上图箭头所示：2007 年 11 月 16 日，星期五，是【问籴 01】周线条件选股选出日。2007 年 11 月 16 日，是【问籴 01】周线技术指标山峰信号日。

三、买入理由。

1. 底部『问籴 01』周线形态符合恒定坚守要求的个股会上涨。

2. 周线选股【问籴 01】公式选股成功率高达 99%。

3. 周 K 线图分析——见财富软件显示的 2007 年 11 月 23 日 /000972 新中基的周 K 线图。

（1）2007 年 11 月 16 日【问籴 01】周线公式选出新中基。见周 K 线图上显现的【问籴 01】周线技术指标山峰信号。图中山峰信号是底部拐点起步信号，还有上升空间，放心买入。

（2）根据周 K 线显示，选出当周 2007 年 11 月 16 日的周线换手率 5.48%，周线涨幅 2.72%，股价小幅上涨，出现十字星。2007 年 11 月 16 日以前，周线出现了“飞流直下三千尺”形态，之后的底部出现小阳线，小幅回落可入，等候拉升。

4. 综上所述，新中基形成了『问籴 01』周线形态。写成选出该股的采用公式 / 选出时间横列表达式：

$$\frac{\text{【问籴 01】周线}}{\text{20071116 星期五}} = \text{000972 新中基}$$

上述四条分析结果，是买入新中基的技术性理由。

四、2008 年 2 月 29 日新中基效益验证图。

选出日 2007 年 11 月 16 日股价 12.09 元，卖出日 2008 年 2 月 22 日股价 23.00 元，2007 年 11 月 23 日—2008 年 2 月 22 日，共 14 个交易周，000972 新中基的股价上升 90.24%。见下图：

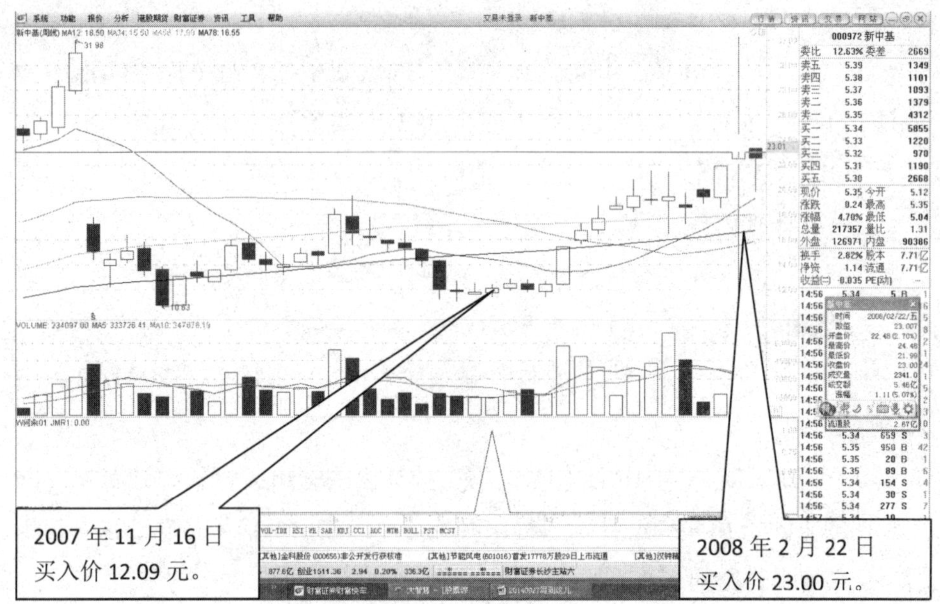

补记 2008 年 2 月 29 日 /000972 新中基周 K 线图

五、代表性个股横列表达式。

2007 年【问籴 01】周线选出 7 股，除了新中基，还选取有代表性的其他三股，写出采用公式 / 选出时间横列表达式：

$$\frac{\text{【问籴 01】周线}}{\text{20071109 星期五}}$$ = 600485 信威集团，20 周内涨 83.94%

$$\frac{\text{【问籴 01】周线}}{\text{20071109 星期五}}$$ = 600405 动 力 源，20 周内涨 78.03%

$$\frac{\text{【问籴 01】周线}}{\text{20071123 星期五}}$$ =600298 安琪酵母，20 周内涨 55.95%

第16节　2008年选股记录

敢问：哪些股票之籴在何方？

答案：【问籴01】周线告诉你，

2008年选出504只股票之籴所在年月日。

一、2008年选股记录。

【问籴01】周线公式2008年选出504股，列出股票名称及选出日期、20周内获利等内容。见表16：

表16　2008年【问籴01】周线选出504股详表

序号	股票代码	股票名称	问籴01周线选出日期	20周内获利（%）
01	600000	浦发银行	20081107 星期五	74.53
02	600005	武钢股份	20081107 星期五	89.67
03	600015	华夏银行	20081017 星期五	28.06
04	600019	宝钢股份	20081107 星期五	32.31
05	600026	中海发展	20081107 星期五	59.78
06	600027	华电国际	20081107 星期五	71.56
07	600037	歌华有线	20080411 星期五	20.23
08	600038	**哈飞股份**	20081107 星期五	114.74
09	600039	四川路桥	20081031 星期五	76.19
10	600048	保利地产	20080627 星期五	35.21
11	600052	**浙江广夏**	20081107 星期五	140.38
12	600056	中国医药	20080627 星期五	29.19
13	600058	**五矿发展**	20081107 星期五	106.59
14	600062	华润双鹤	20080912 星期五	32.79
15	600063	皖维高新	20081107 星期五	69.32
16	600068	葛洲坝	20080829 星期五	50.00
17	600069	银鸽投资	20080627 星期五	26.45
18	600070	浙江富润	20081107 星期五	67.35
19	600071	凤凰光学	20081107 星期五	97.75
20	600073	上海梅林	20081107 星期五	92.97

续表

序号	股票代码	股票名称	问粂01周线选出日期	20周内获利（%）
21	600074	中达股份	20080822 星期五	27.87
22	600075	ST新业	20081107 星期五	89.20
23	600079	**人福医药**	20081107 星期五	134.97
24	600081	东风科技	20081107 星期五	74.63
25	600084	**中葡股份**	20081107 星期五	162.68
26	600088	中视传媒	20081107 星期五	80.27
27	600089	特变电工	20080627 星期五	40.98
28	600090	**啤酒花**	20081107 星期五	107.29
29	600091	ST明科	20081107 星期五	72.05
30	600094	大名城	20080425 星期五	68.43
31	600098	广州发展	20081107 星期五	41.22
32	600100	**同方股份**	20081107 星期五	106.91
33	600101	明星电力	20081107 星期五	59.89
34	600107	美尔雅	20080919 星期五	47.61
35	600108	亚盛集团	20081107 星期五	69.78
36	600110	**中科英华**	20081107 星期五	118.16
37	600119	长江投资	20080704 星期五	55.37
38	600122	宏图高科	20081107 星期五	63.59
39	600125	铁龙物流	20080627 星期五	42.72
40	600126	杭钢股份	20081107 星期五	50.75
41	600128	弘业股份	20081107 星期五	36.40
42	600136	**道博股份**	20081107 星期五	114.55
43	600141	**兴发集团**	20081107 星期五	138.64
44	600149	**廊坊发展**	20081107 星期五	152.86
45	600150	中国船舶	20081107 星期五	66.99
46	600151	**航天机电**	20081107 星期五	156.39
47	600152	**维科精华**	20081107 星期五	100.44
48	600156	**华升股份**	20081107 星期五	88.05
49	600158	**中体产业**	20081107 星期五	215.18
50	600160	**巨化股份**	20081107 星期五	110.89
51	600163	**福建南纸**	20081107 星期五	26.70
52	600165	新日恒力	20080627 星期五	48.38
53	600166	**福田汽车**	20081107 星期五	190.41
54	600172	黄河旋风	20081107 星期五	73.35

续表

序号	股票代码	股票名称	问枀 01 周线选出日期	20 周内获利（%）
55	600178	ST 东安	20080626 星期五	23.76
56	600179	**黑化股份**	20081107 星期五	**107.97**
57	600180	**瑞茂通**	20080919 星期五	**337.81**
58	600184	光电股份	20080411 星期五	27.55
59	600201	**金宇集团**	20081107 星期五	**135.22**
60	600206	**有研新材**	20081107 星期五	**101.44**
61	600211	西藏药业	20080425 星期五	26.42
62	600213	**亚星客车**	20081107 星期五	**121.21**
63	600215	长春经开	20081107 星期五	77.63
64	600217	**秦岭水泥**	20081107 星期五	**139.60**
65	600218	全柴动力	20081107 星期五	88.01
66	600219	**南山铝业**	20081107 星期五	**100.60**
67	600220	江苏阳光	20081107 星期五	82.22
68	600222	太龙药业	20081107 星期五	66.90
69	600226	升华拜克	20081107 星期五	87.89
70	600228	ST 昌九	20081024 星期五	86.64
71	600230	**沧州大化**	20081107 星期五	**118.42**
72	600232	金鹰股份	20081107 星期五	93.08
73	600233	大杨创世	20081017 星期五	80.85
74	600235	民丰特纸	20081107 星期五	63.16
75	600236	桂冠电力	20081017 星期五	74.29
76	600243	**青海华鼎**	20081024 星期五	**114.63**
77	600246	**万通地产**	20081017 星期五	**155.64**
78	600251	冠农股份	20080912 星期五	37.30
79	600256	**广汇能源**	20081031 星期五	**156.95**
80	600257	大湖股份	20080627 星期五	37.59
81	600258	**首旅酒店**	20081107 星期五	**152.34**
82	600260	**凯乐科技**	20081107 星期五	**105.87**
83	600261	阳光照明	20080627 星期五	35.17
84	600262	北方股份	20081017 星期五	95.76
85	600268	**国电南自**	20081024 星期五	**126.44**
86	600269	**赣粤高速**	20081231 星期五	32.31
87	600275	**武昌鱼**	20081107 星期五	**164.46**
88	600281	大化股份	20081107 星期五	68.75

续表

序号	股票代码	股票名称	问余01周线选出日期	20周内获利（%）
89	600282	ST南钢	20081107 星期五	58.94
90	600284	**浦东建设**	20081107 星期五	112.46
91	600287	**江苏舜天**	20081107 星期五	121.31
92	600288	**大恒科技**	20081107 星期五	124.61
93	600295	鄂尔多斯	20081107 星期五	85.74
94	600297	美罗药业	20081107 星期五	86.31
95	600299	**ST新材**	20081107 星期五	122.00
96	600300	**维维股份**	20081107 星期五	155.75
97	600301	**ST南化**	20081107 星期五	115.99
98	600312	平高电气	20080912 星期五	72.76
99	600317	营口港	20081107 星期五	39.55
100	600319	亚星化学	20081107 星期五	81.14
101	600322	天房发展	20080627 星期五	36.60
102	600326	西藏天路	20080627 星期五	33.99
103	600335	国机汽车	20080704 星期五	42.00
104	600343	**航天动力**	20081107 星期五	127.54
105	600345	长江通信	20080627 星期五	25.03
106	600346	大橡塑	20081107 星期五	97.63
107	600355	精伦电子	20081107 星期五	49.08
108	600358	国旅联合	20080627 星期五	40.73
109	600360	华微电子	20081107 星期五	64.83
110	600366	**宁波韵升**	20081107 星期五	121.35
111	600370	三房巷	20081107 星期五	71.83
112	600373	**中文传媒**	20081107 星期五	134.78
113	600375	**华菱星马**	20080704 星期五	104.05
114	600376	**首开股份**	20081107 星期五	180.75
115	600381	**ST贤成**	20081103 星期一	106.08
116	600382	广东明珠	20080627 星期五	19.40
117	600386	北巴传媒	20080919 星期五	83.25
118	600388	龙净环保	20080627 星期五	33.78
119	600391	成发科技	20080627 星期五	28.49
120	600393	东华实业	20080627 星期五	25.09
121	600396	**金山股份**	20081107 星期五	141.69
122	600397	安源煤业	20080704 星期五	35.81

续表

序号	股票代码	股票名称	问籴01周线选出日期	20周内获利（%）
123	600401	**海润光伏**	20081017 星期五	385.77
124	600408	安泰集团	20081107 星期五	98.69
125	600416	**湘电股份**	20081107 星期五	166.18
126	600418	江淮汽车	20081107 星期五	76.26
127	600421	仰帆控股	20080626 星期四	25.19
128	600423	柳化股份	20081107 星期五	96.09
129	600439	瑞贝卡	20081107 星期五	58.93
130	600444	圆通管业	20081107 星期五	90.51
131	600449	**宁夏建材**	20080919 星期五	166.24
132	600452	涪陵电力	20081107 星期五	65.45
133	600456	宝钛股份	20081107 星期五	94.56
134	600459	贵研铂业	20080627 星期五	18.82
	600459	**贵研铂业**	20081031 星期五	207.13
135	600463	**空港股份**	20081107 星期五	102.11
136	600467	好当家	20080627 星期五	22.33
137	600476	湘邮科技	20080627 星期五	36.38
138	600478	**科力远**	20080926 星期五	201.96
139	600480	**凌云股份**	20081031 星期五	207.08
140	600491	龙元建设	20081107 星期五	83.53
141	600493	凤竹纺织	20081107 星期五	70.92
142	600497	**驰宏锌锗**	20081107 星期五	160.61
143	600498	**烽火通信**	20081024 星期五	104.30
144	600500	中化国际	20081107 星期五	72.15
145	600501	航天晨光	20080704 星期五	27.37
	600501	航天晨光	20081107 星期五	89.66
146	600507	方大特钢	20080627 星期五	35.12
147	600513	联环药业	20081107 星期五	88.78
148	600517	置信电气	20081107 星期五	94.99
149	600518	康美药业	20080411 星期五	28.57
	600518	**康美药业**	20081107 星期五	105.24
150	600520	中发科技	20081024 星期五	71.79
151	600522	**中天科技**	20081107 星期五	142.98
152	600525	**长园集团**	20081107 星期五	119.83
153	600526	非达环保	20081107 星期五	64.96

续表

序号	股票代码	股票名称	问籴01周线选出日期	20周内获利（%）
154	600529	山东药玻	20080912 星期五	68.80
155	600536	**中国软件**	20081107 星期五	355.03
156	600538	国发股份	20081107 星期五	95.38
157	600548	深高速	20080627 星期五	28.05
158	600549	厦门钨业	20080627 星期五	33.67
159	600555	九龙山	20080627 星期五	35.51
160	600559	老白干酒	20080704 星期五	26.73
161	600560	金自天正	20081107 星期五	85.76
162	600561	**江西长运**	20081107 星期五	105.97
163	600563	法拉电子	20080704 星期五	23.59
164	600565	**迪马股份**	20081107 星期五	158.90
165	600566	洪城股份	20081107 星期五	80.37
166	600571	**信雅达**	20081107 星期五	122.56
167	600573	惠泉啤酒	20081017 星期五	69.23
168	600575	皖江物流	20081107 星期五	79.93
169	600581	**八一钢铁**	20081107 星期五	121.27
170	600585	**海螺水泥**	20081031 星期五	118.16
171	600586	**金晶科技**	20081024 星期五	206.21
172	600590	**泰豪科技**	20081107 星期五	151.19
173	600593	**大连圣亚**	20081024 星期五	137.79
174	600595	中孚实业	20080627 星期五	26.40
175	600600	青岛啤酒	20081024 星期五	34.16
176	600610	**中毅达**	20081107 星期五	134.16
177	600613	**神奇制药**	20081107 星期五	120.35
178	600617	国新能源	20080627 星期五	30.34
	600617	国新能源	20081107 星期五	84.59
179	600618	氯碱化工	20080704 星期五	20.39
180	600626	申达股份	20080704 星期五	20.20
	600626	申达股份	20081107 星期五	77.20
181	600630	**龙头股份**	20081107 星期五	155.64
182	600633	浙报传媒	20080627 星期五	27.91
183	600634	**中技控股**	20081107 星期五	161.06
184	600636	三爱富	20081107 星期五	120.57
185	600638	新黄浦	20081107 星期五	67.14

续表

序号	股票代码	股票名称	问籴 01 周线选出日期	20 周内获利（%）
186	600639	浦东金桥	20080627 星期五	31.90
	600639	**浦东金桥**	20081107 星期五	122.74
187	600640	号百控股	20080425 星期五	63.30
188	600644	**乐山电力**	20081107 星期五	110.25
189	600650	锦江投资	20080627 星期五	44.50
190	600657	**信达地产**	20081024 星期五	102.81
191	600658	**电子城**	20081107 星期五	110.53
192	600660	福耀玻璃	20081107 星期五	95.24
193	600661	新南洋	20081107 星期五	81.71
194	600663	**陆家嘴**	20081107 星期五	131.86
195	600667	**太极实业**	20081107 星期五	127.31
196	600668	尖峰集团	20081107 星期五	74.09
197	600671	天目药业	20080627 星期五	24.17
198	600675	中华企业	20080627 星期五	28.16
199	600676	交运股份	20081107 星期五	96.12
200	600680	上海普天	20080704 星期五	24.83
201	600684	珠江实业	20080627 星期五	23.29
202	600689	ST 三毛	20080627 星期五	48.80
203	600690	青岛海尔	20080627 星期五	20.48
204	600692	亚通股份	20080627 星期五	63.54
	600692	**亚通股份**	20081107 星期五	113.60
205	600695	大江股份	20081107 星期五	61.07
206	600697	欧亚集团	20081107 星期五	35.59
207	600702	沱牌舍得	20081024 星期五	78.92
208	600706	曲江文旅	20080627 星期五	25.09
209	600708	海博股份	20080627 星期五	32.69
210	600712	**南宁百货**	20081107 星期五	170.66
211	600715	**松辽汽车**	20081107 星期五	110.06
212	600716	凤凰股份	20080919 星期五	61.60
213	600719	大连热电	20081107 星期五	79.03
214	600720	祁连山	20080627 星期五	29.68
	600720	**祁连山**	20081024 星期五	179.05
215	600727	鲁北化工	20080627 星期五	26.99
	600727	鲁北化工	20081107 星期五	62.87

续表

序号	股票代码	股票名称	问衾01周线选出日期	20周内获利(%)
216	600728	**佳都科技**	20081107星期五	205.56
217	600731	湖南海利	20080425星期五	38.06
218	600735	新华锦	20080627星期五	62.44
219	600737	**中粮屯河**	20081107星期五	101.29
220	600738	**兰州民百**	20081107星期五	145.93
221	600746	**江苏索普**	20081107星期五	130.36
222	600747	大连控股	20081107星期五	73.21
223	600748	上实发展	20080627星期五	27.78
224	600749	**西藏旅游**	20081107星期五	157.25
225	600751	**天津海运**	20081107星期五	130.17
226	600753	东方银星	20080425星期五	23.83
227	600757	**长江传媒**	20081107星期五	110.92
228	600760	中航黑豹	20080704星期五	34.83
229	600763	通策医疗	20080627星期五	29.60
230	600765	**中航重机**	20081024星期五	158.67
231	600766	园城黄金	20081107星期五	98.80
232	600768	宁波富邦	20081107星期五	86.76
233	600770	**综艺股份**	20081107星期五	117.09
234	600773	**西藏城投**	20081107星期五	180.77
235	600774	**汉商集团**	20081107星期五	106.42
236	600775	南京熊猫	20081107星期五	79.50
237	600776	东方通信	20081107星期五	97.49
238	600778	**友好集团**	20081107星期五	123.79
239	600784	**鲁银投资**	20081107星期五	105.08
240	600787	中储股份	20080704星期五	29.70
241	600789	鲁抗医药	20081107星期五	81.52
242	600794	保税科技	20080627星期五	25.45
243	600802	**福建水泥**	20081107星期五	115.92
244	600803	威远生化	20081107星期五	82.66
245	600810	神马股份	20081107星期五	74.12
246	600819	耀皮玻璃	20081107星期五	77.53
247	600820	隧道股份	20080627星期五	36.96
248	600822	上海物贸	20081107星期五	91.27
249	600823	世茂股份	20080627星期五	23.70

续表

序号	股票代码	股票名称	问衆01周线选出日期	20周内获利（%）
250	600827	百联股份	20081107 星期五	67.48
251	600831	广电网络	20080627 星期五	24.54
252	600833	第一医药	20081107 星期五	77.22
253	600836	界龙实业	20080620 星期五	93.08
254	600837	海通证券	20080912 星期五	37.24
255	600839	四川长虹	20081107 星期五	65.75
256	600845	宝信软件	20081107 星期五	84.31
257	600850	华东电脑	20081107 星期五	91.52
258	600853	龙剑股份	20080425 星期五	19.53
259	600855	航天长峰	20080704 星期五	22.06
260	600856	长百集团	20081107 星期五	89.18
261	600858	银座股份	20081107 星期五	33.79
262	600862	**南通科技**	20081107 星期五	116.10
263	600866	星湖科技	20080425 星期五	29.95
264	600872	**中炬高新**	20081107 星期五	171.38
265	600873	**梅花生物**	20081107 星期五	149.30
266	600875	**东方电气**	20081107 星期五	118.51
267	600876	**洛阳玻璃**	20081107 星期五	157.40
268	600881	**亚泰集团**	20081107 星期五	123.58
269	600883	博闻科技	20081107 星期五	90.62
270	600887	伊利股份	20081107 星期五	80.23
271	600892	**宝诚股份**	20081107 星期五	186.60
272	600961	**株冶集团**	20081107 星期五	129.76
273	600962	国投中鲁	20081024 星期五	76.57
274	600969	**郴电国际**	20081107 星期五	159.25
275	600970	中材国际	20081128 星期五	95.65
276	600975	新五丰	20080627 星期五	28.89
277	600976	武汉健民	20081107 星期五	88.65
278	600978	宜华木业	20081107 星期五	76.00
279	600985	**雷鸣科化**	20081024 星期五	183.05
280	600987	航民股份	20081107 星期五	54.05
281	600990	**四创电子**	20081107 星期五	225.98
282	600992	贵绳股份	20081107 星期五	72.43
283	600993	马应龙	20080627 星期五	22.86

续表

序号	股票代码	股票名称	问氽01周线选出日期	20周内获利（%）
284	601005	重庆钢铁	20081107星期五	56.73
285	601006	大秦铁路	20081231星期五	22.44
286	601008	连云港	20081107星期五	48.35
287	601111	中国国航	20080627星期五	31.44
288	601588	北辰实业	20080627星期五	37.96
289	601628	中国人寿	20081107星期五	21.95
290	601991	大唐发电	20081031星期五	36.05
291	000004	国农科技	20081107星期五	91.07
292	000007	零七股份	20081103星期一	63.21
293	000010	**深华新**	20081107星期五	113.97
294	000020	**深华发A**	20081107星期五	138.00
295	000026	飞亚达	20081024星期五	86.81
296	000033	ST新都	20081107星期五	84.76
297	000034	**深信泰丰**	20081107星期五	133.33
298	000036	华联控股	20081107星期五	75.76
299	000040	宝安地产	20080822星期五	28.80
	000040	**宝安地产**	20081107星期五	144.06
300	000042	**中洲控股**	20081107星期五	187.28
301	000043	**中航地产**	20081107星期五	147.04
302	000046	泛海控股	20080627星期五	25.68
303	000050	深天马	20080627星期五	25.54
	000050	深天马	20081107星期五	76.95
304	000058	**深赛格**	20081107星期五	121.64
305	000059	华锦股份	20081107星期五	81.91
306	000062	深圳华强	20081107星期五	93.94
307	000063	中兴通信	20081107星期五	91.02
308	000065	**北方国际**	20081017星期五	288.85
309	000068	华控赛格	20081107星期五	70.09
310	000090	天健集团	20081107星期五	78.66
311	000100	TCL集团	20081107星期五	75.12
312	000150	宜华地产	20080627星期五	42.47
313	000301	东方市场	20080627星期五	25.40
	000301	东方市场	20081107星期五	71.48
314	000408	**金谷源**	20081107星期五	137.59

续表

序号	股票代码	股票名称	问朵 01 周线选出日期	20 周内获利（%）
315	000413	东旭光电	20080704 星期五	39.37
316	000419	通程控股	20080627 星期五	40.87
317	000423	东阿阿胶	20081107 星期五	40.17
318	000425	徐工机械	20080912 星期五	81.61
319	000430	**张家界**	20081107 星期五	152.65
320	000501	鄂武商	20081114 星期五	52.26
321	000502	绿景控股	20080627 星期五	84.26
322	000503	海虹控股	20081107 星期五	61.46
323	000510	**金路集团**	20081107 星期五	116.59
324	000516	开元投资	20081107 星期五	91.58
325	000521	美菱电器	20081107 星期五	95.18
326	000523	广州浪奇	20081107 星期五	60.35
327	000524	东方宾馆	20081107 星期五	95.24
328	000539	粤电力	20080425 星期五	22.22
329	000541	佛山照明	20080704 星期五	23.91
330	000543	**皖能电力**	20081107 星期五	117.19
331	000547	闽福发	20081107 星期五	85.88
332	000548	**湖南投资**	20081107 星期五	121.38
333	000550	江铃汽车	20081107 星期五	97.11
334	000554	泰山石油	20081107 星期五	72.54
335	000557	ST 广夏	20080430 星期五	34.70
	000557	ST 广夏	20081114 星期五	92.42
336	000559	**万向钱潮**	20081107 星期五	129.93
337	000561	**烽火电子**	20081205 星期五	199.73
338	000564	西安民生	20081024 星期五	68.44
339	000565	**渝三峡**	20081107 星期五	159.77
340	000566	海南海药	20080919 星期五	65.15
341	000570	**苏常柴**	20081107 星期五	124.29
342	000573	粤宏远	20081107 星期五	71.11
343	000576	广东甘化	20081107 星期五	96.43
344	000581	**威孚高科**	20081107 星期五	133.87
345	000584	友利控股	20080627 星期五	18.19
346	000585	**东北电气**	20081107 星期五	102.87
347	000593	大通燃气	20081107 星期五	67.72

续表

序号	股票代码	股票名称	问叅 01 周线选出日期	20 周内获利（%）
348	000595	西北轴承	20081107 星期五	60.95
349	000596	古井贡酒	20081024 星期五	78.14
350	000600	建投能源	20081107 星期五	82.91
351	000607	华智控股	20081107 星期五	79.75
352	000608	**阳光股份**	20081107 星期五	114.48
353	000611	四海股份	20081107 星期五	95.58
354	000612	**焦作万方**	20081107 星期五	115.86
355	000613	**大东海 A**	20081107 星期五	165.07
356	000619	**海螺型材**	20081107 星期五	124.39
357	000626	如意集团	20081107 星期五	66.58
358	000627	天茂集团	20081107 星期五	81.98
359	000628	**高新发展**	20081107 星期五	208.87
360	000630	**铜陵有色**	20081107 星期五	133.00
361	000635	英力特	20080627 星期五	26.19
362	000639	西王食品	20080627 星期五	34.04
363	000652	泰达股份	20080627 星期五	29.03
364	000659	ST 中富	20081107 星期五	48.60
365	000663	永安林业	20080704 星期五	26.62
366	000669	**金鸿能源**	20081107 星期五	107.54
367	000676	思达高科	20081107 星期五	85.04
368	000677	恒天海龙	20080627 星期五	28.95
	000677	**恒天海龙**	20081107 星期五	116.30
369	000680	山推股份	20081107 星期五	91.99
370	000690	**宝新能源**	20081107 星期五	106.96
371	000691	亚太实业	20080627 星期五	26.16
372	000692	惠天热点	20081107 星期五	55.39
373	000698	**沈阳化工**	20081107 星期五	111.5
374	000700	模塑科技	20081107 星期五	66.54
375	000701	厦门信达	20081107 星期五	76.12
376	000703	恒逸石化	20081107 星期五	91.67
377	000707	双环科技	20081107 星期五	69.88
378	000708	大冶特钢	20081107 星期五	77.0
379	000711	天伦置业	20080425 星期五	23.68
	000711	天伦置业	20080627 星期五	30.77

续表

序号	股票代码	股票名称	问籴01周线选出日期	20周内获利（%）
	000711	天伦置业	20081107 星期五	97.95
380	000717	韶钢松山	20081107 星期五	50.36
381	000722	湖南发展	20080425 星期五	72.58
	000722	**湖南发展**	20081107 星期五	154.98
382	000726	鲁泰 A	20080627 星期五	29.31
383	000727	**华东科技**	20081107 星期五	114.04
384	000737	南风化工	20080627 星期五	62.30
385	000753	漳州发展	20081107 星期五	87.59
386	000756	新华制药	20081107 星期五	69.08
387	000758	**中色股份**	20081107 星期五	149.90
388	000762	西藏矿业	20080627 星期五	24.91
389	000778	新兴铸管	20081107 星期五	80.65
390	000779	ST 派神	20080704 星期五	35.34
	000779	ST 派神	20081107 星期五	49.55
391	000782	美达股份	20081107 星期五	73.12
392	000783	长江证券	20080912 星期五	26.32
393	000786	**北新建材**	20081107 星期五	157.47
394	000791	甘肃电投	20081107 星期五	81.98
395	000793	华闻传媒	20081107 星期五	68.84
396	000796	易食股份	20081107 星期五	93.64
397	000797	中国武夷	20080627 星期五	33.86
398	000798	中水渔业	20080627 星期五	61.21
399	000801	**四川九洲**	20081107 星期五	118.67
400	000810	华润锦华	20081107 星期五	53.13
401	000811	烟台冰轮	20080627 星期五	47.12
402	000813	天山纺织	20081107 星期五	68.61
403	000815	**美利纸业**	20081107 星期五	107.40
404	000818	方大化工	20081107 星期五	94.83
405	000819	岳阳兴长	20080711 星期五	19.55
406	000821	京山轻机	20080425 星期五	18.32
407	000826	桑德环境	20081107 星期五	81.71
408	000831	五矿稀土	20080627 星期五	22.82
409	000839	**中信国安**	20081107 星期五	140.19
410	000868	**安凯客车**	20081107 星期五	181.53

续表

序号	股票代码	股票名称	问籴 01 周线选出日期	20 周内获利（%）
411	000876	新希望	20080627 星期五	33.14
	000876	新希望	20081107 星期五	68.14
412	000877	天山股份	20080627 星期五	29.33
	000877	**天山股份**	20081024 星期五	125.39
413	000881	大连国际	20080627 星期五	28.52
	000881	大连国际	20081107 星期五	74.77
414	000883	湖北能源	20081107 星期五	77.42
415	000885	**同力水泥**	20081024 星期五	110.31
416	000895	双汇发展	20081024 星期五	33.57
417	000898	鞍钢股份	20081107 星期五	51.48
418	000899	**赣能股份**	20081107 星期五	115.56
419	000901	航天科技	20080704 星期五	23.52
420	000908	**天一科技**	20081107 星期五	126.55
421	000910	大亚科技	20080411 星期五	20.80
422	000911	南宁糖业	20081113 星期四	79.28
423	000926	福星股份	20080627 星期五	29.55
424	000929	**兰州黄河**	20081107 星期五	100.28
425	000930	中粮生化	20081107 星期五	86.94
426	000932	华菱钢铁	20081107 星期五	85.71
427	000935	**四川双马**	20081107 星期五	134.22
428	000939	凯迪电力	20081107 星期五	95.05
429	000949	新乡化纤	20080627 星期五	31.23
430	000950	**建峰化工**	20081107 星期五	109.25
431	000952	广济药业	20081107 星期五	81.40
432	000957	**中通客车**	20081017 星期五	117.35
433	000958	东方热电	20080424 星期四	28.24
	000958	东方热电	20080711 星期五	19.17
	000958	东方热电	20081107 星期四	62.11
434	000959	首钢股份	20081107 星期五	49.64
435	000963	华东医药	20081107 星期五	82.22
436	000972	新中基	20081107 星期五	86.19
437	000973	佛塑科技	20081017 星期五	91.90
438	000976	春晖股份	20081107 星期五	88.64
439	000985	**大庆华科**	20081107 星期五	124.51

续表

序号	股票代码	股票名称	问朵01周线选出日期	20周内获利（%）
440	000995	皇台酒业	20081024 星期五	90.46
441	000996	中国中期	20081107 星期五	81.50
442	000998	隆平高科	20081107 星期五	48.96
443	001696	宗申动力	20080627 星期五	40.41
444	001896	**豫能控股**	20081107 星期五	139.50
445	002005	**德豪润达**	20081107 星期五	260.3
446	002006	**ST 精工**	20081107 星期五	148.34
447	002009	**天奇股份**	20081107 星期五	147.64
448	002012	**凯恩股份**	20081107 星期五	210.82
449	002014	永新股份	20081024 星期五	85.71
450	002015	ST 霞客	20081107 星期五	88.62
451	002017	**东信和平**	20081107 星期五	113.03
452	002018	**华星化工**	20081107 星期五	133.33
453	000020	京新药业	20081107 星期五	81.70
	002021	中捷股份	20080704 星期五	26.26
454	002021	**中捷股份**	20080704 星期五	131.4
455	002022	科华生物	20081107 星期五	31.55
456	002023	**海特高新**	20081107 星期五	131.75
457	002024	苏宁云商	20081024 星期五	44.98
458	002027	七喜控股	20081107 星期五	97.45
459	002035	**华帝股份**	20081107 星期五	106.00
460	002038	双鹭药业	20080704 星期五	26.74
	002040	南京康	20080627 星期五	23.41
461	002040	南京康	20081107 星期五	90.76
462	002043	兔宝宝	20081107 星期五	94.9
463	002046	**轴研科技**	20081107 星期五	123.1
464	000048	**宁波华翔**	20081107 星期五	147.51
465	002050	**三化股份**	20081107 星期五	106.02
466	002051	**中工国际**	20081107 星期五	121.75
	002052	同洲电子	20080704 星期五	22.16
467	002052	**同洲电子**	20081024 星期五	110.47
468	002054	**德美化工**	20081024 星期五	103.41
469	002055	得润电子	20081024 星期五	82.68
470	002057	**中钢天源**	20081107 星期五	114.29

续表

序号	股票代码	股票名称	问余01周线选出日期	20周内获利（%）
471	002059	**云南旅游**	20081107 星期五	147.60
472	002060	粤水电	20081107 星期五	96.04
473	002061	**江山化工**	20081107 星期五	121.90
474	002063	**远光软件**	20081031 星期五	123.67
475	002064	华峰氨纶	20081107 星期五	25.71
476	002066	瑞泰科技	20081024 星期五	84.03
477	002069	獐子岛	20080627 星期五	23.23
478	002070	众和股份	20081107 星期五	96.62
479	002071	长城影视	20081107 星期五	72.81
480	002072	**德棉股份**	20081107 星期五	147.89
481	002074	**东源电器**	20081107 星期五	163.05
	002076	雪莱特	20080704 星期五	31.42
482	002076	**雪莱特**	20081107 星期五	100.00
483	002080	中材科技	20081107 星期五	80.42
484	002082	**栋梁新材**	20081107 星期五	101.82
485	002083	孚日股份	20080704 星期五	25.22
486	002085	**万丰奥威**	20081107 星期五	62.35
487	002086	**东方海洋**	20081107 星期五	110.18
488	002089	**新海宜**	20081107 星期五	213.61
489	002090	金智科技	20081107 星期五	90.77
490	002095	**生意宝**	20081107 星期五	116.15
	002096	南岭民爆	20080627 星期五	38.80
491	002096	**南岭民爆**	20081024 星期五	146.71
492	002097	**山河智能**	20081107 星期五	152.14
493	002098	浔兴股份	20081107 星期五	78.25
494	002102	**冠福股份**	20081107 星期五	117.44
495	002105	**信隆实业**	20081107 星期五	115.00
496	002106	**莱宝高科**	20081024 星期五	102.16
497	002110	三钢闽光	20081107 星期五	83.04
498	002113	**天润控股**	20081107 星期五	145.37
499	002115	**三维通信**	20081107 星期五	142.75
500	002117	东港股份	20081107 星期五	77.16
501	002118	**紫鑫药业**	20081107 星期五	109.81

续表

序号	股票代码	股票名称	问衆01周线选出日期	20周内获利（%）
502	002121	**科陆电子**	20081107 星期五	208.72
503	002125	**湘潭电化**	20081107 星期五	118.71
504	002132	恒星科技	20081107 星期五	97.74
	2008年	失败7股	涨40%以上405股	占比 80.36

表注：选出后20个交易周涨幅小于20%为失败，获利用宋体文字标识。

选出后20个交易周涨幅大于40%为大涨，获利用黑体文字标识。

选出后20个交易周涨幅大于100%为特涨，股名用黑体文字标识。

二、2008年选股成败分析。

1. 20个交易周涨幅小于20%有7股失败，占比7/504=1.39%。

2. 20个交易周涨幅大于20%有497股成功，占比497/504=98.61%。

3. 20个交易周涨幅大于40%有405股大涨，占比405/504=80.36%。

4. 20个交易周涨幅大于100%有92股特涨，占比92/504=18.25%。

2008年11月14日　星期五

敢问：中国软件之衆在何时？

答案：【问衆01】周线告诉你，

大衆就在2008年11月7日。

2008年选出504股，列出其中的一股

中国软件的周K线图及其分析内容。

一、当选初期中国软件周K线图。

2008年11月7日，星期五，【问衆01】周线公式选出中国软件，是2008年选出的504只股票之一。见2008年11月14日/600536中国软件周K线图：

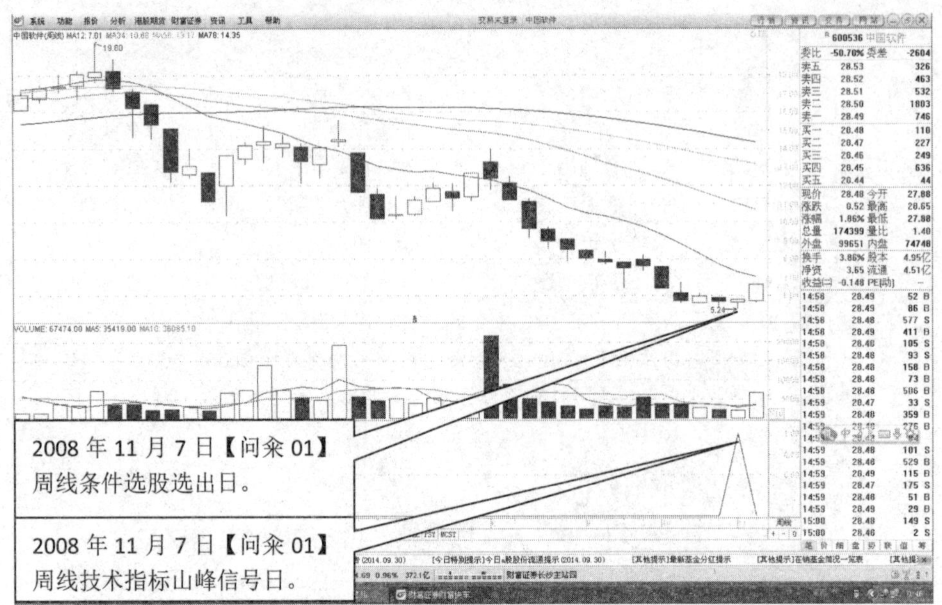

2008 年 11 月 14 日 /600536 中国软件周 K 线图

二、『问氽 01』周线形态显现。

2008年11月7日，星期五，【问氽01】周线选出中国软件，见上图箭头所示：2008 年 11 月 7 日，星期五，是【问氽 01】周线条件选股选出日。2008 年 11 月 7 日，星期五，同样是【问氽 01】周线技术指标山峰信号日。

三、买入理由。

1. 底部『问氽 01』周线形态的个股满足恒定坚守要求能上涨。

2. 周线选股【问氽 01】公式选股成功率高达 99%。

3. 周 K 线图分析—见财富软件显示的 2008 年 11 月 14 日 /600536 中国软件的周 K 线图。

（1）2008 年 11 月 7 日【问氽 01】周线公式选出 600536 中国软件。见周 K 线图上显现的【问氽 01】周线技术指标山峰信号。图中山峰信号是底部拐点起步信号，还有上升空间，放心买入。

（2）根据周 K 线显示，选出当周 2008 年 11 月 7 日的周线换手率 2.06%，周线涨幅 2.31%，股价小幅上涨。2008 年 11 月 7 日以前，周线出现了“飞流直下三千尺”形态，之后的底部出现小阳线，小幅回落可入，等候拉升。

4. 综上所述，中国软件形成了『问籴 01』周线形态。写成选出该股采用公式 / 选出时间横列表达式：

$$\frac{\text{【问籴 01】周线}}{\text{20081107 星期五}} = \text{600536 中国软件}$$

上述四条分析结果，是买入中国软件的技术性理由。

四、2009 年 4 月 10 日中国软件效益验证。

选出日 2008 年 11 月 7 日买入价 5.76 元，卖出日 2009 年 4 月 3 日股价 26.21 元，2008 年 11 月 14 日—2009 年 4 月 3 日，共 20 个交易周，中国软件的股价上升 355.03%。见下图：

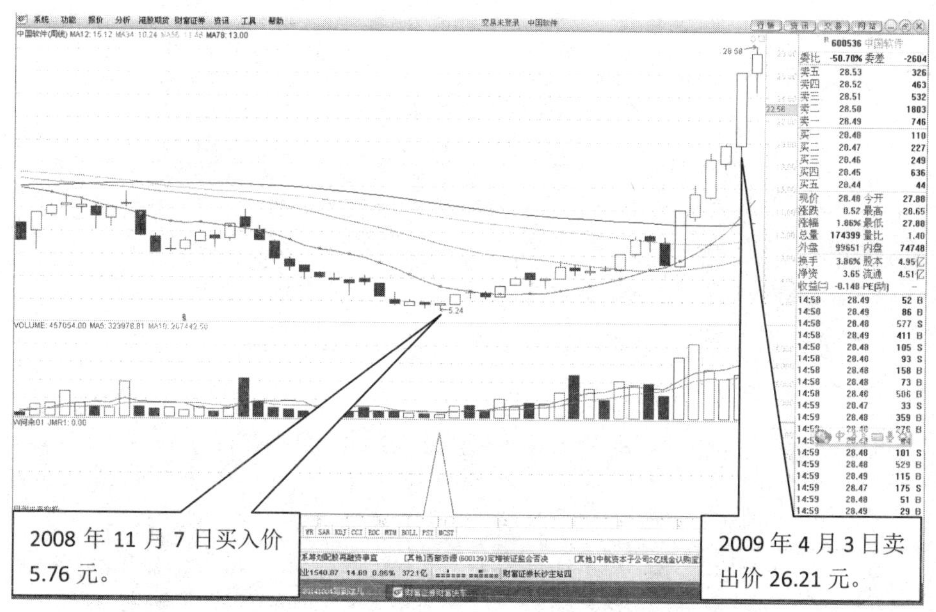

补记 2009 年 4 月 10 日 /600536 中国软件周 K 线图

五、代表性个股横列表达式。

2008 年【问籴 01】周线选出 504 股，除了中国软件，还选取有代表性的其他三股，写出采用公式 / 选出时间横列表达式：

$$\frac{【问余01】周线}{20081107星期五}$$ = 002121 科陆电子，20 周内涨 208.72%

$$\frac{【问余01】周线}{20081107星期五}$$ = 002012 凯恩股份，20 周内涨 210.82%

$$\frac{【问余01】周线}{20081107星期五}$$ = 600728 佳都科技，20 周内涨 205.56%

第 17 节　2009 年选股记录

敢问：哪些股票之余在何方？

答案：[问余 01] 周线告诉你，

2009 年选出 3 只股票之余所在年月日。

一、2009 年选股记录。

【问余 01】周线公式 2009 年选出 3 股，列出股票名称、选出日期、20 周内获利等内容。见表 17：

表 17　2009 年【问余 01】周线选出 3 股详表

序号	股票代码	股票名称	问余 01 周线选出日期	20 周内获利（%）
01	600986	科达股份	20090828 星期五	获利 34.08
02	000709	河北钢铁	20090109 星期五	**获利 95.43**
03	000792	盐湖股份	20090123 星期五	**获利 52.16**
	全年选出 3 股	失败 0 股	获利 40% 以上 2 股	**占比 66.67**

表注：选出后 20 个交易周涨幅大于 40% 为大涨，获利用黑体文字标识。

二、2009 年选股成败分析。

1. 选出后 20 个交易周涨幅小于 20% 有 0 股失败，占比 0.00%。

2. 选出后 20 个交易周涨幅大于 20% 有 3 股成功，占比 100%。

3. 选出后 20 个交易周涨幅大于 40% 有 2 股大涨，占比 66.67%。

2009 年 1 月 16 日 星期五

敢问：河北钢铁之氽在何时？
答案：【问氽 01】周线告诉你，
大氽就在 2009 年 1 月 9 日。
2009 年选出 3 股，列出其中的一股
河北钢铁的周 K 线图及其分析内容。

一、当选初期河北钢铁周 K 线图。

【问氽 01】周线公式 2009 年 1 月 9 日，选出河北钢铁，是年内选出的 3 只股票之一。见 2009 年 1 月 16 日 /000709 河北钢铁周 K 线图：

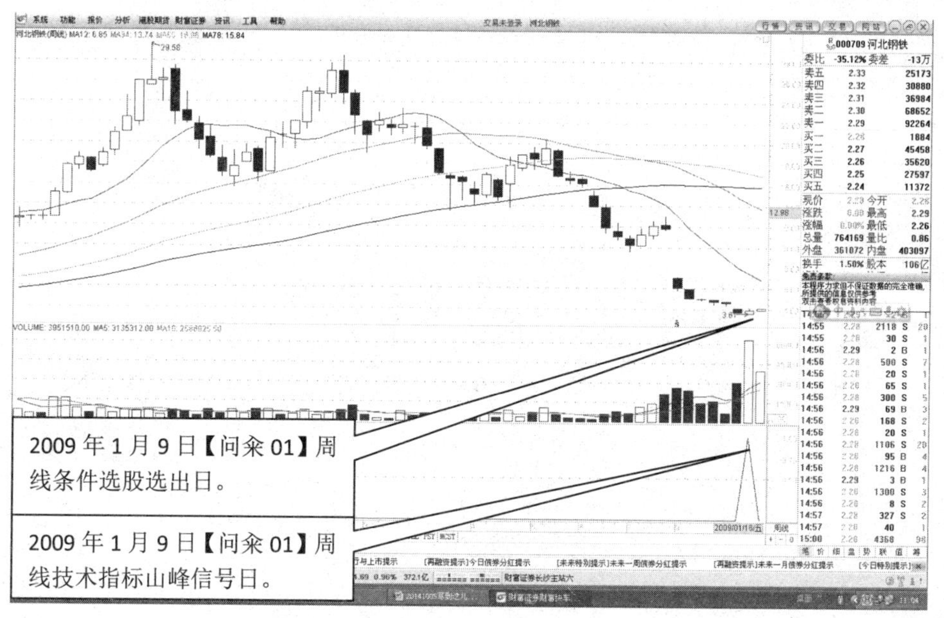

2009 年 1 月 16 日 /000709 河北钢铁周 K 线图

二、『问Ｘ01』周线形态显现。

2009年1月9日，星期五，【问Ｘ01】周线选出河北钢铁，见上图箭头所示：2009年1月9日星期五，是【问Ｘ01】周线条件选股选出日。2009年1月9日也是【问Ｘ01】周线技术指标山峰信号日。

三、买入理由。

1. 底部『问Ｘ01』周线形态的个股符合恒定坚守条件，会上涨。

2. 周线选股【问Ｘ01】公式选股成功率高达99%。

3. 周K线图分析——见财富软件显示的2009年1月16日/000709河北钢铁的周K线图。

（1）2009年1月9日【问Ｘ01】周线公式选出河北钢铁。见周K线图上显现的【问Ｘ01】周线技术指标山峰信号。图中山峰信号是底部拐点起步信号，还有上升空间，放心买入。

（2）根据周K线显示，选出当周2009年1月9日的周线换手率35.60%，周线涨幅6.78%，股价大幅上涨。2009年1月9日以前，周线出现了“飞流直下三千尺”形态，之后的底部出现小阳线，小幅回落可入，等候拉升。

4. 综上所述，河北钢铁形成了『问Ｘ01』周线形态。写成选出该股采用的周线公式/选出时间横列表达式：

$$\frac{【问Ｘ01】周线}{20090109\ 星期五} = 000709\ 河北钢铁$$

上述四条分析结果，是买入河北钢铁的技术性理由。

四、2009年6月5日河北钢铁效益验证图。

选出日2009年1月9日买入价3.94元，卖出日2009年6月5日股价7.70元，2009年1月16日—2009年6月5日，共20个交易周，河北钢铁的股价上升95.43%。见下图：

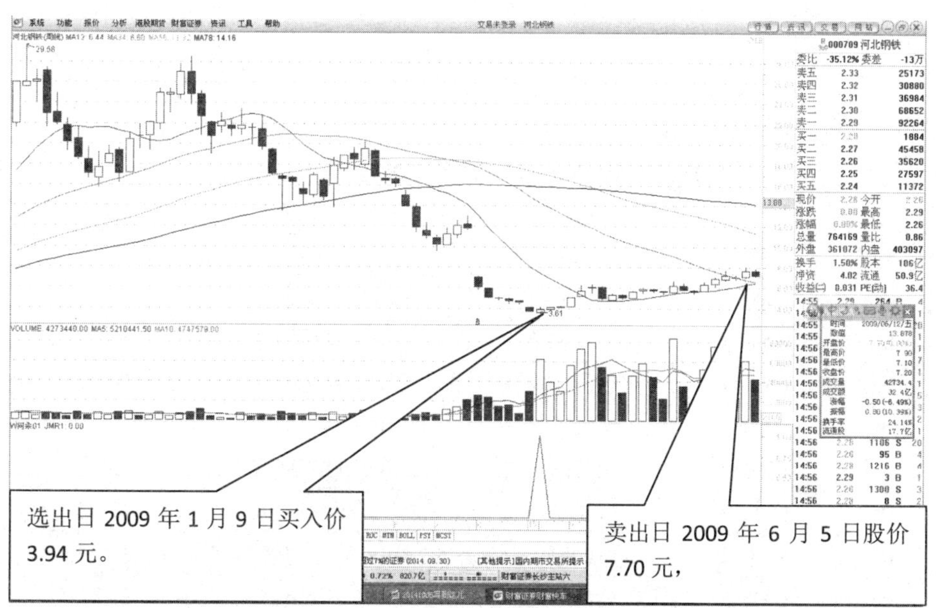

补记 2009 年 6 月 12 日 /000709 河北钢铁周 K 线图

五、代表性个股横列表达式。

2009 年【问氽 01】周线选出 3 股，除了河北钢铁，还选取其他两股，写出采用公式 / 选出时间横列表达式：

$$\frac{\text{【问氽 01】周线}}{\text{20090828 星期五}} = \text{600986 科达股份，20 周内涨 34.08\%}$$

$$\frac{\text{【问氽 01】周线}}{\text{20090123 星期五}} = \text{000792 盐湖股份，20 周内涨 52.16\%}$$

第 18 节　2010 年选股记录

敢问：哪些股票之氽在何方？

答案：【问氽 01】周线告诉你，

2010 年选出 218 只股票之氽所在年月日。

一、2010年选股记录。

【问籴01】周线公式2010年选出218股，列出股票名称、选出日期、20周内获利等内容。见表18：

表18 2010年【问籴01】周线选出218股详表

序号	股票代码	股票名称	问籴01周线选出日期	20周内获利（%）
01	600026	中海股份	20100709 星期五	47.15
02	600048	保利地产	20100709 星期五	35.99
03	600056	中国医药	20100709 星期五	44.02
04	600063	皖维高新	20100709 星期五	39.03
05	600064	南京高科	20100709 星期五	30.74
06	600067	冠城大通	20100514 星期五	40.23
07	600072	ST 钢构	20100709 星期五	74.04
08	600076	青岛华光	20100709 星期五	33.94
09	600091	ST 明科	20100709 星期五	48.73
10	600096	云天化	20100709 星期五	92.43
11	600112	天成控股	20100709 星期五	32.12
12	600117	西宁特钢	20100709 星期五	68.80
13	600123	兰花科创	20100709 星期五	80.82
14	600129	太极集团	20100709 星期五	59.07
15	600137	浪莎股份	20100709 星期五	66.42
16	600141	兴发集团	20100709 星期五	114.1
17	600170	上海建工	20100709 星期五	74.90
18	600173	卧龙地产	20100507 星期五	22.88
19	600178	ST 东安	20100709 星期五	62.41
20	600185	格力地产	20100611 星期五	28.95
21	600219	南山铝业	20100709 星期五	46.08
22	600222	太龙药业	20100709 星期五	52.60
23	600226	升华拜克	20100723 星期五	73.47
24	600227	赤天化	20100709 星期五	41.45
25	600230	沧州大化	20100709 星期五	40.34
26	600231	凌钢股份	20100709 星期五	64.35
27	600236	桂冠电力	20100709 星期五	21.05
28	600277	亿利能源	20100709 星期五	75.11
29	600281	太化股份	20100709 星期五	78.13

续表

序号	股票代码	股票名称	问氽01周线选出日期	20周内获利（%）
30	600289	亿阳信通	20100528 星期五	49.20
31	600299	ST 新材	20100709 星期五	82.54
32	600308	华泰股份	20100709 星期五	26.37
33	600309	万华化学	20100709 星期五	47.54
34	600311	**荣华实业**	20100709 星期五	192.64
35	600312	平高电气	20100716 星期五	77.91
36	600320	振华重工	20100709 星期五	22.06
37	600321	国栋建设	20100723 星期五	37.07
38	600327	大东方	20100709 星期五	61.04
39	600329	中新药业	20100723 星期五	46.45
40	600331	宏达股份	20100709 星期五	82.24
41	600348	**阳泉煤业**	20100709 星期五	129.11
42	600351	亚宝药业	20100709 星期五	56.45
43	600355	精伦电子	20100709 星期五	47.01
44	600362	江西铜业	20100709 星期五	81.28
45	600376+	首开股份	20100514 星期五	39.27
46	600387	海越股份	20100709 星期五	59.04
47	600389	江山股份	20100709 星期五	43.66
48	600393	东华实业	20100709 星期五	32.30
49	600395	盘江股份	20100709 星期五	55.14
50	600399	抚顺特钢	20100709 星期五	55.64
51	600400	安泰集团	20100709 星期五	23.35
52	600426	华鲁恒升	20100709 星期五	38.86
53	600428	中远航运	20100709 星期五	36.10
54	600432	吉恩镍业	20100709 星期五	68.81
55	600449	宁夏建材	20100709 星期五	81.25
56	600462	石砚纸业	20100709 星期五	75.87
57	600478	科力远	20100709 星期五	78.85
58	600479	千金药业	20100709 星期五	47.71
59	600489	中金黄金	20100723 星期五	78.88
60	600491	龙元建设	20100709 星期五	72.85
61	600497	驰宏锌锗	20100709 星期五	89.34
62	600507	方大特钢	20100709 星期五	50.45
63	600521	花嗨哟也	20100709 星期五	68.94

续表

序号	股票代码	股票名称	问籴01周线选出日期	20周内获利（%）
64	600525	长园集团	20100709 星期五	61.93
65	600531	豫光金铅	20100709 星期五	162.3
66	600538	国发股份	20100709 星期五	25.10
67	600546	**山煤国际**	20100709 星期五	105.24
68	600547	山东黄金	20100723 星期五	86.94
69	600555	九龙山	20100709 星期五	31.41
70	600585	海螺水泥	20100709 星期五	58.81
71	600586	金晶科技	20100709 星期五	63.09
72	600596	新安股份	20100709 星期五	72.59
73	600599	熊猫烟花	20100709 星期五	44.82
74	600611	大宗交通	20100709 星期五	24.21
75	600621	华鑫股份	20100709 星期五	16.07
76	600622	嘉宝集团	20100709 星期五	40.91
77	600635	大众公用	20100723 星期五	25.71
78	600638	新黄浦	20100709 星期五	26.56
79	600643	爱建股份	20100709 星期五	42.17
80	600650	锦江投资	20100709 星期五	27.56
81	600677	**航天通信**	20100709 星期五	105.14
82	600683	京投银泰	20100709 星期五	21.73
83	600685	广船国际	20100709 星期五	56.45
84	600691	阳煤化工	20100709 星期五	60.26
85	600695	大江股份	20100709 星期五	24.02
86	600702	**沱牌舍得**	20100709 星期五	108.20
87	600714	金瑞矿业	20100709 星期五	79.95
88	600716	凤凰股份	20100709 星期五	33.57
89	600722	金牛化工	20100709 星期五	39.35
90	600725	云维股份	20100709 星期五	45.47
91	600735	新华锦	20100723 星期五	35.48
92	600737	中粮屯河	20100709 星期五	84.15
93	600740	山西焦化	20100709 星期五	84.13
94	600748	上实发展	20100709 星期五	23.61
95	600758	红阳能源	20100709 星期五	55.73
96	600782	新钢股份	20100709 星期五	22.83
97	600820	隧道股份	20100709 星期五	49.60

续表

序号	股票代码	股票名称	问朵 01 周线选出日期	20 周内获利（%）
98	600823	世茂股份	20100514 星期五	38.38
99	600825	新华传媒	20100709 星期五	39.15
100	600828	成商集团	20100611 星期五	50.83
101	600846	同济科技	20100709 星期五	54.96
102	600872	中炬高新	20100709 星期五	40.93
103	600885	宏发股份	20100709 星期五	39.46
104	600889	南京化纤	20100709 星期五	41.44
105	600896	中海海盛	20100709 星期五	31.24
106	600962	国投中鲁	20100709 星期五	60.09
107	600971	**恒源煤电**	20100709 星期五	128.67
108	600985	雷鸣科化	20100709 星期五	56.17
109	600997	开滦股份	20100709 星期五	51.20
110	601003	柳钢股份	20100709 星期五	36.65
111	601088	中国神华	20100709 星期五	32.28
112	601168	**西部矿业**	20100709 星期五	121.42
113	601600	中国铝业	20100709 星期五	41.43
114	601666	平煤股份	20100709 星期五	75.45
115	601727	上海电气	20100709 星期五	50.07
116	601898	中煤能源	20100709 星期五	47.03
117	601899	紫金矿业	20100723 星期五	80.24
118	601918	国投新集	20100709 星期五	53.69
119	601919	中国远洋	20100709 星期五	32.18
120	601958	**金钼股份**	20100709 星期五	138.50
121	000011	深物业	20100709 星期五	29.63
122	000024	招商地产	20100611 星期五	31.13
123	000036	华联控股	20100709 星期五	41.73
124	000043	中航地产	20100709 星期五	97.23
125	000046	泛海控股	20100709 星期五	31.68
126	000059	华锦股份	20100709 星期五	61.17
127	000063	中兴通讯	20100709 星期五	44.25
128	000066	长城电脑	20100709 星期五	55.74
129	000069	华侨城 A	201007514 星期五	13.21
130	000155	川化股份	20100709 星期五	18.76
131	000505	珠江控股	20100709 星期五	32.45

续表

序号	股票代码	股票名称	问籴 01 周线选出日期	20 周内获利（%）
132	000506	**中润资源**	20100723 星期五	102.42
133	000514	渝开发	20100611 星期五	28.60
134	000516	开元投资	20100709 星期五	35.68
135	000532	力合股份	20100709 星期五	35.79
136	000534	万泽股份	20100709 星期五	28.60
137	000540	中天城投	20100611 星期五	41.68
138	000548	湖南投资	20100709 星期五	18.58
139	000552	靖远煤电	20100709 星期五	84.70
140	000597	东北制药	20100709 星期五	30.48
141	000599	青岛双星	20100709 星期五	45.53
142	000601	韶能股份	20100709 星期五	52.48
143	000615	湖北金环	20100709 星期五	21.98
144	000623	吉林敖东	20100709 星期五	66.63
145	000627	天茂集团	20100709 星期五	47.39
146	000633	合金投资	20100709 星期五	60.86
147	000635	英力特	20100709 星期五	40.71
148	000637	茂化实华	20100709 星期五	38.44
149	000638	万方发展	20100709 星期五	26.88
150	000650	仁和药业	20100709 星期五	70.20
151	000656	金科股份	20100611 星期五	19.93
152	000676	思达高科	20100709 星期五	21.25
153	000677	恒天海龙	20100709 星期五	52.27
154	000679	大连友谊	20100709 星期五	49.17
155	000687	恒天天鹅	20100709 星期五	50.31
156	000697	**炼石有色**	20100709 星期五	103.96
157	000707	双环科技	20100709 星期五	60.74
158	000709	河北钢铁	20100709 星期五	5.67
159	000718	苏宁环球	20100514 星期五	25.58
160	000725	京东方 A	20100723 星期五	24.07
161	000731	四川美丰	20100709 星期五	25.96
162	000780	平庄能源	20100709 星期五	79.76
163	000788	北大医药	20100709 星期五	89.04

续表

序号	股票代码	股票名称	问衾 01 周线选出日期	20 周内获利（%）
164	000807	云铝股份	20100709 星期五	77.10
165	000815	美利纸业	20100723 星期五	31.53
166	000816	江淮动力	20100709 星期五	57.99
167	000820	金城股份	20100709 星期五	39.63
168	000831	五矿稀土	20100709 星期五	82.02
169	000836	鑫茂科技	20100723 星期五	59.69
170	000878	云南铜业	20100709 星期五	63.13
171	000882	华联股份	20100709 星期五	47.50
172	000892	星美联合	20100709 星期五	27.16
173	000898	鞍钢股份	20100709 星期五	30.00
174	000908	天一科技	20100709 星期五	41.73
175	000912	泸天化	20100709 星期五	39.26
176	000933	神火股份	20100709 星期五	74.70
177	000950	建峰化工	20100709 星期五	37.77
178	000952	广济药业	20100709 星期五	35.91
179	000953	河池化工	20100709 星期五	62.53
180	000959	首钢股份	20100709 星期五	36.50
181	000960	**锡业股份**	20100709 星期五	155.87
182	000961	中南建设	20100611 星期五	27.66
183	000968	煤气化	20100709 星期五	59.23
184	000983	西山煤电	20100709 星期五	50.46
185	001896	豫能控股	20100611 星期五	16.02
186	002001	新和成	20100709 星期五	40.27
187	002002	鸿达兴业	20100709 星期五	18.90
188	002018	华星化工	20100709 星期五	47.25
189	002024	苏宁云商	20100514 星期五	44.00
190	002047	宝鹰股份	20100709 星期五	32.57
191	002073	软控股份	20100521 星期五	47.41
192	002078	太阳纸业	20100709 星期五	43.90
193	002084	海鸥卫浴	20100709 星期五	65.82
194	002090	金智科技	20100709 星期五	48.37

续表

序号	股票代码	股票名称	问氽 01 周线选出日期	20 周内获利（%）
195	002107	沃华医药	20100709 星期五	31.52
196	002108	沧州明珠	20100528 星期五	**48.81**
197	002115	三维通信	20100709 星期五	**45.82**
198	002118	**紫鑫药业**	20100709 星期五	**165.78**
199	002128	露天煤矿	20100709 星期五	**54.86**
200	002130	**沃尔核材**	20100709 星期五	**141.58**
201	002140	**东华科技**	20100709 星期五	**126.66**
202	002143	高金食品	20100709 星期五	32.70
203	002150	通润装备	20100709 星期五	**44.81**
204	002165	红宝丽	20100709 星期五	29.22
205	002167	**东方锆业**	20100608 星期五	**106.51**
206	002172	澳洋科技	20100709 星期五	**45.88**
207	002179	中航光电	20100709 星期五	**91.37**
208	002201	九鼎新材	20100709 星期五	**50.73**
209	002202	金风科技	20100709 星期五	**52.15**
210	002213	特尔佳	20100709 星期五	**75.86**
211	002224	三力士	20100709 星期五	30.36
212	002236	大华股份	20100521 星期五	**87.82**
213	002237	恒邦股份	20100709 星期五	**83.82**
214	002246	**北化股份**	20100709 星期五	**119.3**
215	002256	彩虹精华	20100709 星期五	**63.87**
216	002259	升达林业	20100709 星期五	35.09
217	002268	卫士通	20100521 星期五	**69.90**
218	002274	华昌化工	20100723 星期五	**43.37**
	全年选出 218 股	失败 8 股	利 40% 以上 144 股	**占比 66.06**

表注：选出后 20 个交易周涨幅大于 40% 为大涨，获利用黑体文字标识。

选出后 20 个交易周涨幅大于 100% 为特涨，股名用黑体文字标识。

二、2010 年选股成败分析。

1. 20 个交易周涨幅小于 20% 的有 8 股失败，占比 3.67%。

2. 20 个交易周涨幅大于 20% 的有 210 股成功，占比 96.33%。

3. 20 个交易周涨幅大于 40% 的有 144 股成功，占比 67.89%。

4. 20 个交易周涨幅大于 100% 的有 19 股成功，占比 8.72%。

2010 年 7 月 16 日　星期五

敢问：荣华实业之粂在何时？
答案：【问粂 01】周线告诉你，
大粂就在 2010 年 7 月 9 日。
2010 年选出 218 股，列出其中的一股
荣华实业的周 K 线图及其分析内容。

一、当选初期荣华实业周 K 线图。

2010 年 7 月 9 日，【问粂 01】周线公式选出荣华实业，是 2010 年选出的 218 只股票之一。见 2010 年 7 月 16 日 /600311 荣华实业周 K 线图：

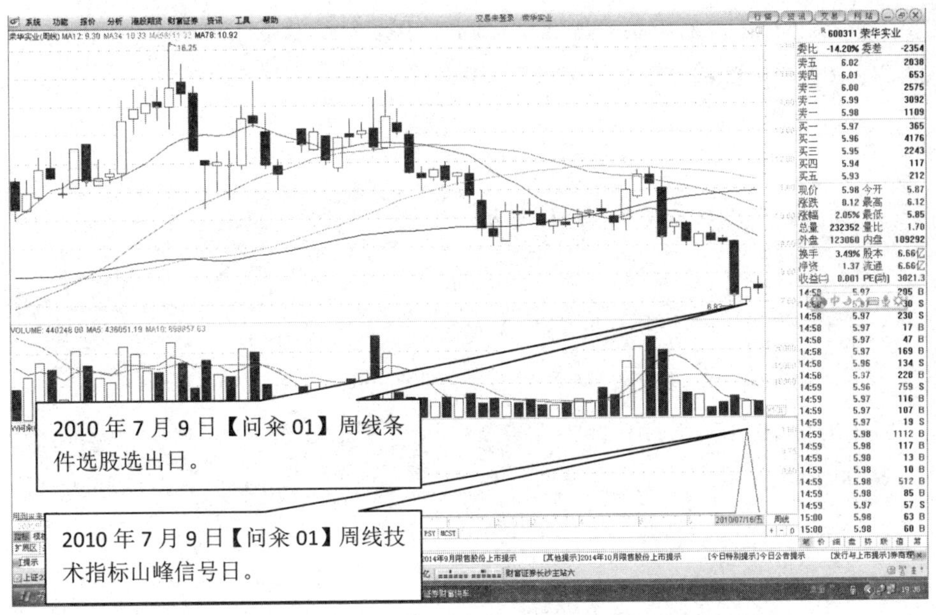

2010 年 7 月 16 日 /600311 荣华实业周 K 线图

二、『问籴01』周线形态显现。

2010年7月9日，星期五，【问籴01】周线选出荣华实业，见上图箭头所示：2010年7月9日星期五是【问籴01】周线条件选股选出日。2010年7月9日是【问籴01】周线技术指标山峰信号日。

三、买入理由。

1. 底部『问籴01』周线形态的个股具备上涨空间。

2. 周线选股【问籴01】公式选股成功率高达99%。

3. 周K线图分析——见财富快车软件显示的2010年7月16日/600311荣华实业的周K线图。

（1）2010年7月9日【问籴01】周线公式选出荣华实业。见周K线图上显现的【问籴01】周线技术指标山峰信号。图中山峰信号是底部拐点起步信号，还有上升空间，放心买入。

（2）根据周K线显示，选出当周2010年7月9日的周线换手率6.60%，周线涨幅3.46%，股价中幅上涨。2010年7月9日以前，周线出现了“飞流直下三千尺”形态，之后的底部出现小阳线，小幅回落可入，等候拉升。

4. 综上所述，荣华实业形成了『问籴01』周线形态。写成选出该股采用的公式/选出时间横列表达式：

$$\frac{\text{【问籴01】周线}}{\text{20100709 星期五}} = \text{600311 荣华实业}$$

上述四条分析结果，是买入荣华实业的技术性理由。

四、2010年11月26日荣华实业效益验证图。

选出日2010年7月9日买入价7.47元，卖出日2010年11月19日股价21.86元，2010年7月16日—2010年11月19日，共19个交易周，600311荣华实业的股价上升192.64%。见下图：

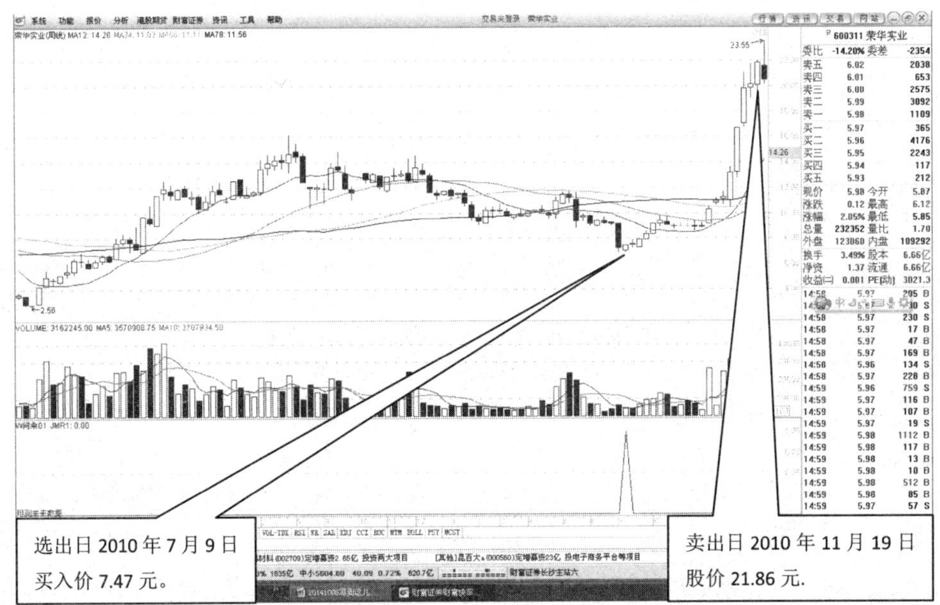

补记 2010 年 11 月 26 日 /600311 荣华实业周 K 线图

五、代表性个股横列表达式。

2010 年【问籴 01】周线选出 218 股，除了荣华实业，还选取其他三股，写出采用的公式 / 选出时间横列表达式：

$$\frac{\text{【问籴 01】周线}}{\text{20100709 星期五}}=\text{002118 紫鑫药业，20 周内涨 165.78\%}$$

$$\frac{\text{【问籴 01】周线}}{\text{20100709 星期五}}=\text{600531 豫光金铅，20 周内涨 162.30\%}$$

$$\frac{\text{【问籴 01】周线}}{\text{20100723 星期五}}=\text{000506 中润资源，20 周内涨 102.42\%}$$

第 19 节　2011 年选股记录

敢问：哪些股票之余在何方？

答案：【问余 01】周线告诉你，

2011 年选出 95 只股票之余所在年月日。

一、2011 年选股记录。

【问余 01】周线公式 2011 年选出 95 股，列出股票名称、选出日期、20 周获利等内容。见表 19：

表 19　2011 年【问余 01】周线选出 95 股详表

序号	股票代码	股票名称	问余 01 周线选出日期	20 周内获利（%）
01	600031	三一重工	20111223 星期五	21.14
02	600111	包钢稀土	20111230 星期五	90.46
03	600139	西部资源	20111230 星期五	47.69
04	600157	永泰能源	20110930 星期五	30.50
05	600160	巨化股份	20111216 星期五	24.02
06	600170	上海建工	20111223 星期五	97.36
07	600207	安彩高科	20111230 星期五	23.54
08	600250	南纺股份	20111223 星期五	27.70
09	600303	曙光股份	20110909 星期五	24.01
10	600310	桂东电力	20110624 星期五	20.37
11	600316	洪都航空	20110128 星期五	33.89
12	600366	宁波韵升	20110624 星期五	39.24
13	600369	西南证券	20111223 星期五	51.23
14	600372	中航电子	20111230 星期五	21.99
15	600381	ST 贤成	20111230 星期五	62.63
16	600382	广东明珠	20111223 星期五	35.07
17	600405	动力源	20111028 星期五	32.03
18	600418	江淮汽车	20111230 星期五	32.55
19	600449	宁夏建材	20111222 星期四	36.94

续表

序号	股票代码	股票名称	问籴01周线选出日期	20周内获利（%）
20	600470	六国化工	20110624 星期五	57.25
21	600521	华海药业	20110128 星期五	20.82
22	600675	中华企业	20110128 星期五	32.73
23	600690	青岛海尔	20111223 星期五	38.25
24	600703	三安光电	20111028 星期五	22.41
25	600704	物产中大	20111223 星期五	56.99
26	600711	盛屯矿业	20111028 星期五	40.84
27	600739	辽宁成大	20111230 星期五	55.17
28	600742	一汽富维	20111223 星期五	36.18
29	600743	华远地产	20111230 星期五	33.53
30	600768	宁波富邦	20111223 星期五	38.64
31	600773	西藏城投	20111223 星期五	37.64
32	600807	天业股份	20110603 星期五	75.00
33	600839	四川长虹	20111230 星期五	28.97
34	600893	航空动力	20111028 星期五	35.74
35	600990	四创电子	20110211 星期五	23.15
	600990	四创电子	20110617 星期五	27.92
36	600999	招商证券	20111230 星期五	32.61
37	601666	平煤股份	20111230 星期五	27.15
38	601699	潞安环能	20111223 星期五	37.69
39	601808	中海油服	20110916 星期五	24.15
40	000043	**中航地产**	20111223 星期五	113.17
41	000065	北方国际	20110128 星期五	29.14
42	000100	TCL 集团	20111230 星期五	31.52
43	000506	中润资源	20111230 星期五	35.19
44	000523	广州浪奇	20111230 星期五	29.81
45	000537	广宇发展	20111209 星期五	53.75
46	000561	烽火电子	20111223 星期五	37.84
47	000591	桐君阁	20111028 星期五	21.40
48	000592	平潭发展	20111028 星期五	27.20
49	000608	阳光股份	20111014 星期五	26.60
50	000630	铜陵有色	20111230 星期五	31.89
51	000666	经纬纺机	20111230 星期五	56.88
52	000703	恒逸石化	20111223 星期五	53.78

续表

序号	股票代码	股票名称	问余01周线选出日期	20周内获利（%）
53	000783	长江证券	20111230 星期五	40.56
54	000800	一汽轿车	20111216 星期五	41.08
55	000818	方大化工	20111223 星期五	42.46
56	000848	承德露露	20110624 星期五	28.49
57	000877	天山股份	20111223 星期五	22.13
58	000935	四川双马	20111223 星期五	36.33
59	000937	集中能源	20111223 星期五	31.88
60	000982	中银绒业	20111028 星期五	18.35
61	002016	世荣兆业	20111230 星期五	54.68
62	002041	登海种业	20110624 星期五	69.79
63	002045	国光电器	20110624 星期五	21.02
64	002054	德美化工	20110128 星期五	28.34
65	002057	中钢天源	20111028 星期五	37.86
66	002074	东源电器	20110624 星期五	22.94
67	002092	中泰化学	20111230 星期五	47.93
68	002104	恒宝股份	20110203 星期五	15.47
69	002108	沧州明珠	20110603 星期五	32.84
70	002130	沃尔核材	20111230 星期五	26.67
71	002132	恒星科技	20111223 星期五	20.52
72	002135	东南网架	20110617 星期五	30.97
73	002161	远望谷	20111028 星期五	19.79
74	002169	智光电气	20110624 星期五	31.04
75	002192	路翔股份	20110603 星期五	36.96
76	002218	拓日新能	20111028 星期五	17.99
77	002233	塔牌集团	20111223 星期五	26.73
78	002236	大化股份	20110624 星期五	27.12
79	002241	歌尔声学	20110617 星期五	28.57
80	002245	澳洋顺昌	20110624 星期五	32.67
81	002252	上海莱士	20110624 星期五	28.26
82	002272	川润股份	20111223 星期五	101.13
83	002283	天润曲轴	20110603 星期五	25.12
84	002311	海大集团	20110610 星期五	25.39
85	002322	理工监测	20110624 星期五	28.53
86	002326	永太科技	20110624 星期五	28.74

续表

序号	股票代码	股票名称	问籴01周线选出日期	20周内获利（%）
87	002342	巨力索具	20111230 星期五	**54.48**
88	002408	齐翔腾达	20111223 星期五	**44.90**
89	300014	亿纬锂能	20110617 星期五	28.07
90	300020	银江股份	20110624 星期五	36.48
91	300022	吉峰农机	20110624 星期五	29.89
92	300024	机器人	20110624 星期五	27.70
93	300030	阳普医疗	20110624 星期五	21.02
94	300036	超图软件	20110624 星期五	34.59
95	300077	国民技术	20111028 星期五	30.65
	2011 年	失败 4 股	成功 91 股	**大涨 23 股**

表注：选出后 20 个交易周涨幅小于 20% 为失败，获利用宋体文字标识。
选出后 20 个交易周涨幅大于 20% 为成功，获利用宋体文字标识。
选出后 20 个交易周涨幅大于 40% 为大涨，获利用黑体文字标识。
选出后 20 个交易周涨幅大于 100% 为大涨，股名用黑体文字标识。

二、2011 年选股成败分析。

1. 20 个交易周股价涨幅小于 20% 有 4 股失败，占比 4.21%。

2. 20 个交易周股价涨幅大于 20% 有 91 股成功，占比 95.79%。

3. 20 个交易周股价涨幅大于 40% 有 23 股成功，占比 24.21%。

4. 20 个交易周股价涨幅大于 100% 有 2 股成功，占比 2.11%。

2011 年 12 月 30 日　星期五

敢问：川润股份之籴在何时？
答案：【问籴 01】周线告诉你，
大籴就在 2011 年 12 月 23 日。
2011 年选出 95 股，列出其中的一股
川润股份的周 K 线图及其分析内容。

一、当选初期川润股份周 K 线图。

2011 年 12 月 23 日，星期五，【问籴 01】周线公式选出川润股份，是

2011年选出的95只股票之一。见2011年12月30日/002272川润股份周K线图:

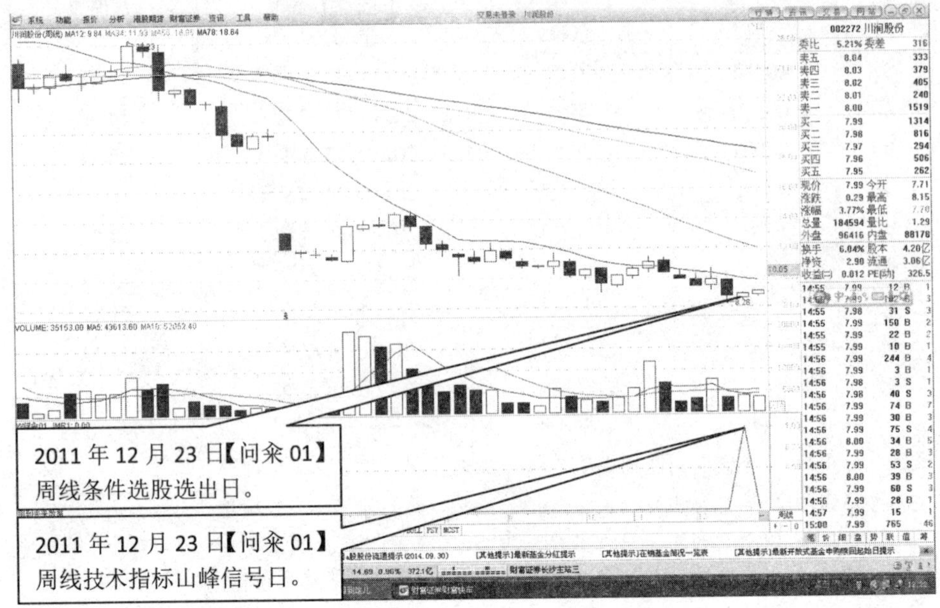

2011 年 12 月 30 日 /002272 川润股份周 K 线图

二、『问伞01』周线形态显现。

2011年12月23日，星期五，【问伞01】周线选出002272川润股份，见上图箭头所示：2011年12月23日是【问伞01】周线条件选股选出日。同日也是【问伞01】周线技术指标山峰信号日。

三、买入理由。

1. 底部『问伞01』周线形态符合恒定坚守条件的个股会上涨。

2. 周线选股【问伞01】公式选股成功率高达99%。

3. 周K线图分析——见财富快车V6.30版软件显示的2011年12月30日/002272川润股份的周K线图。

（1）2011年12月23日【问伞01】周线公式选出川润股份。见周K线图上显现的【问伞01】周线技术指标山峰信号。图中山峰信号是底部拐点起步信号，还有上升空间。

（2）根据周K线显示，选出当周2011年12月23日的周线换手率4.11%，周线涨幅2.54%，股价小幅上涨。2011年12月23日以前，周线出现了“飞流直下三千尺”形态，之后的底部出现小阳线，小幅回落可入，等候拉升。

4. 综上所述，川润股份形成了『问籴 01』周线形态。写成选出该股的采用公式 / 选出时间横列表达式：

$$\frac{\text{【问籴 01】周线}}{\text{20111223 星期五}} = \text{002272 川润股份}$$

上述四条分析结果，是买入 002272 川润股份的技术性理由。

四、2012 年 3 月 14 日 002272 川润股份效益验证图。

选出日 2011 年 12 月 23 日买入价 8.88 元，卖出日 2012 年 3 月 9 日股价 17.86 元，2011 年 12 月 30 日—2012 年 3 月 9 日，共 10 个交易周，002272 川润股份的股价上升 101.13%。见下图：

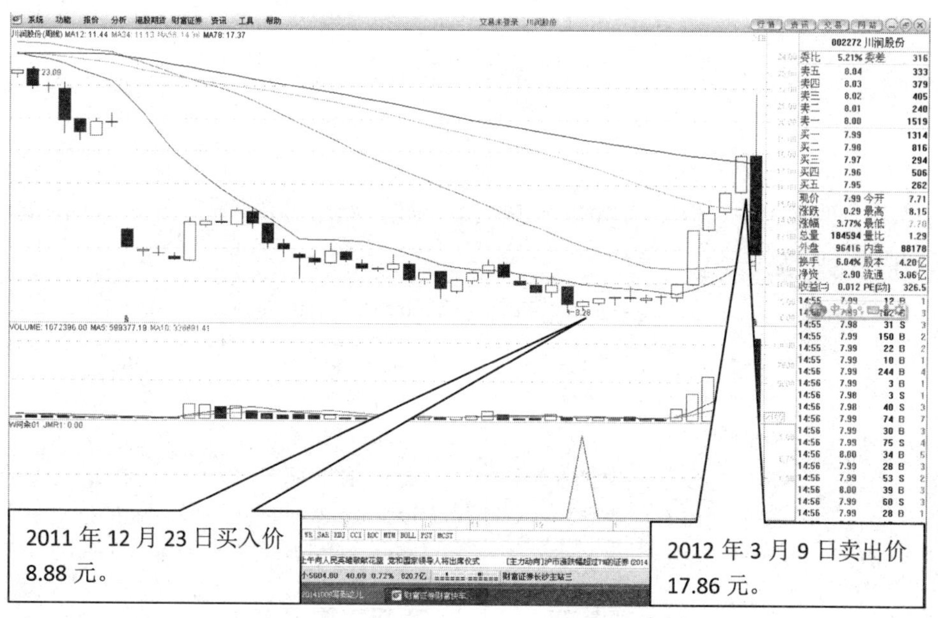

补记 2012 年 3 月 14 日 /002272 川润股份周 K 线图

五、代表性个股横列表达式。

2011 年【问籴 01】周线选出 95 股，除了 002272 川润股份，还选取其他三股，写出采用公式 / 选出时间横列表达式：

$\frac{【问籴01】周线}{20111223 星期五}$ = 000043 中航地产，20 周内涨 113.17%

$\frac{【问籴01】周线}{20111223 星期五}$ = 600170 上海建工，20 周内涨 97.36%

$\frac{【问籴01】周线}{20111230 星期五}$ = 600111 包钢稀土，20 周内涨 90.46%

第 20 节　2012 年选股记录

敢问：哪些股票之籴在何方？

答案：【问籴01】周线告诉你，

2012 年选出 635 只股票之籴所在年月日。

一、2012 年选股记录。

【问籴01】周线公式 2012 年选出 635 股，列出股票名称、选出日期、20 周内获利。见表 20：

表 20　2012 年【问籴01】周线选出 635 股详表

序号	股票代码	股票名称	问籴 01 周线选出日期	20 周内获利（%）
01	600051	宁波联合	20120113 星期五	26.73
02	600053	中江地产	20120113 星期五	25.25
03	600055	华润万东	20121207 星期五	66.53
04	600061	中纺投资	20120113 星期五	37.22
05	600062	华润双鹤	20120113 星期五	47.41
06	600069	银鸽投资	20120113 星期五	28.64
07	600070	浙江富润	20120113 星期五	72.23
08	600072	钢构工程	20120113 星期五	29.64
09	600074	中达股份	20120113 星期五	32.75
10	600075	新疆天业	20120113 星期五	20.66
11	600076	青岛华光	20120113 星期五	29.71
	600076	青岛华光	20120810 星期五	70.77

续表

序号	股票代码	股票名称	问朵01周线选出日期	20周内获利（%）
12	600081	东风科技	20120113 星期五	27.87
13	600082	海泰发展	20120113 星期五	60.24
14	600084	中葡股份	20120113 星期五	45.37
15	600085	同仁堂	20120113 星期五	13.45
16	600093	禾嘉股份	20120113 星期五	38.19
17	600095	哈高科	20120113 星期五	63.54
18	600099	林海股份	20120113 星期五	38.54
19	600101	明星电力	20120113 星期五	45.46
20	600105	永鼎股份	20120113 星期五	31.56
21	600107	美尔雅	20120113 星期五	56.16
22	600108	亚盛集团	20120113 星期五	48.20
23	600111	包钢稀土	20121102 星期五	20.87
24	600114	东睦股份	20120113 星期五	42.22
25	600118	中国卫星	20120907 星期五	46.34
26	600119	长江投资	20120113 星期五	49.03
27	600125	铁龙物流	20121130 星期五	35.02
28	600130	波导股份	20120113 星期五	39.05
29	600132	重庆啤酒	20121207 星期五	36.75
30	600135	乐凯胶片	20121207 星期五	81.82
31	600136	道博股份	20120113 星期五	41.84
32	600143	金发科技	20121207 星期五	47.70
33	600146	大元股份	20120113 星期五	56.08
	600146	大元股份	20120706 星期五	40.70
34	600148	长春一东	20120113 星期五	31.90
35	600152	维科精华	20120113 星期五	22.24
	600152	维科精华	20121207 星期五	50.74
36	600156	华升股份	20120113 星期五	26.62
37	600167	联美控股	20120113 星期五	66.62
38	600170	上海建工	20120810 星期五	25.07
39	600171	上海贝岭	20120113 星期五	56.15
40	600172	黄河旋风	20121207 星期五	21.77
41	600173	卧龙地产	20120113 星期五	42.98
42	600175	美都控股	20120113 星期五	29.85
43	600176	中国玻纤	20120907 星期五	34.22

续表

序号	股票代码	股票名称	问伞 01 周线选出日期	20 周内获利（%）
44	600178	ST 东安	20120113 星期五	43.51
45	600179	黑化股份	20120113 星期五	66.27
46	600182	S 佳通	20120113 星期五	30.63
47	600185	格力地产	20120113 星期五	33.60
48	600189	吉林森工	20120113 星期五	32.03
49	600195	中牧股份	20121207 星期五	28.60
50	600197	伊力特	20120113 星期五	73.29
51	600200	江苏吴中	20121207 星期五	106.16
52	600206	有研新材	20120113 星期五	20.06
53	600208	新湖中宝	20120113 星期五	40.42
54	600216	浙江医药	20120113 星期五	25.13
55	600217	秦岭水泥	20120113 星期五	38.38
56	600218	全柴动力	20120928 星期五	26.81
57	600223	鲁商置业	20120928 星期五	59.00
58	600230	沧州大发	20120113 星期五	66.89
59	600231	凌钢股份	20120907 星期五	28.12
60	600232	金鹰股份	20120113 星期五	38.78
61	600233	大杨创世	20120113 星期五	26.65
62	600234	山水文化	20120113 星期五	35.29
63	600237	铜峰电子	20120113 星期五	26.78
64	600239	云南城投	20120113 星期五	35.40
65	600241	时代万恒	20120113 星期五	33.33
66	600242	中昌海运	20120113 星期五	38.06
67	600246	万通地产	20120113 星期五	33.97
68	600248	延长化建	20120113 星期五	24.49
69	600249	两面针	20120113 星期五	27.53
70	600256	广汇能源	20120810 星期五	24.54
71	600257	大湖股份	20120113 星期五	39.93
72	600258	首旅酒店	20120113 星期五	26.03
73	600262	北方股份	20120113 星期五	27.34
74	600265	ST 景谷	20120113 星期五	38.83
75	600277	亿利能源	20120113 星期五	21.83
76	600281	太化股份	20120810 星期五	62.38
77	600285	羚锐制药	20120113 星期五	26.02

续表

序号	股票代码	股票名称	问朵 01 周线选出日期	20 周内获利（%）
78	600288	大恒科技	20120113 星期五	30.16
79	600289	亿阳信通	20120113 星期五	25.80
80	600291	西水股份	20120113 星期五	21.75
81	600293	三峡新材	20120113 星期五	44.98
82	600295	鄂尔多斯	20120113 星期五	23.08
83	600297	美罗药业	20120113 星期五	26.42
84	600298	安琪酵母	20121207 星期五	32.70
85	600299	蓝星新材	20120810 星期五	38.23
86	600300	维维股份	20120113 星期五	162.96
87	600301	ST 南化	20120810 星期五	92.21
88	600308	华泰股份	20120113 星期五	28.45
89	600309	万华化学	20120113 星期五	21.12
90	600319	亚星化学	20120113 星期五	23.23
91	600321	国栋建设	20120113 星期五	56.41
92	600322	天房发展	20120113 星期五	30.53
94	600327	大东方	20121207 星期五	29.27
95	600328	兰太实业	20121207 星期五	27.96
96	600333	长春燃气	20120113 星期五	20.57
97	600345	长江通信	20120113 星期五	73.45
98	600346	大橡塑	20120113 星期五	31.57
99	600352	浙江龙盛	20120106 星期五	26.88
100	600356	恒丰纸业	20120113 星期五	26.19
101	600359	新农开发	20120810 星期五	26.69
102	600360	华微电子	20120113 星期五	33.42
103	600380	健康元	20120928 星期五	49.19
104	600381	青海春天	20120713 星期五	41.08
105	600385	山东金泰	20120113 星期五	28.11
106	600389	江山股份	20120113 星期五	32.69
107	600391	成发科技	20120824 星期五	50.36
108	600392	盛和资源	20120113 星期五	69.70
109	600393	东华实业	20120113 星期五	57.62
110	600400	红豆股份	20120113 星期五	41.18
111	600403	大有能源	20121123 星期五	48.93
112	600405	动力源	20120113 星期五	26.35

续表

序号	股票代码	股票名称	问籴01周线选出日期	20周内获利（%）
113	600410	华胜天成	20121123 星期五	36.36
114	600419	天润乳业	20120113 星期五	59.29
115	600420	现代制药	20120113 星期五	30.77
116	600423	柳化股份	20120113 星期五	30.98
117	600426	华鲁恒升	20120113 星期五	30.63
118	600428	中远航运	20120113 星期五	25.36
119	600438	通威股份	20120113 星期五	22.38
120	600439	瑞贝卡	20120113 星期五	23.02
121	600444	国统管业	20120113 星期五	44.35
122	600446	金证股份	20120113 星期五	25.60
123	600461	洪城水业	20120113 星期五	23.01
124	600467	好当家	20120726 星期五	33.60
125	600468	百利电气	20120113 星期五	26.17
126	600476	湘邮科技	20120113 星期五	33.15
127	600480	凌云股份	20120113 星期五	40.17
128	600481	双良节能	20120113 星期五	36.62
129	600482	风帆股份	20120113 星期五	38.81
130	600485	信威集团	20120203 星期五	24.30
131	600486	扬农化工	20120113 星期五	30.21
132	600488	天药股份	20120113 星期五	24.90
133	600490	鹏欣资源	20120113 星期五	121.50
134	600493	凤竹纺织	20120113 星期五	30.81
135	600501	航天晨光	20120113 星期五	25.74
136	600506	香梨股份	20120113 星期五	54.27
137	600510	黑牡丹	20120113 星期五	48.62
138	600511	国药股份	20120113 星期五	27.11
139	600513	联环药业	20120113 星期五	36.14
140	600520	中发科技	20120113 星期五	58.99
141	600521	华海药业	20120113 星期五	34.99
142	600522	中天科技	20120113 星期五	24.79
143	600533	栖霞建设	20120113 星期五	26.73
144	600536	中国软件	20121207 星期五	47.77
145	600538	国发股份	20120810 星期五	72.18
146	600539	狮头股份	20120113 星期五	26.85

续表

序号	股票代码	股票名称	问籴01周线选出日期	20周内获利（%）
147	600550	保变电气	20121207 星期五	26.09
148	600558	大西洋	20120726 星期五	30.07
149	600559	老白干酒	20120113 星期五	56.42
150	600560	金自天正	20121207 星期五	35.47
151	600562	国睿科技	20120113 星期五	39.61
152	600566	洪城股份	20120113 星期五	45.91
153	600573	惠泉啤酒	20120113 星期五	37.37
154	600584	长电科技	20120113 星期五	28.11
155	600586	金晶科技	20120113 星期五	23.66
156	600590	泰豪科技	20120113 星期五	26.26
157	600592	龙溪股份	20120113 星期五	23.57
158	600596	新安股份	20120113 星期五	24.92
159	600598	北大荒	20120113 星期五	19.98
160	600612	老凤祥	20120924 星期五	27.22
161	600617	国新能源	20120713 星期五	16.40
162	600619	海立股份	20120113 星期五	28.01
163	600620	天宸股份	20120113 星期五	32.60
164	600621	华鑫股份	20120113 星期五	34.35
165	600622	嘉宝集团	20120113 星期五	24.06
166	600624	复旦复华	20120113 星期五	27.68
167	600630	龙头股份	20120113 星期五	27.81
168	600634	中技控股	20120810 星期五	16.09
169	600636	三爱富	20121207 星期五	35.80
170	600643	爱建股份	20120113 星期五	57.12
171	600645	中源协和	20121207 星期五	83.36
172	600657	信达地产	20120113 星期五	33.78
173	600658	电子城	20120120 星期五	33.44
174	600662	强生控股	20120113 星期五	31.35
175	600667	太极实业	20121116 星期五	36.95
176	600668	尖峰集团	20120113 星期五	75.85
177	600674	川投能源	20120803 星期五	32.34
178	600679	金山开发	20120113 星期五	88.83
179	600682	南京新百	20120113 星期五	38.34
180	600683	京投银泰	20120113 星期五	57.50

续表

序号	股票代码	股票名称	问余01周线选出日期	20周内获利（%）
181	600707	彩虹股份	20120113 星期五	38.96
182	600708	海博股份	20120113 星期五	24.05
183	600710	常林股份	20120113 星期五	33.23
184	600715	松辽汽车	20120113 星期五	41.21
185	600719	大连热电	20120112 星期四	32.11
186	600722	金牛化工	20120113 星期五	35.46
187	600730	中国高科	20120113 星期五	30.90
188	600731	湖南海利	20120113 星期五	46.15
189	600733	S 前锋	20120113 星期五	42.22
190	600738	兰州民百	20120113 星期五	40.43
191	600747	大连控股	20120907 星期五	32.16
192	600749	西藏旅游	20121207 星期五	37.55
193	600753	东方银星	20120113 星期五	39.12
194	600758	红阳能源	20120113 星期五	32.93
195	600759	洲际尤其	20121207 星期五	25.90
196	600760	中航黑豹	20120120 星期五	30.15
197	600764	中电广通	20120113 星期五	36.60
198	600767	运盛实业	20120113 星期五	33.94
199	600769	祥龙电业	20120113 星期五	25.08
200	600770	综艺股份	20121207 星期五	28.44
201	600774	汉商集团	20120113 星期五	22.43
202	600777	新潮实业	20120113 星期五	46.86
203	600784	鲁银投资	20120727 星期五	41.83
204	600785	新华百货	20121207 星期五	24.27
205	600792	云煤能源	20121207 星期五	32.31
206	600793	ST 宣纸	20120810 星期五	22.60
207	600798	宁波海运	20120113 星期五	19.87
208	600800	**天津磁卡**	20120810 星期五	190.04
209	600806	昆明机床	20120113 星期五	37.01
210	600807	天业股份	20120906 星期五	44.27
211	600810	神马股份	20121207 星期五	51.54
212	600812	华北制药	20120113 星期五	23.81
213	600815	厦工股份	20120406 星期五	26.65
214	600821	津劝业	20120113 星期五	27.48

续表

序号	股票代码	股票名称	问籴01周线选出日期	20周内获利（%）
215	600822	上海物贸	20120113 星期五	31.50
216	600826	兰生股份	20120113 星期五	50.78
217	600828	成商集团	20121207 星期五	20.33
218	600829	三精制药	20121207 星期五	32.98
219	600830	香溢融通	20120113 星期五	71.54
220	600831	广电网络	20121207 星期五	35.90
221	600833	第一医药	20120113 星期五	25.59
222	600834	申通地铁	20120113 星期五	25.37
223	600836	界龙实业	20120113 星期五	26.02
224	600838	上海九百	20120113 星期五	21.22
225	600841	上柴股份	20120727 星期五	28.96
226	600843	上工申贝	20120113 星期五	51.84
227	600848	自仪股份	20120113 星期五	26.87
228	600851	海欣股份	20120113 星期五	22.87
229	600854	春兰股份	20120113 星期五	45.58
230	600856	长百集团	20120113 星期五	33.50
231	600858	银座股份	20121207 星期五	29.63
232	600860	京城股份	20120113 星期五	38.02
233	600862	南通科技	20120113 星期五	54.04
234	600865	百大集团	20120113 星期五	33.87
235	600855	星湖科技	20120113 星期五	49.36
236	600868	**梅雁吉祥**	20120810 星期五	103.13
237	600872	中炬高新	20120113 星期五	30.24
238	600883	博闻科技	20121207 星期五	26.17
239	600884	杉杉股份	20120113 星期五	22.72
240	600890	中房股份	20120113 星期五	67.00
241	600892	宝诚股份	20120203 星期五	51.34
242	600960	渤海活塞	20120113 星期五	48.51
243	600969	郴电国际	20121207 星期五	53.08
244	600970	中材国际	20120113 星期五	27.03
245	600978	宜华木业	20120113 星期五	56.23
246	600980	北矿磁材	20121207 星期五	57.04
247	600984	建设机械	20120113 星期五	40.24
248	600992	贵绳股份	20120113 星期五	27.38

续表

序号	股票代码	股票名称	问籴 01 周线选出日期	20 周内获利（%）
249	601101	昊华能源	20121207 星期五	36.38
250	601186	中国铁建	20120113 星期五	14.75
251	601208	东材科技	20121207 星期五	22.97
252	601390	中国中铁	20120113 星期五	11.11
253	601519	大智慧	20121207 星期五	25.37
254	601688	华泰证券	20120113 星期五	50.32
255	601919	中国远洋	20120113 星期五	29.02
256	000004	国农科技	20120113 星期五	27.05
257	000008	宝利来	20120113 星期五	44.93
258	000018	中冠 A	20120113 星期五	53.74
259	000019	深深宝	20120113 星期五	53.53
260	000023	深天地 A	20120113 星期五	38.38
261	000025	特力 A	20120113 星期五	43.09
262	000031	中粮地产	20120113 星期五	28.57
263	000032	深桑达 A	20120113 星期五	29.89
264	000033	ST 新都	20120113 星期五	43.41
265	000036	华联控股	20120113 星期五	77.66
266	000037	深南电 A	20120113 星期五	32.23
267	000043	中航地产	20120907 星期五	97.23
268	000050	深天马 A	20120113 星期五	52.25
269	000055	方大集团	20120113 星期五	41.05
270	000056	深国商	20120504 星期五	32.19
271	000062	深圳华强	20120113 星期五	34.85
272	000090	天健集团	20120113 星期五	38.30
273	000099	中信海直	20120113 星期五	29.95
274	000150	宜华地产	20120113 星期五	45.94
275	000158	常山股份	20120113 星期五	21.50
276	000159	国际实业	20121207 星期五	33.11
277	000404	华意压缩	20120113 星期五	37.70
278	000407	胜利股份	20120113 星期五	92.84
279	000408	金谷源	20120113 星期五	34.23
280	000410	沈阳机床	20120113 星期五	35.85
281	000417	合肥百货	20121207 星期五	31.26
282	000418	小天鹅 A	20120113 星期五	35.53%

续表

序号	股票代码	股票名称	问籴 01 周线选出日期	20 周内获利（%）
283	000420	吉林化纤	20120810 星期五	34.71
284	000502	绿景控股	20120113 星期五	58.74
285	000504	ST 传媒	20120810 星期五	24.11
286	000507	珠海港	20120113 星期五	53.47
287	000513	丽珠集团	20120113 星期五	29.97
288	000517	荣安地产	20120113 星期五	60.87
289	000519	江南红箭	20120113 星期五	80.29
290	000521	美菱电器	20120113 星期五	28.12
291	000524	东方病馆	20120113 星期五	50.25
292	000526	银润投资	20120113 星期五	44.80
293	000531	穗恒运 A	20120113 星期五	96.89
294	000543	皖能电力	20120113 星期五	16.01
295	000546	光华控股	20120113 星期五	52.75
296	000548	湖南投资	20120113 星期五	33.85
297	000551	创元科技	20120113 星期五	23.45
298	000555	神州信息	20120113 星期五	32.75
299	000565	渝三峡 A	20120113 星期五	41.13
300	000566	海南海药	20121207 星期五	36.85
301	000567	海德股份	20120113 星期五	22.58
302	000570	苏常柴 A	20120113 星期五	33.33
303	000576	广东甘化	20120113 星期五	28.38
304	000582	北部湾港	20120113 星期五	41.35
305	000584	友利控股	20120113 星期五	44.74
306	000585	东北电气	20120810 星期五	50.00
307	000590	紫光古汉	20120113 星期五	58.78
308	000591	桐君阁	20120113 星期五	32.00
309	000595	西北轴承	20120810 星期五	16.44
310	000596	古井贡酒	20121214 星期五	36.82
311	000597	东北制药	20120113 星期五	27.35
312	000606	青海明胶	20120406 星期五	56.11
313	000608	阳关股份	20120113 星期五	37.7%
314	000609	绵世股份	20120113 星期五	26.56
315	000610	西安旅游	20120113 星期五	51.05
316	000611	大东海 A	20120106 星期五	30.96

续表

序号	股票代码	股票名称	问籴01周线选出日期	20周内获利（%）
317	000617	石油济柴	20120113 星期五	32.22
318	000619	海螺型材	20120113 星期五	34.09
319	000623	吉林敖东	20121207 星期五	67.62
320	000631	顺发恒业	20120113 星期五	66.76
321	000650	仁和药业	20121207 星期五	34.02
322	000659	ST 中富	20120120 星期五	32.82
323	000663	永安林业	20120113 星期五	87.58
324	000665	湖北广电	20121207 星期五	46.38
325	000668	荣丰控股	20120113 星期五	28.73
326	000673	当代东方	20120810 星期五	84.40
327	000676	思达高科	20120113 星期五	25.17
328	000677	恒天海龙	20120601 星期五	69.41
329	000678	襄阳轴承	20120113 星期五	34.70
330	000680	山推股份	20120113 星期五	19.56
331	000685	中山公用	20121207 星期五	61.86
332	000686	东北证券	20120113 星期五	51.96
333	000698	沈阳化工	20120113 星期五	26.23
334	000702	正虹科技	20120113 星期五	20.33
335	000715	中兴商业	20120113 星期五	28.28
336	000718	苏宁环球	20120113 星期五	39.73
337	000719	大地传媒	20121207 星期五	31.52
338	000720	新能泰山	20120810 星期五	15.10
339	000725	京东方 A	20120113 星期五	16.28
340	000727	华东科技	20120113 星期五	44.20
341	000733	振华科技	20120113 星期五	21.01
342	000736	中房地产	20120113 星期五	59.85
343	000737	南风化工	20120113 星期五	64.90
344	000748	长城信息	20120113 星期五	29.55
345	000751	锌业股份	20120810 星期五	22.22
346	000766	通化金马	20120113 星期五	21.48
347	000768	中航飞机	20120113 星期五	27.29
348	000776	广发证券	20120113 星期五	52.00
349	000777	中核科技	20120113 星期五	32.77
350	000779	三毛派神	20121207 星期五	40.85

续表

序号	股票代码	股票名称	问朵 01 周线选出日期	20 周内获利（%）
351	000782	美达股份	20120113 星期五	24.38
352	000785	武汉中商	20120113 星期五	26.65
353	000790	华神集团	20121207 星期五	86.78
354	000798	中水渔业	20120113 星期五	32.20
355	000801	四川九洲	20120113 星期五	28.19
356	000806	银河投资	20120810 星期五	44.12
357	000810	华润锦华	20121207 星期五	84.06
358	000811	烟台冰轮	20120928 星期五	29.11
359	000812	陕西金叶	20120113 星期五	22.22
360	000813	天山纺织	20120113 星期五	41.83
361	000821	京山轻机	20120113 星期五	37.25
362	000823	超声电子	20120113 星期五	76.11
363	000829	天音控股	20120113 星期五	23.40
364	000836	鑫茂科技	20120113 星期五	24.20
365	000837	秦川发展	20120113 星期五	27.60
366	000839	中信国安	20120113 星期五	27.76
367	000862	银星能源	20120113 星期五	25.73
368	000886	海南高速	20120113 星期五	20.13
369	000892	星美联合	20120113 星期五	18.71
370	000906	物产中拓	20120113 星期五	28.21
371	000908	天一科技	20120113 星期五	89.48
372	000910	大亚科技	20120113 星期五	23.83
373	000913	钱江摩托	20120113 星期五	28.18
374	000915	山大华特	20120113 星期五	30.81
375	000918	嘉凯城	20120120 星期五	33.86
376	000920	南方汇通	20120113 星期五	28.50
377	000931	中关村	20120113 星期五	49.29
378	000937	冀中能源	20121207 星期五	56.44
379	000948	南天信息	20120113 星期五	37.53
380	000952	广济药业	20120113 星期五	25.26
381	000953	河池化工	20120113 星期五	38.71
382	000966	长源电力	20120113 星期五	26.89
383	000971	蓝鼎控股	20120113 星期五	37.77
384	000972	新中基	20120113 星期五	19.86

续表

序号	股票代码	股票名称	问籴 01 周线选出日期	20 周内获利（%）
385	000977	浪潮信息	20120113 星期五	22.91
386	000979	中弘股份	20120113 星期五	61.28
387	000980	金马股份	20120113 星期五	27.06
388	000990	诚志股份	20120113 星期五	25.74
389	002004	华邦颖泰	20121207 星期五	19.33
390	002005	德豪润达	20120810 星期五	25.93
391	002009	天奇股份	20120113 星期五	33.84
392	002010	传化股份	20120113 星期五	24.88
393	002011	盾安环境	20120113 星期五	23.12
394	002013	中航机电	20120113 星期五	39.02
395	002018	华星化工	20120113 星期五	35.37
396	002019	鑫富药业	20120113 星期五	73.55
397	002021	中捷股份	20120113 星期五	62.00
398	002022	科华生物	20120113 星期五	18.81
399	002023	海特高新	20120203 星期五	36.98
400	002027	七喜控股	20120113 星期五	23.65
401	000028	思源电气	20120113 星期五	32.26
402	002031	巨轮股份	20120113 星期五	31.40
403	002034	美欣达	20121207 星期五	35.91
404	002035	华帝股份	20120203 星期五	25.31
405	002036	宜科科技	20120705 星期五	30.08
406	002040	南京港	20120113 星期五	26.90
407	002042	华孚色纺	20120113 星期五	36.83
408	002043	兔宝宝	20120113 星期五	25.76
409	002044	江苏三友	20121207 星期五	22.92
410	002046	轴研科技	20120113 星期五	35.37
411	002047	宝鹰股份	20120113 星期五	38.68
412	002056	横店东磁	20121207 星期五	31.32
413	002057	中钢天源	20121207 星期五	47.84
414	002067	景兴纸业	20120928 星期五	35.54
415	002079	苏州固锝	20120113 星期五	31.47
416	002081	金螳螂	20120113 星期五	28.85
417	002084	海鸥卫浴	20120113 星期五	40.88
418	002088	鲁阳股份	20120113 星期五	26.47

续表

序号	股票代码	股票名称	问籴01周线选出日期	20周内获利（%）
419	002089	新海宜	20120113 星期五	40.74
420	002091	江苏国泰	20121207 星期五	93.31
421	002094	青岛金王	20120113 星期五	28.86
422	002095	生意宝	20120113 星期五	38.82
423	002099	海翔药业	20121207 星期五	31.64
424	002104	恒宝股份	20120203 星期五	15.47
425	002105	信隆事业	20120113 星期五	24.31
426	002106	莱宝高科	20120113 星期五	27.06
427	002108	沧州明珠	20120113 星期五	29.15
428	002112	三变科技	20120113 星期五	29.62
429	002114	罗平锌电	20120810 星期五	85.55
430	002117	东港股份	20121207 星期五	41.50
431	002120	新海股份	20120113 星期五	59.33
432	002126	银轮股份	20120113 星期五	27.49
433	002128	露天煤业	20120113 星期五	24.95
434	002130	沃尔核材	20121207 星期五	25.27
435	002134	天津普林	20120113 星期五	52.80
436	002136	安纳达	20121207 星期五	20.85
437	002137	实益达	20120113 星期五	60.62
438	002138	顺络电子	20120203 星期五	18.67
	002138	顺络电子	20120614 星期五	45.46
439	002139	拓邦股份	20120203 星期五	34.72
440	002140	东华科技	20120113 星期五	25.16
441	002148	**北纬通信**	20121207 星期五	128.18
442	002154	报喜鸟	20121207 星期五	23.56
443	002157	正邦科技	20120113 星期五	57.96
444	002158	汉钟精机	20120113 星期五	30.27
445	002161	远望谷	20121207 星期五	51.43
446	002162	**斯米克**	20120113 星期五	130.20
447	002167	东方锆业	20121207 星期五	28.31
448	002168	深圳惠程	20120113 星期五	41.76
449	002177	御银股份	20121207 星期五	19.87
450	002184	海得控股	20120113 星期五	34.23
451	002185	华天科技	20120113 星期五	48.71

续表

序号	股票代码	股票名称	问籴01周线选出日期	20周内获利（%）
452	002195	海隆软件	20121207 星期五	32.50
453	002196	方正电机	20120113 星期五	32.37
454	002198	嘉应制药	20120113 星期五	10.60
455	002199	东晶电子	20120113 星期五	35.27
456	002203	海亮股份	20120120 星期五	27.38
457	002204	大连重工	20121207 星期五	26.99
458	002205	国统股份	20120120 星期五	51.61
459	002207	准油股份	20121207 星期五	33.87
460	002208	合肥城建	20120113 星期五	45.41
461	002211	宏达新材	20120113 星期五	27.49
462	002214	大立科技	20121207 星期五	42.62
463	002215	诺普信	20120112 星期四	18.60
464	002218	拓日新能	20121214 星期五	35.60
465	002220	天宝股份	20121207 星期五	34.66
466	002222	福晶科技	20120113 星期五	22.64
467	002224	三力士	20120113 星期五	28.00
468	002227	奥特迅	20121207 星期五	44.84
469	002231	奥维通信	20121207 星期五	26.34
470	000232	启明信息	20120113 星期五	37.78
471	002238	天威视讯	20121207 星期五	28.18
472	002240	威华股份	20120113 星期五	37.31
473	002243	通产丽星	20120113 星期五	34.67
474	002244	滨江集团	20120120 星期五	30.74
475	002246	北化股份	20120113 星期五	47.44
476	002247	帝龙新材	20120113 星期五	29.09
477	002248	华东数控	20121207 星期五	29.95
478	002249	大洋电机	20121207 星期五	41.31
479	000253	川大智胜	20121207 星期五	49.37
480	002256	彩虹精华	20120113 星期五	30.95
481	002259	升达林业	20120113 星期五	25.76
482	002260	伊利浦	20120113 星期五	37.95
483	002263	大东南	20120113 星期五	33.09
484	002265	西仪股份	20120113 星期五	48.21
485	002270	法因数控	20120113 星期五	32.32

续表

序号	股票代码	股票名称	问籴01周线选出日期	20周内获利（%）
486	002275	桂林三金	20120113 星期五	18.62
487	002277	友阿股份	20121207 星期五	26.82
488	002279	久其软件	20121207 星期五	19.85
489	002281	光迅科技	20121207 星期五	40.20
490	002283	天润曲轴	20121207 星期五	28.32
491	002289	宇顺电子	20120113 星期五	97.82
492	002296	辉煌科技	20121207 星期五	51.35
493	002297	博云新材	20120113 星期五	21.78
494	002308	威创股份	20120113 星期五	15.55
495	002316	键桥通讯	20120113 星期五	42.77
	002316	键桥通讯	20120803 星期五	26.49
496	002317	众生药业	20120113 星期五	17.13
497	002319	乐通股份	20120113 星期五	27.51
498	002320	海峡股份	20121207 星期五	51.69
499	002321	华英农业	20121207 星期五	55.38
500	002324	普利特	20120113 星期五	25.95
501	002325	洪涛股份	20120203 星期五	53.07
502	002326	永太科技	20120113 星期五	32.37
503	002330	得利斯	20120113 星期五	51.32
504	002334	英威腾	20120120 星期五	27.69
505	002337	赛象科技	20120113 星期五	43.85
506	002338	奥普光电	20121207 星期五	46.96
507	002345	潮宏基	20121123 星期五	42.90
508	002346	拓中建设	20120113 星期五	27.24
509	002347	泰尔重工	20120106 星期五	25.00
510	002349	精华制药	20120203 星期五	27.25
511	002351	漫步者	20120113 星期五	29.33
512	002353	杰瑞股份	20120504 星期五	18.78
513	002358	森源电气	20121214 星期五	28.15
514	002362	汉王科技	20120113 星期五	24.00
515	002364	中恒电气	20120113 星期五	31.43
516	002365	永安药业	20120113 星期五	28.39
517	002366	丹浦股份	20120113 星期五	23.64
518	002368	太极股份	20120113 星期五	33.73

续表

序号	股票代码	股票名称	问籴01周线选出日期	20周内获利（%）
519	002370	亚太药业	20120113 星期五	26.45%
520	002375	亚厦股份	20120113 星期五	71.82
521	002381	双肩股份	20120113 星期五	40.66
522	002382	蓝帆医疗	20121207 星期五	40.38
523	002384	东山精密	20120203 星期五	16.89
	002384	东山精密	20121207 星期五	37.93
524	002385	大北农	20120608 星期五	28.98
525	002387	黑牛食品	20120113 星期五	31.64
526	002390	信邦制药	20120112 星期四	62.60
527	002391	长青股份	20120113 星期五	21.45
528	002392	北京利尔	20120113 星期五	33.29
	002392	北京利尔	20121207 星期五	34.50
529	002397	梦洁家纺	20121207 星期五	35.56
530	002398	建研集团	20120113 星期五	64.75
531	002401	中海科技	20120810 星期五	64.27
532	002403	爱仕达	20120113 星期五	26.37
533	002404	嘉欣丝绸	20120113 星期五	50.80
534	002405	四维图新	20120113 星期五	25.64
535	002407	多氟多	20120113 星期五	27.93
536	002411	九九久	20120113 星期五	44.28
537	002413	常发股份	20120113 星期五	36.14
538	002417	三元达	20121207 星期五	32.07
539	002420	毅昌股份	20120113 星期五	17.87
540	002421	达实智能	20120120 星期五	37.65
	002421	达实智能	20121130 星期五	49.73
541	002422	科伦药业	20120120 星期五	21.97
542	002424	贵州百灵	20120113 星期五	18.80
543	002425	凯撒股份	20120113 星期五	39.85
544	002426	胜利精密	20120113 星期五	24.43
545	000427	尤夫股份	20120113 星期五	33.04
546	000429	兆驰股份	20120113 星期五	75.13
547	002430	杭氧股份	20121207 星期五	31.20
548	000431	棕榈园林	20120113 星期五	24.71
549	002432	九安医疗	20120113 星期五	31.77

续表

序号	股票代码	股票名称	问余01周线选出日期	20周内获利（%）
550	002434	万里杨	20120113 星期五	34.71
551	002436	兴森科技	20120120 星期五	28.88
552	002437	誉衡药业	20120113 星期五	18.57
553	002438	江苏神通	20121207 星期五	29.04
554	002442	龙星化工	20120113 星期五	46.84
555	002443	金洲管道	20120113 星期五	44.18
556	002444	巨星科技	20120113 星期五	36.11
557	002446	盛路通信	20120113 星期五	36.58
558	002448	中原内配	20120113 星期五	22.81
559	002472	双环传动	20121207 星期五	25.19
560	002483	润邦股份	20121207 星期五	28.65
561	002487	大金重工	20121207 星期五	36.47
562	002489	浙江永强	20121207 星期五	14.51
563	002497	雅化集团	20121207 星期五	74.81
564	002502	骅威股份	20121207 星期五	21.18
565	002512	达华智能	20120727 星期五	46.40
566	002513	蓝丰生化	20120810 星期五	41.05
567	002515	金字火腿	20121214 星期五	18.70
568	002518	科士达	20121207 星期五	64.73
569	002530	丰东股份	20121207 星期五	20.48
570	002538	司尔特	20121207 星期五	24.56
571	002541	鸿路钢构	20121207 星期五	29.19
572	002559	亚威股份	20121207 星期五	24.66
573	002568	百闰股份	20121207 星期五	76.72
574	300002	神州泰岳	20120113 星期五	24.41
575	300004	南风股份	20121207 星期五	63.67
576	300006	莱美药业	20120504 星期五	21.53
577	300007	汉威电子	20121207 星期五	32.28
578	300008	上海佳豪	20121207 星期五	21.08
579	300010	立思辰	20120113 星期五	25.06
580	300013	新宁物流	20120113 星期五	44.05
581	300016	北陆药业	20120120 星期五	19.80
582	300032	天龙光电	20121207 星期五	15.38
583	300032	金龙机电	20120120 星期五	51.07

续表

序号	股票代码	股票名称	问余 01 周线选出日期	20 周内获利（%）
584	300033	同花顺	20120113 星期五	28.29
585	300034	钢研高纳	20120113 星期五	39.97
586	300035	中科电气	20120120 星期五	44.29
587	300036	超图软件	20121207 星期五	34.00
588	300037	新宇邦	20121207 星期五	88.22
589	300038	梅泰诺	20121207 星期五	25.23
590	300039	上海凯宝	20120203 星期五	21.65
591	300044	赛为智能	20120120 星期五	25.23
592	300048	合康变频	20121207 星期五	51.84
593	300049	福瑞股份	20120113 星期五	29.89
594	300054	鼎龙股份	20120203 星期五	22.60
595	300059	东方财富	20120113 星期五	36.85
596	300061	康耐特	20120810 星期五	12.03
597	300062	中能电气	20120113 星期五	32.95
598	300063	天龙集团	20120810 星期五	24.17
599	300064	豫金刚石	20120203 星期五	26.46
600	300065	海兰信	20120203 星期五	24.39
	300065	海兰信	20120810 星期五	44.85
	300065	海兰信	20121207 星期五	40.95
601	300067	安诺其	20120113 星期五	74.17
602	300072	三聚环保	20120504 星期五	27.63
603	300073	当升科技	20120203 星期五	26.44
604	300075	数字政通	20120203 星期五	24.25
605	300077	国民技术	20121207 星期五	28.83
606	300080	新大新材	20120810 星期五	22.99
607	300083	劲胜精密	20120113 星期五	50.98
608	300088	长信科技	20120113 星期五	35.37
609	300092	科新机电	20121207 星期五	34.80
610	300101	振芯科技	20121207 星期五	59.18
611	300102	乾照光电	20120113 星期五	21.76
612	300103	达刚路机	20120803 星期五	79.83
613	300104	乐视网	20121207 星期五	143.16
614	300109	新开源	20121207 星期五	36.65
615	300111	向日葵	20121207 星期五	52.13

续表

序号	股票代码	股票名称	问籴01周线选出日期	20周内获利（%）
616	300116	坚瑞消防	20121207 星期五	35.52
617	300118	东方日升	20121207 星期五	29.16
618	300124	汇川技术	20120810 星期五	27.34
619	300127	银河磁体	20121207 星期五	**40.98**
620	300133	华策影视	20120706 星期五	38.36
621	300144	宋城演艺	20121207 星期五	30.95
622	300148	天舟文化	20121207 星期五	**52.80**
623	300156	神雾环保	20120810 星期五	24.36
624	300158	振东制药	20121207 星期五	**40.10**
625	300160	秀强股份	20121207 星期五	21.12
626	300166	东方国信	20121207 星期五	**53.58**
627	300167	迪威视讯	20120810 星期五	20.48
628	300173	松德股份	20121207 星期五	28.18
629	300181	佐力药业	20121207 星期五	38.73
630	300188	美亚柏科	20121207 星期五	26.01
631	300190	维尔利	20121207 星期五	**49.62**
632	300191	潜能恒信	20121207 星期五	36.04
633	300198	纳川股份	20121207 星期五	**50.90**
634	300199	翰宇药业	20121214 星期五	**74.13**
635	300219	鸿利光电	20121207 星期五	29.77
	2012 年	失败 28 股	成功 607 股	**大涨 205 股**

表注：选出后 20 个交易周涨幅大于 40% 为大涨，获利用黑体文字标识。
选出后 20 个交易周涨幅大于 100% 为特涨，股名用黑体文字标识。

二、2012 年选股成败分析。

1. 20 个交易周涨幅小于 20% 有 28 股失败，占比 4.41%。

2. 20 个交易周涨幅大于 20% 有 607 股成功，占比 95.59%。

3. 20 个交易周涨幅大于 40% 有 204 股大涨，占比 32.13%。

4. 20 个交易周涨幅大于 100% 的共有 8 只股，占比 1.26%。

2012年8月17日 星期五

敢问：天津磁卡之朵在何时？

答案：【问朵01】周线告诉你，

大朵就在2012年8月10日。

2012年选出635股，列出其中的一股

天津磁卡的周K线图及其分析内容。

一、当选初期天津磁卡周K线图。

2012年8月10日，星期五，【问朵01】周线公式选出天津磁卡，是2012年选出的635只股票之一。见2012年8月17日/600800天津磁卡周K线图：

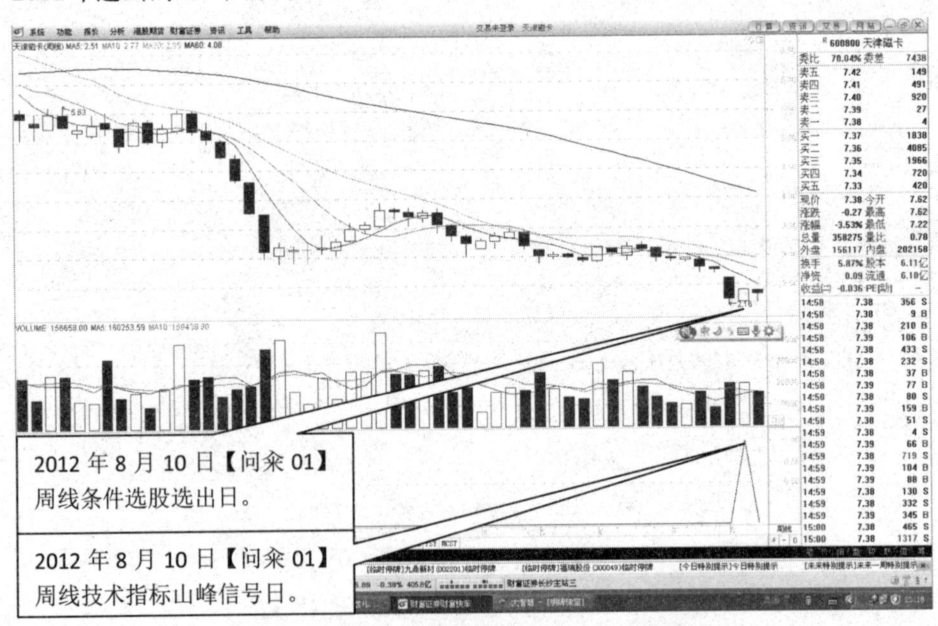

2012年8月17日/600800天津磁卡周K线图

二、『问朵01』周线形态显现。

2012年8月10日，星期五，【问朵01】周线选出天津磁卡，见上图箭头所示：

2012 年 8 月 10 日星期五是【问籴 01】周线条件选股选出日。2012 年 8 月 10 日星期五是【问籴 01】周线技术指标山峰信号日。

三、买入理由。

1. 底部『问籴 01』周线形态符合恒定坚守条件的个股必会上涨。

2. 高成功率周线选股【问籴 01】公式选股成功率高达 99%。

3. 周 K 线图分析——见财富快车软件显示的 2012 年 8 月 17 日星期五 600800 天津磁卡的周 K 线图。

（1）2012 年 8 月 10 日【问籴 01】周线公式选出 600800 天津磁卡。见周 K 线图上显现的【问籴 01】周线技术指标山峰信号。图中山峰信号是底部拐点起步信号，还有上升空间，放心买入。

（2）根据周 K 线显示，选出当周 2012 年 8 月 10 日的周线换手率 3.27%，周线涨幅 7.59%，股价大幅上涨。2012 年 8 月 10 日以前，周线出现了“飞流直下三千尺”形态，之后的底部出现小阳线，小幅回落可入，等候拉升。

4. 综上所述，写成选出该股的采用公式 / 选出时间横列表达式：

$$\frac{【问籴01】周线}{20120810星期五}=600800天津磁卡$$

上述四条分析结果，是买入天津磁卡的技术性理由。

四、2012 年 10 月 10 日天津磁卡效益验证图。

选出日 2012 年 8 月 10 日买入价 2.41 元，卖出日 2012 年 10 月 10 日股价 6.99 元，2012 年 8 月 17 日—2012 年 10 月 10 日，共 8 个交易周，天津磁卡的股价上升 190.04%。见下图：

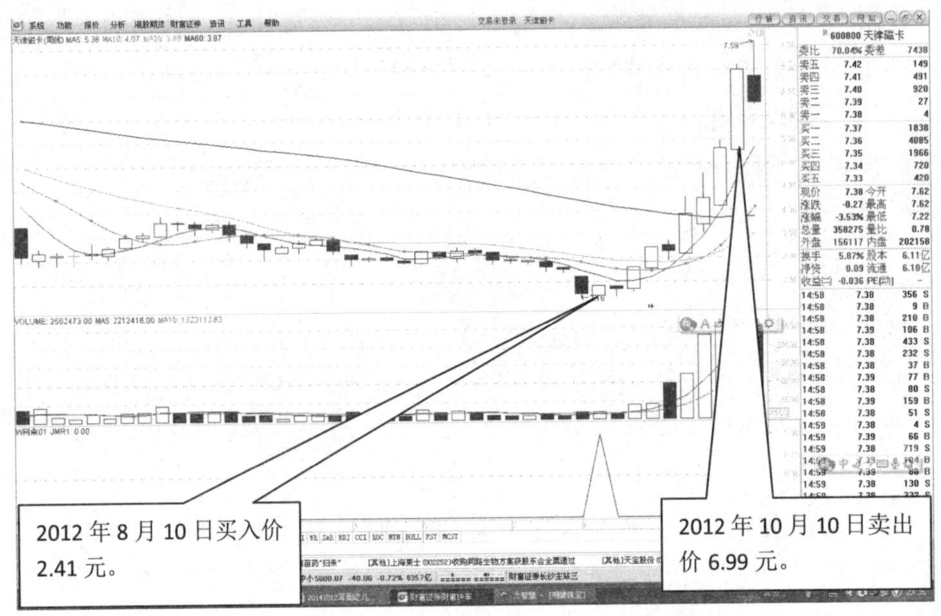

补记 2012 年 10 月 19 日 /600800 天津磁卡周 K 线图

五、代表性个股横列表达式。

2012 年【问籴 01】周线选出 635 股，除了天津磁卡，还选取有代表性的其他三股，写出采用公式 / 选出时间横列表达式：

$$\frac{\text{【问籴 01】周线}}{\text{20120113 星期五}} = \text{600300 维维股份，20 周内涨 162.96\%}$$

$$\frac{\text{【问籴 01】周线}}{\text{20121207 星期五}} = \text{300104 乐视网，20 周内涨 143.16\%}$$

$$\frac{\text{【问籴 01】周线}}{\text{20120113 星期五}} = \text{002162 斯米克，20 周内涨 130.20\%}$$

第21节 2013年选股记录

敢问：哪些股票之余在何方？

答案：【问余01】周线告诉你，

2013年选出119只股票之余所在年月日。

一、2013年选股记录。

【问余01】周线公式2013年选出119股，列出股票名称、选出日期、20周内获利。见表21：

表21 2013年【问余01】周线选出119股详表

序号	股票代码	股票名称	问余01周线选出日期	20周内获利（%）
01	600015	华夏银行	20130802 星期五	25.89
02	600028	中国石化	20130705 星期五	20.53
03	600111	包钢稀土	20130705 星期五	37.42
04	600260	凯乐科技	20130726 星期五	33.78
05	600311	荣华实业	20130726 星期五	24.76
06	600425	青松建化	20130809 星期五	28.33
07	600467	好当家	20130726 星期五	33.60
08	600498	烽火通信	20130614 星期五	35.31
09	600502	安徽水利	20130726 星期五	33.83
10	600552	方兴科技	20130726 星期五	21.24
11	600558	大西洋	20130726 星期五	30.07
12	600575	皖江物流	20130726 星期五	72.73
13	600582	天地科技	20130802 星期五	27.80
14	600732	上海新梅	20130705 星期五	38.77
15	600859	王府井	20130802 星期五	65.20
16	600863	内蒙华电	20130809 星期五	22.26
17	601218	吉鑫科技	20130726 星期五	36.45
18	601600	中国铝业	20130726 星期五	44.09

续表

序号	股票代码	股票名称	问龠01周线选出日期	20周内获利（%）
19	601677	明泰铝业	20130705 星期五	22.85
20	000008	宝利来	20130712 星期五	37.33
21	000065	北方国际	20130705 星期五	59.22
22	000401	冀东水泥	20130809 星期五	31.03
23	000506	中润资源	20130303 星期五	18.47
24	000581	威孚高科	20130726 星期五	40.13
25	000617	石油济柴	20130503 星期五	26.00
26	000723	美锦能源	20130802 星期五	43.12
27	000885	同力水泥	20130726 星期五	30.88
28	000900	现代投资	20130726 星期五	29.34
29	000909	数源科技	20130705 星期五	62.06
30	000933	神火股份	20130705 星期五	29.28
31	000968	煤气化	20130726 星期五	45.83
32	002026	山东威达	20130705 星期五	16.98
33	002029	七匹狼	20130123 星期五	18.61
34	002036	宜科科技	20130705 星期五	25.04
35	002037	久联发展	20130701 星期五	30.30
36	002052	同洲电子	20130705 星期五	78.67
37	002061	江山化工	20130726 星期五	30.74
38	002122	天马股份	20130705 星期五	29.43
39	002130	沃尔核材	20130726 星期五	23.74
40	002154	报喜鸟	20130726 星期五	32.11
41	002160	常铝股份	20130726 星期五	64.80
42	002162	斯米克	20130322 星期五	18.56
43	002167	东方锆业	20130705 星期五	14.33
44	002170	芭田股份	20130802 星期五	71.69
45	002186	全聚德	20130802 星期五	42.72
46	002204	大连重工	20130802 星期五	56.13
47	002234	民和股份	20130419 星期五	43.65
48	002269	美邦服饰	20130726 星期五	67.36
49	002277	**友阿股份**	20130705 星期五	114.42
50	002288	超华科技	20130705 星期五	27.21
51	002293	罗莱家纺	20130719 星期五	38.56

续表

序号	股票代码	股票名称	问籴01周线选出日期	20周内获利（%）
52	002302	西部建设	20130712 星期五	56.15
53	002311	海大集团	20130809 星期五	29.08
54	002323	中联电气	20130705 星期五	24.82
55	002327	富安娜	20130705 星期五	31.10
56	002330	得利斯	20130726 星期五	24.63
57	002334	英威腾	20130705 星期五	64.20
58	002347	泰尔重工	20130726 星期五	13.10
59	002355	兴民钢圈	20130403 星期五	36.15
60	002360	同德化工	20130705 星期五	55.11
61	002374	丽鹏股份	20130705 星期五	23.58
62	002376	新北洋	20130705 星期五	49.51
63	002381	双肩股份	20130705 星期五	38.51
64	002385	大北农	20130628 星期五	44.86
65	002395	双象股份	20130719 星期五	50.60
66	002415	海康威视	20130719 星期五	30.11
67	002428	云南锗业	20131115 星期五	26.78
68	002429	兆驰股份	20130705 星期五	96.57
69	002435	长江润发	20130705 星期五	39.97
70	002440	闰土股份	20131101 星期五	52.85
71	002447	壹桥苗业	20130726 星期五	27.76
72	002448	中原内配	20131115 星期五	15.53
73	002475	立讯精密	20130726 星期五	39.81
74	002477	雏鹰农牧	20130719 星期五	25.25
75	002479	富春环保	20130726 星期五	29.00
76	002481	双塔食品	20130809 星期五	24.25
77	002486	**嘉麟杰**	20130705 星期五	109.79
78	002487	大金重工	20130705 星期五	20.04
79	002509	天广消防	20130303 星期五	15.27
80	002519	**银河电子**	20130705 星期五	146.69
81	002540	亚太科技	20130705 星期五	84.62

续表

序号	股票代码	股票名称	问余01周线选出日期	20周内获利（%）
82	002559	亚威股份	20130705 星期五	71.00
83	002568	百润股份	20130719 星期五	10.21
84	002571	德力股份	20131115 星期五	51.71
85	002572	索非亚	20130628 星期五	61.57
86	002575	群兴玩具	20130628 星期五	68.78
87	002577	雷柏科技	20130503 星期五	44.58
88	002581	万昌科技	20130705 星期五	44.67
89	002597	金禾实业	20130705 星期五	31.10
90	002632	道明光学	20130705 星期五	25.45
91	300012	华测检测	20130705 星期五	61.30
92	300016	北陆药业	20130705 星期五	20.95
93	300018	中元华电	20130705 星期五	40.57
94	300019	硅宝科技	20130705 星期五	33.82
95	300040	九洲电器	20130705 星期五	17.00
96	300054	鼎龙股份	20130412 星期五	17.51
97	300074	**华平股份**	20130614 星期五	101.18
98	300095	华伍股份	20130705 星期五	25.03
99	300100	双林股份	20130705 星期五	30.52
100	300116	坚瑞消防	20130705 星期五	72.83
101	300132	青松股份	20130705 星期五	47.92
102	300150	世纪瑞尔	20130705 星期五	56.64
103	300175	朗源股份	20130726 星期五	47.43
104	300179	四方达	20130726 星期五	43.81
105	300186	大华农	20130705 星期五	25.88
106	300188	美亚柏科	20131108 星期五	69.82
107	300191	**潜能恒信**	20130705 星期五	**大利** 303.64
108	300200	高盟新材	20130726 星期五	85.67
109	300201	海伦哲	20130719 星期五	14.05
110	300202	聚龙股份	20130705 星期五	73.28
111	300208	恒顺电气	20130802 星期五	16.43

续表

序号	股票代码	股票名称	问衾 01 周线选出日期	20 周内获利（%）
112	300214	日科化学	20130705 星期五	11.73
113	300241	瑞丰光电	20131108 星期五	35.46
114	300247	桑乐金	20130705 星期五	**84.53**
115	300249	依米康	20130705 星期五	**73.11**
116	300262	巴安水务	20130628 星期五	**42.20**
117	300269	**联建光电**	20130705 星期五	**大利 281.82**
118	300272	开能环保	20130705 星期五	**52.41**
119	300275	梅安森	20130705 星期五	**54.98**
	2013 年	失败 13 股	成功 106 股	**大涨 51 股**

表注：选出后 20 个交易周涨幅大于 40% 为大涨，获利用黑体文字标识。
选出后 20 个交易周涨幅大于 100% 为特涨，股名用黑体文字标识。

二、2013 年选股成败分析。

1. 20 个交易周股价涨幅小于 20% 有 13 股失败，占比 10.92%。

2. 20 个交易周股价涨幅大于 20% 有 106 股成功，占比 89.08%。

3. 20 个交易周股价涨幅大于 40% 有 51 股大涨，占比 42.86%。

4. 20 个交易周股价涨幅大于 100% 有 6 股特涨，占比 5.04%。

2013 年 7 月 5 日 星期五

敢问：潜能恒信之衾在何时？
答案：【问衾 01】周线告诉你，
大衾就在 2013 年 7 月 5 日。
2013 年选出 119 股，列出其中的一股
潜能恒信的周 K 线图及其分析内容。

一、当选初期潜能恒信周 K 线图。

2013 年 7 月 5 日，星期五，【问衾 01】周线公式选出潜能恒信，是 2013 年选出的 119 只股票之一。见下图：

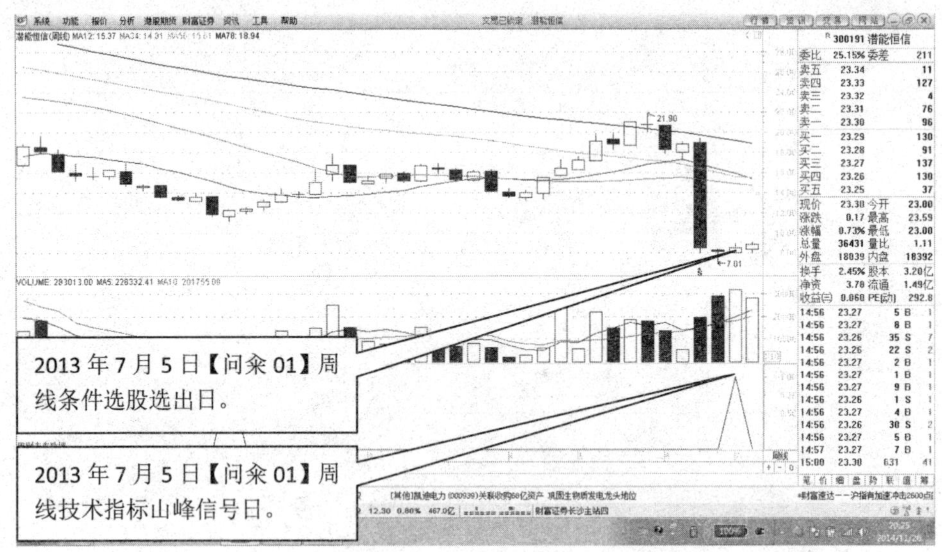

2013 年 7 月 12 日 /300191 潜能恒信周 K 线图

二、『问余 01』周线形态显现。

2013 年 7 月 5 日，星期五，【问余 01】周线选出 300191 潜能恒信，见上图箭头所示：2013 年 7 月 5 日星期五是【问余 01】周线条件选股选出日。2013 年 7 月 5 日星期五是【问余 01】周线技术指标山峰信号日。

三、买入理由。

1. 底部『问余 01』周线形态满足恒定坚守条件的个股能够上涨。

2. 周线选股【问余 01】公式选股成功率高达 99%。

3. 周 K 线图分析——见财富快车 V6.30 版软件显示的 2013 年 7 月 12 日星期五 300191 潜能恒信的周 K 线图。

（1）2013 年 7 月 5 日【问余 01】周线公式选出 300191 潜能恒信。见周 K 线图上显现的【问余 01】周线技术指标山峰信号。图中山峰信号是底部拐点起步信号，还有上升空间，放心买入。

（2）根据周 K 线显示，选出当周 2013 年 7 月 5 日的周线换手率 34.71%，周线涨幅 4.80%，股价中幅上涨。2013 年 7 月 5 日以前，周线出现了“飞流直下三千尺”形态，之后的底部出现小阳线，小幅回落可入，等候拉升。

4. 综上所述，写成选出该股的采用公式 / 选出时间横列表达式，300191 潜能恒信形成了『问籴 01』周线形态：

$$\frac{\text{【问籴 01】周线}}{\text{20130705 星期五}} = \text{300191 潜能恒信}$$

上述四条分析结果，是买入潜能恒信的技术性理由。

四、2013 年 11 月 29 日 300191 潜能恒信的效益验证图。

选出日 2013 年 7 月 5 日买入价 8.51 元，卖出日 2013 年 11 月 29 日股价 34.35 元，2013 年 7 月 12 日—2013 年 11 月 29 日，共 20 个交易周，300191 潜能恒信的股价上升 303.64%。见下图：

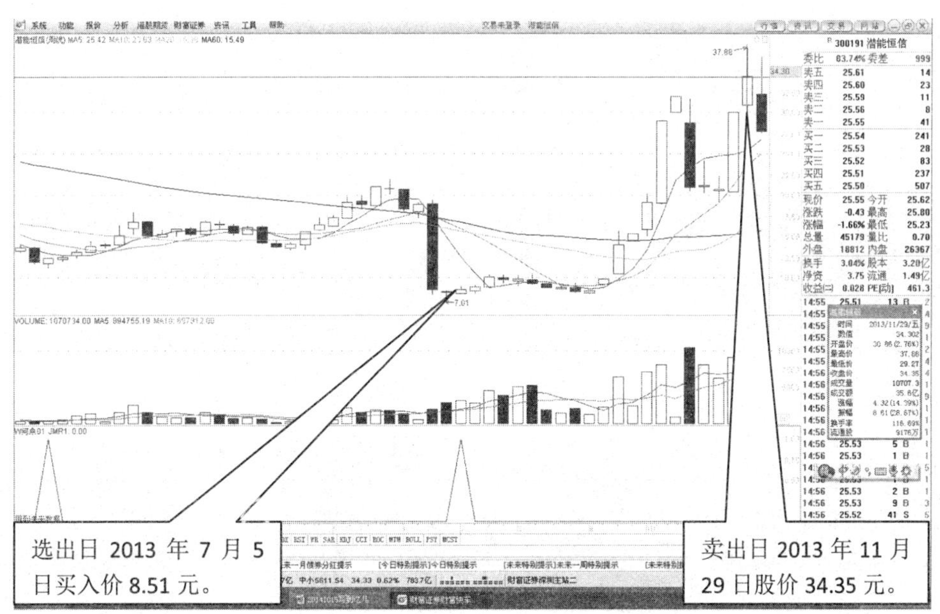

补记 2013 年 12 月 6 日 /300191 潜能恒信周 K 线图

五、代表性个股横列表达式。

2013 年【问籴 01】周线选出 119 股，除了潜能恒信，还选取代表性的其他三股，写出采用的公式 / 选出时间横列表达式：

$\frac{\text{【问氽 01】周线}}{\text{20130705 星期五}}$ = 002519 银河电子，20 周内涨 146.69%

$\frac{\text{【问氽 01】周线}}{\text{20130705 星期五}}$ = 300269 联建光电，20 周内涨 281.82%

$\frac{\text{【问氽 01】周线}}{\text{20130614 星期五}}$ = 300074 华平股份，20 周内涨 101.18%

第 22 节　2014 年选股记录

敢问：哪些股票之氽在何时？

答案：【问氽 01】周线告诉你，

2014 年选出 90 只股票大氽所在年月日。

一、2014 年选股记录。

【问氽 01】周线公式 2014 年选出 90 股，列出股票名称、选出日期、20 周内获利。见表 22：

表 22　2014 年【问氽 01】周线选出 90 股详表

序号	股票代码	股票名称	问氽 01 周线选出日期	20 周内获利（%）
01	600010	**包钢股份**	20141031 星期五	**20 周 119.57**
02	600067	冠城大通	20140516 星期五	20 周 34.23
03	000149	廊坊发展	20140207 星期五	**20 周 77.52**
04	600206	有研新材	20140613 星期五	13 周 34.17
05	600228	昌九生化	20140718 星期五	**12 周 44.27**
06	600305	恒顺醋业	20140530 星期五	11 周 20.35
07	600317	**营口港**	20140801 星期五	**19 周 130.71**
08	600373	中文传媒	20140801 星期五	03 周 26.32
09	600503	华丽家族	20140117 星期五	20 周 15.56
10	600521	华海药业	20140516 星期五	17 周 32.38

续表

序号	股票代码	股票名称	问灸01周线选出日期	20周内获利（%）
11	600526	菲达环保	20140627 星期五	15 周 72.06
12	600536	中国软件	20140725 星期五	06 周 53.32
13	600550	保变电气	20140207 星期五	03 周 27.54
14	600552	方兴科技	20140523 星期五	18 周 59.75
15	600578	京能电力	20140117 星期五	07 周 20.42
16	600703	三安光电	20140801 星期五	09 周 12.17
17	600860	京股份城	20140411 星期五	19 周 28.49
18	600982	宁波热电	20140530 星期五	14 周 45.44
19	601151	东风股份	20140801 星期五	06 周 20.55
20	601918	国投新集	20140627 星期五	14 周 58.80
21	603000	人民网	20140801 星期五	06 周 50.43
22	000413	东旭光电	20140801 星期五	02 周 14.15
23	000509	华塑控股	20140207 星期五	20 周 75.16%
24	000538	云南白药	20140718 星期五	20 周 18.58
25	000718	苏宁环球	20140117 星期五	04 周 24.12
26	000960	锡业股份	20140117 星期五	17 周 83.30
27	002001	新和成	20140627 星期五	16 周 25.78
28	002029	七匹狼	20140124 星期五	06 周 18.61
29	002051	中工国际	20140516 星期五	20 周 28.84
30	002148	北纬通信	20140801 星期五	03 周 29.97
31	002178	延华智能	20140523 星期五	07 周 30.42
32	002207	准油股份	20140725 星期五	10 周 54.58
33	002227	奥特迅	20140627 星期五	15 周 39.11
34	002230	科大讯飞	20140523 星期五	19 周 34.91
35	002285	世联行	20140627 星期五	19 周 75.06
36	002313	日海通讯	20140516 星期五	17 周 36.51
37	002319	乐通股份	20140117 星期五	09 周 23.70
38	002345	潮宏基	20141121 星期五	20 周 82.40
39	002346	柘中建设	20140516 星期五	20 周 67.98
40	002369	卓翼科技	20140523 星期五	20 周 39.76
41	002380	科远股份	20140523 星期五	20 周 47.68
42	002384	东山精密	20140725 星期五	12 周 51.32
43	002391	长青股份	20140627 星期五	19 周 30.60
44	002397	梦洁家纺	20140801 星期五	17 周 38.44

续表

序号	股票代码	股票名称	问余01周线选出日期	20周内获利（%）
45	002412	汉森制药	20140704 星期五	12 周 22.31
46	002422	科伦药业	20140725 星期五	08 周 22.06
47	002455	百川股份	20140627 星期五	**14 周 61.98**
48	002465	海格通信	20140523 星期五	16 周 36.84
49	002469	三维工程	20140509 星期五	20 周 37.63
50	002474	榕基软件	20140516 星期五	**20 周 76.36**
51	002492	恒基达鑫	20140509 星期五	**20 周 52.72**
52	002550	千红制药	20140516 星期五	**20 周 60.26**
53	002552	宝鼎重工	20140613 星期五	**08 周 75.00**
54	002572	索菲亚	20140321 星期五	19 周 15.01
55	002587	奥拓电子	20140801 星期五	17 周 33.33
56	002588	史丹利	20140627 星期五	**18 周 54.74**
57	002630	华西能源	20140523 星期五	16 周 37.35
58	002635	安洁科技	20140404 星期五	06 周 24.05
59	002671	龙泉股份	20140627 星期五	15 周 39.57
60	002672	东江环保	20140124 星期五	04 周 23.69
61	002700	新疆浩源	20140801 星期五	16 周 23.07
62	300027	华谊兄弟	20140523 星期五	03 周 16.90
63	300054	鼎龙股份	20140523 星期五	18 周 39.79
64	300057	万顺股份	20140523 星期五	16 周 21.29
65	300063	**天龙股份**	20140627 星期五	**13 周 159.28**
66	300090	盛运环保	20140801 星期五	14 周 21.69
67	300107	建新股份	20140523 星期五	20 周 30.92
68	300111	向日葵	20140103 星期五	07 周 30.54
69	300127	银河磁体	20140523 星期五	12 周 33.99
70	300145	南方泵业	20140523 星期五	16 周 26.05
71	300148	天舟文化	20140516 星期五	14 周 28.00
72	300149	量子高科	20140530 星期五	17 周 34.61
73	300171	东富龙	20140801 星期五	09 周 31.87
74	300177	中海达	20140523 星期五	**19 周 42.26**
75	300178	腾邦国际	20140627 星期五	**19 周 70.16**
76	300215	电科院	20140801 星期五	09 周 35.70
77	300217	东方电热	20141031 星期五	**20 周 43.61**
78	300225	金力泰	20140801 星期五	**17 周 53.71**

续表

序号	股票代码	股票名称	问粂01周线选出日期	20周内获利（%）
79	300228	富瑞特装	20140725 星期五	08 周 23.84
80	300251	光线传媒	20140801 星期五	**19 周 38.74**
81	300271	阳光电源	20140606 星期五	**16 周 42.68**
82	300284	苏交科	20140523 星期五	**16 周 56.47**
83	300285	国瓷材料	20140523 星期五	**18 周 59.98**
84	300298	三诺生物	20140523 星期五	**19 周 59.39**
85	300302	同有科技	20140801 星期五	**17 周 49.56**
86	300308	中际装备	20141031 星期五	**20 周 56.75**
87	300335	迪森股份	20140530 星期五	**19 周 53.40**
88	300337	银邦股份	20140606 星期五	**13 周 45.00**
89	300341	麦迪股份	20140530 星期五	**20 周 80.34**
90	300352	北信源	20140725 星期五	**19 周 77.11**
	2014 年	失败 7 股	成功 83 股	**大涨 41 股**

表注：选出后 20 个交易周涨幅大于 40% 为大涨，获利用黑体文字标识。
选出后 20 个交易周涨幅大于 100% 为特涨，股名用黑体文字标识。

二、2014 年选股成败分析。

1. 20 个交易周股价涨幅小于 20% 有 7 股失败，占比 7.77%。

2. 20 个交易周股价涨幅大于 20% 有 83 股成功，占比 92.22%。

3. 20 个交易周股价涨幅大于 40% 有 41 股大涨，占比 48.56 %。

4. 20 个交易周股价涨幅大于 100% 有 3 股特涨，占比 3.33%。

2014 年 2 月 14 日　星期五

敢问：廊坊发展之粂在何方？

答案：【问粂 01】周线告诉你，

大粂就在 2014 年 2 月 7 日。

2014 年选出 90 股，列出其中之一

廊坊发展的周 K 线图及其分析内容。

一、当选初期廊坊发展周 K 线图。

2014 年 2 月 7 日【问籴 01】周线选出 600149 廊坊发展。是 2014 年选出的 90 只股票之一。见 2014 年 2 月 14 日 /600149 廊坊发展周 K 线图：

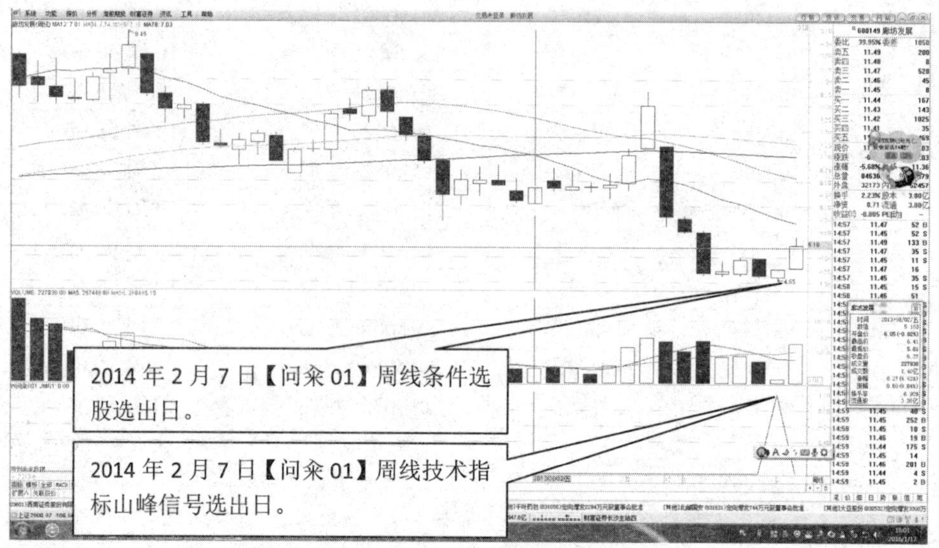

2014 年 2 月 14 日 /600149 廊坊发展周 K 线图

二、『问籴 01』周线形态显现。

2014 年 2 月 7 日，【问籴 01】周线选出廊坊发展，见上图。2014 年 2 月 7 日，星期五，是【问籴 01】周线条件选股选出日。2014 年 2 月 7 日，星期五，是【问籴 01】周线技术指标山峰信号日。

三、买入理由。

1. 底部『问籴 01』周线形态满足恒定坚守要求的个股必上涨。

2. 周线选股【问籴 01】公式选股成功率高达 99%。

3. 周 K 线图分析——见财富快车 V6.30 版软件显示的 2014 年 2 月 14 日廊坊发展的周 K 线图。

（1）2014 年 2 月 7 日【问籴 01】周线公式选出廊坊发展。见周 K 线图上显现的【问籴 01】周线技术指标山峰信号。图中山峰信号是底部拐点起步信号，还有上升空间，放心买入。

（2）根据周 K 线显示，选出当周 2014 年 2 月 7 日的周线换手率 1.76%，涨幅 2.81%。股价小幅上涨。特别提示的是选出当天 2014 年 2 月 7 日的日线换手率也是 1.76%，涨幅也是 2.81%。2 月 7 日的日线换手率与 2 月 7 日的周线换手率相同，说明这一周的周一至周四放假，一天的日线数据替代一周的周线数据，周线股价和成交量与日线股价和成交量无变化。该股蓄势待发，股价将要大幅上涨。选出当周 2014 年 2 月 7 日以前，周线出现了"飞流直下三千尺"形态，之后的底部出现小阳线，小幅回落可入，等候拉升。

4. 综上所述，廊坊发展形成了『问籴 01』周线形态。写成选出该股所采用的公式 / 选出时间横列表达式：

$$\frac{\text{【问籴 01】周线}}{20140207} = 600149\text{ 廊坊发展}$$

上述四条分析结果，是买入廊坊发展的技术性理由。

四、2014 年 4 月 11 日廊坊发展获利 166.39% 的验证图。

选出日 2014 年 2 月 7 日买入价 4.76 元，卖出日 2014 年 4 月 11 日股价 12.68 元，2014 年 2 月 14 日—2014 年 4 月 11 日，共 9 个交易周，廊坊发展的股价上升 166.39%。见下图：

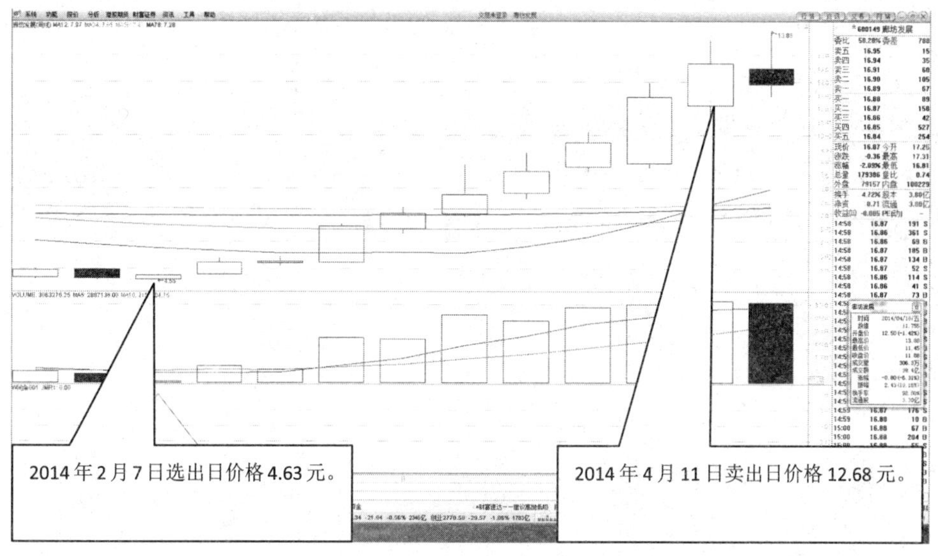

补记 2014 年 4 月 18 日 /600149 廊坊发展周 K 线图

五、2014 年，【问粂 01】周线共选出 90 股，除了上述廊坊发展之外，还列出具有代表性的三股所采用公式 / 选出时间横列表达式：

$$\frac{\text{【问粂 01】周线}}{20140117} = \text{000960 锡业股份，17 周涨 83.30\%}$$

$$\frac{\text{【问粂 01】周线}}{20140523} = \text{600552 方兴科技，18 周涨 59.75\%}$$

$$\frac{\text{【问粂 01】周线}}{20140516} = \text{600521 华海药业，17 周涨 32.38\%}$$

2014 年 7 月 4 日　星期五

敢问：天龙集团之粂在何方？

答案：【问粂 01】周线告诉你，

大粂就在 2014 年 6 月 27 日。

2014 年选出 90 股，列出其中的之二

天龙集团的周 K 线图及其分析内容。

一、当选初期天龙集团周 K 线图。

2014 年 6 月 27 日【问粂 01】周线选出 300063 天龙集团。是 2014 年选出的 90 只股票之二。见 2014 年 7 月 4 日 /300063 天龙集团周 K 线图：

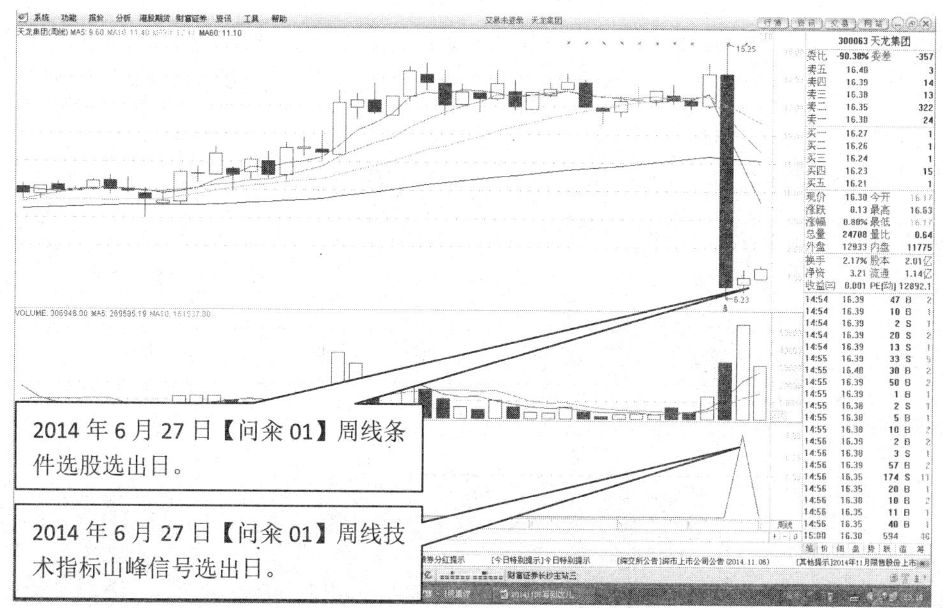

2014 年 7 月 4 日 /300063 天龙集团周 K 线图

二、『问籴 01』周线形态显现。

2014 年 6 月 27 日，【问籴 01】周线选出天龙集团，见上图。2014 年 6 月 27 日，星期五，是【问籴 01】周线条件选股选出日。2014 年 6 月 27 日，星期五，是【问籴 01】周线技术指标山峰信号日。

三、买入理由。

1. 底部『问籴 01』周线形态符合恒定坚守要求的个股能上涨。

2. 周线选股【问籴 01】公式选股成功率高达 99%。

3. 周 K 线图分析——见财富快车 V6.30 版软件显示的 2014 年 7 月 4 日天龙集团的周 K 线图。

（1）2014 年 6 月 27 日【问籴 01】周线公式选出天龙集团。见周 K 线图上显现的【问籴 01】周线技术指标山峰信号。图中山峰信号是底部拐点起步信号，还有上升空间，放心买入。

（2）根据周 K 线显示，选出当周 2014 年 6 月 27 日的周线换手率 47.68%，涨幅 5.30%。股价中幅上涨。特别提示的是选出当天 2014 年 6 月 27

日的周线换手率巨大，蓄势待发，股价将要大幅上涨。选出当周 2014 年 6 月 27 日以前，周线出现了“飞流直下三千尺”形态，之后的底部出现小阳线，小幅回落可入，等候拉升。

4. 综上所述，写成选出该股所采用的公式 / 选出时间横列表达式，300063 天龙集团形成了『问籴 01』周线形态：

$$\frac{\text{【问籴 01】周线}}{20140627} = \text{300063 天龙集团}$$

上述四条分析结果，是买入天龙集团的技术性理由。

四、2014 年 9 月 26 日天龙集团获利 159.28% 的验证图。

选出日 2014 年 6 月 27 日买入价 6.95 元，卖出日 2014 年 9 月 26 日股价 18.02 元，2014 年 7 月 4 日—2014 年 9 月 26 日，共 13 个交易周，天龙集团的股价上升 159.28%。见下图：

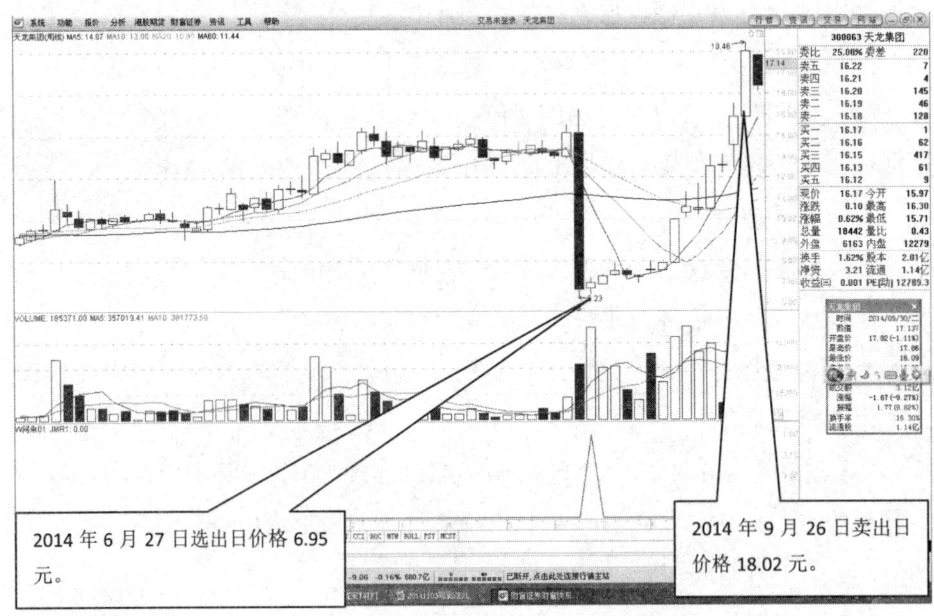

补记 2014 年 9 月 30 日 /300063 天龙集团周 K 线图

五、2014年1月1日—2014年12月31日，【问氽01】周线共选出90股，除了上述天龙集团之外，还列出具有代表性的三股所采用公式/选出时间横列表达式：

$$\frac{\text{【问氽01】周线}}{20140530}$$ = 300335 迪森股份，19周涨53.40%

$$\frac{\text{【问氽01】周线}}{20140627}$$ = 002285 世　联　行，19周涨75.06%

$$\frac{\text{【问氽01】周线}}{20140516}$$ = 002474 榕基软件，20周涨76.36%

2014年8月1日　星期五

敢问：中国软件的大氽在何方？
答案：【问氽01】周线告诉你，
大氽就在2014年7月25日。
2014年选出90股列出其中之三
中国软件周K线图及其分析内容。

一、当选初期中国软件周K线图。

【问氽01】周线2014年7月25日选出中国软件。是2014年选出90只股票之三。见2014年8月1日/600536中国软件周K线图：

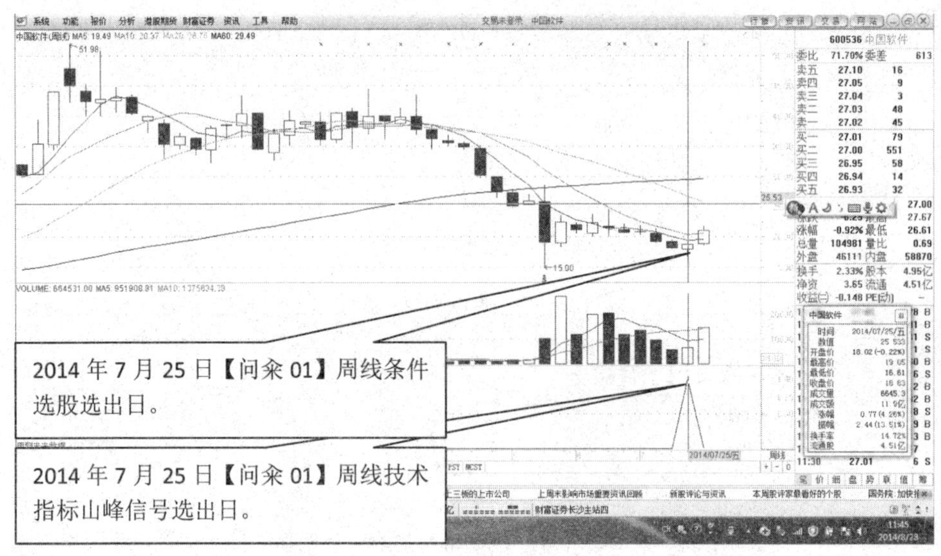

2014 年 8 月 1 日 /600536 中国软件周 K 线图

二、『问汆 01』周线形态显现。

2014 年 7 月 25 日，【问汆 01】周线选出 600536 中国软件，见上图。2014 年 7 月 25 日，星期五，是【问汆 01】周线条件选股选出日。2014 年 7 月 25 日，星期五，是【问汆 01】周线技术指标山峰信号日。

三、买入理由。

1. 底部『问汆 01』周线形态的个股具有上涨动力。

2. 周线选股【问汆 01】公式选股成功率高达 99%。

3. 周 K 线图分析——见财富股票软件显示的 2014 年 8 月 1 日 600536 中国软件周 K 线图。

（1）2014 年 7 月 25 日【问汆 01】周线公式选出中国软件。见周 K 线图上显现的【问汆 01】周线技术指标山峰信号。图中山峰信号是底部拐点起步信号，还有上升空间，放心买入。

（2）根据周 K 线显示，选出当周 2014 年 7 月 25 日的周线换手率 14.72%，周线涨幅 4.26%，股价中幅上涨。2014 年 7 月 25 日以前，周线出现了“飞流直下三千尺”形态，之后的底部出现小阳线，小幅回落可入，等候拉升。

4. 综上所述，写成选出该股的采用公式 / 选出时间横列表达式，中国软件形成了『问籴 01』周线形态：

$$\frac{\text{【问籴 01】周线}}{20140725} = \text{600536 中国软件}$$

上述四条分析结果，是买入中国软件的技术性理由。

四、2014 年 9 月 5 日中国软件获利 53.32% 的验证图。

选出日 2014 年 7 月 25 日买入价 18.83 元，卖出日 2014 年 9 月 5 日股价 28.87 元，2014 年 8 月 1 日—2014 年 9 月 5 日，共 6 个交易周，中国软件的股价上升 53.32%。见下图：

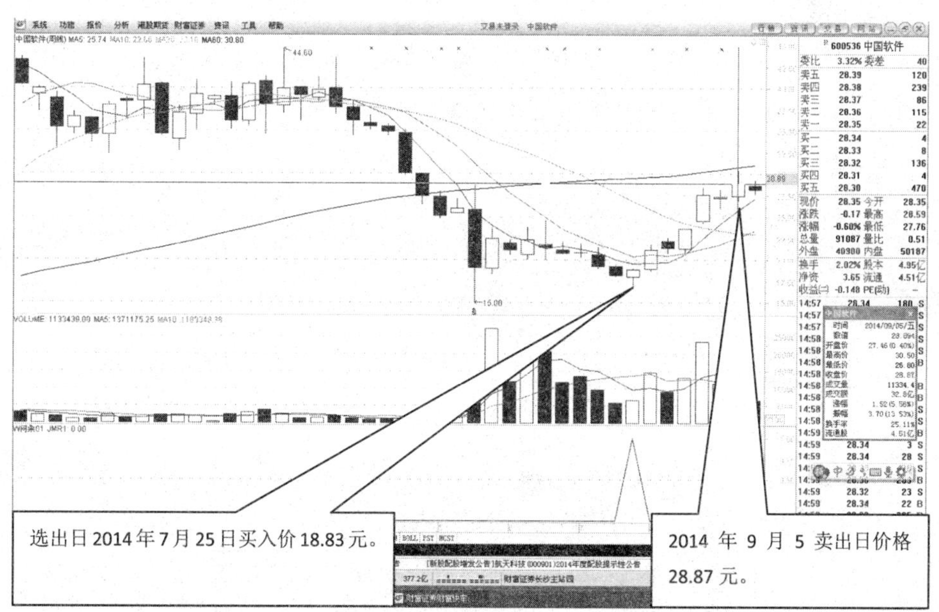

补记 2014 年 9 月 12 日 /600536 中国软件周 K 线图

五、2014 年，【问籴 01】周线共选出 90 股，除了上述中国软件之外，还选取有代表性的以下三股，写成选出该股的采用公式 / 选出时间横列表达式：

$$\frac{\text{【问籴 01】周线}}{20140613} = \text{002552 宝鼎重工，8 周涨 75.00\%}$$

【问氽01】周线 / 20140627 = 300178 腾邦国际，19 周涨 70.16%

【问氽01】周线 / 20140530 = 300341 麦迪股份，20 周涨 80.34%

2014 年 8 月 8 日　星期五

敢问：营 口 港的大氽在何方？

答案：【问氽01】周线告诉你，

大氽就在 2014 年 10 月 31 日。

2014 年选出 90 股列出其中之四

营口港周 K 线图及其分析内容。

一、当选初期营口港周 K 线图。

【问氽01】周线公式，2014 年 8 月 1 日选出营口港。是 2014 年选出 90 股之四。见 2014 年 8 月 8 日 / 营口港周 K 线图：

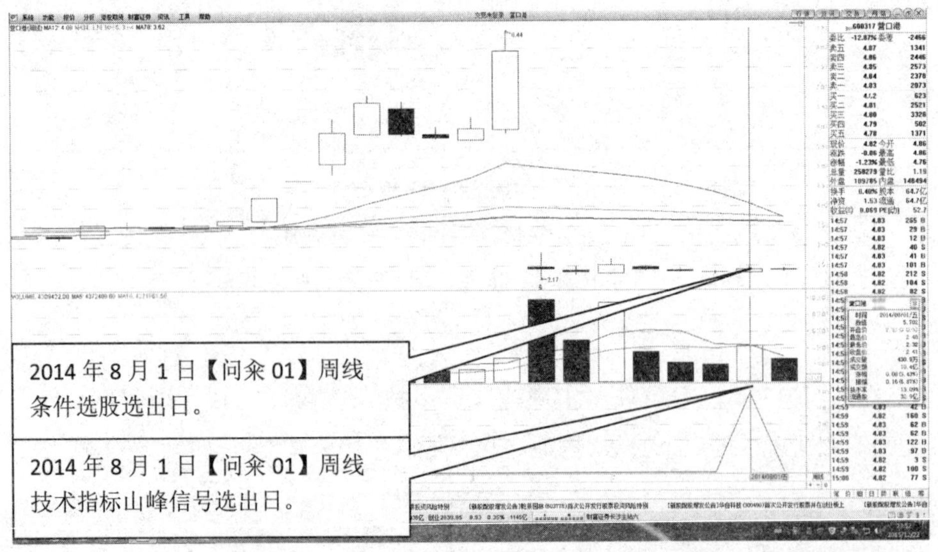

2014 年 8 月 8 日 /600317 营口港周 K 线图

二、『问籴 01』周线形态显现。

2014 年 8 月 1 日，【问籴 01】周线选出 600317 营口港，见上图。2014 年 8 月 1 日，星期五，是【问籴 01】周线条件选股选出信号日。2014 年 8 月 1 日，是【问籴 01】周线技术指标山峰信号日。

三、买入理由。

1. 底部『问籴 01』周线形态的个股上涨时机即将到来。

2. 周线选股【问籴 01】公式选股成功率高达 99%。

3. 周 K 线图分析——见财富软件显示的 2014 年 8 月 8 日 /600317 营口港周 K 线图。

（1）2014 年 8 月 1 日【问籴 01】周线公式选出营口港。见周 K 线图上显现的【问籴 01】周线技术指标山峰信号。图中山峰信号是底部拐点起步信号，还有上升空间，放心买入。

（2）根据周 K 线显示，选出当周 2014 年 8 月 1 日的周线换手率 13.09%，周线涨幅 3.43%，一周股价小幅上涨。2014 年 8 月 1 日以前，周 K 线出现了“飞流直下三千尺”形态，留下大缺口，之后的底部出现小阳线，小幅回落可入，等候拉升。

4. 综上所述，写成选出该股采用的公式 / 选出时间横列表达式，营口港形成了『问籴 01』周线形态：

$$\frac{\text{【问籴 01】周线}}{20140801} = \text{600317 营口港}$$

上述四条分析结果，是买入营口港的技术性理由。

四、2014 年 12 月 19 日营口港获利 130.71% 的验证图。

选出日 2014 年 8 月 1 日买入价 2.41 元，卖出日 2014 年 12 月 12 日股价 5.56 元，2014 年 8 月 8 日—2014 年 12 月 12 日，共 19 个交易周，营口港的股价上升 130.71%。见下图：

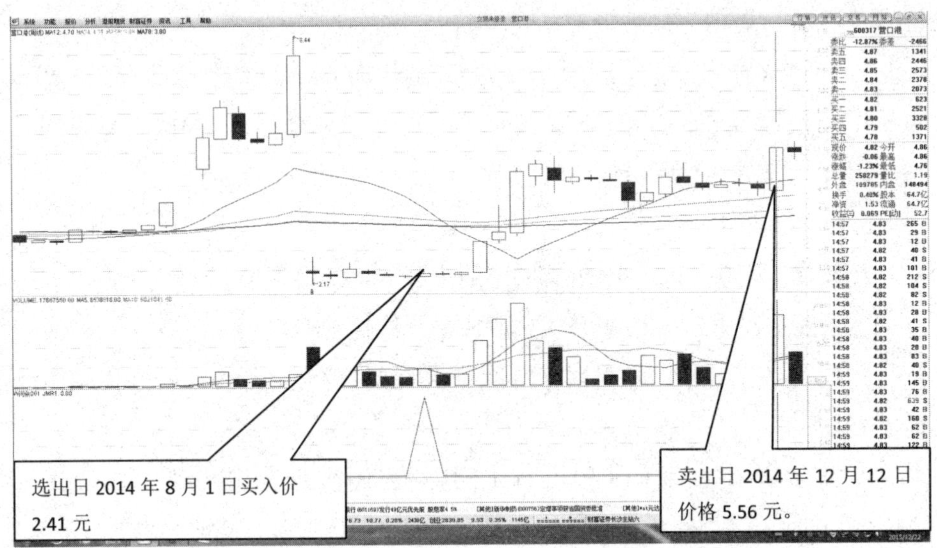

补记 2014 年 12 月 19 日 /600317 营口港周 K 线图

五、2014 年，【问籴 01】周线共选出 90 股，除了上述营口港之外，还选取有代表性的以下三股，写成选出该股的采用公式 / 选出时间横列表达式：

$$\frac{\text{【问籴 01】周线}}{20141031} = \text{300217 东方电热，20 周涨 43.61\%}$$

$$\frac{\text{【问籴 01】周线}}{201410523} = \text{300284 苏交科，16 周涨 56.47\%}$$

$$\frac{\text{【问籴 01】周线}}{20140523} = \text{300285 国瓷材料，18 周涨 59.98\%}$$

2014 年 11 月 7 日　星期五

敢问：包钢股份的大籴在何方？
答案：【问籴 01】周线告诉你，
大籴就在 2014 年 10 月 31 日。
2014 年选出 90 股列出其中之五
包钢股份周 K 线图及其分析内容。

一、当选初期周 K 线图。

【问籴 01】周线 2014 年 10 月 31 日选出包钢股份。是 2014 年选出 90 股之五。见 2014 年 11 月 7 日周 K 线图：

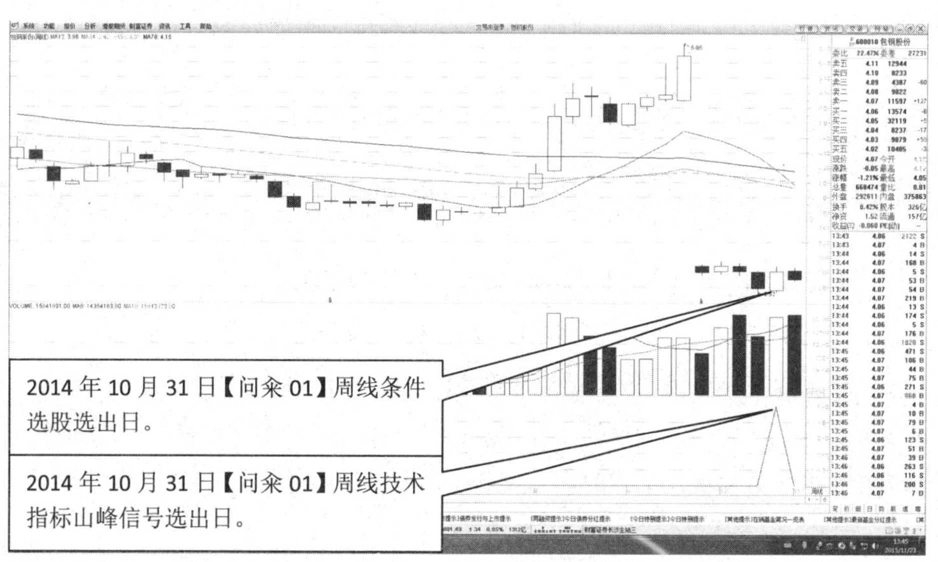

2014 年 11 月 7 日 /600010 包钢股份周 K 线图

二、『问籴 01』周线形态显现。

2014 年 10 月 31 日，【问籴 01】周线选出 600010 包钢股份，见上图。2014 年 10 月 31 日，星期五，是【问籴 01】周线条件选股选出日。2014 年

10月31日，是【问籴01】周线技术指标山峰信号日。

三、买入理由。

1. 底部『问籴01』周线形态的个股上涨指日可待。

2. 周线选股【问籴01】公式选股成功率高达99%。

3. 周K线图分析——见财富软件显示的2014年11月7日/600010包钢股份周K线图。

（1）2014年10月31日【问籴01】周线公式选出包钢股份。见周K线图上显现的【问籴01】周线技术指标山峰信号。图中山峰信号是底部拐点起步信号，还有上升空间，放心买入。

（2）根据周K线显示，选出当周2014年10月31日的周线换手率9.72%，周线涨幅8.91%，股价大幅上涨。2014年10月31日以前，周K线出现了“飞流直下三千尺”形态，之后的底部出现小阳线，小幅回落可入，等候拉升。

4. 综上所述，写成选出该股采用的公式/选出时间横列表达式，形成了『问籴01』周线形态：

$$\frac{\text{【问籴01】周线}}{20141031}=600010\text{包钢股份}$$

上述四条分析结果，是买入包钢股份的技术性理由。

四、2015年3月20日包钢股份获利119.57%的验证图。

选出日2014年10月31日买入价2.81元，卖出日2015年3月20日股价6.17元，2014年10月31日—2015年3月20日，共20个交易周，包钢股份的股价上升119.57%。见下图：

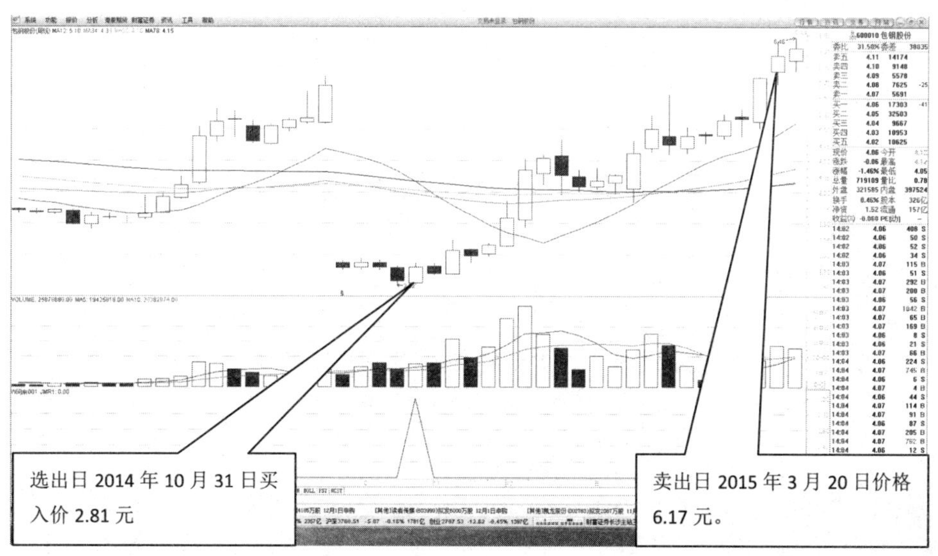

补记 2015 年 3 月 27 日 /600010 包钢股份周 K 线图

五、2014 年，【问籴 01】周线共选出 90 股，除了上述包钢股份之外，还选取有代表性的以下三股，写成选出该股的采用公式/选出时间横列表达式：

$$\frac{\text{【问籴01】周线}}{20140725}=\text{300352 北信源，19 周涨 77.11\%}$$

$$\frac{\text{【问籴01】周线}}{20141031}=\text{300308 中际装备，20 周涨 56.75\%}$$

$$\frac{\text{【问籴01】周线}}{20141121}=\text{002345 潮宏基，20 周涨 82.40\%}$$

第三章　历年收益率排序表

第 1 节　收益率排序表阅读指引

1. 采用财富快车 V6.30 版本股票软件，下载 1991—2014 年共 24 年的历史数据，在财富股票软件中写入【问余 01】公式。

2. 收益率由财富软件随机计算得出。

收益率评价方法指引：

按照财富软件的提示，点击财富桌面上方 / 功能 / 公式系统 / 程序交易评测系统 / 选定【问余 01】公式 / 分析周期选定周线 / 设定股票不复权数据时间段 1991 年 1 月 1 日至 2014 年 12 月 31 日 / 目标值 20 周股价升 20%/ 加入全部 A 股 / 保存默认方案 / 开始评测 / 显示列表结果。在列表中双击“收益率”，显示出 1499 只股票的收益率排序表，见本章第二节【问余 01】周线历年评出 1499 股收益率排序详表。

第2节　历年1499股收益率排序表

根据财富不复权数据评测结果整理

19910101—20141231评测出1499股

按每股10万元本金计算24年收益率58.65%

序号	品种代码	品种名称	盈利次数	交易次数	周线胜率（%）	净利润（元）	24年收益率(%)
	原始本金	14990万元	——	——	——	87910985	58.65
	综合统计	1499只股	2771股次	2790股次	99.32	87910985	58.65
1	000631	顺发恒业	5	5	100	4298845	4298.84
2	000529	广弘控股	1	1	100	833972.7	833.97
3	000502	绿景控股	6	6	100	393025.5	393.03
4	000010	深华新	6	6	100	352085.8	352.09
5	600807	天业股份	6	6	100	331804	331.8
6	600617	国新能源	4	4	100	276722.6	276.72
7	000677	*ST海龙	6	6	100	275613.7	275.61
8	000779	三毛派神	6	6	100	271039.7	271.04
9	600692	亚通股份	5	5	100	268733	268.73
10	000056	皇庭国际	4	4	100	266730.2	266.73
11	600146	商赢环球	4	4	100	265685	265.68
12	000007	零七股份	5	5	100	243439.4	243.44
13	000043	中航地产	6	6	100	240636.4	240.64
14	000049	德赛电池	3	3	100	235187.6	235.19
15	000408	金谷源	6	6	100	223288.1	223.29
16	000034	深信泰丰	5	5	100	221271.3	221.27
17	600668	尖峰集团	5	5	100	218280.8	218.28
18	000523	广州浪奇	5	5	100	217797.6	217.8
19	000036	华联控股	5	5	100	210939.7	210.94

续表

序号	品种代码	品种名称	盈利次数	交易次数	周线胜率（%）	净利润（元）	24年收益率(%)
20	000046	泛海控股	5	5	100	200874.2	200.87
21	600640	号百控股	3	3	100	200717.2	200.72
22	600856	中天能源	5	5	100	200500.5	200.5
23	000908	景峰医药	5	5	100	199320.1	199.32
24	600393	东华实业	5	5	100	198202.5	198.2
25	600892	宝诚股份	3	3	100	197457.4	197.46
26	600299	蓝星新材	5	5	100	196397.9	196.4
27	000566	海南海药	5	5	100	195056.5	195.06
28	600885	宏发股份	5	5	100	193275.6	193.28
29	600521	华海药业	5	5	100	192549.6	192.55
30	600076	青鸟华光	5	5	100	191604.7	191.6
31	600708	光明地产	5	5	100	191003.3	191
32	600206	有研新材	5	5	100	189064	189.06
33	000567	海德股份	5	5	100	187843.5	187.84
34	000635	英 力 特	5	5	100	184271.5	184.27
35	600328	兰太实业	5	5	100	182032	182.03
36	600836	界龙实业	4	4	100	180431	180.43
37	000520	长航凤凰	4	4	100	179883.6	179.88
38	000050	深天马A	4	4	100	179647.4	179.65
39	000813	天山纺织	4	4	100	178675.4	178.68
40	600381	青海春天	4	4	100	174677.9	174.68
41	000561	烽火电子	4	4	100	174450.8	174.45
42	000058	深 赛 格	4	4	100	173536.1	173.54
43	000524	岭南控股	4	4	100	172935.9	172.94
44	000592	平潭发展	5	5	100	170922.8	170.92
45	600773	西藏城投	4	4	100	170314.1	170.31
46	600630	龙头股份	4	4	100	167571.3	167.57
47	000950	建峰化工	4	4	100	167087.2	167.09
48	600658	电子城	4	4	100	166540.8	166.54
49	600262	北方股份	4	4	100	165754.9	165.75
50	600760	中航黑豹	4	4	100	164971.8	164.97

续表

序号	品种代码	品种名称	盈利次数	交易次数	周线胜率（%）	净利润（元）	24 年收益率(%)
51	600862	南通科技	5	5	100	164837.8	164.84
52	000150	宜华健康	4	4	100	162920.7	162.92
53	600149	廊坊发展	3	3	100	162329	162.33
54	600657	信达地产	4	4	100	161767.5	161.77
55	000557	*ST 广夏	3	3	100	160418.8	160.42
56	000676	智度投资	4	4	100	160278.5	160.28
57	000791	甘肃电投	4	4	100	156987.8	156.99
58	600478	科力远	3	3	100	156544.4	156.54
59	600828	成商集团	4	4	100	156209.4	156.21
60	600722	*ST 金化	4	4	100	156173.6	156.17
61	000606	青海明胶	3	3	100	156129.2	156.13
62	000516	国际医学	4	4	100	155998	156
63	600695	绿庭投资	4	4	100	155372.6	155.37
64	000503	海虹控股	4	4	100	154153.6	154.15
65	000718	苏宁环球	4	4	100	153991.4	153.99
66	600111	北方稀土	4	4	100	150320	150.32
67	000404	华意压缩	4	4	100	149848.1	149.85
68	600449	宁夏建材	4	4	100	149342.7	149.34
69	600645	中源协和	3	3	100	148507.2	148.51
70	600233	大杨创世	4	4	100	148156.8	148.16
71	600802	福建水泥	3	3	100	147497.3	147.5
72	600156	华升股份	4	4	100	146633.6	146.63
73	000711	*ST 京蓝	4	4	100	145762.9	145.76
74	600639	浦东金桥	4	4	100	145627.7	145.63
75	000008	神州高铁	3	3	100	145063	145.06
76	000722	湖南发展	4	4	100	144541.4	144.54
77	000727	华东科技	4	4	100	143906.6	143.91
78	600618	氯碱化工	3	3	100	143898.6	143.9
79	300065	海兰信	3	3	100	143440.3	143.44
80	000738	中航动控	3	3	100	142966.8	142.97
81	600520	中发科技	4	4	100	142882.4	142.88

续表

序号	品种代码	品种名称	盈利次数	交易次数	周线胜率（%）	净利润（元）	24 年收益率(%)
82	600667	太极实业	4	4	100	142741.2	142.74
83	600281	太化股份	4	4	100	142581.2	142.58
84	600173	卧龙地产	4	4	100	141400.5	141.4
85	000065	北方国际	4	4	100	141302.4	141.3
86	600758	红阳能源	4	4	100	140698.4	140.7
87	600747	大连控股	4	4	100	139702.1	139.7
88	000509	华塑控股	4	4	100	139103.1	139.1
89	600872	中炬高新	4	4	100	138817.7	138.82
90	600226	升华拜克	4	4	100	136524.2	136.52
91	000703	恒逸石化	4	4	100	136508.8	136.51
92	600360	华微电子	4	4	100	136302.6	136.3
93	600866	星湖科技	4	4	100	136178.9	136.18
94	000005	世纪星源	3	3	100	134875	134.88
95	000582	北部湾港	4	4	100	134694.7	134.69
96	600737	中粮屯河	4	4	100	134493.1	134.49
97	000517	荣安地产	3	3	100	134450.1	134.45
98	300054	鼎龙股份	4	4	100	133879.7	133.88
99	600715	*ST 松辽	4	4	100	133756.2	133.76
100	600179	黑化股份	4	4	100	133565.5	133.57
101	000004	国农科技	4	4	100	132491.2	132.49
102	600846	同济科技	4	4	100	132283.5	132.28
103	600258	首旅酒店	4	4	100	131988.1	131.99
104	600152	维科精华	4	4	100	131885.3	131.89
105	600056	中国医药	4	4	100	131532.9	131.53
106	000023	深天地 A	4	4	100	131244.4	131.24
107	000698	沈阳化工	4	4	100	131146.9	131.15
108	600883	博闻科技	4	4	100	131066.8	131.07
109	000681	视觉中国	4	4	100	130857.5	130.86
110	600681	万鸿集团	3	3	100	130280.1	130.28
111	600770	综艺股份	3	3	100	130264.3	130.26
112	600071	*ST 光学	3	3	100	130086.9	130.09

续表

序号	品种代码	品种名称	盈利次数	交易次数	周线胜率（%）	净利润（元）	24 年收益率(%)
113	000608	阳光股份	4	4	100	130077.8	130.08
114	002130	沃尔核材	4	4	100	128866.9	128.87
115	000909	数源科技	3	3	100	128116.5	128.12
116	000953	河池化工	4	4	100	127298.1	127.3
117	600260	凯乐科技	4	4	100	125997.2	126
118	600084	中葡股份	3	3	100	125052.1	125.05
119	600345	长江通信	3	3	100	124985.2	124.99
120	600526	菲达环保	3	3	100	124792.1	124.79
121	000723	美锦能源	3	3	100	124649.1	124.65
122	600586	金晶科技	4	4	100	124648.7	124.65
123	600119	长江投资	4	4	100	123782.3	123.78
124	001696	宗申动力	3	3	100	123624.7	123.62
125	001896	豫能控股	4	4	100	123502.3	123.5
126	600074	保千里	5	5	100	123371.1	123.37
127	600610	中毅达	3	3	100	122593.2	122.59
128	000707	双环科技	4	4	100	122416.6	122.42
129	000576	广东甘化	3	3	100	122147.2	122.15
130	000048	康达尔	3	3	100	121356.9	121.36
131	000952	广济药业	4	4	100	121170.8	121.17
132	600358	国旅联合	3	3	100	118517.3	118.52
133	000812	陕西金叶	3	3	100	118452.4	118.45
134	000519	江南红箭	3	3	100	118158	118.16
135	600720	祁连山	3	3	100	117900.6	117.9
136	000565	渝三峡 A	3	3	100	117317.9	117.32
137	000543	皖能电力	3	3	100	117224.5	117.22
138	600841	上柴股份	3	3	100	115743.9	115.74
139	000571	新大洲 A	2	3	66.67	115687	115.69
140	600129	太极集团	3	3	100	115418.2	115.42
141	600062	华润双鹤	4	4	100	115210.7	115.21
142	600559	老白干酒	3	3	100	114915.9	114.92
143	000011	深物业 A	3	3	100	114859.8	114.86

续表

序号	品种代码	品种名称	盈利次数	交易次数	周线胜率（%）	净利润（元）	24年收益率(%)
144	600246	万通地产	3	3	100	114566.4	114.57
145	000685	中山公用	4	4	100	114495.7	114.5
146	000526	银润投资	3	3	100	113916.2	113.92
147	000627	天茂集团	3	3	100	113881.7	113.88
148	000040	宝安地产	3	3	100	113217.3	113.22
149	600389	江山股份	3	3	100	113187.4	113.19
150	600763	通策医疗	3	3	100	112568.9	112.57
151	000933	神火股份	3	3	100	112453.3	112.45
152	600108	亚盛集团	4	4	100	112228.5	112.23
153	600784	鲁银投资	3	3	100	112105.9	112.11
154	600480	凌云股份	3	3	100	111424.6	111.42
155	600399	抚顺特钢	3	3	100	111370.5	111.37
156	600768	宁波富邦	3	3	100	110417.5	110.42
157	600822	上海物贸	3	3	100	110100	110.1
158	600621	华鑫股份	4	4	100	109152.1	109.15
159	000570	苏常柴A	3	3	100	108884.4	108.88
160	002057	中钢天源	3	3	100	108881	108.88
161	000752	西藏发展	3	3	100	108581.5	108.58
162	000622	恒立实业	3	3	100	108338	108.34
163	600257	大湖股份	3	3	100	108032.6	108.03
164	600732	*ST新梅	3	3	100	107826.9	107.83
165	002018	华信国际	3	3	100	106690	106.69
166	600839	四川长虹	3	3	100	106671.9	106.67
167	000876	新希望	3	3	100	105911.6	105.91
168	600749	西藏旅游	3	3	100	105816.4	105.82
169	000777	中核科技	3	3	100	105628.4	105.63
170	600634	中技控股	4	4	100	105563.8	105.56
171	000949	新乡化纤	3	3	100	105266.3	105.27
172	000623	吉林敖东	3	3	100	105133.9	105.13
173	000665	湖北广电	3	3	100	104734.9	104.73
174	600467	好当家	3	3	100	104716.8	104.72

续表

序号	品种代码	品种名称	盈利次数	交易次数	周线胜率（%）	净利润（元）	24年收益率(%)
175	000757	浩物股份	3	3	100	104410.1	104.41
176	000505	珠江控股	3	3	100	104310.6	104.31
177	600230	沧州大化	3	3	100	104043.5	104.04
178	002108	沧州明珠	3	3	100	103406.4	103.41
179	000797	中国武夷	3	3	100	103314.8	103.31
180	000611	*ST 蒙发	3	3	100	103141.9	103.14
181	000881	大连国际	3	3	100	102876.1	102.88
182	600105	永鼎股份	3	3	100	102503.2	102.5
183	600501	航天晨光	3	3	100	102501.9	102.5
184	000063	中兴通讯	3	3	100	102381.9	102.38
185	600388	龙净环保	3	3	100	102242.5	102.24
186	600703	三安光电	4	4	100	102202	102.2
187	000548	湖南投资	3	3	100	101844	101.84
188	600731	湖南海利	3	3	100	101774.1	101.77
189	600094	大名城	2	2	100	101398.9	101.4
190	600650	锦江投资	3	3	100	101347.7	101.35
191	600405	动力源	3	3	100	101303.9	101.3
192	600538	国发股份	3	3	100	101122.3	101.12
193	600373	中文传媒	3	3	100	100966.8	100.97
194	002001	新 和 成	3	3	100	100169.3	100.17
195	600359	新农开发	3	3	100	99801.36	99.8
196	600647	同达创业	2	2	100	99787.82	99.79
197	000033	*ST 新都	3	3	100	99661.07	99.66
198	600055	华润万东	3	3	100	99407.25	99.41
199	000498	山东路桥	3	3	100	99250.51	99.25
200	600228	昌九生化	3	3	100	99103.25	99.1
201	600689	上海三毛	3	3	100	99046.62	99.05
202	300191	潜能恒信	2	2	100	99004.23	99
203	000042	中洲控股	3	3	100	98839.62	98.84
204	600517	置信电气	2	2	100	98842.98	98.84
205	600476	湘邮科技	3	3	100	98460.33	98.46

续表

序号	品种代码	品种名称	盈利次数	交易次数	周线胜率（%）	净利润（元）	24年收益率(%)
206	600385	山东金泰	3	3	100	98445.43	98.45
207	600418	江淮汽车	3	3	100	98390.32	98.39
208	600803	新奥股份	3	3	100	98161.42	98.16
209	000877	天山股份	3	3	100	98048.47	98.05
210	600118	中国卫星	3	3	100	97954.86	97.95
211	600301	*ST南化	3	3	100	97816.85	97.82
212	600213	亚星客车	3	3	100	97795.54	97.8
213	000935	四川双马	3	3	100	97735.53	97.74
214	600858	银座股份	3	3	100	97108.48	97.11
215	000783	长江证券	3	3	100	96971.2	96.97
216	600696	匹凸匹	3	3	100	96720.49	96.72
217	000785	武汉中商	3	3	100	96705.94	96.71
218	000555	神州信息	3	3	100	96415.83	96.42
219	000585	东北电气	2	2	100	96292.32	96.29
220	600391	成发科技	3	3	100	95903.37	95.9
221	600498	烽火通信	3	3	100	95800.67	95.8
222	600536	中国软件	3	3	100	95721.05	95.72
223	000680	山推股份	3	3	100	95519.08	95.52
224	000610	西安旅游	3	3	100	95393.42	95.39
225	600217	*ST秦岭	3	3	100	94708.37	94.71
226	600671	天目药业	3	3	100	94523.13	94.52
227	600806	昆明机床	3	3	100	94429.17	94.43
228	000537	广宇发展	3	3	100	94309.58	94.31
229	000659	*ST中富	3	3	100	94082.33	94.08
230	002040	南京港	3	3	100	94077.13	94.08
231	600069	*ST银鸽	3	3	100	94007.54	94.01
232	000301	东方市场	3	3	100	93813.66	93.81
233	000937	冀中能源	3	3	100	93758.24	93.76
234	000514	渝开发	3	3	100	93625.63	93.63
235	000573	粤宏远A	3	3	100	93323.68	93.32
236	000782	美达股份	3	3	100	92946.31	92.95

续表

序号	品种代码	品种名称	盈利次数	交易次数	周线胜率（%）	净利润（元）	24年收益率(%)
237	600843	上工申贝	3	3	100	92851.02	92.85
238	000818	方大化工	3	3	100	92791.67	92.79
239	600891	秋林集团	3	3	100	92432.1	92.43
240	600178	东安动力	3	3	100	92417.23	92.42
241	600831	广电网络	3	3	100	92149.76	92.15
242	600753	东方银星	3	3	100	91502.86	91.5
243	000521	美菱电器	3	3	100	91429.39	91.43
244	600250	南纺股份	3	3	100	91254.25	91.25
245	600855	航天长峰	3	3	100	90993.29	90.99
246	000513	丽珠集团	3	3	100	90858.9	90.86
247	600783	鲁信创投	3	3	100	90780.82	90.78
248	002005	德豪润达	3	3	100	90637.98	90.64
249	600833	第一医药	3	3	100	90576.55	90.58
250	000059	*ST 华锦	3	3	100	90540.62	90.54
251	000966	长源电力	3	3	100	90179.15	90.18
252	000590	*ST 古汉	3	3	100	90099.31	90.1
253	000815	*ST 美利	3	3	100	89892.13	89.89
254	000667	美好集团	2	2	100	89704.33	89.7
255	600242	*ST 中昌	3	3	100	89630.01	89.63
256	000062	深圳华强	3	3	100	89493.86	89.49
257	600575	皖江物流	2	2	100	89139.75	89.14
258	600079	人福医药	3	3	100	88997.03	89
259	000581	威孚高科	3	3	100	88448.06	88.45
260	600585	海螺水泥	2	2	100	88200.72	88.2
261	600727	鲁北化工	3	3	100	88198.25	88.2
262	600990	四创电子	3	3	100	88142.4	88.14
263	600170	上海建工	3	3	100	88059.43	88.06
264	000637	茂化实华	3	3	100	88043.77	88.04
265	600209	罗顿发展	3	3	100	87856.24	87.86
266	000536	华映科技	2	2	100	87816.02	87.82
267	600488	天药股份	4	4	100	87702.37	87.7

续表

序号	品种代码	品种名称	盈利次数	交易次数	周线胜率（%）	净利润（元）	24年收益率(%)
268	000823	超声电子	3	3	100	87601.38	87.6
269	600107	美尔雅	3	3	100	87538.49	87.54
270	600716	凤凰股份	3	3	100	87280.13	87.28
271	002021	中捷资源	3	3	100	87121.32	87.12
272	600309	万华化学	3	3	100	87117.84	87.12
273	600241	时代万恒	3	3	100	87083.37	87.08
274	000615	湖北金环	3	3	100	86657.86	86.66
275	600777	新潮实业	3	3	100	86268.17	86.27
276	600326	西藏天路	2	2	100	86234.13	86.23
277	600099	林海股份	3	3	100	85835.86	85.84
278	000960	锡业股份	3	3	100	85555.99	85.56
279	000885	同力水泥	2	2	100	85513.84	85.51
280	000697	炼石有色	3	3	100	85271.54	85.27
281	600133	东湖高新	3	3	100	85260.39	85.26
282	600769	祥龙电业	3	3	100	85205.98	85.21
283	002154	报 喜 鸟	3	3	100	85202.82	85.2
284	600860	京城股份	3	3	100	85190.52	85.19
285	000661	长春高新	3	3	100	85139.36	85.14
286	000663	永安林业	3	3	100	85011.6	85.01
287	600295	鄂尔多斯	3	3	100	84995.01	85
288	000532	力合股份	3	3	100	84881.06	84.88
289	000795	太原刚玉	2	2	100	84867.97	84.87
290	000596	古井贡酒	3	3	100	84853.77	84.85
291	000887	中鼎股份	2	2	100	84843.4	84.84
292	000739	普洛药业	3	3	100	84697.28	84.7
293	600881	亚泰集团	3	3	100	84276.52	84.28
294	600560	金自天正	3	3	100	84118.36	84.12
295	600643	爱建集团	3	3	100	83920.58	83.92
296	000692	惠天热电	3	3	100	83771.86	83.77
297	600125	铁龙物流	3	3	100	83743.64	83.74
298	600776	东方通信	2	2	100	83723.56	83.72

续表

序号	品种代码	品种名称	盈利次数	交易次数	周线胜率（%）	净利润（元）	24 年收益率(%)
299	600485	信威集团	2	2	100	83703.7	83.7
300	600222	太龙药业	3	3	100	83676.46	83.68
301	000929	兰州黄河	3	3	100	83489.03	83.49
302	600735	新华锦	3	3	100	83297.54	83.3
303	600311	荣华实业	3	3	100	83242.69	83.24
304	000751	锌业股份	3	3	100	83234.92	83.23
305	000613	大东海 A	3	3	100	83042.17	83.04
306	000673	当代东方	3	3	100	82504.34	82.5
307	000798	中水渔业	2	2	100	82324.68	82.32
308	600848	上海临港	3	3	100	82097.9	82.1
309	600160	巨化股份	3	3	100	81936.88	81.94
310	600268	国电南自	2	2	100	81943.84	81.94
311	600346	大橡塑	3	3	100	81700.17	81.7
312	600728	佳都科技	3	3	100	81578.43	81.58
313	000737	南风化工	3	3	100	81485.24	81.49
314	002019	亿帆鑫富	2	2	100	81463.03	81.46
315	600711	盛屯矿业	2	2	100	81262.26	81.26
316	600889	南京化纤	3	3	100	81192.14	81.19
317	600751	天海投资	3	3	100	81106.9	81.11
318	000733	振华科技	3	3	100	81084.86	81.08
319	600243	青海华鼎	3	3	100	80881.45	80.88
320	600978	宜华木业	3	3	100	80534.32	80.53
321	000868	安凯客车	3	3	100	80070.62	80.07
322	002096	南岭民爆	2	2	100	79981.05	79.98
323	000600	建投能源	3	3	100	79940.12	79.94
324	000540	中天城投	2	2	100	79608.88	79.61
325	600136	道博股份	3	3	100	79437.93	79.44
326	600893	中航动力	3	3	100	79345.53	79.35
327	600522	中天科技	3	3	100	79245.25	79.25
328	600962	*ST 中鲁	3	3	100	79148.97	79.15
329	000836	鑫茂科技	3	3	100	78960.43	78.96

续表

序号	品种代码	品种名称	盈利次数	交易次数	周线胜率（%）	净利润（元）	24年收益率(%)
330	600355	精伦电子	3	3	100	78710.21	78.71
331	002321	华英农业	2	2	100	78588.93	78.59
332	000597	东北制药	3	3	100	78350.64	78.35
333	000800	一汽轿车	3	3	100	78219.08	78.22
334	600366	宁波韵升	3	3	100	78064.21	78.06
335	000910	大亚科技	3	3	100	77933.53	77.93
336	600132	重庆啤酒	2	2	100	77845.19	77.85
337	002148	北纬通信	2	2	100	77601.46	77.6
338	000687	华讯方舟	3	3	100	77575.48	77.58
339	002052	同洲电子	3	3	100	77465.41	77.47
340	002054	德美化工	2	2	100	77407.1	77.41
341	300063	天龙集团	2	2	100	77233.24	77.23
342	000748	长城信息	3	3	100	77074.39	77.07
343	600555	九龙山	2	2	100	77001.94	77
344	600603	大洲兴业	2	2	100	76801.45	76.8
345	000710	天兴仪表	2	2	100	76657.54	76.66
346	000736	中房地产	2	2	100	76663.02	76.66
347	000009	中国宝安	2	2	100	76128.93	76.13
348	600232	金鹰股份	3	3	100	75906.36	75.91
349	000702	正虹科技	3	3	100	75327.06	75.33
350	600680	上海普天	2	2	100	75328.75	75.33
351	002115	三维通信	2	2	100	75071.22	75.07
352	600234	山水文化	2	2	100	74642.89	74.64
353	000830	鲁西化工	2	2	100	74563.59	74.56
354	000656	金科股份	2	2	100	74410.06	74.41
355	600774	汉商集团	3	3	100	74388.11	74.39
356	600139	西部资源	3	3	100	74145.97	74.15
357	600819	耀皮玻璃	2	2	100	74084.25	74.08
358	600218	全柴动力	2	2	100	73738.07	73.74
359	600507	方大特钢	2	2	100	73354.74	73.35
360	600626	申达股份	3	3	100	73205.1	73.21

续表

序号	品种代码	品种名称	盈利次数	交易次数	周线胜率（%）	净利润（元）	24 年收益率(%)
361	600596	新安股份	2	2	100	73000.59	73
362	300188	美亚柏科	2	2	100	72981.04	72.98
363	000158	常山股份	2	2	100	72682.49	72.68
364	000413	东旭光电	3	3	100	72606.35	72.61
365	000153	丰原药业	2	2	100	72549.14	72.55
366	600048	保利地产	2	2	100	71992.37	71.99
367	600868	梅雁吉祥	2	2	100	71397.2	71.4
368	600775	南京熊猫	2	2	100	70919.69	70.92
369	600202	哈空调	2	2	100	70808.44	70.81
370	002024	苏宁云商	2	2	100	70795.56	70.8
371	000983	西山煤电	2	2	100	70079.72	70.08
372	600322	天房发展	2	2	100	70041.19	70.04
373	600423	柳化股份	2	2	100	69979.02	69.98
374	600141	兴发集团	2	2	100	69809.61	69.81
375	600110	中科英华	2	2	100	69797.05	69.8
376	600663	陆家嘴	2	2	100	69193.71	69.19
377	600497	驰宏锌锗	2	2	100	69165.68	69.17
378	600312	平高电气	2	2	100	69007.5	69.01
379	000701	厦门信达	2	2	100	68944.9	68.94
380	600380	健康元	2	2	100	68885.88	68.89
381	600595	中孚实业	2	2	100	68893.18	68.89
382	000620	新华联	2	2	100	68736.11	68.74
383	600288	大恒科技	2	2	100	68662.95	68.66
384	000430	张家界	2	2	100	68461.84	68.46
385	600176	中国巨石	3	3	100	67906.82	67.91
386	000892	*ST 星美	3	3	100	67516.67	67.52
387	000780	平庄能源	2	2	100	67441.99	67.44
388	600622	嘉宝集团	2	2	100	66881.04	66.88
389	600810	神马股份	2	2	100	66875.29	66.88
390	600525	长园集团	2	2	100	66561.86	66.56
391	002289	宇顺电子	1	1	100	66144.18	66.14

续表

序号	品种代码	品种名称	盈利次数	交易次数	周线胜率（%）	净利润（元）	24 年收益率(%)
392	600375	华菱星马	2	2	100	66124.59	66.12
393	002236	大华股份	2	2	100	66019.22	66.02
394	600137	浪莎股份	2	2	100	65853.11	65.85
395	600005	武钢股份	2	2	100	65533.9	65.53
396	600128	弘业股份	2	2	100	65272.99	65.27
397	600223	鲁商置业	2	2	100	65123.55	65.12
398	600408	*ST 安泰	2	2	100	65077.6	65.08
399	300059	东方财富	2	2	100	65036.01	65.04
400	600121	郑州煤电	2	2	100	64862.22	64.86
401	000931	中关村	2	2	100	64820.54	64.82
402	000636	风华高科	2	2	100	64792.51	64.79
403	000918	嘉凯城	2	2	100	64788.41	64.79
404	600239	云南城投	2	2	100	64779.62	64.78
405	600185	格力地产	2	2	100	64751.13	64.75
406	000501	鄂武商 A	2	2	100	64570.41	64.57
407	000762	西藏矿业	2	2	100	64046.03	64.05
408	600804	鹏博士	2	2	100	64035.56	64.04
409	600439	瑞贝卡	2	2	100	63764.6	63.76
410	000750	国海证券	2	2	100	63687.6	63.69
411	000155	*ST 川化	2	2	100	63644.91	63.64
412	000968	煤气化	2	2	100	63503.26	63.5
413	000898	鞍钢股份	2	2	100	63471.25	63.47
414	600491	龙元建设	2	2	100	63394.63	63.39
415	002023	海特高新	2	2	100	63193.43	63.19
416	002429	兆驰股份	2	2	100	63184.86	63.18
417	002117	东港股份	2	2	100	62784.46	62.78
418	600091	*ST 明科	2	2	100	62673.15	62.67
419	002334	英威腾	2	2	100	62631.4	62.63
420	002218	拓日新能	2	2	100	62600.01	62.6
421	000911	南宁糖业	2	2	100	62565.13	62.57
422	002330	得利斯	2	2	100	62554.69	62.55

续表

序号	品种代码	品种名称	盈利次数	交易次数	周线胜率（%）	净利润（元）	24年收益率(%)
423	600677	航天通信	2	2	100	62515.12	62.52
424	600300	维维股份	2	2	100	62440.3	62.44
425	000920	南方汇通	2	2	100	62344.37	62.34
426	600026	中海发展	2	2	100	62151.33	62.15
427	600820	隧道股份	2	2	100	61863.42	61.86
428	600985	雷鸣科化	2	2	100	61820.48	61.82
429	600834	申通地铁	3	3	100	61740.44	61.74
430	600331	宏达股份	2	2	100	61633.4	61.63
431	600976	健民集团	2	2	100	61625.51	61.63
432	000725	京东方A	3	3	100	61477.59	61.48
433	600970	中材国际	2	2	100	61456.89	61.46
434	600308	华泰股份	2	2	100	61344.13	61.34
435	600746	江苏索普	2	2	100	61312.28	61.31
436	002084	海鸥卫浴	2	2	100	61239.5	61.24
437	600620	天宸股份	2	2	100	61198.5	61.2
438	000926	福星股份	2	2	100	61164.31	61.16
439	600182	S佳通	2	2	100	60976.07	60.98
440	000728	国元证券	2	2	100	60868.17	60.87
441	000630	铜陵有色	2	2	100	60790.73	60.79
442	002076	雪莱特	2	2	100	60758.7	60.76
443	600778	友好集团	2	2	100	60718.1	60.72
444	300077	国民技术	2	2	100	60693.86	60.69
445	002128	露天煤业	2	2	100	60517.09	60.52
446	300067	安诺其	1	1	100	60500.23	60.5
447	600714	金瑞矿业	2	2	100	60483.82	60.48
448	002009	天奇股份	2	2	100	60460.52	60.46
449	000159	国际实业	2	2	100	60362.81	60.36
450	000973	佛塑科技	2	2	100	60343.5	60.34
451	002132	恒星科技	2	2	100	60336.95	60.34
452	600067	冠城大通	2	2	100	60257.62	60.26
453	600422	昆药集团	2	2	100	60226.29	60.23

续表

序号	品种代码	品种名称	盈利次数	交易次数	周线胜率（%）	净利润（元）	24 年收益率(%)
454	600661	新南洋	2	2	100	60156.36	60.16
455	002381	双箭股份	2	2	100	60068.57	60.07
456	600812	华北制药	2	2	100	59988.55	59.99
457	002204	大连重工	2	2	100	59840.32	59.84
458	600298	安琪酵母	2	2	100	59700.35	59.7
459	600690	青岛海尔	2	2	100	59631.54	59.63
460	600730	中国高科	2	2	100	59546.53	59.55
461	600158	中体产业	2	2	100	59472.67	59.47
462	000587	金叶珠宝	2	2	100	59377.73	59.38
463	000639	西王食品	2	2	100	59011.27	59.01
464	000069	华侨城 A	2	2	100	58952.44	58.95
465	200296	辉煌科技	2	2	100	58918.95	58.92
466	002047	宝鹰股份	2	2	100	58868.17	58.87
467	600200	江苏吴中	2	2	100	58748.17	58.75
468	300127	银河磁体	2	2	100	58722.07	58.72
469	600080	金花股份	2	2	100	58703.83	58.7
470	600256	广汇能源	2	2	100	58617.79	58.62
471	000026	飞亚达 A	2	2	100	58606.18	58.61
472	600097	开创国际	2	2	100	58601.69	58.6
473	600719	XR 大连热	2	2	100	58422.17	58.42
474	000719	大地传媒	2	2	100	58183.29	58.18
475	600969	郴电国际	2	2	100	58159.02	58.16
476	000558	莱茵体育	2	2	100	58103.83	58.1
477	000985	大庆华科	2	2	100	58075.26	58.08
478	000612	焦作万方	2	2	100	58074.2	58.07
479	600506	香梨股份	2	2	100	57989.92	57.99
480	600343	航天动力	2	2	100	57920.16	57.92
481	000655	金岭矿业	2	2	100	57886.4	57.89
482	600780	通宝能源	3	3	100	57863.4	57.86
483	000506	中润资源	3	3	100	57799.63	57.8
484	000715	中兴商业	2	2	100	57756.61	57.76

续表

序号	品种代码	品种名称	盈利次数	交易次数	周线胜率（%）	净利润（元）	24年收益率(%)
485	002246	北化股份	2	2	100	57689.48	57.69
486	600691	*ST 阳化	2	2	100	57670.52	57.67
487	000796	凯撒旅游	2	2	100	57647.58	57.65
488	600486	扬农化工	2	2	100	57496.72	57.5
489	600081	东风科技	2	2	100	57477.88	57.48
490	600882	华联矿业	2	2	100	57447.06	57.45
491	600327	大东方	2	2	100	57424.53	57.42
492	000683	远兴能源	2	2	100	57391.8	57.39
493	000955	欣龙控股	2	2	100	57371.18	57.37
494	002043	兔 宝 宝	2	2	100	57206.11	57.21
495	000031	中粮地产	2	2	100	57191.32	57.19
496	002316	键桥通讯	2	2	100	57173.07	57.17
497	000788	北大医药	2	2	100	57162.94	57.16
498	600428	中远航运	2	2	100	57163.05	57.16
499	000995	*ST 皇台	2	2	100	57005.89	57.01
500	600748	上实发展	2	2	100	57006.53	57.01
501	002035	华帝股份	2	2	100	56950.3	56.95
502	000418	小天鹅 A	2	2	100	56846.08	56.85
503	300148	天舟文化	2	2	100	56805.78	56.81
504	600561	江西长运	2	2	100	56778.04	56.78
505	600293	三峡新材	2	2	100	56732.83	56.73
506	600825	新华传媒	2	2	100	56700.35	56.7
507	601666	平煤股份	2	2	100	56679.64	56.68
508	002061	江山化工	2	2	100	56646.71	56.65
509	000856	冀东装备	2	2	100	56636.34	56.64
510	300116	坚瑞消防	2	2	100	56620.26	56.62
511	600992	贵绳股份	2	2	100	56593.69	56.59
512	002207	准油股份	2	2	100	56568.63	56.57
513	002167	东方锆业	3	3	100	56553.38	56.55
514	600529	山东药玻	2	2	100	56433.12	56.43
515	000912	*ST 天化	2	2	100	56386.67	56.39

续表

序号	品种代码	品种名称	盈利次数	交易次数	周线胜率（%）	净利润（元）	24年收益率(%)
516	600612	老凤祥	2	2	100	56351.92	56.35
517	600705	中航资本	2	2	100	56342.75	56.34
518	600739	辽宁成大	2	2	100	56336	56.34
519	000768	中航飞机	2	2	100	56257.72	56.26
520	000806	银河生物	2	2	100	56244.88	56.24
521	600396	金山股份	2	2	100	56139.34	56.14
522	000037	深南电A	2	2	100	56126.32	56.13
523	600794	保税科技	2	2	100	56117.47	56.12
524	600369	西南证券	2	2	100	56089.38	56.09
525	601918	国投新集	2	2	100	56086.94	56.09
526	300111	向日葵	2	2	100	55906.4	55.91
527	002089	新海宜	2	2	100	55805.94	55.81
528	600550	保变电气	2	2	100	55806.21	55.81
529	000019	深深宝A	2	2	100	55786.42	55.79
530	600277	亿利能源	2	2	100	55714.84	55.71
531	000055	方大集团	2	2	100	55606.93	55.61
532	000545	金浦钛业	2	2	100	55587.68	55.59
533	000029	深深房A	2	2	100	55566.63	55.57
534	002346	柘中股份	2	2	100	55419.81	55.42
535	600031	三一重工	2	2	100	55364.05	55.36
536	600180	瑞茂通	2	2	100	55326.14	55.33
537	000967	上风高科	2	2	100	55273.64	55.27
538	600376	首开股份	2	2	100	55269.97	55.27
539	000969	安泰科技	2	2	100	55228.46	55.23
540	000507	珠海港	2	2	100	55170.92	55.17
541	600815	厦工股份	2	2	100	55168.07	55.17
542	000552	靖远煤电	2	2	100	55108.96	55.11
543	000902	新洋丰	2	2	100	55039.39	55.04
544	002074	国轩高科	2	2	100	54946.82	54.95
545	000996	中国中期	1	1	100	54938.69	54.94
546	002106	莱宝高科	2	2	100	54927.11	54.93

续表

序号	品种代码	品种名称	盈利次数	交易次数	周线胜率（%）	净利润（元）	24年收益率(%)
547	600061	国投安信	2	2	100	54808.22	54.81
548	600821	津劝业	2	2	100	54804.38	54.8
549	600339	天利高新	2	2	100	54761.77	54.76
550	002326	永太科技	2	2	100	54722.7	54.72
551	600563	法拉电子	2	2	100	54709.12	54.71
552	000090	天健集团	2	2	100	54597.43	54.6
553	000829	天音控股	2	2	100	54435.15	54.44
554	600767	运盛医疗	2	2	100	54315.46	54.32
555	000551	创元科技	2	2	100	54273.55	54.27
556	600403	大有能源	2	2	100	54268.42	54.27
557	000811	烟台冰轮	2	2	100	54258.58	54.26
558	600510	黑牡丹	2	2	100	54235.81	54.24
559	600248	延长化建	2	2	100	54209.81	54.21
560	000913	钱江摩托	2	2	100	54197.87	54.2
561	000756	新华制药	2	2	100	54147.08	54.15
562	600757	长江传媒	2	2	100	54150.29	54.15
563	600135	乐凯胶片	2	2	100	54083.83	54.08
564	000609	绵世股份	2	2	100	53959.29	53.96
565	300016	北陆药业	2	2	100	53945.3	53.95
566	601919	中国远洋	2	2	100	53938.57	53.94
567	000638	万方发展	2	2	100	53895.09	53.9
568	600816	安信信托	2	2	100	53763.24	53.76
569	000068	*ST 华赛	2	2	100	53692.66	53.69
570	600236	桂冠电力	2	2	100	53620.28	53.62
571	600827	百联股份	2	2	100	53543.01	53.54
572	600195	中牧股份	2	2	100	53475.61	53.48
573	600219	南山铝业	2	2	100	53469.39	53.47
574	600875	东方电气	2	2	100	53472.67	53.47
575	600351	亚宝药业	2	2	100	53455.07	53.46
576	600725	云维股份	2	2	100	53366.79	53.37
577	600275	武昌鱼	2	2	100	53360.95	53.36

续表

序号	品种代码	品种名称	盈利次数	交易次数	周线胜率（%）	净利润（元）	24 年收益率(%)
578	000890	法 尔 胜	2	2	100	53276.67	53.28
579	000917	电广传媒	2	2	100	53282.84	53.28
580	600053	中江地产	2	2	100	53253.87	53.25
581	600333	长春燃气	2	2	100	53181.09	53.18
582	000100	TCL 集团	2	2	100	53119.99	53.12
583	600468	百利电气	2	2	100	53081.16	53.08
584	600051	宁波联合	2	2	100	53063.88	53.06
585	600090	啤酒花	2	2	100	53036.25	53.04
586	600838	上海九百	2	2	100	53020.59	53.02
587	002036	汉麻产业	2	2	100	52972.38	52.97
588	000038	深大通	2	2	100	52758.13	52.76
589	000758	中色股份	2	2	100	52759.31	52.76
590	600329	中新药业	2	2	100	52728.08	52.73
591	600425	青松建化	2	2	100	52731.34	52.73
592	000572	海马汽车	2	2	100	52717.93	52.72
593	600297	广汇汽车	2	2	100	52711.67	52.71
594	000633	合金投资	2	2	100	52665.89	52.67
595	600683	京投银泰	2	2	100	52627.58	52.63
596	000593	大通燃气	2	2	100	52612.47	52.61
597	600400	红豆股份	2	2	100	52580.95	52.58
598	600793	ST 宜纸	2	2	100	52578.9	52.58
599	600830	香溢融通	2	2	100	52548.34	52.55
600	000990	诚志股份	2	2	100	52436.54	52.44
601	000586	汇源通信	2	2	100	52411.7	52.41
602	600562	国睿科技	2	2	100	52410.14	52.41
603	002090	金智科技	2	2	100	52398.08	52.4
604	000691	亚太实业	2	2	100	52328.89	52.33
605	600707	彩虹股份	2	2	100	52331.53	52.33
606	000021	深科技	2	2	100	52322.79	52.32
607	600750	江中药业	2	2	100	52295.17	52.3
608	000851	高鸿股份	2	2	100	52122.4	52.12

续表

序号	品种代码	品种名称	盈利次数	交易次数	周线胜率（%）	净利润（元）	24 年收益率(%）
609	000901	航天科技	2	2	100	52074	52.07
610	600704	物产中大	2	2	100	52057.09	52.06
611	600710	*ST 常林	2	2	100	52047.25	52.05
612	002391	长青股份	2	2	100	51919.87	51.92
613	002118	紫鑫药业	2	2	100	51890.06	51.89
614	000603	盛达矿业	2	2	100	51843.61	51.84
615	000022	深赤湾 A	2	2	100	51692.96	51.69
616	600148	长春一东	2	2	100	51666.91	51.67
617	002283	天润曲轴	2	2	100	51563.27	51.56
618	600211	西藏药业	2	2	100	51549.44	51.55
619	000650	仁和药业	2	2	100	51528.44	51.53
620	002311	海大集团	2	2	100	51516.72	51.52
621	600015	华夏银行	2	2	100	51472.35	51.47
622	000617	石油济柴	2	2	100	51463.92	51.46
623	002392	北京利尔	2	2	100	51381.05	51.38
624	600611	大众交通	2	2	100	51377.91	51.38
625	002044	江苏三友	2	2	100	51339.9	51.34
626	600198	大唐电信	2	2	100	51291.38	51.29
627	002227	奥 特 迅	2	2	100	51254.96	51.25
628	600566	济川药业	2	2	100	51134.28	51.13
629	600702	沱牌舍得	2	2	100	51081.69	51.08
630	000860	顺鑫农业	2	2	100	50958.99	50.96
631	600733	S 前锋	2	2	100	50958.27	50.96
632	000421	南京中北	2	2	100	50761.02	50.76
633	002097	山河智能	1	1	100	50717.94	50.72
634	600117	西宁特钢	2	2	100	50692.57	50.69
635	002319	乐通股份	2	2	100	50662.72	50.66
636	000410	沈阳机床	2	2	100	50633.48	50.63
637	600335	国机汽车	2	2	100	50567.76	50.57
638	000504	南华生物	2	2	100	50447.7	50.45
639	600829	人民同泰	2	2	100	50381.41	50.38

续表

序号	品种代码	品种名称	盈利次数	交易次数	周线胜率（%）	净利润（元）	24 年收益率(%)
640	000035	中国天楹	2	2	100	50317.28	50.32
641	600599	熊猫金控	2	2	100	50300.61	50.3
642	000976	*ST 春晖	2	2	100	50268.54	50.27
643	000419	通程控股	2	2	100	50222.24	50.22
644	600493	凤竹纺织	2	2	100	50139.18	50.14
645	600000	浦发银行	2	2	100	50108.42	50.11
646	600635	大众公用	2	2	100	50109.07	50.11
647	002160	常铝股份	1	1	100	49948.11	49.95
648	000959	首钢股份	2	2	100	49901.77	49.9
649	600419	天润乳业	2	2	100	49882.35	49.88
650	000061	农 产 品	2	2	100	49779.9	49.78
651	600320	振华重工	2	2	100	49670.77	49.67
652	000915	山大华特	2	2	100	49554.83	49.55
653	002277	友阿股份	2	2	100	49489.97	49.49
654	600395	盘江股份	2	2	100	49487.77	49.49
655	600660	福耀玻璃	2	2	100	49479.86	49.48
656	600851	海欣股份	2	2	100	49426.07	49.43
657	000564	西安民生	2	2	100	49408.22	49.41
658	000862	银星能源	2	2	100	49410.22	49.41
659	002046	轴研科技	2	2	100	49413.69	49.41
660	000619	海螺型材	2	2	100	49404.54	49.4
661	002397	梦洁家纺	2	2	100	49402.7	49.4
662	600624	复旦复华	2	2	100	49392.94	49.39
663	600847	万里股份	2	2	100	49373.63	49.37
664	000802	北京文化	2	2	100	49349.48	49.35
665	600072	钢构工程	2	2	100	49334.72	49.33
666	600685	中船防务	2	2	100	49315.67	49.32
667	000793	华闻传媒	2	2	100	49224.05	49.22
668	600679	金山开发	2	2	100	49145.81	49.15
669	600122	宏图高科	2	2	100	49138.71	49.14
670	600319	亚星化学	2	2	100	49137.56	49.14

续表

序号	品种代码	品种名称	盈利次数	交易次数	周线胜率（%）	净利润（元）	24 年收益率(%)
671	600171	上海贝岭	1	1	100	48991.18	48.99
672	000591	桐 君 阁	2	2	100	48969.65	48.97
673	600638	新黄浦	2	2	100	48945.29	48.95
674	600165	新日恒力	2	2	100	48906.96	48.91
675	002272	川润股份	1	1	100	48875.31	48.88
676	600305	恒顺醋业	2	2	100	48878.46	48.88
677	300341	麦迪电气	1	1	100	48861.64	48.86
678	000731	四川美丰	2	2	100	48811.82	48.81
679	002421	达实智能	2	2	100	48712.62	48.71
680	600573	惠泉啤酒	2	2	100	48696.93	48.7
681	000533	万 家 乐	2	2	100	48691.35	48.69
682	002136	安 纳 达	2	2	100	48564.8	48.56
683	600426	华鲁恒升	2	2	100	48499.81	48.5
684	000721	西安饮食	2	2	100	48494.5	48.49
685	600531	豫光金铅	2	2	100	48441.06	48.44
686	000988	华工科技	2	2	100	48406.73	48.41
687	000531	穗恒运 A	2	2	100	48395.01	48.4
688	600873	梅花生物	2	2	100	48367.05	48.37
689	600662	强生控股	2	2	100	48238.87	48.24
690	000669	金鸿能源	2	2	100	48155.82	48.16
691	600259	广晟有色	2	2	100	48136.34	48.14
692	002095	生 意 宝	2	2	100	48106.63	48.11
693	600438	通威股份	2	2	100	48107.32	48.11
694	600462	石岘纸业	2	2	100	48104.9	48.1
695	000906	物产中拓	2	2	100	48075.65	48.08
696	600187	国中水务	2	2	100	48019.32	48.02
697	600584	长电科技	2	2	100	48023.97	48.02
698	002027	七喜控股	2	2	100	48009.29	48.01
699	000628	高新发展	2	2	100	47926.7	47.93
700	000816	智慧农业	2	2	100	47905.12	47.91
701	002259	升达林业	2	2	100	47908.15	47.91

续表

序号	品种代码	品种名称	盈利次数	交易次数	周线胜率（%）	净利润（元）	24年收益率(%)
702	600112	天成控股	2	2	100	47877.45	47.88
703	600636	三爱富	2	2	100	47884.31	47.88
704	000831	五矿稀土	2	2	100	47869.32	47.87
705	002265	西仪股份	1	1	100	47766.55	47.77
706	000886	海南高速	2	2	100	47764.43	47.76
707	600166	福田汽车	2	2	100	47731.79	47.73
708	600571	信雅达	2	2	100	47674.82	47.67
709	000420	吉林化纤	2	2	100	47554.38	47.55
710	002385	大北农	2	2	100	47546.2	47.55
711	600518	康美药业	2	2	100	47544.8	47.54
712	600742	一汽富维	2	2	100	47526.77	47.53
713	600876	洛阳玻璃	2	2	100	47510.48	47.51
714	002224	三力士	2	2	100	47498.65	47.5
715	600172	黄河旋风	2	2	100	47491.09	47.49
716	300132	青松股份	1	1	100	47474.2	47.47
717	000835	长城动漫	2	2	100	47459.98	47.46
718	600231	凌钢股份	2	2	100	47440.45	47.44
719	002051	中工国际	2	2	100	47434.2	47.43
720	600183	生益科技	2	2	100	47389.44	47.39
721	000403	ST 生化	2	2	100	47242.61	47.24
722	300004	南风股份	1	1	100	47206.69	47.21
723	000790	华神集团	2	2	100	47185.22	47.19
724	000760	斯太尔	2	2	100	47152.76	47.15
725	300036	超图软件	2	2	100	47043.26	47.04
726	600894	广日股份	2	2	100	47036.75	47.04
727	600823	世茂股份	2	2	100	47027.89	47.03
728	600101	明星电力	2	2	100	47016.68	47.02
729	601600	中国铝业	2	2	100	46953.95	46.95
730	000668	荣丰控股	2	2	100	46829.88	46.83
731	600597	光明乳业	2	2	100	46824.75	46.82
732	000801	四川九洲	2	2	100	46678.45	46.68

续表

序号	品种代码	品种名称	盈利次数	交易次数	周线胜率（%）	净利润（元）	24年收益率(%)
733	600075	新疆天业	2	2	100	46681.74	46.68
734	002559	亚威股份	2	2	100	46570.24	46.57
735	000679	大连友谊	2	2	100	46526.04	46.53
736	000810	创维数字	2	2	100	46455.09	46.46
737	000666	经纬纺机	2	2	100	46343.94	46.34
738	002105	信隆实业	2	2	100	46340.23	46.34
739	600615	丰华股份	2	2	100	46277.13	46.28
740	600743	华远地产	2	2	100	46205.12	46.21
741	600558	大西洋	2	2	100	46101.97	46.1
742	000839	中信国安	2	2	100	46069.45	46.07
743	600765	中航重机	2	2	100	46045.92	46.05
744	002512	达华智能	1	1	100	45962.6	45.96
745	600321	国栋建设	2	2	100	45923.96	45.92
746	002422	科伦药业	2	2	100	45859.97	45.86
747	600552	方兴科技	2	2	100	45834.16	45.83
748	000547	航天发展	2	2	100	45654.4	45.65
749	300284	苏交科	1	1	100	45629.6	45.63
750	600582	天地科技	2	2	100	45496.04	45.5
751	600063	皖维高新	2	2	100	45491.14	45.49
752	600070	浙江富润	2	2	100	45394.98	45.39
753	600590	泰豪科技	2	2	100	45340.94	45.34
754	600237	铜峰电子	2	2	100	45327.21	45.33
755	002487	大金重工	2	2	100	45239.23	45.24
756	000970	中科三环	2	2	100	45215.26	45.22
757	600781	辅仁药业	2	2	100	45202.96	45.2
758	600247	*ST 成城	2	2	100	45191.12	45.19
759	600444	*ST 国通	2	2	100	45171.58	45.17
760	600675	中华企业	2	2	100	45133.39	45.13
761	002401	中海科技	1	1	100	45112.36	45.11
762	600189	吉林森工	2	2	100	45058.52	45.06
763	000607	华媒控股	2	2	100	44949.76	44.95

续表

序号	品种代码	品种名称	盈利次数	交易次数	周线胜率（%）	净利润（元）	24 年收益率(%)
764	600330	天通股份	2	2	100	44872.49	44.87
765	000948	南天信息	2	2	100	44761.81	44.76
766	002256	彩虹精化	2	2	100	44476.5	44.48
767	600850	华东电脑	2	2	100	44467.1	44.47
768	600513	联环药业	2	2	100	44424.48	44.42
769	002192	*ST 融捷	2	2	100	44270.62	44.27
770	600372	中航电子	2	2	100	44237.01	44.24
771	000670	盈方微	2	2	100	44185.98	44.19
772	600857	宁波中百	2	2	100	44194.57	44.19
773	600167	联美控股	2	2	100	44115.72	44.12
774	000971	高升控股	2	2	100	44091.34	44.09
775	600130	波导股份	2	2	100	43994.98	43.99
776	000963	华东医药	2	2	100	43965.52	43.97
777	600093	禾嘉股份	2	2	100	43703.49	43.7
778	600068	葛洲坝	1	1	100	43542	43.54
779	002552	宝鼎重工	1	1	100	43505.86	43.51
780	000693	华泽钴镍	1	1	100	43288.55	43.29
781	300038	梅泰诺	1	1	100	42884.31	42.88
782	600199	金种子酒	2	2	100	42557.67	42.56
783	600527	江南高纤	1	1	100	42286.46	42.29
784	002395	双象股份	1	1	100	42130.6	42.13
785	002102	冠福股份	1	1	100	41566.51	41.57
786	002320	海峡股份	1	1	100	41464.8	41.46
787	300269	联建光电	1	1	100	41076.55	41.08
788	300179	四方达	1	1	100	40687.79	40.69
789	600593	大连圣亚	1	1	100	40565.72	40.57
790	002572	索菲亚	2	2	100	40384.2	40.38
791	300262	巴安水务	1	1	100	40258.94	40.26
792	000922	佳电股份	1	1	100	40219.79	40.22
793	002161	远望谷	2	2	100	40030.68	40.03
794	000595	宝塔实业	2	2	100	39921.27	39.92

续表

序号	品种代码	品种名称	盈利次数	交易次数	周线胜率（%）	净利润（元）	24年收益率(%)
795	002513	蓝丰生化	1	1	100	39393.48	39.39
796	002347	泰尔重工	2	2	100	39370.34	39.37
797	600392	盛和资源	1	1	100	39275.08	39.28
798	000999	华润三九	2	2	100	39163.57	39.16
799	603000	人民网	1	1	100	39017.19	39.02
800	002104	恒宝股份	2	2	100	38605.57	38.61
801	600289	亿阳信通	2	2	100	38363.69	38.36
802	300251	光线传媒	1	1	100	38325.94	38.33
803	002092	中泰化学	1	1	100	37769.93	37.77
804	002055	得润电子	1	1	100	37742.36	37.74
805	000560	昆百大A	1	1	100	37730.08	37.73
806	000017	深中华A	1	1	100	37542.25	37.54
807	600100	同方股份	1	1	100	37483.16	37.48
808	000819	岳阳兴长	2	3	66.67	37440.68	37.44
809	000978	桂林旅游	1	1	100	37293.42	37.29
810	600837	海通证券	1	1	100	36828	36.83
811	600162	香江控股	1	1	100	36625.78	36.63
812	300035	中科电气	1	1	100	36584.07	36.58
813	600039	四川路桥	1	1	100	36493.34	36.49
814	601008	连云港	1	1	100	36485.34	36.49
815	002048	宁波华翔	1	1	100	36466.14	36.47
816	000428	华天酒店	1	1	100	36461.35	36.46
817	600581	八一钢铁	1	1	100	36046.17	36.05
818	600500	中化国际	1	1	100	35898.04	35.9
819	002022	科华生物	2	2	100	35735.98	35.74
820	000720	新能泰山	2	2	100	35559.17	35.56
821	300200	高盟新材	1	1	100	35555.23	35.56
822	002067	景兴纸业	1	1	100	35138.71	35.14
823	000407	胜利股份	1	1	100	35129.97	35.13
824	002098	浔兴股份	1	1	100	35093.33	35.09
825	300074	华平股份	1	1	100	35061.55	35.06

续表

序号	品种代码	品种名称	盈利次数	交易次数	周线胜率（%）	净利润（元）	24年收益率(%)
826	300166	东方国信	1	1	100	34874.69	34.87
827	600261	阳光照明	1	1	100	34767.4	34.77
828	002063	远光软件	1	1	100	34151.43	34.15
829	002199	东晶电子	2	2	100	33955.48	33.96
830	600800	天津磁卡	1	1	100	33622.91	33.62
831	300202	聚龙股份	1	1	100	33590.65	33.59
832	600317	营口港	1	1	100	33209.22	33.21
833	600397	安源煤业	1	1	100	33213.45	33.21
834	002026	山东威达	2	2	100	33162.76	33.16
835	600352	浙江龙盛	2	2	100	33018.57	33.02
836	600801	华新水泥	1	1	100	32933.53	32.93
837	000778	新兴铸管	1	1	100	32779.41	32.78
838	002214	大立科技	1	1	100	32702.21	32.7
839	600143	金发科技	1	1	100	32642.95	32.64
840	600370	三房巷	1	1	100	32538.21	32.54
841	000096	广聚能源	1	1	100	32404.29	32.4
842	600120	浙江东方	1	1	100	32318	32.32
843	002143	印纪传媒	1	1	100	32300.5	32.3
844	002245	澳洋顺昌	1	1	100	32271.43	32.27
845	002474	榕基软件	1	1	100	32189.65	32.19
846	600792	云煤能源	1	1	100	31913.27	31.91
847	002070	众和股份	1	1	100	31716.01	31.72
848	000066	长城电脑	1	1	100	31706.38	31.71
849	002390	信邦制药	1	1	100	31676.68	31.68
850	002253	川大智胜	1	1	100	31625.47	31.63
851	600859	王府井	1	1	100	31514.83	31.51
852	000786	北新建材	1	1	100	31214.31	31.21
853	002079	苏州固锝	1	1	100	31070.92	31.07
854	002486	嘉麟杰	1	1	100	31060.08	31.06
855	600458	时代新材	1	1	100	31034.19	31.03
856	000979	中弘股份	1	1	100	30982.37	30.98

续表

序号	品种代码	品种名称	盈利次数	交易次数	周线胜率（%）	净利润（元）	24 年收益率(%)
857	002430	杭氧股份	1	1	100	30805.76	30.81
858	600713	南京医药	1	1	100	30639.92	30.64
859	600613	神奇制药	1	1	100	30580.07	30.58
860	000018	中冠 A	1	1	100	30444.47	30.44
861	000563	陕国投 A	1	1	100	30423.62	30.42
862	002519	银河电子	1	1	100	30400.16	30.4
863	600030	中信证券	1	1	100	30392.9	30.39
864	600845	宝信软件	1	1	100	30370.39	30.37
865	002066	瑞泰科技	1	1	100	30363.63	30.36
866	600064	南京高科	1	1	100	30349.54	30.35
867	600463	空港股份	1	1	100	30330.94	30.33
868	000905	厦门港务	1	1	100	30247.78	30.25
869	600629	华建集团	1	1	100	30135.18	30.14
870	002178	延华智能	1	1	100	30028.65	30.03
871	600353	旭光股份	1	1	100	29945.78	29.95
872	300225	金力泰	1	1	100	29915.22	29.92
873	002581	未名医药	1	1	100	29841.18	29.84
874	600805	悦达投资	1	1	100	29822.86	29.82
875	002137	实 益 达	1	1	100	29746.04	29.75
876	300018	中元华电	1	1	100	29705.39	29.71
877	600318	巢东股份	1	1	100	29654.71	29.65
878	600887	伊利股份	1	1	100	29624.15	29.62
879	600038	中直股份	1	1	100	29609.87	29.61
880	300048	合康变频	1	1	100	29566.08	29.57
881	600699	均胜电子	1	1	100	29516.78	29.52
882	002072	凯瑞德	1	1	100	29495.38	29.5
883	002121	科陆电子	1	1	100	29497.31	29.5
884	300022	吉峰农机	1	1	100	29500.9	29.5
885	000156	华数传媒	1	1	100	29480.74	29.48
886	002050	三花股份	1	1	100	29249.86	29.25
887	000729	燕京啤酒	1	1	100	29239.92	29.24

续表

序号	品种代码	品种名称	盈利次数	交易次数	周线胜率（%）	净利润（元）	24年收益率(%)
888	600890	中房股份	1	1	100	29240.79	29.24
889	002031	巨轮智能	1	1	100	29193.38	29.19
890	600523	贵航股份	1	1	100	29135.38	29.14
891	002448	中原内配	2	2	100	29117.91	29.12
892	000708	大冶特钢	1	1	100	29111.43	29.11
893	300274	阳光电源	1	1	100	29100.19	29.1
894	002086	东方海洋	1	1	100	29036.09	29.04
895	000417	合肥百货	1	1	100	28972.98	28.97
896	600098	广州发展	1	1	100	28891	28.89
897	600982	宁波热电	1	1	100	28888.89	28.89
898	002444	巨星科技	1	1	100	28868.81	28.87
899	000958	东方能源	3	4	75	28861.45	28.86
900	000900	现代投资	1	1	100	28851.4	28.85
901	000657	中钨高新	1	1	100	28834.2	28.83
902	002541	鸿路钢构	1	1	100	28803.85	28.8
903	600549	厦门钨业	1	1	100	28789.74	28.79
904	000932	华菱钢铁	1	1	100	28755.37	28.76
905	600227	赤天化	1	1	100	28688.6	28.69
906	600736	苏州高新	1	1	100	28666.89	28.67
907	000652	泰达股份	1	1	100	28644.19	28.64
908	600155	宝硕股份	1	1	100	28582.4	28.58
909	000672	上峰水泥	1	1	100	28574.93	28.57
910	002140	东华科技	2	2	100	28518.79	28.52
911	600975	新五丰	1	1	100	28505.84	28.51
912	002094	青岛金王	1	1	100	28476.08	28.48
913	000030	富奥股份	1	1	100	28459.95	28.46
914	600265	ST景谷	1	1	100	28446.21	28.45
915	600126	杭钢股份	1	1	100	28442.87	28.44
916	000662	索芙特	1	1	100	28308.02	28.31
917	600644	*ST乐电	1	1	100	28275.45	28.28
918	000951	中国重汽	1	1	100	28267.53	28.27

续表

序号	品种代码	品种名称	盈利次数	交易次数	周线胜率（%）	净利润（元）	24年收益率(%)
919	002483	润邦股份	1	1	100	28267.53	28.27
920	000709	河北钢铁	2	2	100	28239.33	28.24
921	000601	韶能股份	1	1	100	28217.38	28.22
922	000534	万泽股份	1	1	100	28211.22	28.21
923	000599	青岛双星	1	1	100	28213.84	28.21
924	002213	特 尔 佳	1	1	100	28184.73	28.18
925	000151	中成股份	1	1	100	28158.06	28.16
926	300219	鸿利光电	1	1	100	28159.89	28.16
927	002435	长江润发	1	1	100	28121.17	28.12
928	300171	东富龙	1	1	100	28005.84	28.01
929	300012	华测检测	1	1	100	27996.68	28
930	601088	中国神华	1	1	100	27924.38	27.92
931	300033	同花顺	1	1	100	27907.19	27.91
932	600895	张江高科	1	1	100	27896.65	27.9
933	002252	上海莱士	1	1	100	27868.75	27.87
934	000957	中通客车	1	1	100	27846.63	27.85
935	002411	九九久	1	1	100	27850.72	27.85
936	300173	智慧松德	1	1	100	27789.94	27.79
937	600096	云天化	1	1	100	27774.3	27.77
938	600282	南钢股份	1	1	100	27752.41	27.75
939	002029	七 匹 狼	2	2	100	27700.7	27.7
940	300014	亿纬锂能	1	1	100	27680.39	27.68
941	600557	康缘药业	1	1	100	27668.23	27.67
942	002274	华昌化工	1	1	100	27659.2	27.66
943	002162	悦心健康	2	2	100	27644.65	27.64
944	002014	永新股份	1	1	100	27616.44	27.62
945	002244	滨江集团	1	1	100	27610.05	27.61
946	600687	刚泰控股	1	1	100	27538.64	27.54
947	000927	*ST 夏利	1	1	100	27523.25	27.52
948	600633	浙报传媒	1	1	100	27523.14	27.52
949	600961	株冶集团	1	1	100	27498.45	27.5

续表

序号	品种代码	品种名称	盈利次数	交易次数	周线胜率（%）	净利润（元）	24 年收益率(%)
950	000525	红太阳	1	1	100	27468.72	27.47
951	600138	中青旅	1	1	100	27464.98	27.46
952	000089	深圳机场	1	1	100	27442.47	27.44
953	002571	德力股份	1	1	100	27438.2	27.44
954	600010	包钢股份	1	1	100	27374.62	27.37
955	600284	浦东建设	1	1	100	27357.53	27.36
956	002465	海格通信	1	1	100	27354.34	27.35
957	300024	机器人	1	1	100	27320.86	27.32
958	000732	泰禾集团	1	1	100	27276.75	27.28
959	600587	新华医疗	1	1	100	27235.78	27.24
960	600184	光电股份	1	1	100	27167.17	27.17
961	000987	广州友谊	1	1	100	27121.66	27.12
962	002220	天宝股份	1	1	100	27121.29	27.12
963	300337	银邦股份	1	1	100	27118.6	27.12
964	002337	赛象科技	1	1	100	27089.32	27.09
965	002203	海亮股份	1	1	100	26997.27	27
966	600225	天津松江	1	1	100	26979.22	26.98
967	002082	栋梁新材	1	1	100	26961.6	26.96
968	002398	建研集团	1	1	100	26938.63	26.94
969	600490	鹏欣资源	1	1	100	26935.73	26.94
970	000423	东阿阿胶	1	1	100	26881.05	26.88
971	002037	久联发展	1	1	100	26844.87	26.84
972	600127	金健米业	1	1	100	26837.41	26.84
973	002288	超华科技	1	1	100	26827.46	26.83
974	600269	赣粤高速	1	1	100	26797.87	26.8
975	000717	韶钢松山	1	1	100	26792.51	26.79
976	601899	紫金矿业	1	1	100	26716.67	26.72
977	000024	招商地产	1	1	100	26692.32	26.69
978	600798	宁波海运	2	2	100	26691.15	26.69
979	000550	江铃汽车	1	1	100	26642.21	26.64
980	600865	百大集团	1	1	100	26635.53	26.64

续表

序号	品种代码	品种名称	盈利次数	交易次数	周线胜率（%）	净利润（元）	24 年收益率(%)
981	601003	柳钢股份	1	1	100	26542.23	26.54
982	601588	北辰实业	1	1	100	26542.3	26.54
983	002248	华东数控	1	1	100	26510.45	26.51
984	000016	深康佳A	1	1	100	26347.07	26.35
985	002233	塔牌集团	1	1	100	26351.96	26.35
986	600986	科达股份	1	1	100	26340.35	26.34
987	002269	美邦服饰	1	1	100	26333.54	26.33
988	600163	*ST 南纸	1	1	100	26316.67	26.32
989	002270	法因数控	1	1	100	26110.78	26.11
990	600499	科达洁能	1	1	100	26098.09	26.1
991	300064	豫金刚石	1	1	100	26079.61	26.08
992	300073	当升科技	1	1	100	26056.48	26.06
993	600123	兰花科创	1	1	100	26053.21	26.05
994	000688	建新矿业	1	1	100	26033.5	26.03
995	000422	湖北宜化	2	2	100	26004.01	26
996	002403	爱仕达	1	1	100	25985.74	25.99
997	600401	*ST 海润	1	1	100	25981.11	25.98
998	000972	新中基	2	3	66.67	25949.26	25.95
999	600157	永泰能源	1	1	100	25912.01	25.91
1000	002408	齐翔腾达	1	1	100	25895.66	25.9
1001	600348	阳泉煤业	1	1	100	25894.98	25.89
1002	002355	兴民钢圈	1	1	100	25843.04	25.84
1003	300150	世纪瑞尔	1	1	100	25751.87	25.75
1004	002150	通润装备	1	1	100	25711.35	25.71
1105	002060	粤 水 电	1	1	100	25663.95	25.66
1006	002232	启明信息	1	1	100	25656.91	25.66
1007	002241	歌尔声学	1	1	100	25657.13	25.66
1008	002369	卓翼科技	1	1	100	25568.87	25.57
1009	600302	标准股份	1	1	100	25569.5	25.57
1010	002434	万里扬	1	1	100	25556.46	25.56
1011	600356	恒丰纸业	1	1	100	25486.65	25.49

续表

序号	品种代码	品种名称	盈利次数	交易次数	周线胜率（%）	净利润（元）	24年收益率(%)
1012	002540	亚太科技	1	1	100	25468.24	25.47
1013	002338	奥普光电	1	1	100	25461.14	25.46
1014	002006	精功科技	1	1	100	25449.74	25.45
1015	000626	如意集团	1	1	100	25438.14	25.44
1016	002293	罗莱家纺	1	1	100	25441.65	25.44
1017	300190	维尔利	1	1	100	25442.43	25.44
1018	600197	伊力特	1	1	100	25435.61	25.44
1019	601688	华泰证券	1	1	100	25416.43	25.42
1020	002447	壹桥海参	1	1	100	25394.24	25.39
1021	000690	宝新能源	1	1	100	25377.25	25.38
1022	002135	东南网架	1	1	100	25372.12	25.37
1023	600452	涪陵电力	1	1	100	25337.59	25.34
1024	300101	振芯科技	1	1	100	25311.99	25.31
1025	002013	中航机电	1	1	100	25264.71	25.26
1026	002405	四维图新	1	1	100	25264.26	25.26
1027	000895	双汇发展	1	1	100	25250.52	25.25
1028	600387	海越股份	1	1	100	25240.57	25.24
1029	300158	振东制药	1	1	100	25227.19	25.23
1030	600446	金证股份	1	1	100	25224.55	25.22
1031	300034	钢研高纳	1	1	100	25183.11	25.18
1032	000861	海印股份	1	1	100	25120.01	25.12
1033	300199	翰宇药业	1	1	100	25102.97	25.1
1034	000792	盐湖股份	1	1	100	25088.42	25.09
1035	002370	亚太药业	1	1	100	25086.84	25.09
1036	002475	立讯精密	1	1	100	25090.96	25.09
1037	002632	道明光学	1	1	100	25070.99	25.07
1038	002114	罗平锌电	1	1	100	25038.98	25.04
1039	000554	泰山石油	1	1	100	25012.1	25.01
1040	600576	万家文化	1	1	100	24981.08	24.98
1041	300198	纳川股份	1	1	100	24973.59	24.97
1042	600682	南京新百	1	1	100	24945.23	24.95

续表

序号	品种代码	品种名称	盈利次数	交易次数	周线胜率（%）	净利润（元）	24 年收益率(%)
1043	600027	华电国际	1	1	100	24936.98	24.94
1044	600161	天坛生物	1	1	100	24928.32	24.93
1045	300083	劲胜精密	1	1	100	24915.1	24.92
1046	600151	航天机电	1	1	100	24902.36	24.9
1047	600313	农发种业	1	1	100	24887.58	24.89
1048	002477	雏鹰农牧	1	1	100	24875.24	24.88
1049	002012	凯恩股份	1	1	100	24870.13	24.87
1050	300044	赛为智能	1	1	100	24849.49	24.85
1051	002364	中恒电气	1	1	100	24811.19	24.81
1052	600421	仰帆控股	1	1	100	24813.72	24.81
1053	002081	金 螳 螂	1	1	100	24771.8	24.77
1054	601168	西部矿业	1	1	100	24753.34	24.75
1055	002550	千红制药	1	1	100	24728.74	24.73
1056	600706	曲江文旅	1	1	100	24716.8	24.72
1057	300144	宋城演艺	1	1	100	24710.79	24.71
1058	002122	天马股份	1	1	100	24693.35	24.69
1059	300095	华伍股份	1	1	100	24651.46	24.65
1060	300302	同有科技	1	1	100	24635.68	24.64
1061	000511	烯碳新材	1	1	100	24625.01	24.63
1062	600754	锦江股份	1	1	100	24625.21	24.63
1063	300027	华谊兄弟	1	1	100	24622.81	24.62
1064	002237	恒邦股份	1	1	100	24609.41	24.61
1065	002168	深圳惠程	1	1	100	24570.8	24.57
1066	002365	永安药业	1	1	100	24571.69	24.57
1067	000975	银泰资源	1	1	100	24503.76	24.5
1068	002010	传化股份	1	1	100	24503.03	24.5
1069	600712	南宁百货	1	1	100	24476.09	24.48
1070	002201	九鼎新材	1	1	100	24467.63	24.47
1071	002323	雅百特	1	1	100	24447.5	24.45
1072	000735	罗 牛 山	1	1	100	24345.23	24.35
1073	002425	凯撒股份	1	1	100	24348.25	24.35

续表

序号	品种代码	品种名称	盈利次数	交易次数	周线胜率（%）	净利润（元）	24 年收益率(%)
1074	600252	中恒集团	1	1	100	24340.68	24.34
1075	002431	棕榈园林	1	1	100	24328.18	24.33
1076	300241	瑞丰光电	1	1	100	24306.58	24.31
1077	600987	航民股份	1	1	100	24221.5	24.22
1078	002281	光迅科技	1	1	100	24178.57	24.18
1079	000965	天保基建	1	1	100	24163.48	24.16
1080	002597	金禾实业	1	1	100	24162.25	24.16
1081	600533	栖霞建设	1	1	100	24154.94	24.15
1082	002249	大洋电机	1	1	100	24093.96	24.09
1083	600759	洲际油气	1	1	100	24086.71	24.09
1084	002426	胜利精密	1	1	100	24052.07	24.05
1085	600362	江西铜业	1	1	100	24027.31	24.03
1086	000598	兴蓉环境	1	1	100	24017.32	24.02
1087	600479	千金药业	1	1	100	24008.52	24.01
1088	601519	大智慧	1	1	100	24005.18	24.01
1089	002169	智光电气	1	1	100	23997.73	24
1090	300156	神雾环保	1	1	100	23984.37	23.98
1091	600103	青山纸业	1	1	100	23951.86	23.95
1092	300249	依米康	1	1	100	23941.83	23.94
1093	600547	山东黄金	1	1	100	23941.51	23.94
1094	600489	中金黄金	1	1	100	23927.88	23.93
1095	600456	宝钛股份	1	1	100	23920.73	23.92
1096	600193	创兴资源	1	1	100	23909.66	23.91
1097	600785	新华百货	1	1	100	23895.02	23.9
1098	002481	双塔食品	1	1	100	23878.1	23.88
1099	000962	东方钽业	1	1	100	23835.19	23.84
1100	002208	合肥城建	1	1	100	23772.22	23.77
1101	600718	东软集团	1	1	100	23772.22	23.77
1102	300109	新开源	1	1	100	23760.3	23.76
1103	300037	新宙邦	1	1	100	23742.48	23.74
1104	300049	福瑞股份	1	1	100	23721.64	23.72

续表

序号	品种代码	品种名称	盈利次数	交易次数	周线胜率（%）	净利润（元）	24年收益率(%)
1105	600701	工大高新	1	1	100	23707.49	23.71
1106	002469	三维工程	1	1	100	23655.64	23.66
1107	601958	金钼股份	1	1	100	23662.22	23.66
1108	600568	中珠控股	1	1	100	23641.3	23.64
1109	002071	长城影视	1	1	100	23604.44	23.6
1110	000025	特　力A	1	1	100	23569.01	23.57
1111	000544	中原环保	1	1	100	23552.12	23.55
1112	000541	佛山照明	1	1	100	23535.89	23.54
1113	000099	中信海直	1	1	100	23528.77	23.53
1114	600898	三联商社	1	1	100	23534.14	23.53
1115	300100	双林股份	1	1	100	23506.27	23.51
1116	002015	*ST 霞客	1	1	100	23476.66	23.48
1117	002230	科大讯飞	1	1	100	23460.4	23.46
1118	300228	富瑞特装	1	1	100	23457.89	23.46
1119	000530	大冷股份	1	1	100	23429.46	23.43
1120	300002	神州泰岳	1	1	100	23427.1	23.43
1121	000807	云铝股份	1	1	100	23407.26	23.41
1122	300092	科新机电	1	1	100	23410	23.41
1123	600818	中路股份	1	1	100	23389.52	23.39
1124	002375	亚厦股份	1	1	100	23367.67	23.37
1125	002588	史丹利	1	1	100	23371.99	23.37
1126	600790	轻纺城	1	1	100	23354.72	23.35
1127	600539	*ST 狮头	1	1	100	23342.17	23.34
1128	600420	现代制药	1	1	100	23321.68	23.32
1129	002672	东江环保	1	1	100	23311.37	23.31
1130	600984	*ST 建机	1	1	100	23297.8	23.3
1131	000032	深桑达A	1	1	100	23293.8	23.29
1132	300247	乐金健康	1	1	100	23278.17	23.28
1133	002366	台海核电	1	1	100	23265.64	23.27
1134	600482	风帆股份	1	1	100	23270.06	23.27
1135	002374	丽鹏股份	1	1	100	23211.74	23.21

续表

序号	品种代码	品种名称	盈利次数	交易次数	周线胜率（%）	净利润（元）	24 年收益率(%)
1136	601808	中海油服	1	1	100	23199.12	23.2
1137	600207	安彩高科	1	1	100	23172.94	23.17
1138	600251	冠农股份	1	1	100	23140.31	23.14
1139	600871	石化油服	1	1	100	23131.38	23.13
1140	002020	京新药业	1	1	100	23083.27	23.08
1141	300103	达刚路机	1	1	100	23067.3	23.07
1142	600168	武汉控股	1	1	100	23056.41	23.06
1143	600316	洪都航空	1	1	100	23064.89	23.06
1144	600960	渤海活塞	1	1	100	23053.23	23.05
1145	000088	盐 田 港	1	1	100	23017.12	23.02
1146	000726	鲁 泰A	1	1	100	22991.19	22.99
1147	000889	茂业通信	1	1	100	22994.46	22.99
1148	600208	新湖中宝	1	1	100	22983.57	22.98
1149	600665	天地源	1	1	100	22984.38	22.98
1150	000848	承德露露	1	1	100	22973.73	22.97
1151	600303	曙光股份	1	1	100	22971.43	22.97
1152	600059	古越龙山	1	1	100	22946.44	22.95
1153	002428	云南锗业	1	1	100	22939.43	22.94
1154	000589	黔轮胎A	1	1	100	22917.5	22.92
1155	600684	珠江实业	1	1	100	22917	22.92
1156	300298	三诺生物	1	1	100	22909.39	22.91
1157	002238	天威视讯	1	1	100	22895.7	22.9
1158	002231	奥维通信	1	1	100	22854.37	22.85
1159	000936	华西股份	1	1	100	22827.72	22.83
1160	002028	思源电气	1	1	100	22810.92	22.81
1161	600220	江苏阳光	1	1	100	22805.29	22.81
1162	002362	汉王科技	1	1	100	22789.74	22.79
1163	600201	金宇集团	1	1	100	22783.2	22.78
1164	000678	襄阳轴承	1	1	100	22767	22.77
1165	600600	青岛啤酒	1	1	100	22763.41	22.76
1166	600509	天富能源	1	1	100	22754.27	22.75

续表

序号	品种代码	品种名称	盈利次数	交易次数	周线胜率（%）	净利润（元）	24 年收益率(%)
1167	600273	嘉化能源	1	1	100	22741.88	22.74
1168	000852	石化机械	1	1	100	22707.69	22.71
1169	600432	吉恩镍业	1	1	100	22711.09	22.71
1170	601005	重庆钢铁	1	1	100	22708.05	22.71
1171	000878	云南铜业	1	1	100	22697.72	22.7
1172	002700	新疆浩源	1	1	100	22692.89	22.69
1173	000928	中钢国际	1	1	100	22660.53	22.66
1174	600461	洪城水业	1	1	100	22645.01	22.65
1175	600548	深高速	1	1	100	22648.45	22.65
1176	600619	海立股份	1	1	100	22650.79	22.65
1177	300177	中海达	1	1	100	22637.44	22.64
1178	000020	深华发 A	1	1	100	22631.5	22.63
1179	002059	云南旅游	1	1	100	22634.71	22.63
1180	300308	中际装备	1	1	100	22625.79	22.63
1181	000883	湖北能源	1	1	100	22615.36	22.62
1182	600744	华银电力	1	1	100	22617.63	22.62
1183	000060	中金岭南	1	1	100	22606.93	22.61
1184	002091	江苏国泰	1	1	100	22596.32	22.6
1185	000897	津滨发展	1	1	100	22589.72	22.59
1186	600363	联创光电	1	1	100	22587.58	22.59
1187	601898	中煤能源	1	1	100	22576.08	22.58
1188	000980	金马股份	1	1	100	22567.1	22.57
1189	002472	双环传动	1	1	100	22557.31	22.56
1190	600470	六国化工	1	1	100	22556.17	22.56
1191	000977	浪潮信息	1	1	100	22544.23	22.54
1192	600817	ST 宏盛	1	1	100	22541.05	22.54
1193	002349	精华制药	1	1	100	22520.92	22.52
1194	000837	秦川机床	1	1	100	22499.8	22.5
1195	300272	开能环保	1	1	100	22497.37	22.5
1196	601677	明泰铝业	1	1	100	22484.09	22.48
1197	002260	德奥通航	1	1	100	22472.91	22.47

续表

序号	品种代码	品种名称	盈利次数	交易次数	周线胜率（%）	净利润（元）	24年收益率(%)
1198	300019	硅宝科技	1	1	100	22463.45	22.46
1199	600782	新钢股份	1	1	100	22463.14	22.46
1200	600235	民丰特纸	1	1	100	22439.04	22.44
1201	000930	中粮生化	1	1	100	22393.13	22.39
1202	600175	美都能源	1	1	100	22393.13	22.39
1203	002134	天津普林	1	1	100	22359.22	22.36
1204	600884	杉杉股份	1	1	100	22353.96	22.35
1205	600999	招商证券	1	1	100	22322.95	22.32
1206	600556	慧球科技	1	1	100	22312.19	22.31
1207	300285	国瓷材料	1	1	100	22295.3	22.3
1208	002222	福晶科技	1	1	100	22267.36	22.27
1209	002360	同德化工	1	1	100	22221.27	22.22
1210	600874	创业环保	1	1	100	22221.52	22.22
1211	600249	两面针	1	1	100	22213.28	22.21
1212	000400	许继电气	1	1	100	22181.84	22.18
1213	600466	蓝光发展	1	1	100	22180.93	22.18
1214	300020	银江股份	1	1	100	22168.53	22.17
1215	600530	交大昂立	1	1	100	22163.17	22.16
1216	002234	民和股份	1	1	100	22103.56	22.1
1217	600279	重庆港九	1	1	100	22098.72	22.1
1218	600721	百花村	1	1	100	22090.6	22.09
1219	600216	浙江医药	1	1	100	22079.95	22.08
1220	600386	北巴传媒	1	1	100	22078.34	22.08
1221	601006	大秦铁路	1	1	100	22076.83	22.08
1222	002172	澳洋科技	1	1	100	22066.21	22.07
1223	002382	蓝帆医疗	1	1	100	22068.6	22.07
1224	300178	腾邦国际	1	1	100	22071.1	22.07
1225	600323	瀚蓝环境	1	1	100	22057.42	22.06
1226	600379	宝光股份	1	1	100	22052.67	22.05
1227	002313	日海通讯	1	1	100	22034.22	22.03
1228	300124	汇川技术	1	1	100	22026.94	22.03

续表

序号	品种代码	品种名称	盈利次数	交易次数	周线胜率（%）	净利润（元）	24年收益率(%)
1229	600077	宋都股份	1	1	100	22020.68	22.02
1230	600278	东方创业	1	1	100	22001.55	22
1231	002412	汉森制药	1	1	100	21944.36	21.94
1232	601101	昊华能源	1	1	100	21936.93	21.94
1233	002125	湘潭电化	1	1	100	21934.97	21.93
1234	002110	三钢闽光	1	1	100	21921.29	21.92
1235	600082	海泰发展	1	1	100	21922.57	21.92
1236	002440	闰土股份	1	1	100	21907.85	21.91
1237	600083	博信股份	1	1	100	21896.12	21.9
1238	002268	卫 士 通	1	1	100	21893.01	21.89
1239	002011	盾安环境	1	1	100	21867.61	21.87
1240	002088	鲁阳节能	1	1	100	21865.92	21.87
1241	000028	国药一致	1	1	100	21855.32	21.86
1242	000539	粤电力A	1	1	100	21855.97	21.86
1243	300007	汉威电子	1	1	100	21834.53	21.83
1244	600870	*ST厦华	1	1	100	21823.98	21.82
1245	002205	国统股份	1	1	100	21740.06	21.74
1246	300010	立思辰	1	1	100	21729.06	21.73
1247	600676	交运股份	1	1	100	21723.81	21.72
1248	002113	天润控股	1	1	100	21679.12	21.68
1249	600188	兖州煤业	1	1	100	21668.13	21.67
1250	002073	软控股份	1	1	100	21660.79	21.66
1251	600502	安徽水利	1	1	100	21642.03	21.64
1252	300072	三聚环保	1	1	100	21634.73	21.63
1253	600764	中电广通	1	1	100	21630.16	21.63
1254	002202	金风科技	1	1	100	21623.04	21.62
1255	601628	中国人寿	1	1	100	21580.68	21.58
1256	600854	春兰股份	1	1	100	21571.79	21.57
1257	000605	渤海股份	1	1	100	21563.86	21.56
1258	002240	威华股份	1	1	100	21525.11	21.53
1259	002417	*ST元达	1	1	100	21530.71	21.53

续表

序号	品种代码	品种名称	盈利次数	交易次数	周线胜率（%）	净利润（元）	24年收益率(%)
1260	000518	四环生物	1	1	100	21509.65	21.51
1261	600196	复星医药	1	1	100	21498.11	21.50
1262	600365	通葡股份	1	1	100	21491.41	21.49
1263	000401	冀东水泥	1	1	100	21471.55	21.47
1264	002413	雷科防务	1	1	100	21452.11	21.45
1265	300080	易成新能	1	1	100	21446.69	21.45
1266	000753	漳州发展	1	1	100	21439.25	21.44
1267	002080	中材科技	1	1	100	21439.38	21.44
1268	600787	中储股份	1	1	100	21427.33	21.43
1269	300088	长信科技	1	1	100	21421.41	21.42
1270	000989	九 芝 堂	1	1	100	21395.08	21.4
1271	600609	金杯汽车	1	1	100	21403.84	21.4
1272	601991	大唐发电	1	1	100	21403.53	21.4
1273	000488	晨鸣纸业	1	1	100	21394.09	21.39
1274	600291	西水股份	1	1	100	21381.08	21.38
1275	600579	天华院	1	1	100	21374.39	21.37
1276	600145	*ST 新亿	1	1	100	21352.4	21.35
1277	300104	乐视网	1	1	100	21342.13	21.34
1278	300118	东方日升	1	1	100	21321.97	21.32
1279	600114	东睦股份	1	1	100	21314.03	21.31
1280	002302	西部建设	1	1	100	21289.38	21.29
1281	300039	上海凯宝	1	1	100	21286.97	21.29
1282	300075	数字政通	1	1	100	21284.57	21.28
1283	002630	华西能源	1	1	100	21265.73	21.27
1284	600697	欧亚集团	1	1	100	21268.2	21.27
1285	600073	上海梅林	1	1	100	21256.87	21.26
1286	600019	宝钢股份	1	1	100	21251.08	21.25
1287	300032	金龙机电	1	1	100	21227.03	21.23
1288	002518	科士达	1	1	100	21212.52	21.21
1289	000820	金城股份	1	1	100	21177.75	21.18
1290	300006	莱美药业	1	1	100	21164.07	21.16

续表

序号	品种代码	品种名称	盈利次数	交易次数	周线胜率（%）	净利润（元）	24 年收益率(%)
1291	600993	马应龙	1	1	100	21160.25	21.16
1292	000632	三木集团	1	1	100	21130.93	21.13
1293	002387	黑牛食品	1	1	100	21131.18	21.13
1294	002427	尤夫股份	1	1	100	21125.88	21.13
1295	002446	盛路通信	1	1	100	21133.04	21.13
1296	002285	世联行	1	1	100	21117.26	21.12
1297	002538	司尔特	1	1	100	21123.56	21.12
1298	002085	万丰奥威	1	1	100	21106.21	21.11
1299	002325	洪涛股份	1	1	100	21105.83	21.11
1300	002170	芭田股份	1	1	100	21096.56	21.1
1301	600726	华电能源	1	1	100	21098.21	21.1
1302	002368	太极股份	1	1	100	21081.73	21.08
1303	002436	兴森科技	1	1	100	21082.34	21.08
1304	000998	隆平高科	1	1	100	21074.59	21.07
1305	000409	山东地矿	1	1	100	21064.42	21.06
1306	300175	朗源股份	1	1	100	21064.36	21.06
1307	600740	山西焦化	1	1	100	21064.24	21.06
1308	600824	益民集团	1	1	100	21064.51	21.06
1309	600997	开滦股份	1	1	100	21063.32	21.06
1310	600033	福建高速	1	1	100	21051.16	21.05
1311	600896	中海海盛	1	1	100	21052.13	21.05
1312	002139	拓邦股份	1	1	100	21032.42	21.03
1313	600637	东方明珠	1	1	100	21026.02	21.03
1314	600789	鲁抗医药	1	1	100	21012.86	21.01
1315	002078	太阳纸业	1	1	100	20993.08	20.99
1316	002376	新北洋	1	1	100	20994.4	20.99
1317	000838	财信发展	1	1	100	20976.51	20.98
1318	600614	鼎立股份	1	1	100	20979.1	20.98
1319	002112	三变科技	1	1	100	20967.14	20.97
1320	600131	岷江水电	1	1	100	20944.5	20.94
1321	600280	中央商场	1	1	100	20941.92	20.94

续表

序号	品种代码	品种名称	盈利次数	交易次数	周线胜率（%）	净利润（元）	24 年收益率(%)
1322	002196	方正电机	1	1	100	20925.87	20.93
1323	300057	万顺股份	1	1	100	20925.85	20.93
1324	601208	东材科技	1	1	100	20919.74	20.92
1325	000776	广发证券	1	1	100	20897.51	20.9
1326	600869	智慧能源	1	1	100	20904.53	20.9
1327	002184	海得控制	1	1	100	20872.81	20.87
1328	002358	森源电气	1	1	100	20860.81	20.86
1329	002107	沃华医药	1	1	100	20846.56	20.85
1330	002243	通产丽星	1	1	100	20848.93	20.85
1331	000828	东莞控股	1	1	100	20841.35	20.84
1332	002635	安洁科技	1	1	100	20833.54	20.83
1333	000961	中南建设	1	1	100	20800.85	20.8
1334	000799	*ST 酒鬼	1	1	100	20775.07	20.78
1335	002064	华峰氨纶	1	1	100	20779.15	20.78
1336	002069	獐 子 岛	1	1	100	20781.51	20.78
1337	000546	金圆股份	1	1	100	20768.58	20.77
1338	300160	秀强股份	1	1	100	20755.97	20.76
1339	000899	赣能股份	1	1	100	20748	20.75
1340	002351	漫步者	1	1	100	20747.44	20.75
1341	002322	理工监测	1	1	100	20726.52	20.73
1342	600229	城市传媒	1	1	100	20732.98	20.73
1343	300008	上海佳豪	1	1	100	20716.38	20.72
1344	600052	浙江广厦	1	1	100	20708.3	20.71
1345	002297	博云新材	1	1	100	20693.15	20.69
1346	600215	长春经开	1	1	100	20689.73	20.69
1347	000939	凯迪生态	1	1	100	20676.69	20.68
1348	600058	五矿发展	1	1	100	20678.72	20.68
1349	002455	百川股份	1	1	100	20667.02	20.67
1350	600674	川投能源	1	1	100	20673.45	20.67
1351	002575	群兴玩具	1	1	100	20656.51	20.66
1352	002045	国光电器	1	1	100	20652.94	20.65

续表

序号	品种代码	品种名称	盈利次数	交易次数	周线胜率（%）	净利润（元）	24年收益率(%)
1353	300030	阳普医疗	1	1	100	20652.19	20.65
1354	600729	重庆百货	1	1	100	20651.07	20.65
1355	002415	海康威视	1	1	100	20632.47	20.63
1356	600150	中国船舶	1	1	100	20634.12	20.63
1357	002479	富春环保	1	1	100	20573.34	20.57
1358	002016	世荣兆业	1	1	100	20555.07	20.56
1359	600565	迪马股份	1	1	100	20528.11	20.53
1360	000863	三湘股份	1	1	100	20501.06	20.5
1361	002186	全 聚 德	1	1	100	20460.57	20.46
1362	002247	帝龙新材	1	1	100	20455.61	20.46
1363	600666	奥瑞德	1	1	100	20461.8	20.46
1364	002158	汉钟精机	1	1	100	20447.74	20.45
1365	002502	骅威股份	1	1	100	20445	20.44
1366	600766	园城黄金	1	1	100	20438.1	20.44
1367	002342	巨力索具	1	1	100	20426.36	20.43
1368	300181	佐力药业	1	1	100	20433.91	20.43
1369	600192	长城电工	1	1	100	20432.44	20.43
1370	002327	富安娜	1	1	100	20416.86	20.42
1371	300062	中能电气	1	1	100	20417.38	20.42
1372	600095	哈高科	1	1	100	20412.06	20.41
1373	600021	上海电力	1	1	100	20397.32	20.4
1374	002083	孚日股份	1	1	100	20389.29	20.39
1375	000510	*ST 金路	1	1	100	20375.24	20.38
1376	002671	龙泉股份	1	1	100	20365.37	20.37
1377	002099	海翔药业	1	1	100	20364.97	20.36
1378	600761	安徽合力	1	1	100	20346	20.35
1379	002042	华孚色纺	1	1	100	20336.26	20.34
1380	600546	山煤国际	1	1	100	20343	20.34
1381	000809	铁岭新城	1	1	100	20330.87	20.33
1382	002195	二三四五	1	1	100	20333.31	20.33
1383	002442	龙星化工	1	1	100	20327.7	20.33

续表

序号	品种代码	品种名称	盈利次数	交易次数	周线胜率（%）	净利润（元）	24年收益率（%）
1384	300275	梅安森	1	1	100	20327.18	20.33
1385	600592	龙溪股份	1	1	100	20297.52	20.3
1386	000686	东北证券	1	1	100	20294.05	20.29
1387	002185	华天科技	1	1	100	20282.67	20.28
1388	300145	南方泵业	1	1	100	20277.3	20.28
1389	000859	国风塑业	1	1	100	20251.2	20.25
1390	002017	东信和平	1	1	100	20254.65	20.25
1391	000982	中银绒业	1	1	100	20240.15	20.24
1392	300215	电科院	1	1	100	20225.56	20.23
1393	000766	通化金马	1	1	100	20219.68	20.22
1394	600628	新世界	1	1	100	20215.55	20.22
1395	002056	横店东磁	1	1	100	20214.73	20.21
1396	000078	海王生物	1	1	100	20192.29	20.19
1397	002492	恒基达鑫	1	1	100	20193.78	20.19
1398	601515	东风股份	1	1	100	20189.29	20.19
1399	000713	丰乐种业	1	1	100	20181.22	20.18
1400	002041	登海种业	1	1	100	20170.2	20.17
1401	600028	中国石化	1	1	100	20163.52	20.16
1402	600007	中国国贸	1	1	100	20151.73	20.15
1403	002263	大东南	1	1	100	20141.87	20.14
1404	300013	新宁物流	1	1	100	20128.95	20.13
1405	300090	盛运环保	1	1	100	20130	20.13
1406	002530	丰东股份	1	1	100	20123.17	20.12
1407	300167	迪威视讯	1	1	100	20115.29	20.12
1408	601218	吉鑫科技	1	1	100	20120.78	20.12
1409	300107	建新股份	1	1	100	20108.19	20.11
1410	601111	中国国航	1	1	100	20106.09	20.11
1411	002038	双鹭药业	1	1	100	20103.41	20.1
1412	002126	银轮股份	1	1	100	20090.2	20.09
1413	002404	嘉欣丝绸	1	1	100	20066.75	20.07
1414	600578	京能电力	1	1	100	20059.67	20.06

续表

序号	品种代码	品种名称	盈利次数	交易次数	周线胜率（%）	净利润（元）	24年收益率(%)
1415	600867	通化东宝	1	1	100	20044.39	20.04
1416	600814	杭州解百	1	1	100	20029.92	20.03
1417	002157	正邦科技	1	1	100	20020.34	20.02
1418	000616	海航投资	1	1	100	20010.87	20.01
1419	300352	北信源	1	1	100	20011.56	20.01
1420	600310	桂东电力	1	1	100	20009.72	20.01
1421	600285	羚锐制药	1	1	100	19983.16	19.98
1422	000850	华茂股份	1	1	100	19968.95	19.97
1423	600210	紫江企业	1	1	100	19967.46	19.97
1424	600287	江苏舜天	1	1	100	19966.96	19.97
1425	002438	江苏神通	1	1	100	19964.43	19.96
1426	002577	雷柏科技	1	1	100	19954.25	19.95
1427	300102	乾照光电	1	1	100	19953.34	19.95
1428	000070	特发信息	1	1	100	19942.24	19.94
1429	600693	东百集团	1	1	100	19933.72	19.93
1430	601699	潞安环能	1	1	100	19909.89	19.91
1431	002324	普利特	1	1	100	19899.06	19.9
1432	000411	英特集团	1	1	100	19882.14	19.88
1433	300335	迪森股份	1	1	100	19869.19	19.87
1434	600037	歌华有线	1	1	100	19869.23	19.87
1435	600980	北矿磁材	1	1	100	19867.52	19.87
1436	000755	山西三维	1	1	100	19863.31	19.86
1437	000429	粤高速A	1	1	100	19845.46	19.85
1438	002034	美 欣 达	1	1	100	19852.59	19.85
1439	600826	兰生股份	1	1	100	19846.85	19.85
1440	601727	上海电气	1	1	100	19847.16	19.85
1441	002443	金洲管道	1	1	100	19844.65	19.84
1442	300133	华策影视	1	1	100	19842.15	19.84
1443	002587	奥拓电子	1	1	100	19830.24	19.83
1444	600089	特变电工	1	1	100	19825.71	19.83
1445	000553	沙隆达A	1	1	100	19818.98	19.82

续表

序号	品种代码	品种名称	盈利次数	交易次数	周线胜率（%）	净利润（元）	24 年收益率（%）
1446	002120	新海股份	1	1	100	19821.07	19.82
1447	300149	量子高科	1	1	100	19816.09	19.82
1448	002179	中航光电	1	1	100	19810.49	19.81
1449	002432	九安医疗	1	1	100	19802.87	19.8
1450	601607	上海医药	1	1	100	19803.39	19.8
1451	600088	中视传媒	1	1	100	19776.96	19.78
1452	002497	雅化集团	1	1	100	19769.17	19.77
1453	600416	湘电股份	1	1	100	19767.82	19.77
1454	600897	厦门空港	1	1	100	19739.05	19.74
1455	000700	模塑科技	1	1	100	19718.99	19.72
1456	000559	万向钱潮	1	1	100	19707.98	19.71
1457	002165	红 宝 丽	1	1	100	19709.64	19.71
1458	002211	宏达新材	1	1	100	19699.02	19.7
1459	600511	国药股份	1	1	100	19675.38	19.68
1460	002380	科远股份	1	1	100	19667.59	19.67
1461	002407	多氟多	1	1	100	19672.97	19.67
1462	600481	双良节能	1	1	100	19668.08	19.67
1463	600971	恒源煤电	1	1	100	19647.81	19.65
1464	000882	华联股份	1	1	100	19639.71	19.64
1465	600169	太原重工	1	1	100	19640.1	19.64
1466	600863	内蒙华电	1	1	100	19640.09	19.64
1467	600512	腾达建设	1	1	100	19338.01	19.34
1468	002345	潮宏基	1	2	50	19280.46	19.28
1469	000538	云南白药	1	1	100	18220.47	18.22
1470	002568	百润股份	1	2	50	15363.84	15.36
1471	000821	京山轻机	3	4	75	15057.53	15.06
1472	002424	贵州百灵	1	1	100	14783.12	14.78
1473	600797	浙大网新	1	1	100	14382.2	14.38
1474	002489	浙江永强	1	1	100	14166.34	14.17
1475	002515	金字火腿	1	1	100	13657.52	13.66
1476	600085	同仁堂	1	1	100	13108.67	13.11

续表

序号	品种代码	品种名称	盈利次数	交易次数	周线胜率（%）	净利润（元）	24年收益率（%）
1477	002437	誉衡药业	1	1	100	11440.52	11.44
1478	300029	天龙光电	1	1	100	11029.84	11.03
1479	300040	九洲电气	1	1	100	10931.39	10.93
1480	002308	威创股份	1	1	100	9959.62	9.96
1481	600367	红星发展	1	1	100	9590.71	9.59
1482	601186	中国铁建	1	1	100	9171.79	9.17
1483	300214	日科化学	1	1	100	8983.07	8.98
1484	000826	启迪桑德	1	2	50	8645.97	8.65
1485	002275	桂林三金	1	1	100	8383.95	8.38
1486	300061	康耐特	1	1	100	7974.03	7.97
1487	002317	众生药业	1	1	100	7961.93	7.96
1488	600503	华丽家族	1	1	100	7731.83	7.73
1489	002198	嘉应制药	1	1	100	7388.1	7.39
1490	002353	杰瑞股份	1	1	100	7273.18	7.27
1491	600410	华胜天成	1	1	100	6369.59	6.37
1492	002420	毅昌股份	1	1	100	6152.46	6.15
1493	002177	御银股份	1	1	100	5931.47	5.93
1494	600153	建发股份	1	1	100	4747.34	4.75
1495	300217	东方电热	1	1	100	4452.56	4.45
1496	002002	鸿达兴业	1	1	100	4107.92	4.11
1497	601390	中国中铁	1	1	100	2074.26	2.07
1498	000822	山东海化	1	1	100	949.82	0.95
1499	300201	海伦哲	1	1	100	412.59	0.41

特注：上表所列股票数据由1991—2014年资料计算得出。

第四章　恒定坚守买卖时间表

第 1 节　买卖时间表阅读指引

1. 采用财富快车 V6.30 版本股票软件，下载全部历史数据。

2. 在财富快车股票软件中写入【问伞 01】公式。历史买卖时间表由快车 V6.30 版软件随时随机计算得出。

历史交易信号详表阅读和制作方法指引：

按照财富快车版 V6.30 软件的提示，点击财富桌面上方 / 功能 / 公式系统 / 程序交易评测系统 / 选定【问伞 01】公式 / 分析周期选定周线 / 设定股票不复权数据时间段 1991 年 1 月 1 日至 2014 年 12 月 31 日 / 目标值 20 周股价升 20%/ 加入全部 A 股 / 保存默认方案 / 开始评测 / 显示列表结果。在列表中双击“综合统计”，电脑显示出 5580 股次的历史买卖双向交易时间表，见本章第二节【问伞 01】周线公式评测程序给出的股票《历年买卖时间表》。

第 2 节　历年买卖时间表

【问籴 01】周线算出 5580 股次买卖时间表

（根据财富不复权数据评测结果整理）

（19910101—20141231 买卖交易 5580 股次）

序号	股票代码	股票名称	买卖时间	信号类型	价格（元）	收益（元）	收益率(%)
1	000004	国农科技	2004/9/3	买开	6.2	0	0
2	000004	国农科技	2004/9/17	止赢	7.76	25122.25	25.16
3	000004	国农科技	2005/7/29	买开	3.99	0	0
4	000004	国农科技	2005/8/26	止赢	4.83	26230.68	21.05
5	000004	国农科技	2008/11/7	买开	2.91	0	0
6	000004	国农科技	2008/12/12	止赢	3.6	35655.74	23.71
7	000004	国农科技	2012/1/13	买开	7.91	0	0
8	000004	国农科技	2012/3/2	止赢	9.93	47364.97	25.54
9	000005	世纪星源	1999/2/9	买开	5.13	0	0
10	000005	世纪星源	1999/4/9	止赢	6.17	20241.52	20.27
11	000005	世纪星源	2002/1/25	买开	3.94	0	0
12	000005	世纪星源	2002/3/8	止赢	5.92	60168.24	50.25
13	000005	世纪星源	2005/7/22	买开	1.22	0	0
14	000005	世纪星源	2005/8/26	止赢	1.6	55866.46	31.15
15	000007	零七股份	1995/5/12	买开	4.09	0	0
16	000007	零七股份	1995/5/19	止赢	5.45	33201.67	33.25
17	000007	零七股份	1997/10/10	买开	8.67	0	0
18	000007	零七股份	1997/10/24	止赢	11.01	35802	26.99
19	000007	零七股份	2001/10/26	买开	8.87	0	0
20	000007	零七股份	2001/11/30	止赢	10.78	36163.94	21.53
21	000007	零七股份	2002/1/25	买开	6.51	0	0
22	000007	零七股份	2002/3/8	止赢	8.84	72835.8	35.79
23	000007	零七股份	2008/11/3	买开	3.18	0	0
24	000007	零七股份	2008/12/12	止赢	3.97	68444.02	24.84

续表

序号	股票代码	股票名称	买卖时间	信号类型	价格（元）	收益（元）	收益率(%)
25	000008	神州高铁	2002/1/25	买开	9.59	0	0
26	000008	神州高铁	2002/3/8	止赢	12.9	34460.41	34.52
27	000008	神州高铁	2012/1/13	买开	6.81	0	0
28	000008	神州高铁	2012/3/23	止赢	9.87	60168.78	44.93
29	000008	神州高铁	2013/7/12	买开	8.01	0	0
30	000008	神州高铁	2013/8/9	止赢	10.16	51935.39	26.84
31	000009	中国宝安	1999/5/21	买开	3.6	0	0
32	000009	中国宝安	1999/7/2	止赢	4.33	20247.28	20.28
33	000009	中国宝安	2002/1/25	买开	4.1	0	0
34	000009	中国宝安	2002/3/8	止赢	6.04	56655.76	47.32
35	000010	深华新	2000/2/18	买开	7.7	0	0
36	000010	深华新	2000/3/31	止赢	9.89	28397.74	28.44
37	000010	深华新	2002/1/25	买开	7.51	0	0
38	000010	深华新	2002/3/8	止赢	10.48	50564.24	39.55
39	000010	深华新	2003/11/14	买开	5.41	0	0
40	000010	深华新	2004/1/30	止赢	6.5	35841.39	20.15
41	000010	深华新	2004/10/29	买开	4.23	0	0
42	000010	深华新	2004/12/3	止赢	5.68	73046.64	34.28
43	000010	深华新	2005/7/29	买开	2.45	0	0
44	000010	深华新	2005/8/12	止赢	3.06	71029.61	24.9
45	000010	深华新	2008/11/7	买开	4.08	0	0
46	000010	深华新	2008/11/28	止赢	5.2	97518.39	27.45
47	000011	深物业 A	1997/10/10	买开	5.83	0	0
48	000011	深物业 A	1997/10/31	止赢	7.35	26031.52	26.07
49	000011	深物业 A	2002/1/25	买开	5.97	0	0
50	000011	深物业 A	2002/3/8	止赢	7.92	40992.91	32.66
51	000011	深物业 A	2010/6/11	买开	7.56	0	0
52	000011	深物业 A	2010/7/23	止赢	9.8	49183.68	29.63
53	000016	深康佳 A	2005/7/22	买开	3.33	0	0
54	000016	深康佳 A	2005/9/16	止赢	4.22	26686.65	26.73
55	000017	深中华 A	2002/2/1	买开	4.11	0	0
56	000017	深中华 A	2002/3/8	止赢	5.67	37898.64	37.96
57	000018	中冠 A	2012/1/13	买开	4.54	0	0
58	000018	中冠 A	2012/2/17	止赢	5.94	30790.2	30.84

续表

序号	股票代码	股票名称	买卖时间	信号类型	价格（元）	收益（元）	收益率(%)
59	000019	深深宝A	1997/9/5	买开	7.7	0	0
60	000019	深深宝A	1997/9/26	止赢	9.5	23340.6	23.38
61	000019	深深宝A	2012/1/13	买开	7.51	0	0
62	000019	深深宝A	2012/3/9	止赢	9.54	33198.62	27.03
63	000020	深华发A	2008/11/7	买开	2	0	0
64	000020	深华发A	2008/12/5	止赢	2.46	22965.5	23
65	000021	深科技	1997/10/10	买开	20.29	0	0
66	000021	深科技	1997/10/17	止赢	25.14	23866.84	23.9
67	000021	深科技	2002/1/25	买开	9.46	0	0
68	000021	深科技	2002/3/8	止赢	11.7	29205.12	23.68
69	000022	深赤湾A	1997/12/26	买开	7.97	0	0
70	000022	深赤湾A	1998/5/8	止赢	9.85	23552.65	23.59
71	000022	深赤湾A	2002/2/1	买开	9.71	0	0
72	000022	深赤湾A	2002/3/8	止赢	11.99	28887.6	23.48
73	000023	深天地A	1998/9/4	买开	9.3	0	0
74	000023	深天地A	1998/9/30	止赢	11.2	20398.4	20.43
75	000023	深天地A	2003/11/21	买开	6.01	0	0
76	000023	深天地A	2003/12/5	止赢	7.51	29922	24.96
77	000023	深天地A	2005/7/22	买开	3.34	0	0
78	000023	深天地A	2005/8/19	止赢	4.29	42483.05	28.44
79	000023	深天地A	2012/1/13	买开	5.55	0	0
80	000023	深天地A	2012/3/9	止赢	6.72	40321.7	21.08
81	000024	招商地产	2010/6/11	买开	15.55	0	0
82	000024	招商地产	2010/7/30	止赢	19.76	27032.41	27.07
83	000025	特 力A	2012/1/13	买开	5.43	0	0
84	000025	特 力A	2012/2/24	止赢	6.73	23904.4	23.94
85	000026	飞亚达A	1998/4/3	买开	11.49	0	0
86	000026	飞亚达A	1998/4/30	止赢	14.29	24332	24.37
87	000026	飞亚达A	2008/10/24	买开	4.17	0	0
88	000026	飞亚达A	2008/12/5	止赢	5.35	35034.2	28.3
89	000028	国药一致	2003/11/21	买开	5.49	0	0
90	000028	国药一致	2004/1/30	止赢	6.71	22188.14	22.22
91	000029	深深房A	2002/1/25	买开	5.28	0	0
92	000029	深深房A	2002/3/1	止赢	6.64	25718.95	25.76

续表

序号	股票代码	股票名称	买卖时间	信号类型	价格（元）	收益（元）	收益率(%)
93	000029	深深房A	2003/11/21	买开	5.44	0	0
94	000029	深深房A	2003/12/5	止赢	6.77	30607.29	24.45
95	000030	富奥股份	2005/7/29	买开	1.04	0	0
96	000030	富奥股份	2005/8/19	止赢	1.34	28802.71	28.85
97	000031	中粮地产	1997/8/22	买开	9	0	0
98	000031	中粮地产	1997/10/24	止赢	11.35	26070.9	26.11
99	000031	中粮地产	2012/1/13	买开	3.78	0	0
100	000031	中粮地产	2012/2/24	止赢	4.74	31883.51	25.4
101	000032	深桑达A	2012/1/13	买开	5.62	0	0
102	000032	深桑达A	2012/3/2	止赢	6.95	23628.78	23.67
103	000033	*ST新都	2002/1/25	买开	5.93	0	0
104	000033	*ST新都	2002/3/8	止赢	7.85	32328.96	32.38
105	000033	*ST新都	2008/11/7	买开	2.1	0	0
106	000033	*ST新都	2008/12/5	止赢	2.65	34514.16	26.19
107	000033	*ST新都	2012/1/13	买开	3.64	0	0
108	000033	*ST新都	2012/2/24	止赢	4.39	34161.74	20.6
109	000034	深信泰丰	2002/1/25	买开	7.24	0	0
110	000034	深信泰丰	2002/3/8	止赢	9.61	32684.67	32.73
111	000034	深信泰丰	2003/11/14	买开	4.83	0	0
112	000034	深信泰丰	2003/12/5	止赢	6.3	40214.8	30.43
113	000034	深信泰丰	2004/10/29	买开	3.71	0	0
114	000034	深信泰丰	2004/12/3	止赢	4.63	42611.64	24.8
115	000034	深信泰丰	2005/7/29	买开	1.09	0	0
116	000034	深信泰丰	2005/8/12	止赢	1.33	47076.24	22.02
117	000034	深信泰丰	2008/11/7	买开	1.35	0	0
118	000034	深信泰丰	2008/11/21	止赢	1.67	61653.43	23.7
119	000035	中国天楹	2003/11/14	买开	7.78	0	0
120	000035	中国天楹	2004/1/16	止赢	9.39	20662.74	20.69
121	000035	中国天楹	2005/7/29	买开	1.7	0	0
122	000035	中国天楹	2005/8/26	止赢	2.13	30391.12	25.29
123	000036	华联控股	2002/1/25	买开	5.81	0	0
124	000036	华联控股	2002/2/8	止赢	7.25	24746.4	24.78
125	000036	华联控股	2005/7/22	买开	3.09	0	0
126	000036	华联控股	2005/9/2	止赢	3.75	26532.66	21.36

续表

序号	股票代码	股票名称	买卖时间	信号类型	价格（元）	收益（元）	收益率（%）
127	000036	华联控股	2008/11/7	买开	1.85	0	0
128	000036	华联控股	2008/12/5	止赢	2.24	31685.55	21.08
129	000036	华联控股	2010/7/9	买开	3.93	0	0
130	000036	华联控股	2010/8/13	止赢	5.57	75717.16	41.73
131	000036	华联控股	2012/1/13	买开	2.47	0	0
132	000036	华联控股	2012/2/24	止赢	3	55015.06	21.46
133	000037	深南电 A	1996/2/2	买开	4.9	0	0
134	000037	深南电 A	1996/4/26	止赢	6.25	27508.95	27.55
135	000037	深南电 A	2012/1/13	买开	3.63	0	0
136	000037	深南电 A	2012/3/2	止赢	4.47	29383.19	23.14
137	000038	深大通	2003/11/14	买开	8.15	0	0
138	000038	深大通	2004/1/30	止赢	9.94	21929.29	21.96
139	000038	深大通	2005/7/29	买开	4.73	0	0
140	000038	深大通	2005/8/12	止赢	5.96	31572.87	26
141	000040	宝安地产	2002/2/1	买开	5.73	0	0
142	000040	宝安地产	2002/3/8	止赢	7.56	31887.75	31.94
143	000040	宝安地产	2008/8/22	买开	3.16	0	0
144	000040	宝安地产	2008/9/5	止赢	3.93	32004.28	24.37
145	000040	宝安地产	2008/11/7	买开	2.86	0	0
146	000040	宝安地产	2008/11/21	止赢	3.75	50679.28	31.12
147	000042	中洲控股	1997/9/30	买开	17.3	0	0
148	000042	中洲控股	1997/10/17	止赢	21.46	24007.36	24.05
149	000042	中洲控股	2003/11/14	买开	6.74	0	0
150	000042	中洲控股	2003/12/19	止赢	8.29	28397.55	23
151	000042	中洲控股	2008/11/7	买开	5.11	0	0
152	000042	中洲控股	2008/11/21	止赢	6.72	47709.12	31.51
153	000043	中航地产	1997/10/10	买开	8.87	0	0
154	000043	中航地产	1997/10/31	止赢	10.82	21951.15	21.98
155	000043	中航地产	2003/11/21	买开	6.56	0	0
156	000043	中航地产	2004/2/6	止赢	7.95	25730.29	21.19
157	000043	中航地产	2008/11/7	买开	4.06	0	0
158	000043	中航地产	2008/11/14	止赢	4.93	31440.93	21.43
159	000043	中航地产	2010/7/9	买开	10.1	0	0
160	000043	中航地产	2010/7/30	止赢	12.19	36756.82	20.69

续表

序号	股票代码	股票名称	买卖时间	信号类型	价格（元）	收益（元）	收益率(%)
161	000043	中航地产	2011/12/23	买开	6.3	0	0
162	000043	中航地产	2012/1/20	止赢	7.82	51570.56	24.13
163	000043	中航地产	2012/9/7	买开	3.97	0	0
164	000043	中航地产	2012/10/19	止赢	5.12	76624.49	28.97
165	000046	泛海控股	1997/10/10	买开	8.16	0	0
166	000046	泛海控股	1997/10/24	止赢	10.8	32303.04	32.35
167	000046	泛海控股	2002/1/25	买开	7.19	0	0
168	000046	泛海控股	2002/3/8	止赢	9.39	40315	30.6
169	000046	泛海控股	2005/7/22	买开	2.71	0	0
170	000046	泛海控股	2005/9/16	止赢	3.3	37349.95	21.77
171	000046	泛海控股	2008/6/27	买开	8.45	0	0
172	000046	泛海控股	2008/7/11	止赢	10.17	42394.57	20.36
173	000046	泛海控股	2010/7/9	买开	8.46	0	0
174	000046	泛海控股	2010/8/13	止赢	10.2	51401.33	20.57
175	000048	康达尔	2001/8/10	买开	9	0	0
176	000048	康达尔	2001/8/24	止赢	11.63	29177.22	29.22
177	000048	康达尔	2002/2/1	买开	4.18	0	0
178	000048	康达尔	2002/3/8	止赢	5.66	45547	35.41
179	000048	康达尔	2003/11/14	买开	3.11	0	0
180	000048	康达尔	2004/2/13	止赢	3.97	48023.27	27.65
181	000049	德赛电池	1997/10/10	买开	8.24	0	0
182	000049	德赛电池	1997/10/31	止赢	10.46	26899.74	26.94
183	000049	德赛电池	2002/1/25	买开	8.46	0	0
184	000049	德赛电池	2002/3/8	止赢	12.59	61689.81	48.82
185	000049	德赛电池	2003/11/14	买开	5.2	0	0
186	000049	德赛电池	2004/2/6	止赢	9.31	148194.3	79.04
187	000050	深天马 A	2004/9/3	买开	7.27	0	0
188	000050	深天马 A	2004/9/24	止赢	9.7	33373.62	33.43
189	000050	深天马 A	2008/6/27	买开	6.93	0	0
190	000050	深天马 A	2008/7/25	止赢	8.33	26832.4	20.2
191	000050	深天马 A	2008/11/7	买开	2.69	0	0
192	000050	深天马 A	2008/11/14	止赢	3.29	35504.39	22.3
193	000050	深天马 A	2012/1/13	买开	5.78	0	0
194	000050	深天马 A	2012/2/17	止赢	8.34	85967.36	44.29

续表

序号	股票代码	股票名称	买卖时间	信号类型	价格（元）	收益（元）	收益率(%)
195	000055	方大集团	2005/7/22	买开	4.24	0	0
196	000055	方大集团	2005/8/12	止赢	5.31	25197.43	25.24
197	000055	方大集团	2012/1/13	买开	3.8	0	0
198	000055	方大集团	2012/2/24	止赢	4.75	31167.6	25
199	000056	皇庭国际	2002/1/25	买开	7	0	0
200	000056	皇庭国际	2002/3/8	止赢	10.12	44503.68	44.57
201	000056	皇庭国际	2003/11/21	买开	5.43	0	0
202	000056	皇庭国际	2004/2/6	止赢	7.32	50092.57	34.81
203	000056	皇庭国际	2005/7/22	买开	2.71	0	0
204	000056	皇庭国际	2005/8/12	止赢	3.94	87793.71	45.39
205	000056	皇庭国际	2012/5/4	买开	13.39	0	0
206	000056	皇庭国际	2012/6/21	止赢	17.54	86896.86	30.99
207	000058	深赛格	1998/9/4	买开	9.1	0	0
208	000058	深赛格	1998/10/23	止赢	11.57	27100.83	27.14
209	000058	深赛格	2002/1/25	买开	6.19	0	0
210	000058	深赛格	2002/3/8	止赢	8.76	52548.79	41.52
211	000058	深赛格	2005/7/29	买开	2.9	0	0
212	000058	深赛格	2005/8/19	止赢	3.5	36947.99	20.69
213	000058	深赛格	2008/11/7	买开	1.71	0	0
214	000058	深赛格	2008/12/5	止赢	2.18	59061.61	27.49
215	000059	*ST 华锦	2002/1/25	买开	4.08	0	0
216	000059	*ST 华锦	2002/3/8	止赢	5.26	28878.15	28.92
217	000059	*ST 华锦	2008/11/7	买开	4.7	0	0
218	000059	*ST 华锦	2008/12/5	止赢	5.7	27306	21.28
219	000059	*ST 华锦	2010/7/9	买开	7.88	0	0
220	000059	*ST 华锦	2010/7/30	止赢	9.69	35644.32	22.97
221	000060	中金岭南	2002/1/25	买开	5.31	0	0
222	000060	中金岭南	2002/3/8	止赢	6.53	22940.88	22.98
223	000061	农产品	2003/11/14	买开	5.6	0	0
224	000061	农产品	2004/1/16	止赢	6.86	22465.8	22.5
225	000061	农产品	2005/2/4	买开	3.26	0	0
226	000061	农产品	2005/4/8	止赢	4.01	28055.26	23.01
227	000062	深圳华强	2002/2/1	买开	9.1	0	0
228	000062	深圳华强	2002/3/8	止赢	11.08	21724.55	21.76

续表

序号	股票代码	股票名称	买卖时间	信号类型	价格（元）	收益（元）	收益率(%)
229	000062	深圳华强	2008/11/7	买开	3.63	0	0
230	000062	深圳华强	2008/12/5	止赢	4.74	37064	30.58
231	000062	深圳华强	2012/1/13	买开	5.28	0	0
232	000062	深圳华强	2012/2/24	止赢	6.35	31978.01	20.27
233	000063	中兴通讯	2003/1/10	买开	13.7	0	0
234	000063	中兴通讯	2003/1/29	止赢	16.74	22155.52	22.19
235	000063	中兴通讯	2008/11/7	买开	18.48	0	0
236	000063	中兴通讯	2008/11/21	止赢	23.55	33370.74	27.44
237	000063	中兴通讯	2010/7/9	买开	20	0	0
238	000063	中兴通讯	2010/9/3	止赢	26.23	48139.21	31.15
239	000065	北方国际	2005/5/19	买开	3.99	0	0
240	000065	北方国际	2005/8/19	止赢	5	25275.25	25.31
241	000065	北方国际	2008/10/17	买开	5.11	0	0
242	000065	北方国际	2008/10/31	止赢	6.35	30272.12	24.27
243	000065	北方国际	2011/1/28	买开	17.98	0	0
244	000065	北方国际	2011/3/25	止赢	23.22	45043.04	29.14
245	000065	北方国际	2013/7/5	买开	7.65	0	0
246	000065	北方国际	2013/8/23	止赢	9.29	42661.32	21.44
247	000066	长城电脑	2010/7/23	买开	7.32	0	0
248	000066	长城电脑	2010/9/10	止赢	9.67	32054	32.1
249	000068	*ST 华赛	2001/10/26	买开	6.39	0	0
250	000068	*ST 华赛	2001/11/23	止赢	7.86	22970.22	23
251	000068	*ST 华赛	2008/11/7	买开	2.14	0	0
252	000068	*ST 华赛	2008/12/5	止赢	2.69	31471	25.7
253	000069	华侨城 A	1999/5/14	买开	7.73	0	0
254	000069	华侨城 A	1999/6/11	止赢	11.65	50634.64	50.71
255	000069	华侨城 A	2010/5/13	买开	11.96	0	0
256	000069	华侨城 A	2010/9/30	到期	12.69	9157.11	6.1
257	000070	特发信息	2005/7/22	买开	3.3	0	0
258	000070	特发信息	2005/8/12	止赢	3.97	20272.19	20.3
259	000078	海王生物	2002/1/25	买开	13.33	0	0
260	000078	海王生物	2002/4/26	止赢	16.07	20522.6	20.56
261	000088	盐 田 港	2004/9/3	买开	9.15	0	0
262	000088	盐 田 港	2004/9/24	止赢	11.29	23351.68	23.39

续表

序号	股票代码	股票名称	买卖时间	信号类型	价格（元）	收益（元）	收益率(%)
263	000089	深圳机场	2006/8/11	买开	4.6	0	0
264	000089	深圳机场	2006/11/17	止赢	5.88	27783.68	27.83
265	000090	天健集团	2008/11/7	买开	3.89	0	0
266	000090	天健集团	2008/11/21	止赢	5.01	28748.16	28.79
267	000090	天健集团	2012/1/13	买开	6.84	0	0
268	000090	天健集团	2012/2/24	止赢	8.26	26616.48	20.76
269	000096	广聚能源	2005/7/29	买开	3.14	0	0
270	000096	广聚能源	2005/8/19	止赢	4.17	32752.97	32.8
271	000099	中信海直	2012/1/13	买开	7.28	0	0
272	000099	中信海直	2012/3/30	止赢	9.02	23864.1	23.9
273	000100	TCL 集团	2008/11/7	买开	2.13	0	0
274	000100	TCL 集团	2008/11/14	止赢	2.58	21095.09	21.13
275	000100	TCL 集团	2011/12/30	买开	1.84	0	0
276	000100	TCL 集团	2012/2/24	止赢	2.34	32766.99	27.17
277	000150	宜华健康	2003/11/14	买开	4.03	0	0
278	000150	宜华健康	2004/2/13	止赢	5.23	29731.2	29.78
279	000150	宜华健康	2005/7/22	买开	1.76	0	0
280	000150	宜华健康	2005/8/12	止赢	2.12	26425.79	20.45
281	000150	宜华健康	2008/6/27	买开	4.45	0	0
282	000150	宜华健康	2008/7/11	止赢	6	54040.76	34.83
283	000150	宜华健康	2012/1/13	买开	3.2	0	0
284	000150	宜华健康	2012/2/24	止赢	4.04	54748.68	26.25
285	000151	中成股份	2003/11/14	买开	5.15	0	0
286	000151	中成股份	2004/2/6	止赢	6.62	28500.36	28.54
287	000153	丰原药业	2004/10/29	买开	7	0	0
288	000153	丰原药业	2004/12/3	止赢	8.78	25389.92	25.43
289	000153	丰原药业	2005/7/15	买开	2.37	0	0
290	000153	丰原药业	2005/8/12	止赢	3.28	47943.36	38.4
291	000155	*ST 川化	2004/8/27	买开	3.64	0	0
292	000155	*ST 川化	2004/11/19	止赢	4.89	34288.74	34.34
293	000155	*ST 川化	2010/7/9	买开	5.81	0	0
294	000155	*ST 川化	2010/10/29	止赢	7.12	30153.58	22.55
295	000156	华数传媒	2005/5/20	买开	1.54	0	0
296	000156	华数传媒	2005/8/26	止赢	2	29825.02	29.87

续表

序号	股票代码	股票名称	买卖时间	信号类型	价格（元）	收益（元）	收益率(%)
297	000158	常山股份	2005/7/29	买开	2.35	0	0
298	000158	常山股份	2005/9/2	止赢	3.36	42913.89	42.98
299	000158	常山股份	2012/1/13	买开	3.86	0	0
300	000158	常山股份	2012/3/9	止赢	4.69	30605.43	21.5
301	000159	国际实业	2005/7/22	买开	3.49	0	0
302	000159	国际实业	2005/8/26	止赢	4.23	21171.4	21.2
303	000159	国际实业	2012/12/7	买开	5.86	0	0
304	000159	国际实业	2013/2/1	止赢	7.8	39944.6	33.11
305	000301	东方市场	2005/7/29	买开	2	0	0
306	000301	东方市场	2005/8/19	止赢	2.59	29455.75	29.5
307	000301	东方市场	2008/6/27	买开	5	0	0
308	000301	东方市场	2008/7/18	止赢	6.02	26298.66	20.4
309	000301	东方市场	2008/11/7	买开	2.91	0	0
310	000301	东方市场	2008/11/21	止赢	3.65	39352.46	25.43
311	000400	许继电气	2005/7/29	买开	4.08	0	0
312	000400	许继电气	2005/8/12	止赢	5	22515.16	22.55
313	000401	冀东水泥	2013/8/9	买开	7.51	0	0
314	000401	冀东水泥	2013/10/18	止赢	9.15	21803.79	21.84
315	000403	ST 生化	2005/7/22	买开	2.93	0	0
316	000403	ST 生化	2005/9/2	止赢	3.52	20106.02	20.14
317	000403	ST 生化	2006/5/12	买开	2.06	0	0
318	000403	ST 生化	2006/5/26	止赢	2.54	27866.88	23.3
319	000404	华意压缩	1999/5/21	买开	7.57	0	0
320	000404	华意压缩	1999/6/18	止赢	9.61	26907.59	26.95
321	000404	华意压缩	2002/2/1	买开	5.75	0	0
322	000404	华意压缩	2002/3/22	止赢	7.07	29010.96	22.96
323	000404	华意压缩	2005/7/22	买开	2.07	0	0
324	000404	华意压缩	2005/8/26	止赢	2.58	38169.42	24.64
325	000404	华意压缩	2012/1/13	买开	4.27	0	0
326	000404	华意压缩	2012/2/17	止赢	5.55	57708.81	29.98
327	000407	胜利股份	2012/1/13	买开	3.63	0	0
328	000407	胜利股份	2012/3/16	止赢	4.92	35482.74	35.54
329	000408	金谷源	1998/4/3	买开	8.13	0	0
330	000408	金谷源	1998/5/22	止赢	10.13	24562	24.6

续表

序号	股票代码	股票名称	买卖时间	信号类型	价格（元）	收益（元）	收益率(%)
331	000408	金谷源	2003/11/14	买开	5.58	0	0
332	000408	金谷源	2004/2/13	止赢	6.91	29564.57	23.84
333	000408	金谷源	2005/4/29	买开	3.09	0	0
334	000408	金谷源	2005/9/9	止赢	3.74	32214.65	21.04
335	000408	金谷源	2006/8/11	买开	2.2	0	0
336	000408	金谷源	2006/9/8	止赢	2.68	40320.48	21.82
337	000408	金谷源	2008/11/7	买开	2.66	0	0
338	000408	金谷源	2008/11/14	止赢	3.2	45564.66	20.3
339	000408	金谷源	2012/1/13	买开	6.66	0	0
340	000408	金谷源	2012/2/17	止赢	8.01	54568.37	20.27
341	000409	山东地矿	2004/1/9	买开	2.94	0	0
342	000409	山东地矿	2004/2/13	止赢	3.57	21396.06	21.43
343	000410	沈阳机床	2002/2/1	买开	5.98	0	0
344	000410	沈阳机床	2002/4/5	止赢	7.4	23709.74	23.75
345	000410	沈阳机床	2012/1/13	买开	6.5	0	0
346	000410	沈阳机床	2012/2/24	止赢	7.96	27669.92	22.46
347	000411	英特集团	2001/3/2	买开	8.25	0	0
348	000411	英特集团	2001/6/15	止赢	9.92	20212.01	20.24
349	000413	东旭光电	2002/1/25	买开	7.36	0	0
350	000413	东旭光电	2002/3/8	止赢	9.24	25504.07	25.54
351	000413	东旭光电	2008/7/4	买开	4.42	0	0
352	000413	东旭光电	2008/7/25	止赢	6.1	47502	38.01
353	000413	东旭光电	2014/8/1	买开	7.63	0	0
354	000413	东旭光电	2014/11/24	平盘	7.67	901.48	0.52
355	000417	合肥百货	2012/12/7	买开	5.79	0	0
356	000417	合肥百货	2013/1/4	止赢	7.49	29316.5	29.36
357	000418	小天鹅A	2005/7/29	买开	2.82	0	0
358	000418	小天鹅A	2005/8/19	止赢	3.69	30804.09	30.85
359	000418	小天鹅A	2012/1/13	买开	8.5	0	0
360	000418	小天鹅A	2012/2/17	止赢	10.25	26818.75	20.59
361	000419	通程控股	2003/11/14	买开	5.44	0	0
362	000419	通程控股	2004/2/13	止赢	6.53	20005.86	20.04
363	000419	通程控股	2008/6/27	买开	9.69	0	0
364	000419	通程控股	2008/7/11	止赢	12.2	30950.81	25.9

续表

序号	股票代码	股票名称	买卖时间	信号类型	价格（元）	收益（元）	收益率（%）
365	000420	吉林化纤	2002/2/1	买开	4.43	0	0
366	000420	吉林化纤	2002/3/8	止赢	5.45	22989.78	23.02
367	000420	吉林化纤	2012/8/10	买开	2.42	0	0
368	000420	吉林化纤	2012/8/31	止赢	2.92	25304	20.66
369	000421	南京中北	1998/9/4	买开	9.32	0	0
370	000421	南京中北	1998/10/9	止赢	11.29	21104.61	21.14
371	000421	南京中北	2002/1/25	买开	7.3	0	0
372	000421	南京中北	2002/3/8	止赢	9.14	30394.96	25.21
373	000422	湖北宜化	2002/1/25	买开	7.62	0	0
374	000422	湖北宜化	2002/4/12	止赢	9.39	23192.32	23.23
375	000422	湖北宜化	2005/7/29	买开	4.88	0	0
376	000422	湖北宜化	2005/12/23	到期	5.02	3519.32	2.87
377	000423	东阿阿胶	2008/11/7	买开	13.02	0	0
378	000423	东阿阿胶	2009/2/6	止赢	16.57	27221.39	27.27
379	000428	华天酒店	2005/7/29	买开	3.58	0	0
380	000428	华天酒店	2005/9/2	止赢	4.9	36816.13	36.87
381	000429	粤高速A	2002/2/1	买开	4.85	0	0
382	000429	粤高速A	2002/3/15	止赢	5.83	20175.26	20.21
383	000430	张家界	2002/2/10	买开	6.86	0	0
384	000430	张家界	2002/3/8 0	止赢	9.33	35950.85	36.01
385	000430	张家界	2008/11/7	买开	3.21	0	0
386	000430	张家界	2008/11/14	止赢	4	33320.62	24.61
387	000488	晨鸣纸业	2005/11/18	买开	4.32	0	0
388	000488	晨鸣纸业	2006/1/13	止赢	5.26	21726.22	21.76
389	000498	山东路桥	1998/12/25	买开	5.09	0	0
390	000498	山东路桥	1999/4/23	止赢	6.35	24716.15	24.75
391	000498	山东路桥	2002/1/25	买开	4.81	0	0
392	000498	山东路桥	2002/3/8	止赢	6.37	40277.64	32.43
393	000498	山东路桥	2005/7/29	买开	1.89	0	0
394	000498	山东路桥	2005/8/26	止赢	2.3	35571.6	21.69
395	000501	鄂武商A	2002/1/25	买开	4.78	0	0
396	000501	鄂武商A	2002/3/8	止赢	5.95	24440.12	24.48
397	000501	鄂武商A	2008/11/7	买开	5.09	0	0
398	000501	鄂武商A	2009/2/6	止赢	6.77	40899.6	33.01

续表

序号	股票代码	股票名称	买卖时间	信号类型	价格（元）	收益（元）	收益率(%)
399	000502	绿景控股	1994/7/22	买开	3.26	0	0
400	000502	绿景控股	1994/8/5	止赢	4.95	51761.31	51.84
401	000502	绿景控股	1999/5/21	买开	5.86	0	0
402	000502	绿景控股	1999/7/2	止赢	7.33	37917.18	25.09
403	000502	绿景控股	2002/2/1	买开	10.09	0	0
404	000502	绿景控股	2002/4/30	止赢	12.14	38298.11	20.32
405	000502	绿景控股	2005/7/22	买开	3.05	0	0
406	000502	绿景控股	2005/8/5	止赢	3.79	54862.86	24.26
407	000502	绿景控股	2008/6/27	买开	5.02	0	0
408	000502	绿景控股	2008/7/11	止赢	7.17	119982.91	42.83
409	000502	绿景控股	2012/1/13	买开	5.09	0	0
410	000502	绿景控股	2012/2/10	止赢	6.3	94833.75	23.77
411	000503	海虹控股	2002/1/25	买开	12.19	0	0
412	000503	海虹控股	2002/3/22	止赢	15.1	23835.82	23.87
413	000503	海虹控股	2004/9/10	买开	8.98	0	0
414	000503	海虹控股	2004/9/17	止赢	10.98	27464	22.27
415	000503	海虹控股	2005/5/13	买开	8.19	0	0
416	000503	海虹控股	2005/6/10	止赢	10.36	39830.35	26.5
417	000503	海虹控股	2008/11/7	买开	3.97	0	0
418	000503	海虹控股	2008/12/5	止赢	5.33	64946.8	34.26
419	000504	南华生物	2002/1/25	买开	8.08	0	0
420	000504	南华生物	2002/3/8	止赢	10.11	25084.71	25.12
421	000504	南华生物	2012/8/10	买开	4.77	0	0
422	000504	南华生物	2012/10/12	止赢	5.77	26113	20.96
423	000505	珠江控股	1997/12/26	买开	5.08	0	0
424	000505	珠江控股	1998/4/3	止赢	6.19	21817.05	21.85
425	000505	珠江控股	2005/7/29	买开	1.15	0	0
426	000505	珠江控股	2005/8/26	止赢	1.56	43246.8	35.65
427	000505	珠江控股	2010/7/9	买开	4.53	0	0
428	000505	珠江控股	2010/11/5	止赢	5.65	40560.8	24.72
429	000506	中润资源	2010/7/23	买开	5.78	0	0
430	000506	中润资源	2010/11/5	止赢	6.94	20039	20.07
431	000506	中润资源	2011/12/30	买开	8.64	0	0
432	000506	中润资源	2012/2/3	止赢	11.29	36660.09	30.67

续表

序号	股票代码	股票名称	买卖时间	信号类型	价格（元）	收益（元）	收益率(%)
433	000506	中润资源	2013/7/5	买开	4.71	0	0
434	000506	中润资源	2013/11/22	到期	4.78	2314.35	1.49
435	000507	珠海港	2002/1/25	买开	5.59	0	0
436	000507	珠海港	2002/3/22	止赢	6.95	24292.31	24.33
437	000507	珠海港	2012/1/13	买开	8.06	0	0
438	000507	珠海港	2012/2/24	止赢	10.12	31633.35	25.56
439	000509	华塑控股	2002/1/25	买开	7.55	0	0
440	000509	华塑控股	2002/3/8	止赢	9.43	24863	24.9
441	000509	华塑控股	2003/11/14	买开	4.41	0	0
442	000509	华塑控股	2004/1/16	止赢	5.32	25656.55	20.63
443	000509	华塑控股	2005/7/22	买开	1.62	0	0
444	000509	华塑控股	2005/8/19	止赢	1.99	34155.44	22.84
445	000509	华塑控股	2014/2/7	买开	3.22	0	0
446	000509	华塑控股	2014/2/21	止赢	4.21	56310.21	30.75
447	000510	*ST 金路	2008/11/7	买开	2.17	0	0
448	000510	*ST 金路	2008/11/14	止赢	2.62	20705.84	20.74
449	000511	烯碳新材	1997/7/18	买开	4	0	0
450	000511	烯碳新材	1997/8/8	止赢	5	24962	25
451	000513	丽珠集团	2002/1/25	买开	8.11	0	0
452	000513	丽珠集团	2002/3/15	止赢	10	23267.79	23.3
453	000513	丽珠集团	2005/12/9	买开	4.46	0	0
454	000513	丽珠集团	2006/4/21	止赢	5.36	24769.8	20.18
455	000513	丽珠集团	2012/1/13	买开	19.99	0	0
456	000513	丽珠集团	2012/6/1	止赢	25.98	44068.43	29.96
457	000514	渝 开 发	2002/2/1	买开	8.17	0	0
458	000514	渝 开 发	2002/3/8	止赢	10.66	30430.29	30.48
459	000514	渝 开 发	2005/7/22	买开	3.07	0	0
460	000514	渝 开 发	2005/8/26	止赢	3.81	31308.66	24.1
461	000514	渝 开 发	2010/6/11	买开	8.81	0	0
462	000514	渝 开 发	2010/7/16	止赢	10.63	33200.43	20.66
463	000516	国际医学	1998/9/4	买开	8.51	0	0
464	000516	国际医学	1998/10/23	止赢	10.89	27924.54	27.97
465	000516	国际医学	2002/2/10	买开	10.55	0	0
466	000516	国际医学	2002/4/30	止赢	13.23	32360.99	25.4

续表

序号	股票代码	股票名称	买卖时间	信号类型	价格（元）	收益（元）	收益率(%)
467	000516	国际医学	2008/11/7	买开	4.75	0	0
468	000516	国际医学	2008/12/5	止赢	6.12	45937.46	28.84
469	000516	国际医学	2010/7/9	买开	4.82	0	0
470	000516	国际医学	2010/8/6	止赢	6.04	51785.33	25.31
471	000517	荣安地产	2004/9/3	买开	5.44	0	0
472	000517	荣安地产	2004/11/19	止赢	6.73	23676.66	23.71
473	000517	荣安地产	2005/7/22	买开	3.24	0	0
474	000517	荣安地产	2005/8/12	止赢	4.04	30408.8	24.69
475	000517	荣安地产	2012/1/13	买开	5.06	0	0
476	000517	荣安地产	2012/2/24	止赢	7.76	81696.61	53.36
477	000518	四环生物	2005/7/22	买开	1.28	0	0
478	000518	四环生物	2005/8/12	止赢	1.56	21841.96	21.87
479	000519	江南红箭	2002/2/1	买开	9.13	0	0
480	000519	江南红箭	2002/3/29	止赢	11.24	23074.96	23.11
481	000519	江南红箭	2004/8/27	买开	6.03	0	0
482	000519	江南红箭	2004/11/19	止赢	7.97	39428.55	32.17
483	000519	江南红箭	2012/1/13	买开	7	0	0
484	000519	江南红箭	2012/2/3	止赢	9.47	56985.38	35.29
485	000520	长航凤凰	1997/10/10	买开	7.64	0	0
486	000520	长航凤凰	1998/3/13	止赢	9.17	19995.57	20.03
487	000520	长航凤凰	2002/1/25	买开	4.05	0	0
488	000520	长航凤凰	2002/3/8	止赢	5.11	31272.12	26.17
489	000520	长航凤凰	2005/7/8	买开	2.92	0	0
490	000520	长航凤凰	2005/8/26	止赢	3.63	36547.25	24.32
491	000520	长航凤凰	2012/8/10	买开	2.16	0	0
492	000520	长航凤凰	2012/10/12	止赢	3.25	94009.22	50.46
493	000521	美菱电器	2002/1/25	买开	4.98	0	0
494	000521	美菱电器	2002/3/8	止赢	6.07	21854.5	21.89
495	000521	美菱电器	2008/11/7	买开	2.49	0	0
496	000521	美菱电器	2008/11/14	止赢	3.08	28750.7	23.69
497	000521	美菱电器	2012/1/13	买开	4.41	0	0
498	000521	美菱电器	2012/3/9	止赢	5.65	42075.69	28.12
499	000523	广州浪奇	1997/12/26	买开	4.63	0	0
500	000523	广州浪奇	1998/4/17	止赢	5.59	20702.4	20.73

续表

序号	股票代码	股票名称	买卖时间	信号类型	价格（元）	收益（元）	收益率（%）
501	000023	广州浪奇	2002/1/25	买开	5.61	0	0
502	000523	广州浪奇	2002/3/8	止赢	7.35	37277.75	31.02
503	000523	广州浪奇	2003/11/14	买开	3.96	0	0
504	000523	广州浪奇	2004/2/6	止赢	4.95	39248.54	25
505	000523	广州浪奇	2008/11/7	买开	2.85	0	0
506	000523	广州浪奇	2008/12/5	止赢	3.72	59727.25	30.53
507	000523	广州浪奇	2011/12/30	买开	5.2	0	0
508	000523	广州浪奇	2012/2/17	止赢	6.5	63654.51	25
509	000524	岭南控股	2002/1/25	买开	5.25	0	0
510	000524	岭南控股	2002/3/8	止赢	7.23	37657.62	37.71
511	000524	岭南控股	2005/7/29	买开	2.36	0	0
512	000524	岭南控股	2005/8/26	止赢	3.07	41244.61	30.08
513	000524	岭南控股	2008/11/7	买开	2.31	0	0
514	000524	岭南控股	2008/11/21	止赢	2.9	45413.49	25.54
515	000524	岭南控股	2012/1/13	买开	6.09	0	0
516	000524	岭南控股	2012/2/17	止赢	7.48	50794.77	22.82
517	000525	红太阳	2005/7/29	买开	2.98	0	0
518	000525	红太阳	2005/9/16	止赢	3.81	27809.98	27.85
519	000526	银润投资	1995/10/20	买开	4.31	0	0
520	000526	银润投资	1995/12/15	止赢	6	39152.23	39.21
521	000526	银润投资	2002/1/25	买开	10.74	0	0
522	000526	银润投资	2002/3/7	止赢	12.95	28515.63	20.58
523	000526	银润投资	2012/1/13	买开	6.54	0	0
524	000526	银润投资	2012/2/24	止赢	8.41	47636.38	28.59
525	000529	广弘控股	2006/4/28	买开	0.87	0	0
526	000529	广弘控股	2009/9/11	止赢	8.15	835525.56	836.78
527	000530	大冷股份	1997/10/10	买开	11.47	0	0
528	000530	大冷股份	1997/10/24	止赢	14.2	23764.65	23.8
529	000531	穗恒运A	2002/2/1	买开	7.1	0	0
530	000531	穗恒运A	2002/3/22	止赢	8.52	19969.47	20
531	000531	穗恒运A	2012/1/13	买开	6.76	0	0
532	000531	穗恒运A	2012/2/24	止赢	8.41	29157.14	24.41
533	000532	力合股份	2002/1/25	买开	8.94	0	0
534	000532	力合股份	2002/3/8	止赢	10.8	20772.49	20.81

续表

序号	股票代码	股票名称	买卖时间	信号类型	价格（元）	收益（元）	收益率(%)
535	000532	力合股份	2005/7/22	买开	2.77	0	0
536	000532	力合股份	2005/8/12	止赢	3.39	26917.3	22.38
537	000532	力合股份	2010/7/9	买开	7.6	0	0
538	000532	力合股份	2010/10/22	止赢	9.59	38420.93	26.18
539	000533	万 家 乐	2002/2/1	买开	4.2	0	0
540	000533	万 家 乐	2002/3/8	止赢	5.18	23297.54	23.33
541	000533	万 家 乐	2005/7/29	买开	2.02	0	0
542	000533	万 家 乐	2005/8/26	止赢	2.45	26135.83	21.29
543	000534	万泽股份	2010/7/9	买开	5.49	0	0
544	000534	万泽股份	2010/8/20	止赢	7.06	28553.59	28.6
545	000536	华映科技	2004/1/9	买开	3.2	0	0
546	000536	华映科技	2004/2/6	止赢	4.38	36819.54	36.88
547	000536	华映科技	2005/7/29	买开	1.84	0	0
548	000536	华映科技	2005/8/12	止赢	2.54	51837.79	38.04
549	000537	广宇发展	2001/10/26	买开	12.19	0	0
550	000537	广宇发展	2002/3/15	止赢	15.22	24818.74	24.86
551	000537	广宇发展	2005/12/16	买开	2.36	0	0
552	000537	广宇发展	2006/2/17	止赢	3.01	34233.55	27.54
553	000537	广宇发展	2011/12/9	买开	4.93	0	0
554	000537	广宇发展	2012/1/20	止赢	6.07	36547.27	23.12
555	000538	云南白药	2014/7/18	买开	49.84	0	0
556	000538	云南白药	2014/12/5	到期	59.1	18547.78	18.58
557	000539	粤电力 A	2008/4/25	买开	7.2	0	0
558	000539	粤电力 A	2008/5/30	止赢	8.8	22188.8	22.22
559	000540	中天城投	2003/11/14	买开	3.94	0	0
560	000540	中天城投	2004/2/6	止赢	5.66	43588.23	43.65
561	000540	中天城投	2010/6/11	买开	7.99	0	0
562	000540	中天城投	2010/6/25	止赢	10.05	36869.89	25.78
563	000541	佛山照明	2008/7/4	买开	7.78	0	0
564	000541	佛山照明	2008/7/25	止赢	9.64	23871.24	23.91
565	000543	皖能电力	2005/7/22	买开	2.88	0	0
566	000543	皖能电力	2005/9/16	止赢	3.86	33976.59	34.03
567	000543	皖能电力	2008/11/7	买开	3.49	0	0
568	000543	皖能电力	2008/11/21	止赢	4.92	54668.9	40.97

续表

序号	股票代码	股票名称	买卖时间	信号类型	价格（元）	收益（元）	收益率（%）
569	000543	皖能电力	2012/1/13	买开	5.06	0	0
570	000543	皖能电力	2012/6/8	到期	5.87	30019.41	16.01
571	000544	中原环保	2005/7/22	买开	2.09	0	0
572	000544	中原环保	2005/9/2	止赢	2.59	23887.5	23.92
573	000545	金浦钛业	2002/1/25	买开	6.89	0	0
574	000545	金浦钛业	2002/3/8	止赢	8.69	26085.6	26.12
575	000545	金浦钛业	2005/7/22	买开	1.95	0	0
576	000545	金浦钛业	2005/8/19	止赢	2.42	30262.83	24.1
577	000546	金圆股份	2012/1/13	买开	6.01	0	0
578	000546	金圆股份	2012/2/10	止赢	7.28	21099.78	21.13
579	000547	航天发展	2002/1/25	买开	8.5	0	0
580	000547	航天发展	2002/5/10	止赢	10.23	20322.3	20.35
581	000547	航天发展	2008/11/7	买开	3.54	0	0
582	000547	航天发展	2008/11/21	止赢	4.31	26060.65	21.75
583	000548	湖南投资	2008/11/7	买开	3.04	0	0
584	000548	湖南投资	2008/11/21	止赢	3.74	22991.5	23.03
585	000548	湖南投资	2010/7/9	买开	6.46	0	0
586	000548	湖南投资	2010/11/12	止赢	7.99	29005.73	23.68
587	000548	湖南投资	2012/1/13	买开	3.87	0	0
588	000548	湖南投资	2012/6/1	止赢	5.18	51121.44	33.85
589	000550	江铃汽车	2008/11/7	买开	6.92	0	0
590	000550	江铃汽车	2008/12/5	止赢	8.79	26982.23	27.02
591	000551	创元科技	2002/1/25	买开	6.91	0	0
592	000551	创元科技	2002/3/8	止赢	8.72	26154.51	26.19
593	000551	创元科技	2012/1/13	买开	8.7	0	0
594	000551	创元科技	2012/3/2	止赢	10.7	28878	22.99
595	000552	靖远煤电	2003/11/14	买开	3.97	0	0
596	000552	靖远煤电	2003/12/5	止赢	4.83	21629.86	21.66
597	000552	靖远煤电	2010/7/9	买开	11.5	0	0
598	000552	靖远煤电	2010/7/23	止赢	14.75	34225.75	28.26
599	000553	沙隆达A	2005/7/22	买开	2.23	0	0
600	000553	沙隆达A	2005/8/26	止赢	2.68	20148.75	20.18
601	000554	泰山石油	2008/11/7	买开	3.86	0	0
602	000554	泰山石油	2008/11/21	止赢	4.84	25349.67	25.39

续表

序号	股票代码	股票名称	买卖时间	信号类型	价格（元）	收益（元）	收益率（%）
603	000555	神州信息	2005/5/20	买开	2.98	0	0
604	000555	神州信息	2005/6/17	止赢	3.83	28480.1	28.52
605	000555	神州信息	2005/7/29	买开	2.36	0	0
606	000555	神州信息	2005/8/19	止赢	2.99	34154.83	26.69
607	000555	神州信息	2012/1/13	买开	5.71	0	0
608	000555	神州信息	2012/2/16	止赢	6.95	35095.71	21.72
609	000557	*ST 广夏	2002/1/25	买开	2.67	0	0
610	000557	*ST 广夏	2002/2/8	止赢	4.17	56095.5	56.18
611	000557	*ST 广夏	2008/4/30	买开	4.64	0	0
612	000557	*ST 广夏	2008/5/14	止赢	6.25	53947.88	34.7
613	000557	*ST 广夏	2008/11/14	买开	2.77	0	0
614	000557	*ST 广夏	2009/2/6	止赢	3.46	52010.82	24.91
615	000558	莱茵体育	2002/2/1	买开	9.27	0	0
616	000558	莱茵体育	2002/3/8	止赢	11.83	27573.75	27.62
617	000558	莱茵体育	2004/1/9	买开	5.52	0	0
618	000558	莱茵体育	2004/2/6	止赢	6.88	31299.04	24.64
619	000559	万向钱潮	2008/11/7	买开	2.94	0	0
620	000559	万向钱潮	2008/11/14	止赢	3.53	20037.58	20.07
621	000560	昆百大 A	2002/2/1	买开	6.58	0	0
622	000560	昆百大 A	2002/3/8	止赢	9.09	38086.74	38.15
623	000561	烽火电子	2004/1/30	买开	2.41	0	0
624	000561	烽火电子	2004/2/20	止赢	3.37	39773.75	39.83
625	000561	烽火电子	2005/12/23	买开	1.66	0	0
626	000561	烽火电子	2006/3/17	止赢	2.02	30188.88	21.69
627	000561	烽火电子	2008/12/5	买开	3.75	0	0
628	000561	烽火电子	2009/1/16	止赢	4.67	41433.13	24.53
629	000561	烽火电子	2011/12/23	买开	5.92	0	0
630	000561	烽火电子	2012/3/9	止赢	7.76	65172.8	31.08
631	000563	陕国投 A	2002/1/25	买开	6.62	0	0
632	000563	陕国投 A	2002/3/8	止赢	8.66	30769.32	30.82
633	000564	西安民生	2002/1/25	买开	6.43	0	0
634	000564	西安民生	2002/3/8	止赢	7.9	22826.16	22.86
635	000564	西安民生	2008/10/24	买开	2.82	0	0
636	000564	西安民生	2008/12/5	止赢	3.45	27323.73	22.34

续表

序号	股票代码	股票名称	买卖时间	信号类型	价格（元）	收益（元）	收益率（%）
637	000565	渝三峡A	2005/7/22	买开	2	0	0
638	000565	渝三峡A	2005/8/26	止赢	2.45	22466.25	22.5
639	000565	渝三峡A	2008/11/7	买开	6.14	0	0
640	000565	渝三峡A	2008/11/21	止赢	8.85	53823.32	44.14
641	000565	渝三峡A	2012/1/13	买开	6.2	0	0
642	000565	渝三峡A	2012/2/24	止赢	7.7	42397.5	24.19
643	000566	海南海药	1997/12/31	买开	6.52	0	0
644	000566	海南海药	1998/1/9	止赢	8.15	24961.81	25
645	000566	海南海药	1999/5/21	买开	5.4	0	0
646	000566	海南海药	1999/7/16	止赢	6.99	36639.95	29.44
647	000566	海南海药	2002/1/24	买开	4.36	0	0
648	000566	海南海药	2002/2/1	止赢	5.31	34991.34	21.79
649	000566	海南海药	2008/9/19	买开	5.94	0	0
650	000566	海南海药	2008/11/14	止赢	7.5	51211.68	26.26
651	000566	海南海药	2012/12/7	买开	8.44	0	0
652	000566	海南海药	2013/1/25	止赢	10.16	50024.49	20.38
653	000567	海德股份	1996/2/16	买开	2.69	0	0
654	000567	海德股份	1996/4/26	止赢	3.4	26354.49	26.39
655	000567	海德股份	1999/2/9	买开	5.43	0	0
656	000567	海德股份	1999/3/12	止赢	6.73	30123.6	23.94
657	000567	海德股份	2002/2/1	买开	5.63	0	0
658	000567	海德股份	2002/3/8	止赢	7.2	43357.11	27.89
659	000567	海德股份	2004/9/3	买开	3.4	0	0
660	000567	海德股份	2004/10/8	止赢	4.12	41981.03	21.18
661	000567	海德股份	2012/1/13	买开	4.96	0	0
662	000567	海德股份	2012/2/24	止赢	5.97	48769.86	20.36
663	000570	苏常柴A	2002/1/25	买开	5.36	0	0
664	000570	苏常柴A	2002/3/8	止赢	7.24	35020.63	35.07
665	000570	苏常柴A	2008/11/7	买开	2.47	0	0
666	000570	苏常柴A	2008/11/14	止赢	3.04	31030.8	23.08
667	000570	苏常柴A	2012/1/13	买开	5.04	0	0
668	000570	苏常柴A	2012/2/17	止赢	6.39	44196.3	26.79
669	000571	新大洲A	1996/1/26	买开	3.8	0	0
670	000571	新大洲A	1996/4/26	止赢	6.72	76725.91	76.84

续表

序号	股票代码	股票名称	买卖时间	信号类型	价格（元）	收益（元）	收益率(%)
671	000571	新大洲A	1997/10/10	买开	11.94	0	0
672	000571	新大洲A	1998/3/13	到期	11.42	−7666.87	−4.36
673	000571	新大洲A	2002/1/25	买开	4.22	0	0
674	000571	新大洲A	2002/3/8	止赢	5.43	48135.01	28.67
675	000572	海马汽车	1997/12/26	买开	5.2	0	0
676	000572	海马汽车	1998/5/29	止赢	6.25	20161.05	20.19
677	000572	海马汽车	2002/2/1	买开	5.57	0	0
678	000572	海马汽车	2002/3/8	止赢	7.12	33295.54	27.83
679	000573	粤宏远A	2002/1/25	买开	4.12	0	0
680	000573	粤宏远A	2002/3/8	止赢	5.44	31990.21	32.04
681	000573	粤宏远A	2005/7/22	买开	1.99	0	0
682	000573	粤宏远A	2005/9/2	止赢	2.45	30384.38	23.12
683	000573	粤宏远A	2008/11/7	买开	1.8	0	0
684	000573	粤宏远A	2008/11/14	止赢	2.16	32268.97	20
685	000576	广东甘化	2005/7/22	买开	1.95	0	0
686	000576	广东甘化	2005/8/19	止赢	2.97	52229.1	52.31
687	000576	广东甘化	2008/11/7	买开	2.24	0	0
688	000576	广东甘化	2008/11/21	止赢	2.72	32490.72	21.43
689	000576	广东甘化	2012/1/13	买开	5.99	0	0
690	000576	广东甘化	2012/2/17	止赢	7.26	38917.89	21.2
691	000581	威孚高科	2004/11/5	买开	7.54	0	0
692	000581	威孚高科	2005/1/21	止赢	9.12	20922.36	20.95
693	000581	威孚高科	2008/11/7	买开	4.31	0	0
694	000581	威孚高科	2008/11/14	止赢	5.44	31568.81	26.22
695	000581	威孚高科	2013/7/26	买开	21.38	0	0
696	000581	威孚高科	2013/10/11	止赢	26.63	37206.75	24.56
697	000582	北部湾港	1997/10/10	买开	8.27	0	0
698	000582	北部湾港	1997/10/31	止赢	10	20886.29	20.92
699	000582	北部湾港	1998/3/27	买开	8.3	0	0
700	000582	北部湾港	1998/4/17	止赢	10.01	24798.42	20.6
701	000582	北部湾港	2002/2/1	买开	8.76	0	0
702	000582	北部湾港	2002/4/12	止赢	10.6	30400.48	21
703	000582	北部湾港	2012/1/13	买开	7.57	0	0
704	000582	北部湾港	2012/7/27	止赢	10.19	60432.91	34.61

续表

序号	股票代码	股票名称	买卖时间	信号类型	价格（元）	收益（元）	收益率(%)
705	000584	友利控股	2006/4/28	买开	2.57	0	0
706	000584	友利控股	2006/6/2	止赢	3.15	22534.17	22.57
707	000584	友利控股	2008/6/27	买开	7.09	0	0
708	000584	友利控股	2008/11/21	到期	4.18	−50078.2	−41.04
709	000584	友利控股	2012/1/13	买开	4.94	0	0
710	000584	友利控股	2012/3/23	止赢	6	15390.14	21.46
711	000585	东北电气	2008/11/7	买开	1.74	0	0
712	000585	东北电气	2008/11/21	止赢	2.84	63123.5	63.22
713	000585	东北电气	2012/8/10	买开	1.62	0	0
714	000585	东北电气	2012/9/14	止赢	1.96	34101.66	20.99
715	000586	汇源通信	2002/1/25	买开	8	0	0
716	000586	汇源通信	2002/3/8	止赢	9.94	24213.13	24.25
717	000586	汇源通信	2005/7/22	买开	2.82	0	0
718	000586	汇源通信	2005/8/26	止赢	3.48	28948.92	23.4
719	000587	金叶珠宝	2004/1/16	买开	3.54	0	0
720	000587	金叶珠宝	2004/2/6	止赢	4.43	25103.34	25.14
721	000587	金叶珠宝	2004/11/5	买开	1.6	0	0
722	000587	金叶珠宝	2004/11/26	止赢	2.05	35037.89	28.12
723	000589	黔轮胎 A	2002/1/25	买开	5.84	0	0
724	000589	黔轮胎 A	2002/3/8	止赢	7.2	23251.91	23.29
725	000590	*ST 古汉	2002/2/1	买开	7.88	0	0
726	000590	*ST 古汉	2002/3/8	止赢	9.92	25848.84	25.89
727	000590	*ST 古汉	2003/11/14	买开	4.27	0	0
728	000590	*ST 古汉	2004/2/13	止赢	5.13	25240.14	20.14
729	000590	*ST 古汉	2012/1/13	买开	8.2	0	0
730	000590	*ST 古汉	2012/3/9	止赢	10.4	40273.2	26.83
731	000591	桐君阁	2011/10/28	买开	6.45	0	0
732	000591	桐君阁	2011/11/11	止赢	7.83	21362.4	21.4
733	000591	桐君阁	2012/1/13	买开	5.5	0	0
734	000591	桐君阁	2012/2/24	止赢	6.79	28343.88	23.45
735	000592	平潭发展	1999/5/21	买开	4.87	0	0
736	000592	平潭发展	1999/7/2	止赢	6.01	23373.43	23.41
737	000592	平潭发展	2002/2/1	买开	4.86	0	0
738	000592	平潭发展	2002/3/8	止赢	5.87	25530.77	20.78

续表

序号	股票代码	股票名称	买卖时间	信号类型	价格（元）	收益（元）	收益率(%)
739	000592	平潭发展	2004/1/9	买开	2.68	0	0
740	000592	平潭发展	2004/2/13	止赢	3.35	36984.66	25
741	000592	平潭发展	2005/7/29	买开	0.84	0	0
742	000592	平潭发展	2005/8/19	止赢	1.02	39508.02	21.43
743	000592	平潭发展	2011/10/28	买开	6.03	0	0
744	000592	平潭发展	2011/11/11	止赢	7.33	48120.79	21.56
745	000593	大通燃气	2005/7/29	买开	2.55	0	0
746	000593	大通燃气	2005/9/2	止赢	3.14	23102.05	23.14
747	000593	大通燃气	2008/11/7	买开	3.16	0	0
748	000593	大通燃气	2008/11/14	止赢	3.94	30257.76	24.68
749	000595	宝塔实业	2008/11/7	买开	5.89	0	0
750	000595	宝塔实业	2008/11/14	止赢	7.3	23902.33	23.94
751	000595	宝塔实业	2012/8/10	买开	5.23	0	0
752	000595	宝塔实业	2013/1/4	到期	5.94	16749.61	13.58
753	000596	古井贡酒	2005/7/22	买开	2.45	0	0
754	000596	古井贡酒	2005/8/12	止赢	3.02	23230.35	23.27
755	000596	古井贡酒	2008/10/24	买开	6.68	0	0
756	000596	古井贡酒	2008/11/14	止赢	8.03	24799.5	20.21
757	000596	古井贡酒	2012/12/14	买开	26.97	0	0
758	000596	古井贡酒	2012/12/28	止赢	33.95	38061.95	25.88
759	000597	东北制药	2005/7/22	买开	2.46	0	0
760	000597	东北制药	2005/8/12	止赢	2.97	20700.39	20.73
761	000597	东北制药	2010/7/9	买开	14.83	0	0
762	000597	东北制药	2010/9/3	止赢	18.25	27715.68	23.06
763	000597	东北制药	2012/1/13	买开	6.91	0	0
764	000597	东北制药	2012/2/17	止赢	8.37	31156.4	21.13
765	000598	兴蓉环境	2005/11/4	买开	2.46	0	0
766	000598	兴蓉环境	2006/1/20	止赢	3.06	24353.4	24.39
767	000599	青岛双星	2010/7/9	买开	5.14	0	0
768	000599	青岛双星	2010/9/17	止赢	6.61	28556.22	28.6
769	000600	建投能源	2002/1/25	买开	8.25	0	0
770	000600	建投能源	2002/3/8	止赢	10.09	22269.52	22.3
771	000600	建投能源	2005/2/4	买开	7.56	0	0
772	000600	建投能源	2005/3/11	止赢	9.09	24640.65	20.24

续表

序号	股票代码	股票名称	买卖时间	信号类型	价格（元）	收益（元）	收益率(%)
773	000600	建投能源	2008/11/7	买开	3.92	0	0
774	000600	建投能源	2008/11/14	止赢	4.84	34254.36	23.47
775	000601	韶能股份	2010/7/8	买开	4.44	0	0
776	000601	韶能股份	2010/8/27	止赢	5.71	28559.76	28.6
777	000603	盛达矿业	2002/2/1	买开	10.8	0	0
778	000603	盛达矿业	2002/3/8	止赢	13.52	25146.4	25.19
779	000603	盛达矿业	2005/7/29	买开	2.27	0	0
780	000603	盛达矿业	2005/8/26	止赢	2.77	27449.5	22.03
781	000605	渤海股份	2006/8/11	买开	3.42	0	0
782	000605	渤海股份	2006/9/15	止赢	4.17	21896.25	21.93
783	000606	青海明胶	2002/1/25	买开	10.2	0	0
784	000606	青海明胶	2002/3/15	止赢	13.8	35240.4	35.29
785	000606	青海明胶	2003/9/19	买开	7.02	0	0
786	000606	青海明胶	2003/11/21	止赢	8.85	35110.39	26.07
787	000606	青海明胶	2012/4/6	买开	5.24	0	0
788	000606	青海明胶	2012/4/19	止赢	7.94	87226.21	51.53
789	000607	华媒控股	2003/11/14	买开	6.55	0	0
790	000607	华媒控股	2003/12/5	止赢	7.86	19969.64	20
791	000607	华媒控股	2008/11/7	买开	2.37	0	0
792	000607	华媒控股	2008/11/21	止赢	2.88	25706.56	21.52
793	000608	阳光股份	2002/1/25	买开	8.7	0	0
794	000608	阳光股份	2002/3/8	止赢	10.67	22609.69	22.64
795	000608	阳光股份	2008/11/7	买开	2.97	0	0
796	000608	阳光股份	2008/11/14	止赢	3.76	32475.32	26.6
797	000608	阳光股份	2011/10/14	买开	4.06	0	0
798	000608	阳光股份	2011/10/28	止赢	4.91	32262.6	20.94
799	000608	阳光股份	2012/1/13	买开	3.79	0	0
800	000608	阳光股份	2012/2/24	止赢	4.7	44613.65	24.01
801	000609	绵世股份	2002/2/1	买开	10.68	0	0
802	000609	绵世股份	2002/4/30	止赢	13.07	22344.1	22.38
803	000609	绵世股份	2012/1/13	买开	6.55	0	0
804	000609	绵世股份	2012/2/24	止赢	8.29	32362.26	26.56
805	000610	西安旅游	2003/11/14	买开	4.99	0	0
806	000610	西安旅游	2004/2/20	止赢	6.49	30015	30.06

续表

序号	股票代码	股票名称	买卖时间	信号类型	价格（元）	收益（元）	收益率(%)
807	000610	西安旅游	2005/7/29	买开	3.2	0	0
808	000610	西安旅游	2005/8/26	止赢	3.99	31964.19	24.69
809	000610	西安旅游	2012/1/13	买开	6.21	0	0
810	000610	西安旅游	2012/2/24	止赢	7.55	34730.13	21.58
811	000611	*ST 蒙发	2002/1/25	买开	6.05	0	0
812	000611	*ST 蒙发	2002/3/8	止赢	8.08	33503.12	33.55
813	000611	*ST 蒙发	2003/11/14	买开	5.11	0	0
814	000611	*ST 蒙发	2004/2/6	止赢	6.32	31481.78	23.68
815	000611	*ST 蒙发	2008/11/7	买开	2.49	0	0
816	000611	*ST 蒙发	2008/11/14	止赢	3.09	39503.99	24.1
817	000612	焦作万方	2002/2/1	买开	7.04	0	0
818	000612	焦作万方	2002/4/5	止赢	8.5	20707.18	20.74
819	000612	焦作万方	2008/11/7	买开	6.37	0	0
820	000612	焦作万方	2008/11/14	止赢	8.39	38115.39	31.71
821	000613	大东海 A	2004/11/12	买开	1.67	0	0
822	000613	大东海 A	2004/12/3	止赢	2.07	23916	23.95
823	000613	大东海 A	2008/11/7	买开	1.46	0	0
824	000613	大东海 A	2008/11/21	止赢	1.77	26200.27	21.23
825	000613	大东海 A	2012/1/6	买开	3.23	0	0
826	000613	大东海 A	2012/2/24	止赢	3.97	34169.5	22.91
827	000615	湖北金环	2002/2/1	买开	8.16	0	0
828	000615	湖北金环	2002/4/5	止赢	10.35	26796.85	26.84
829	000615	湖北金环	2005/7/22	买开	2.76	0	0
830	000615	湖北金环	2005/8/12	止赢	3.36	27449.4	21.74
831	000615	湖北金环	2010/7/9	买开	7.28	0	0
832	000615	湖北金环	2010/11/5	止赢	8.88	33681.6	21.98
833	000616	海航投资	2002/1/25	买开	8.05	0	0
834	000616	海航投资	2002/3/7	止赢	9.69	20340.91	20.37
835	000617	石油济柴	2012/1/13	买开	9.28	0	0
836	000617	石油济柴	2012/2/24	止赢	11.28	21518	21.55
837	000617	石油济柴	2013/5/3	买开	6.23	0	0
838	000617	石油济柴	2013/6/7	止赢	7.81	30686.76	25.36
839	000619	海螺型材	2008/11/7	买开	3.28	0	0
840	000619	海螺型材	2008/11/14	止赢	4.08	24353.6	24.39

续表

序号	股票代码	股票名称	买卖时间	信号类型	价格（元）	收益（元）	收益率(%)
841	000619	海螺型材	2012/1/13	买开	5.28	0	0
842	000619	海螺型材	2012/2/24	止赢	6.38	25797.2	20.83
843	000620	新华联	2002/3/1	买开	8.09	0	0
844	000620	新华联	2002/3/15	止赢	10.25	26658.72	26.7
845	000620	新华联	2005/7/15	买开	1.03	0	0
846	000620	新华联	2005/8/26	止赢	1.38	42859.6	33.98
847	000622	恒立实业	2002/1/25	买开	7.41	0	0
848	000622	恒立实业	2002/3/8	止赢	9.15	23446.5	23.48
849	000622	恒立实业	2003/11/14	买开	4.58	0	0
850	000622	恒立实业	2004/2/19	止赢	5.89	35160.4	28.6
851	000622	恒立实业	2005/7/29	买开	1.05	0	0
852	000622	恒立实业	2005/8/26	止赢	1.39	51036.73	32.38
853	000623	吉林敖东	2002/1/25	买开	9.09	0	0
854	000623	吉林敖东	2002/4/19	止赢	10.94	20320.39	20.35
855	000623	吉林敖东	2010/7/9	买开	26.82	0	0
856	000623	吉林敖东	2010/10/15	止赢	36.51	43285.22	36.13
857	000623	吉林敖东	2012/12/7	买开	13.59	0	0
858	000623	吉林敖东	2013/1/4	止赢	17.17	42834.7	26.34
859	000626	如意集团	2008/11/7	买开	3.68	0	0
860	000626	如意集团	2008/11/21	止赢	4.63	25776.35	25.82
861	000627	天茂集团	2005/7/29	买开	1.85	0	0
862	000627	天茂集团	2005/8/26	止赢	2.36	27526.22	27.57
863	000627	天茂集团	2008/11/7	买开	2.83	0	0
864	000627	天茂集团	2008/11/14	止赢	3.45	27821.88	21.91
865	000627	天茂集团	2010/7/9	买开	4.41	0	0
866	000627	天茂集团	2010/8/6	止赢	6.12	59850	38.78
867	000628	高新发展	2005/7/22	买开	2.6	0	0
868	000628	高新发展	2005/9/2	止赢	3.18	22273.75	22.31
869	000628	高新发展	2008/11/7	买开	2.03	0	0
870	000628	高新发展	2008/11/21	止赢	2.47	26390.76	21.67
871	00630	铜陵有色	2008/11/7	买开	6	0	0
872	000630	铜陵有色	2008/12/5	止赢	7.55	25793.55	25.83
873	000630	铜陵有色	2011/12/30	买开	16.81	0	0
874	000630	铜陵有色	2012/2/10	止赢	21.61	35764.81	28.55

续表

序号	股票代码	股票名称	买卖时间	信号类型	价格（元）	收益（元）	收益率(%)
875	000631	顺发恒业	1999/5/21	买开	9.67	0	0
876	000631	顺发恒业	1999/6/4	止赢	11.69	20856.49	20.89
877	000631	顺发恒业	2002/1/25	买开	6.33	0	0
878	000631	顺发恒业	2002/3/8	止赢	8.69	44865.95	37.28
879	000631	顺发恒业	2005/7/29	买开	0.96	0	0
880	000631	顺发恒业	2005/8/19	止赢	1.28	54905.28	33.33
881	000631	顺发恒业	2006/4/27	买开	0.76	0	0
882	000631	顺发恒业	2009/6/5	止赢	10.3	2748569.5	1255.26
883	000631	顺发恒业	2012/1/13	买开	3.64	0	0
884	000631	顺发恒业	2012/2/24	止赢	5.42	1446808.88	48.9
885	000632	三木集团	2005/7/22	买开	2.14	0	0
886	000632	三木集团	2005/8/19	止赢	2.6	21462.67	21.5
887	000633	合金投资	2005/4/29	买开	1.61	0	0
888	000633	合金投资	2005/8/19	止赢	2.01	24807.2	24.84
889	000633	合金投资	2010/7/9	买开	6.95	0	0
890	000633	合金投资	2010/9/17	止赢	8.55	28611.21	23.02
891	000635	英 力 特	1998/9/4	买开	9.2	0	0
892	000635	英 力 特	1998/10/23	止赢	11.13	20946.29	20.98
893	000635	英 力 特	2002/1/25	买开	7.17	0	0
894	000635	英 力 特	2002/3/8	止赢	9.36	36785.42	30.54
895	000635	英 力 特	2005/12/16	买开	3.72	0	0
896	000635	英 力 特	2006/1/20	止赢	4.68	40450.55	25.81
897	000635	英 力 特	2008/6/27	买开	18.25	0	0
898	000635	英 力 特	2008/7/11	止赢	22.07	41152.86	20.93
899	000635	英 力 特	2010/7/9	买开	11.79	0	0
900	000635	英 力 特	2010/8/27	止赢	14.16	47648.85	20.1
901	000636	风华高科	2002/1/25	买开	8.45	0	0
902	000636	风华高科	2002/3/8	止赢	10.98	29894.48	29.94
903	000636	风华高科	2005/7/15	买开	2.9	0	0
904	000636	风华高科	2005/8/19	止赢	3.7	35684	27.59
905	000637	茂化实华	1998/9/4	买开	9	0	0
906	000637	茂化实华	1998/10/23	止赢	11.09	23186.46	23.22
907	000637	茂化实华	2006/3/17	买开	4.03	0	0
908	000637	茂化实华	2006/4/21	止赢	5.17	34699.32	28.29

续表

序号	股票代码	股票名称	买卖时间	信号类型	价格（元）	收益（元）	收益率(%)
909	000637	茂化实华	2010/7/9	买开	6.14	0	0
910	000637	茂化实华	2010/10/8	止赢	7.37	31430.19	20.03
911	000638	万方发展	2002/2/1	买开	5.33	0	0
912	000638	万方发展	2002/3/8	止赢	6.65	24727.56	24.77
913	000638	万方发展	2010/7/9	买开	8.26	0	0
914	000638	万方发展	2010/9/17	止赢	10.25	29921.64	24.09
915	000639	西王食品	2006/12/1	买开	6.25	0	0
916	000639	西王食品	2007/2/9	止赢	7.71	23324.96	23.36
917	000639	西王食品	2008/6/27	买开	7.11	0	0
918	000639	西王食品	2008/7/18	止赢	9.22	36443.92	29.68
919	000650	仁和药业	2010/7/9	买开	14.83	0	0
920	000650	仁和药业	2010/9/10	止赢	18.48	24571.8	24.61
921	000650	仁和药业	2012/12/7	买开	4.88	0	0
922	000650	仁和药业	2013/1/18	止赢	5.97	27706.7	22.34
923	000652	泰达股份	2008/6/27	买开	6.2	0	0
924	000652	泰达股份	2008/7/11	止赢	8	28987.2	29.03
925	000655	金岭矿业	2003/11/14	买开	3.83	0	0
926	000655	金岭矿业	2004/1/30	止赢	4.62	20595.3	20.63
927	000655	金岭矿业	2005/7/22	买开	1.61	0	0
928	000655	金岭矿业	2005/8/26	止赢	2.12	38038.85	31.68
929	000656	金科股份	2002/2/1	买开	5.58	0	0
930	000656	金科股份	2002/3/8	止赢	8.14	45808.65	45.88
931	000656	金科股份	2010/6/11	买开	8.58	0	0
932	000656	金科股份	2010/7/30	止赢	10.32	29449.5	20.28
933	000657	中钨高新	2002/1/25	买开	8.35	0	0
934	000657	中钨高新	2002/3/8	止赢	10.79	29177.52	29.22
935	000659	*ST 中富	1999/5/21	买开	7.43	0	0
936	000659	*ST 中富	1999/6/18	止赢	9.51	27951.04	27.99
937	000659	*ST 中富	2008/11/7	买开	3.58	0	0
938	000659	*ST 中富	2008/12/19	止赢	4.56	34879.18	27.37
939	000659	*ST 中富	2012/1/20	买开	3.23	0	0
940	000659	*ST 中富	2012/2/24	止赢	3.88	32562.4	20.12
941	000661	长春高新	2002/2/1	买开	8.39	0	0
942	000661	长春高新	2002/3/8	止赢	10.23	21897.83	21.93

续表

序号	股票代码	股票名称	买卖时间	信号类型	价格（元）	收益（元）	收益率(%)
943	000661	长春高新	2004/1/9	买开	4.56	0	0
944	000661	长春高新	2004/2/6	止赢	5.48	24489.48	20.18
945	000661	长春高新	2005/7/22	买开	2.91	0	0
946	000661	长春高新	2005/9/2	止赢	3.71	39981.6	27.49
947	000662	索芙特	2006/4/28	买开	4.67	0	0
948	000662	索芙特	2006/5/26	止赢	6.01	28650.54	28.69
949	000663	永安林业	2002/2/1	买开	7.73	0	0
950	000663	永安林业	2002/4/5	止赢	9.4	21571.38	21.6
951	000663	永安林业	2008/7/4	买开	7.4	0	0
952	000663	永安林业	2008/7/25	止赢	9.37	32227.23	26.62
953	000663	永安林业	2012/1/13	买开	4.99	0	0
954	000663	永安林业	2012/3/2	止赢	6.05	32463.57	21.24
955	000665	湖北广电	2002/1/25	买开	8.79	0	0
956	000665	湖北广电	2002/3/22	止赢	10.9	23967.49	24
957	000665	湖北广电	2005/7/22	买开	2.6	0	0
958	000665	湖北广电	2005/8/19	止赢	3.29	32760.51	26.54
959	000665	湖北广电	2012/12/7	买开	8.56	0	0
960	000665	湖北广电	2013/1/18	止赢	11.27	49303.03	31.66
961	000666	经纬纺机	2002/2/1	买开	6.6	0	0
962	000666	经纬纺机	2002/4/30	止赢	7.93	20120.24	20.15
963	000666	经纬纺机	2011/12/30	买开	9.23	0	0
964	000666	经纬纺机	2012/3/9	止赢	11.31	26952.65	22.54
965	000667	美好集团	2002/1/25	买开	6.81	0	0
966	000667	美好集团	2002/3/8	止赢	9.5	39440.78	39.5
967	000667	美好集团	2006/3/17	买开	3.07	0	0
968	000667	美好集团	2006/4/7	止赢	4.2	51115.54	36.81
969	000668	荣丰控股	2002/2/1	买开	9.67	0	0
970	000668	荣丰控股	2002/4/5	止赢	11.8	21992.25	22.03
971	000668	荣丰控股	2012/1/13	买开	7.03	0	0
972	000668	荣丰控股	2012/2/24	止赢	8.51	25572.92	21.05
973	000669	金鸿能源	2002/1/25	买开	12.41	0	0
974	000669	金鸿能源	2002/3/8	止赢	15.05	21238.8	21.27
975	000669	金鸿能源	2008/11/7	买开	3.58	0	0
976	000669	金鸿能源	2008/12/5	止赢	4.4	27652.04	22.91

续表

序号	股票代码	股票名称	买卖时间	信号类型	价格（元）	收益（元）	收益率(%)
977	000670	盈方微	2002/1/25	买开	6.45	0	0
978	000670	盈方微	2002/3/8	止赢	7.74	19969.2	20
979	000670	盈方微	2005/7/22	买开	1.82	0	0
980	000670	盈方微	2005/8/12	止赢	2.2	24942.06	20.88
981	000672	上峰水泥	2005/7/22	买开	1.83	0	0
982	000672	上峰水泥	2005/8/26	止赢	2.36	28917.85	28.96
983	000673	当代东方	2002/2/1	买开	8.07	0	0
984	000673	当代东方	2002/3/8	止赢	9.75	20786.64	20.82
985	000673	当代东方	2005/7/29	买开	2.7	0	0
986	000673	当代东方	2005/9/2	止赢	3.24	24054.84	20
987	000673	当代东方	2012/8/10	买开	3.59	0	0
988	000673	当代东方	2012/10/12	止赢	4.56	38880.51	27.02
989	000676	智度投资	2005/7/22	买开	2.88	0	0
990	000676	智度投资	2005/8/12	止赢	3.74	29816.2	29.86
991	000676	智度投资	2008/11/7	买开	2.34	0	0
992	000676	智度投资	2008/11/21	止赢	3.18	46407.49	35.9
993	000676	智度投资	2010/7/9	买开	4.47	0	0
994	000676	智度投资	2010/8/20	止赢	5.42	37225.76	21.25
995	000676	智度投资	2012/1/13	买开	2.9	0	0
996	000676	智度投资	2012/2/24	止赢	3.57	48920.71	23.1
997	000677	*ST 海龙	2002/1/25	买开	8.03	0	0
998	000677	*ST 海龙	2002/3/8	止赢	10.15	26360.08	26.4
999	000677	*ST 海龙	2005/1/28	买开	4.01	0	0
1000	000677	*ST 海龙	2005/3/11	止赢	5.14	35458.26	28.18
1001	000677	*ST 海龙	2008/6/27	买开	4.56	0	0
1002	000677	*ST 海龙	2008/7/11	止赢	5.66	38790.4	24.12
1003	000677	*ST 海龙	2008/11/7	买开	2.27	0	0
1004	000677	*ST 海龙	2008/11/14	止赢	2.85	50845.69	25.55
1005	000677	*ST 海龙	2010/7/9	买开	4.84	0	0
1006	000677	*ST 海龙	2010/9/3	止赢	6.05	62273.86	25
1007	000677	*ST 海龙	2012/6/1	买开	2.55	0	0
1008	000677	*ST 海龙	2012/12/28	止赢	3.09	65739.59	21.18
1009	000678	襄阳轴承	2012/1/13	买开	3.89	0	0
1010	000678	襄阳轴承	2012/2/24	止赢	4.79	23101.2	23.14

续表

序号	股票代码	股票名称	买卖时间	信号类型	价格（元）	收益（元）	收益率(%)
1011	000679	大连友谊	2004/1/16	买开	3.5	0	0
1012	000679	大连友谊	2004/2/6	止赢	4.28	22251.85	22.29
1013	000679	大连友谊	2010/7/9	买开	10.27	0	0
1014	000679	大连友谊	2010/8/6	止赢	12.38	25009.83	20.55
1015	000680	山推股份	2005/7/22	买开	1.93	0	0
1016	000680	山推股份	2005/8/12	止赢	2.45	26902.21	26.94
1017	000680	山推股份	2008/11/7	买开	6.37	0	0
1018	000680	山推股份	2008/11/14	止赢	8.91	50388.52	39.87
1019	000680	山推股份	2012/1/13	买开	9	0	0
1020	000680	山推股份	2012/6/8	到期	10	19581	11.11
1021	000681	视觉中国	2001/3/2	买开	17.55	0	0
1022	000681	视觉中国	2001/5/18	止赢	21.29	21276.87	21.31
1023	000681	视觉中国	2004/8/27	买开	3.82	0	0
1024	000681	视觉中国	2004/9/17	止赢	4.84	32245.27	26.7
1025	000681	视觉中国	2004/10/29	买开	3.49	0	0
1026	000681	视觉中国	2004/12/3	止赢	4.36	38027.71	24.93
1027	000681	视觉中国	2005/7/29	买开	2.26	0	0
1028	000681	视觉中国	2005/9/2	止赢	2.75	41196.26	21.68
1029	000683	远兴能源	1999/3/5	买开	6.11	0	0
1030	000683	远兴能源	1999/6/18	止赢	7.41	21244.6	21.28
1031	000683	远兴能源	2002/1/25	买开	5.17	0	0
1032	000683	远兴能源	2002/3/8	止赢	6.75	36896.16	30.56
1033	000685	中山公用	1998/9/4	买开	10.3	0	0
1034	000685	中山公用	1998/10/8	止赢	12.79	24138.06	24.17
1035	000685	中山公用	2002/6/21	买开	8.26	0	0
1036	000685	中山公用	2002/11/15	到期	8.73	7033.54	5.69
1037	000685	中山公用	2005/7/22	买开	2.19	0	0
1038	000685	中山公用	2005/8/19	止赢	2.74	32713.45	25.11
1039	000685	中山公用	2012/12/7	买开	8.6	0	0
1040	000685	中山公用	2013/1/4	止赢	11.37	52333.6	32.21
1041	000686	东北证券	2012/1/13	买开	12.49	0	0
1042	000686	东北证券	2012/2/24	止赢	15.07	20624.52	20.66
1043	000687	华讯方舟	2002/2/1	买开	6.17	0	0
1044	000687	华讯方舟	2002/4/12	止赢	7.54	22170.71	22.2

续表

序号	股票代码	股票名称	买卖时间	信号类型	价格（元）	收益（元）	收益率（%）
1045	000687	华讯方舟	2005/7/29	买开	2.14	0	0
1046	000687	华讯方舟	2005/9/2	止赢	2.59	25581.59	21.03
1047	000687	华讯方舟	2010/7/9	买开	4.87	0	0
1048	000687	华讯方舟	2010/9/10	止赢	5.9	31046.27	21.15
1049	000688	建新矿业	1999/5/21	买开	7.08	0	0
1050	000688	建新矿业	1999/5/28	止赢	8.95	26372.61	26.41
1051	000690	宝新能源	2008/11/7	买开	4.31	0	0
1052	000690	宝新能源	2008/11/14	止赢	5.42	25715.37	25.75
1053	000691	亚太实业	2002/1/25	买开	6.87	0	0
1054	000691	亚太实业	2002/6/21	止赢	8.57	24707.8	24.75
1055	000691	亚太实业	2008/6/27	买开	3.02	0	0
1056	000691	亚太实业	2008/7/11	止赢	3.71	28372.8	22.85
1057	000692	惠天热电	1999/5/21	买开	11.15	0	0
1058	000692	惠天热电	1999/6/4	止赢	13.83	23999.4	24.04
1059	000692	惠天热电	2005/7/29	买开	2.3	0	0
1060	000692	惠天热电	2005/9/2	止赢	2.82	27916.72	22.61
1061	000692	惠天热电	2008/11/7	买开	2.69	0	0
1062	000692	惠天热电	2009/1/23	止赢	3.28	33106.07	21.93
1063	000693	华泽钴镍	2005/7/22	买开	4.14	0	0
1064	000693	华泽钴镍	2005/8/19	止赢	5.95	43653.58	43.72
1065	000697	炼石有色	2002/1/25	买开	7.73	0	0
1066	000697	炼石有色	2002/3/8	止赢	9.35	20925.54	20.96
1067	000697	炼石有色	2005/7/22	买开	2.73	0	0
1068	000697	炼石有色	2005/8/26	止赢	3.45	31757.04	26.37
1069	000697	炼石有色	2010/7/9	买开	5.56	0	0
1070	000697	炼石有色	2010/8/6	止赢	6.8	33834.65	22.3
1071	000698	沈阳化工	2002/1/25	买开	5.26	0	0
1072	000698	沈阳化工	2002/3/8	止赢	6.39	21449.65	21.48
1073	000698	沈阳化工	2005/7/22	买开	2.44	0	0
1074	000698	沈阳化工	2005/8/12	止赢	3.12	33703.51	27.87
1075	000698	沈阳化工	2008/11/7	买开	4.87	0	0
1076	000698	沈阳化工	2008/11/14	止赢	6.11	39255.93	25.46
1077	000698	沈阳化工	2012/1/13	买开	5.49	0	0
1078	000698	沈阳化工	2012/2/24	止赢	6.59	38640.81	20.04

续表

序号	股票代码	股票名称	买卖时间	信号类型	价格（元）	收益（元）	收益率(%)
1079	000700	模塑科技	2008/11/7	买开	2.54	0	0
1080	000700	模塑科技	2008/11/14	止赢	3.05	20048.61	20.08
1081	000701	厦门信达	2002/1/25	买开	7.04	0	0
1082	000701	厦门信达	2002/3/8	止赢	9.11	29358.81	29.4
1083	000701	厦门信达	2008/11/7	买开	3.35	0	0
1084	000701	厦门信达	2008/12/5	止赢	4.4	40376.71	31.34
1085	000702	正虹科技	2003/11/14	买开	4.15	0	0
1086	000702	正虹科技	2003/12/12	止赢	5.02	20932.2	20.96
1087	000702	正虹科技	2005/4/22	买开	2.6	0	0
1088	000702	正虹科技	2005/8/5	止赢	3.16	25936.41	21.54
1089	000702	正虹科技	2012/1/13	买开	4.18	0	0
1090	000702	正虹科技	2012/3/9	止赢	5.03	29671.81	20.33
1091	000703	恒逸石化	2002/2/1	买开	9.24	0	0
1092	000703	恒逸石化	2002/4/5	止赢	11.78	27447.24	27.49
1093	000703	恒逸石化	2005/7/29	买开	2.48	0	0
1094	000703	恒逸石化	2005/8/19	止赢	3.07	30193.25	23.79
1095	000703	恒逸石化	2008/11/7	买开	2.28	0	0
1096	000703	恒逸石化	2008/11/28	止赢	2.74	31602.46	20.18
1097	000703	恒逸石化	2011/12/23	买开	30.33	0	0
1098	000703	恒逸石化	2012/2/10	止赢	38.28	49186.64	26.21
1099	000707	双环科技	2002/1/25	买开	4.99	0	0
1100	000707	双环科技	2002/3/8	止赢	6.36	27413.71	27.45
1101	000707	双环科技	2005/7/22	买开	2.45	0	0
1102	000707	双环科技	2005/8/19	止赢	2.95	25894	20.41
1103	000707	双环科技	2008/11/7	买开	4.88	0	0
1104	000707	双环科技	2008/11/14	止赢	5.95	33396.83	21.93
1105	000707	双环科技	2010/7/9	买开	5.96	0	0
1106	000707	双环科技	2010/9/10	止赢	7.17	37591.07	20.3
1107	000708	大冶特钢	2008/11/7	买开	4	0	0
1108	000708	大冶特钢	2008/11/21	止赢	5.18	29455.16	29.5
1109	000709	河北钢铁	2009/1/9	买开	3.94	0	0
1110	000709	河北钢铁	2009/2/6	止赢	5.07	28636.46	28.68
1111	000709	河北钢铁	2010/7/9	买开	3.88	0	0
1112	000709	河北钢铁	2010/11/26	到期	3.89	330.15	0.26

续表

序号	股票代码	股票名称	买卖时间	信号类型	价格（元）	收益（元）	收益率（%）
1113	000710	天兴仪表	2002/2/1	买开	7.89	0	0
1114	000710	天兴仪表	2002/3/8	止赢	10.15	28600.3	28.64
1115	000710	天兴仪表	2005/7/29	买开	1.73	0	0
1116	000710	天兴仪表	2005/8/26	止赢	2.39	48857.17	38.15
1117	000711	*ST 京蓝	2005/7/22	买开	2.86	0	0
1118	000711	*ST 京蓝	2005/9/2	止赢	3.56	24438.4	24.48
1119	000711	*ST 京蓝	2008/4/25	买开	7.01	0	0
1120	000711	*ST 京蓝	2008/5/9	止赢	8.67	29343.82	23.68
1121	000711	*ST 京蓝	2008/6/27	买开	4.81	0	0
1122	000711	*ST 京蓝	2008/8/1	止赢	6.29	47015.16	30.77
1123	000711	*ST 京蓝	2008/11/7	买开	2.93	0	0
1124	000711	*ST 京蓝	2008/11/21	止赢	3.62	46914.47	23.55
1125	000713	丰乐种业	2005/7/29	买开	2.58	0	0
1126	000713	丰乐种业	2005/9/2	止赢	3.11	20511.53	20.54
1127	000715	中兴商业	2002/1/25	买开	8.17	0	0
1128	000715	中兴商业	2002/3/8	止赢	10.64	30185.87	30.23
1129	000715	中兴商业	2012/1/13	买开	6.86	0	0
1130	000715	中兴商业	2012/2/24	止赢	8.36	28346.99	21.87
1131	000717	韶钢松山	2008/11/7	买开	2.76	0	0
1132	000717	韶钢松山	2008/12/5	止赢	3.51	27132.75	27.17
1133	000718	苏宁环球	2002/1/25	买开	4.43	0	0
1134	000718	苏宁环球	2002/3/8	止赢	5.39	21637.44	21.67
1135	000718	苏宁环球	2010/5/14	买开	8.25	0	0
1136	000718	苏宁环球	2010/7/23	止赢	10.15	27893.89	23.03
1137	000718	苏宁环球	2012/1/13	买开	5.11	0	0
1138	000718	苏宁环球	2012/2/24	止赢	7.07	56985.04	38.36
1139	000718	苏宁环球	2014/1/17	买开	3.98	0	0
1140	000718	苏宁环球	2014/2/14	止赢	4.94	49432.32	24.12
1141	000719	大地传媒	2005/7/22	买开	2.1	0	0
1142	000719	大地传媒	2005/8/26	止赢	2.66	26626.33	26.67
1143	000719	大地传媒	2012/12/7	买开	8.66	0	0
1144	000719	大地传媒	2013/2/22	止赢	10.88	32323.2	25.64
1145	000720	新能泰山	2005/7/22	买开	1.57	0	0
1146	000720	新能泰山	2005/8/5	止赢	1.93	22895.27	22.93

续表

序号	股票代码	股票名称	买卖时间	信号类型	价格（元）	收益（元）	收益率（%）
1147	000720	新能泰山	2012/8/10	买开	1.92	0	0
1148	000720	新能泰山	2013/1/4	到期	2.13	13384.99	10.94
1149	000721	西安饮食	2002/1/25	买开	9.92	0	0
1150	000721	西安饮食	2002/3/22	止赢	11.92	20130	20.16
1151	000721	西安饮食	2003/11/21	买开	4.81	0	0
1152	000721	西安饮食	2004/2/13	止赢	5.98	29096.73	24.32
1153	000722	湖南发展	2002/2/10	买开	8.1	0	0
1154	000722	湖南发展	2002/4/19	止赢	9.73	20093	20.12
1155	000722	湖南发展	2005/4/29	买开	2.47	0	0
1156	000722	湖南发展	2005/6/10	止赢	3.17	33889.8	28.34
1157	000722	湖南发展	2008/4/25	买开	4.23	0	0
1158	000722	湖南发展	2008/5/30	止赢	5.36	40875.49	26.71
1159	000722	湖南发展	2008/11/7	买开	2.51	0	0
1160	000722	湖南发展	2008/12/12	止赢	3.18	51600.05	26.69
1161	000723	美锦能源	2005/7/22	买开	3.38	0	0
1162	000723	美锦能源	2005/8/12	止赢	4.38	29541	29.59
1163	000723	美锦能源	2005/11/4	买开	3.6	0	0
1164	000723	美锦能源	2006/3/31	止赢	4.4	28667.21	22.22
1165	000723	美锦能源	2013/8/2	买开	5.38	0	0
1166	000723	美锦能源	2013/8/16	止赢	7.7	67788.07	43.12
1167	000725	京东方A	2005/7/29	买开	2.76	0	0
1168	000725	京东方A	2005/9/16	止赢	3.37	22067.97	22.1
1169	000725	京东方A	2010/7/23	买开	2.95	0	0
1170	000725	京东方A	2010/10/22	止赢	3.66	29254.84	24.07
1171	000725	京东方A	2012/1/13	买开	1.72	0	0
1172	000725	京东方A	2012/6/8	到期	1.85	11364.08	7.56
1173	000726	鲁 泰A	2008/6/27	买开	7.02	0	0
1174	000726	鲁 泰A	2008/7/18	止赢	8.66	23325.72	23.36
1175	000727	华东科技	2002/1/25	买开	7.15	0	0
1176	000727	华东科技	2002/3/8	止赢	8.9	24438.74	24.48
1177	000727	华东科技	2005/7/22	买开	2.26	0	0
1178	000727	华东科技	2005/8/26	止赢	2.88	33994.61	27.43
1179	000727	华东科技	2008/11/7	买开	2.35	0	0
1180	000727	华东科技	2008/11/21	止赢	3.03	45556.61	28.94

续表

序号	股票代码	股票名称	买卖时间	信号类型	价格（元）	收益（元）	收益率(%)
1181	000727	华东科技	2012/1/13	买开	5.17	0	0
1182	000727	华东科技	2012/2/3	止赢	6.24	41886.21	20.7
1183	000728	国元证券	2002/2/1	买开	5.47	0	0
1184	000728	国元证券	2002/3/22	止赢	6.7	22452.42	22.49
1185	000728	国元证券	2005/7/29	买开	2.21	0	0
1186	000728	国元证券	2005/8/26	止赢	2.92	39173.54	32.13
1187	000729	燕京啤酒	2005/11/18	买开	5.94	0	0
1188	000729	燕京啤酒	2006/2/10	止赢	7.7	29583.84	29.63
1189	000731	四川美丰	2002/1/25	买开	7.19	0	0
1190	000731	四川美丰	2002/3/8	止赢	8.92	24024.51	24.06
1191	000731	四川美丰	2010/7/9	买开	6.24	0	0
1192	000731	四川美丰	2010/9/10	止赢	7.53	25531.69	20.67
1193	000732	泰禾集团	2005/7/8	买开	1.88	0	0
1194	000732	泰禾集团	2005/9/2	止赢	2.4	27617.72	27.66
1195	000733	振华科技	2002/1/25	买开	9.02	0	0
1196	000733	振华科技	2002/3/8	止赢	11.22	24351.8	24.39
1197	000733	振华科技	2005/7/22	买开	3.34	0	0
1198	000733	振华科技	2005/9/2	止赢	4.06	26693.28	21.56
1199	000733	振华科技	2012/1/13	买开	6.14	0	0
1200	000733	振华科技	2012/3/9	止赢	7.42	31284.48	20.85
1201	000735	罗牛山	2005/7/22	买开	1.78	0	0
1202	000735	罗牛山	2005/9/2	止赢	2.22	24681.8	24.72
1203	000736	中房地产	2005/5/20	买开	1.56	0	0
1204	000736	中房地产	2005/6/24	止赢	2.16	38403.61	38.46
1205	000736	中房地产	2012/1/13	买开	6.7	0	0
1206	000736	中房地产	2012/2/24	止赢	8.6	39088.71	28.36
1207	000737	南风化工	2005/7/29	买开	2.18	0	0
1208	000737	南风化工	2005/8/26	止赢	2.63	20610.9	20.64
1209	000737	南风化工	2008/6/27	买开	5.57	0	0
1210	000737	南风化工	2008/7/11	止赢	6.89	28460.51	23.7
1211	000737	南风化工	2012/1/13	买开	3.39	0	0
1212	000737	南风化工	2012/2/17	止赢	4.16	33642.06	22.71
1213	000738	中航动控	1999/3/5	买开	6.22	0	0
1214	000738	中航动控	1999/7/2	止赢	7.74	24400.56	24.44

续表

序号	股票代码	股票名称	买卖时间	信号类型	价格（元）	收益（元）	收益率（%）
1215	000738	中航动控	2002/1/25	买开	3.73	0	0
1216	000738	中航动控	2002/3/8	止赢	5.03	43174.3	34.85
1217	000738	中航动控	2005/7/22	买开	1.41	0	0
1218	000738	中航动控	2005/8/26	止赢	2.06	76779.3	46.1
1219	000739	普洛药业	2002/1/25	买开	9.12	0	0
1220	000739	普洛药业	2002/3/8	止赢	11.01	20691.72	20.72
1221	000739	普洛药业	2003/11/14	买开	5.48	0	0
1222	000739	普洛药业	2004/2/6	止赢	6.95	32237.1	26.82
1223	000739	普洛药业	2005/7/22	买开	3.13	0	0
1224	000739	普洛药业	2005/8/26	止赢	3.81	33013.31	21.73
1225	000748	长城信息	2002/1/25	买开	9.15	0	0
1226	000748	长城信息	2002/3/8	止赢	11.1	21278.41	21.31
1227	000748	长城信息	2005/7/22	买开	2.71	0	0
1228	000748	长城信息	2005/8/12	止赢	3.27	24955.28	20.66
1229	000748	长城信息	2012/1/13	买开	4.94	0	0
1230	000748	长城信息	2012/2/24	止赢	6.03	32055.81	22.06
1231	000750	国海证券	2002/1/25	买开	5.46	0	0
1232	000750	国海证券	2002/3/8	止赢	7.07	29442.07	29.49
1233	000750	国海证券	2005/7/22	买开	1.84	0	0
1234	000750	国海证券	2005/8/26	止赢	2.34	35028.49	27.17
1235	000751	锌业股份	1999/5/21	买开	6.95	0	0
1236	000751	锌业股份	1999/6/11	止赢	8.58	23416.58	23.45
1237	000751	锌业股份	2002/1/25	买开	5.28	0	0
1238	000751	锌业股份	2002/3/22	止赢	6.47	27698.43	22.54
1239	000751	锌业股份	2012/8/10	买开	2.34	0	0
1240	000751	锌业股份	2012/10/19	止赢	2.86	33365.28	22.22
1241	000752	西藏发展	2000/10/27	买开	13.94	0	0
1242	000752	西藏发展	2001/3/23	止赢	16.96	21629.24	21.66
1243	000752	西藏发展	2002/1/25	买开	12.41	0	0
1244	000752	西藏发展	2002/3/15	止赢	15.56	30740.86	25.38
1245	000752	西藏发展	2005/7/22	买开	3.16	0	0
1246	000752	西藏发展	2005/8/19	止赢	4.36	57493.2	37.97
1247	000753	漳州发展	2008/11/7	买开	2.66	0	0
1248	000753	漳州发展	2008/12/5	止赢	3.24	21771.46	21.8

续表

序号	股票代码	股票名称	买卖时间	信号类型	价格（元）	收益（元）	收益率(%)
1249	000755	山西三维	2002/1/25	买开	7.12	0	0
1250	000755	山西三维	2002/2/8	止赢	8.56	20193.13	20.22
1251	000756	新华制药	2005/7/29	买开	2.73	0	0
1252	000756	新华制药	2005/9/2	止赢	3.37	23407.99	23.44
1253	000756	新华制药	2008/11/7	买开	3.2	0	0
1254	000756	新华制药	2008/12/5	止赢	4.02	31489.64	25.62
1255	000757	浩物股份	1999/12/17	买开	9.91	0	0
1256	000757	浩物股份	2000/2/18	止赢	12.65	27605.5	27.65
1257	000757	浩物股份	2002/2/1	买开	9.84	0	0
1258	000757	浩物股份	2002/4/26	止赢	12.18	30218.76	23.78
1259	000757	浩物股份	2005/5/20	买开	2.03	0	0
1260	000757	浩物股份	2005/6/10	止赢	2.65	47895.63	30.54
1261	000758	中色股份	2002/1/25	买开	5.63	0	0
1262	000758	中色股份	2002/3/8	止赢	6.8	20749.95	20.78
1263	000758	中色股份	2008/11/7	买开	5.25	0	0
1264	000758	中色股份	2008/11/14	止赢	6.68	32749.86	27.24
1265	000760	斯太尔	2002/2/1	买开	9.43	0	0
1266	000760	斯太尔	2002/7/5	到期	10.31	9317.44	9.33
1267	000760	斯太尔	2005/7/29	买开	1.61	0	0
1268	000760	斯太尔	2005/8/12	止赢	2.18	38533.14	35.4
1269	000762	西藏矿业	2005/7/15	买开	3.73	0	0
1270	000762	西藏矿业	2005/8/19	止赢	4.98	33461.25	33.51
1271	000762	西藏矿业	2008/6/27	买开	10.8	0	0
1272	000762	西藏矿业	2008/7/18	止赢	13.35	31380.3	23.61
1273	000766	通化金马	2012/1/13	买开	4.47	0	0
1274	000766	通化金马	2012/2/24	止赢	5.39	20550.04	20.58
1275	000768	中航飞机	2002/1/25	买开	6.51	0	0
1276	000768	中航飞机	2002/3/22	止赢	8.04	23465.61	23.5
1277	000768	中航飞机	2012/1/13	买开	7.33	0	0
1278	000768	中航飞机	2012/2/24	止赢	9.33	33546	27.29
1279	000776	广发证券	2012/1/13	买开	21.73	0	0
1280	000776	广发证券	2012/2/24	止赢	26.35	21228.9	21.26
1281	000777	中核科技	1999/5/21	买开	7.44	0	0
1282	000777	中核科技	1999/6/11	止赢	9.5	27645.2	27.69

续表

序号	股票代码	股票名称	买卖时间	信号类型	价格（元）	收益（元）	收益率(%)
1283	000777	中核科技	2002/1/25	买开	7	0	0
1284	000777	中核科技	2002/3/8	止赢	9.1	38133.91	30
1285	000777	中核科技	2012/1/13	买开	18.28	0	0
1286	000777	中核科技	2012/2/24	止赢	22.85	41184.84	25
1287	000778	新兴铸管	2008/11/7	买开	4.34	0	0
1288	000778	新兴铸管	2008/11/14	止赢	5.78	33128.64	33.18
1289	000779	三毛派神	1999/5/21	买开	6.03	0	0
1290	000779	三毛派神	1999/6/18	止赢	7.49	24174.67	24.21
1291	000779	三毛派神	2002/2/1	买开	6.37	0	0
1292	000779	三毛派神	2002/4/30	止赢	7.72	26204.85	21.19
1293	000779	三毛派神	2008/7/4	买开	3.82	0	0
1294	000779	三毛派神	2008/7/25	止赢	5.07	48890.01	32.72
1295	000779	三毛派神	2008/11/7	买开	3.35	0	0
1296	000779	三毛派神	2009/1/16	止赢	4.02	39540.72	20
1297	000779	三毛派神	2012/1/13	买开	8.13	0	0
1298	000779	三毛派神	2012/2/10	止赢	10.39	65752.45	27.8
1299	000779	三毛派神	2012/12/7	买开	6.61	0	0
1300	000779	三毛派神	2013/1/18	止赢	8.15	70214.73	23.3
1301	000780	平庄能源	2006/4/28	买开	1.79	0	0
1302	000780	平庄能源	2006/5/12	止赢	2.51	40163.04	40.22
1303	000780	平庄能源	2010/7/9	买开	9.19	0	0
1304	000780	平庄能源	2010/7/23	止赢	11.04	28099.66	20.13
1305	000782	美达股份	2002/1/25	买开	5.33	0	0
1306	000782	美达股份	2002/3/8	止赢	6.52	22292.27	22.33
1307	000782	美达股份	2008/11/7	买开	1.86	0	0
1308	000782	美达股份	2008/11/21	止赢	2.38	34044.93	27.96
1309	000782	美达股份	2012/1/13	买开	4.06	0	0
1310	000782	美达股份	2012/3/9	止赢	5.05	37881.37	24.38
1311	000783	长江证券	2005/7/22	买开	1.76	0	0
1312	000783	长江证券	2005/8/5	止赢	2.22	26097.18	26.14
1313	000783	长江证券	2008/9/12	买开	13.56	0	0
1314	000783	长江证券	2008/9/26	止赢	17.4	35558.39	28.32
1315	000783	长江证券	2011/12/30	买开	7.15	0	0
1316	000783	长江证券	2012/2/24	止赢	8.78	36621.2	22.8

续表

序号	股票代码	股票名称	买卖时间	信号类型	价格（元）	收益（元）	收益率(%)
1317	000785	武汉中商	1999/5/21	买开	9.02	0	0
1318	000785	武汉中商	1999/6/18	止赢	11.9	31878.71	31.93
1319	000785	武汉中商	2003/11/14	买开	4.22	0	0
1320	000785	武汉中商	2004/2/13	止赢	5.22	31121	23.7
1321	000785	武汉中商	2012/1/13	买开	6.38	0	0
1322	000785	武汉中商	2012/3/2	止赢	7.76	35032.68	21.63
1323	000786	北新建材	2008/11/7	买开	3.48	0	0
1324	000786	北新建材	2008/11/14	止赢	4.58	31561.2	31.61
1325	000788	北大医药	2002/2/10	买开	7.36	0	0
1326	000788	北大医药	2002/3/8	止赢	8.98	21976.91	22.01
1327	000788	北大医药	2010/7/9	买开	8.72	0	0
1328	000788	北大医药	2010/8/6	止赢	11.3	35936.82	29.59
1329	000790	华神集团	2012/1/13	买开	8.72	0	0
1330	000790	华神集团	2012/3/9	止赢	10.74	23128.99	23.17
1331	000790	华神集团	2012/12/7	买开	6.28	0	0
1332	000790	华神集团	2013/2/1	止赢	7.55	24795.48	20.22
1333	000791	甘肃电投	2002/2/1	买开	7.04	0	0
1334	000791	甘肃电投	2002/3/8	止赢	8.5	20707.18	20.74
1335	000791	甘肃电投	2003/11/14	买开	4.24	0	0
1336	000791	甘肃电投	2004/1/16	止赢	5.12	24946.24	20.75
1337	000791	甘肃电投	2005/7/29	买开	1.15	0	0
1338	000791	甘肃电投	2005/8/12	止赢	1.43	35232.96	24.35
1339	000791	甘肃电投	2008/11/7	买开	2.83	0	0
1340	000791	甘肃电投	2008/12/5	止赢	4.06	77972.16	43.46
1341	000792	盐湖股份	2009/1/23	买开	39.38	0	0
1342	000792	盐湖股份	2009/2/6	止赢	49.41	25426.05	25.47
1343	000793	华闻传媒	2001/3/2	买开	12.48	0	0
1344	000793	华闻传媒	2001/3/30	止赢	15.39	23280.01	23.32
1345	000793	华闻传媒	2008/11/7	买开	2.76	0	0
1346	000793	华闻传媒	2008/11/21	止赢	3.36	26686.79	21.74
1347	000795	太原刚玉	2002/2/1	买开	6.66	0	0
1348	000795	太原刚玉	2002/3/22	止赢	8.15	22338.08	22.37
1349	000795	太原刚玉	2004/11/5	买开	4.04	0	0
1350	000795	太原刚玉	2004/12/3	止赢	6.14	63323.4	51.98

续表

序号	股票代码	股票名称	买卖时间	信号类型	价格（元）	收益（元）	收益率(%)
1351	000796	凯撒旅游	2001/10/26	买开	8.48	0	0
1352	000796	凯撒旅游	2001/12/21	止赢	10.58	24725.4	24.76
1353	000796	凯撒旅游	2008/11/7	买开	2.36	0	0
1354	000796	凯撒旅游	2008/11/14	止赢	3	33681.93	27.12
1355	000797	中国武夷	2002/1/25	买开	6.66	0	0
1356	000797	中国武夷	2002/3/22	止赢	8.13	22038.24	22.07
1357	000797	中国武夷	2003/11/14	买开	4.07	0	0
1358	000797	中国武夷	2004/2/13	止赢	5.11	31052.32	25.55
1359	000797	中国武夷	2008/6/27	买开	4.46	0	0
1360	000797	中国武夷	2008/7/11	止赢	5.97	51501.56	33.86
1361	000798	中水渔业	2008/6/27	买开	4.46	0	0
1362	000798	中水渔业	2008/7/25	止赢	6.63	48579.79	48.65
1363	000798	中水渔业	2012/1/13	买开	5.9	0	0
1364	000798	中水渔业	2012/2/24	止赢	7.28	34613.16	23.39
1365	000799	*ST 酒鬼	2005/7/29	买开	2.46	0	0
1366	000799	*ST 酒鬼	2005/9/2	止赢	2.98	21106.28	21.14
1367	000800	一汽轿车	1999/12/30	买开	4.74	0	0
1368	000800	一汽轿车	2000/4/14	止赢	5.72	20643.7	20.68
1369	000800	一汽轿车	2002/1/25	买开	4.38	0	0
1370	000800	一汽轿车	2002/6/21	止赢	5.27	24410.03	20.32
1371	000800	一汽轿车	2011/12/16	买开	8.3	0	0
1372	000800	一汽轿车	2012/2/24	止赢	10.28	34376.75	23.86
1373	000801	四川九洲	2008/10/24	买开	3.75	0	0
1374	000801	四川九洲	2008/11/14	止赢	4.59	22365.84	22.4
1375	000801	四川九洲	2012/1/13	买开	6.81	0	0
1376	000801	四川九洲	2012/2/24	止赢	8.21	25048.8	20.56
1377	000802	北京文化	2004/1/16	买开	6.32	0	0
1378	000802	北京文化	2004/2/20	止赢	7.82	23698.5	23.73
1379	000802	北京文化	2004/10/29	买开	2.52	0	0
1380	000802	北京文化	2004/12/3	止赢	3.06	26395.2	21.43
1381	000806	银河生物	2002/1/25	买开	10.33	0	0
1382	000806	银河生物	2002/3/15	止赢	13.52	30834.54	30.88
1383	000806	银河生物	2012/8/10	买开	2.04	0	0
1384	000806	银河生物	2012/8/31	止赢	2.45	26186.29	20.1

续表

序号	股票代码	股票名称	买卖时间	信号类型	价格（元）	收益（元）	收益率(%)
1385	000807	云铝股份	2010/7/9	买开	7.99	0	0
1386	000807	云铝股份	2010/9/10	止赢	9.89	23742.41	23.78
1387	000809	铁岭新城	2002/2/1	买开	8.36	0	0
1388	000809	铁岭新城	2002/3/8	止赢	10.09	20661.4	20.69
1389	000810	创维数字	2008/11/7	买开	3.84	0	0
1390	000810	创维数字	2008/12/26	止赢	4.64	20801.6	20.83
1391	000810	创维数字	2012/12/7	买开	7.34	0	0
1392	000810	创维数字	2013/1/21	止赢	8.95	26384.67	21.93
1393	000811	烟台冰轮	2008/6/27	买开	5.9	0	0
1394	000811	烟台冰轮	2008/7/25	止赢	7.21	22169.13	22.2
1395	000811	烟台冰轮	2012/9/28	买开	6.15	0	0
1396	000811	烟台冰轮	2012/10/12	止赢	7.81	32836.46	26.99
1397	000812	陕西金叶	2002/1/25	买开	8.01	0	0
1398	000812	陕西金叶	2002/3/8	止赢	9.92	23808.15	23.85
1399	000812	陕西金叶	2006/11/24	买开	2.63	0	0
1400	000812	陕西金叶	2007/1/19	止赢	3.83	56252.39	45.63
1401	000812	陕西金叶	2012/1/13	买开	4.14	0	0
1402	000812	陕西金叶	2012/3/9	止赢	5.06	39778.04	22.22
1403	000813	天山纺织	2002/1/25	买开	5.28	0	0
1404	000813	天山纺织	2002/3/8	止赢	6.94	31392.26	31.44
1405	000813	天山纺织	2005/7/29	买开	1.5	0	0
1406	000813	天山纺织	2005/8/19	止赢	1.86	31403.52	24
1407	000813	天山纺织	2008/11/7	买开	2.23	0	0
1408	000813	天山纺织	2008/11/21	止赢	3.17	68188.55	42.15
1409	000813	天山纺织	2012/1/13	买开	7.96	0	0
1410	000813	天山纺织	2012/2/24	止赢	9.69	49827.45	21.73
1411	000815	*ST 美利	2005/7/22	买开	4.01	0	0
1412	000815	*ST 美利	2005/9/2	止赢	4.88	21663	21.7
1413	000815	*ST 美利	2008/11/7	买开	5	0	0
1414	000815	*ST 美利	2008/11/14	止赢	6.18	28590.22	23.6
1415	000815	*ST 美利	2010/7/23	买开	5.55	0	0
1416	000815	*ST 美利	2010/9/17	止赢	7.07	40886.48	27.39
1417	000816	智慧农业	2002/2/1	买开	7.17	0	0
1418	000816	智慧农业	2002/4/30	止赢	8.66	20749.74	20.78

续表

序号	股票代码	股票名称	买卖时间	信号类型	价格（元）	收益（元）	收益率(%)
1419	000816	智慧农业	2010/7/9	买开	4.57	0	0
1420	000816	智慧农业	2010/8/20	止赢	5.63	27888.6	23.19
1421	000818	方大化工	2002/2/1	买开	6.12	0	0
1422	000818	方大化工	2002/3/8	止赢	7.37	20393.75	20.42
1423	000818	方大化工	2008/11/7	买开	2.9	0	0
1424	000818	方大化工	2008/11/14	止赢	3.62	29764.07	24.83
1425	000818	方大化工	2011/12/23	买开	3.91	0	0
1426	000818	方大化工	2012/2/17	止赢	5.06	43881.7	29.41
1427	000819	岳阳兴长	1999/6/11	买开	11.75	0	0
1428	000819	岳阳兴长	1999/7/2	止赢	15.2	29314.65	29.36
1429	000819	岳阳兴长	2005/7/22	买开	3.88	0	0
1430	000819	岳阳兴长	2005/8/12	止赢	4.92	34517.6	26.8
1431	000819	岳阳兴长	2008/7/11	买开	13.2	0	0
1432	000819	岳阳兴长	2008/12/5	到期	11.16	–25159.32	–15.45
1433	000820	金城股份	2010/7/9	买开	3.76	0	0
1434	000820	金城股份	2010/9/17	止赢	4.57	21509.55	21.54
1435	000821	京山轻机	2002/1/25	买开	6.56	0	0
1436	000821	京山轻机	2002/3/8	止赢	8.16	24353.6	24.39
1437	000821	京山轻机	2005/12/16	买开	2.11	0	0
1438	000821	京山轻机	2006/4/28	止赢	2.55	25822.72	20.85
1439	000821	京山轻机	2008/4/25	买开	5.13	0	0
1440	000821	京山轻机	2008/9/12	到期	3.1	–59042.55	–39.57
1441	000821	京山轻机	2012/1/13	买开	4.08	0	0
1442	000821	京山轻机	2012/2/17	止赢	5.23	25336.8	28.19
1443	000822	山东海化	2005/7/29	买开	3.99	0	0
1444	000822	山东海化	2005/12/23	到期	4.04	1251.25	1.25
1445	000823	超声电子	2002/1/25	买开	7.66	0	0
1446	000823	超声电子	2002/3/8	止赢	9.43	23071.96	23.11
1447	000823	超声电子	2005/7/22	买开	2.99	0	0
1448	000823	超声电子	2005/8/19	止赢	3.73	30330.38	24.75
1449	000823	超声电子	2012/1/13	买开	7.91	0	0
1450	000823	超声电子	2012/2/10	止赢	9.75	35456.8	23.26
1451	000826	启迪桑德	2002/11/29	买开	8.91	0	0
1452	000826	启迪桑德	2004/1/9	到期	8.02	–9973.33	–9.99

续表

序号	股票代码	股票名称	买卖时间	信号类型	价格（元）	收益（元）	收益率(%)
1453	000826	启迪桑德	2008/11/7	买开	7	0	0
1454	000826	启迪桑德	2008/11/14	止赢	8.5	19201.5	21.43
1455	000828	东莞控股	1999/5/21	买开	4.48	0	0
1456	000828	东莞控股	1999/6/18	止赢	5.43	21172.65	21.21
1457	000829	天音控股	2005/7/22	买开	3.32	0	0
1458	000829	天音控股	2005/8/19	止赢	4.18	25864.5	25.9
1459	000829	天音控股	2012/1/13	买开	5.94	0	0
1460	000829	天音控股	2012/6/1	止赢	7.33	29329	23.4
1461	000830	鲁西化工	2002/1/25	买开	7.76	0	0
1462	000830	鲁西化工	2002/3/8	止赢	9.73	25347.98	25.39
1463	000830	鲁西化工	2005/11/4	买开	3.37	0	0
1464	000830	鲁西化工	2006/2/24	止赢	4.72	50002.64	40.06
1465	000831	五矿稀土	2008/6/27	买开	7.1	0	0
1466	000831	五矿稀土	2008/7/11	止赢	8.72	22782.06	22.82
1467	000831	五矿稀土	2010/7/9	买开	4.45	0	0
1468	000831	五矿稀土	2010/9/3	止赢	5.39	25826.5	21.12
1469	000835	长城动漫	2003/11/21	买开	7.3	0	0
1470	000835	长城动漫	2004/2/6	止赢	8.8	20517	20.55
1471	000835	长城动漫	2005/7/22	买开	4.9	0	0
1472	000835	长城动漫	2005/9/2	止赢	6.03	27674.83	23.06
1473	000836	鑫茂科技	2005/7/22	买开	3.25	0	0
1474	000836	鑫茂科技	2005/8/26	止赢	3.95	21506.1	21.54
1475	000836	鑫茂科技	2010/7/23	买开	6.45	0	0
1476	000836	鑫茂科技	2010/9/2	止赢	7.98	28699.74	23.72
1477	000836	鑫茂科技	2012/1/13	买开	4.38	0	0
1478	000836	鑫茂科技	2012/2/17	止赢	5.26	29985.12	20.09
1479	000837	秦川机床	2012/1/13	买开	7.39	0	0
1480	000837	秦川机床	2012/2/24	止赢	9.08	22833.59	22.87
1481	000838	财信发展	2003/11/21	买开	8.2	0	0
1482	000838	财信发展	2004/2/13	止赢	9.95	21308	21.34
1483	000839	中信国安	2008/11/7	买开	5.4	0	0
1484	000839	中信国安	2008/11/14	止赢	6.58	21818.2	21.85
1485	000839	中信国安	2012/1/13	买开	6.7	0	0
1486	000839	中信国安	2012/3/9	止赢	8.08	24984.9	20.6

续表

序号	股票代码	股票名称	买卖时间	信号类型	价格（元）	收益（元）	收益率（%）
1487	000848	承德露露	2011/6/24	买开	15.55	0	0
1488	000848	承德露露	2011/8/5	止赢	19.18	23308.23	23.34
1489	000850	华茂股份	2005/7/29	买开	1.82	0	0
1490	000850	华茂股份	2005/9/2	止赢	2.19	20298.94	20.33
1491	000851	高鸿股份	2002/2/1	买开	5.89	0	0
1492	000851	高鸿股份	2002/3/8	止赢	7.32	24241.37	24.28
1493	000851	高鸿股份	2002/11/29	买开	4.71	0	0
1494	000851	高鸿股份	2002/12/20	止赢	5.8	28631.03	23.14
1495	000852	石化机械	2002/1/25	买开	8.84	0	0
1496	000852	石化机械	2002/3/22	止赢	10.88	23041.8	23.08
1497	000856	冀东装备	2002/1/25	买开	7.58	0	0
1498	000856	冀东装备	2002/6/21	止赢	9.46	24763.36	24.8
1499	000856	冀东装备	2003/11/14	买开	4.15	0	0
1500	000856	冀东装备	2004/2/20	止赢	5.24	32631.32	26.27
1501	000859	国风塑业	2003/11/14	买开	3.59	0	0
1502	000859	国风塑业	2004/2/6	止赢	4.33	20581.62	20.61
1503	000860	顺鑫农业	2002/1/25	买开	7.91	0	0
1504	000860	顺鑫农业	2002/4/26	止赢	9.77	23478.79	23.51
1505	000860	顺鑫农业	2005/11/18	买开	3.18	0	0
1506	000860	顺鑫农业	2006/4/14	止赢	3.91	28226.18	22.96
1507	000861	海印股份	2005/7/22	买开	3.02	0	0
1508	000861	海印股份	2005/8/12	止赢	3.79	25457.74	25.5
1509	000862	银星能源	2002/1/25	买开	8.37	0	0
1510	000862	银星能源	2002/4/30	止赢	10.17	21472.2	21.51
1511	000862	银星能源	2012/1/13	买开	7.93	0	0
1512	000862	银星能源	2012/3/9	止赢	9.81	28675.65	23.71
1513	000863	三湘股份	2005/7/29	买开	1.39	0	0
1514	000863	三湘股份	2005/8/19	止赢	1.68	20831.86	20.86
1515	000868	安凯客车	2002/2/1	买开	6.05	0	0
1516	000868	安凯客车	2002/4/12	止赢	7.31	20795.04	20.83
1517	000868	安凯客车	2005/7/29	买开	2.32	0	0
1518	000868	安凯客车	2005/8/19	止赢	2.89	29552.23	24.57
1519	000868	安凯客车	2008/11/7	买开	2.22	0	0
1520	000868	安凯客车	2008/11/21	止赢	2.68	30953.86	20.72

续表

序号	股票代码	股票名称	买卖时间	信号类型	价格（元）	收益（元）	收益率(%)
1521	000876	新希望	2006/8/25	买开	4.1	0	0
1522	000876	新希望	2006/9/22	止赢	5.02	22404.76	22.44
1523	000876	新希望	2008/6/27	买开	8.6	0	0
1524	000876	新希望	2008/7/25	止赢	11.45	40393.04	33.14
1525	000876	新希望	2008/11/7	买开	5.9	0	0
1526	000876	新希望	2008/12/5	止赢	7.52	44425.26	27.46
1527	000877	天山股份	2008/6/27	买开	7.33	0	0
1528	000877	天山股份	2008/7/11	止赢	9.48	29287.29	29.33
1529	000877	天山股份	2008/10/24	买开	7.05	0	0
1530	000877	天山股份	2008/11/14	止赢	8.92	34149.94	26.52
1531	000877	天山股份	2011/12/23	买开	21.06	0	0
1532	000877	天山股份	2012/3/2	止赢	25.72	35933.26	22.13
1533	000878	云南铜业	2010/7/9	买开	18.12	0	0
1534	000878	云南铜业	2010/9/30	止赢	22.3	23031.79	23.07
1535	000881	大连国际	2002/1/25	买开	5.7	0	0
1536	000881	大连国际	2002/3/8	止赢	7.54	32231.28	32.28
1537	000881	大连国际	2008/6/27	买开	5.68	0	0
1538	000881	大连国际	2008/8/1	止赢	7.3	37558.09	28.52
1539	000881	大连国际	2008/11/7	买开	4.36	0	0
1540	000881	大连国际	2008/11/14	止赢	5.25	34443.89	20.41
1541	000882	华联股份	2010/7/9	买开	6	0	0
1542	000882	华联股份	2010/8/6	止赢	7.2	19969.2	20
1543	000883	湖北能源	2008/11/7	买开	2.48	0	0
1544	000883	湖北能源	2008/11/21	止赢	3.05	22949.34	22.98
1545	000885	同力水泥	2008/10/24	买开	4.56	0	0
1546	000885	同力水泥	2008/11/14	止赢	6.93	51893.52	51.97
1547	000885	同力水泥	2013/7/26	买开	5.7	0	0
1548	000885	同力水泥	2013/12/6	止赢	7	34503.3	22.81
1549	000886	海南高速	2002/1/25	买开	4.59	0	0
1550	000886	海南高速	2002/3/8	止赢	5.68	23710.76	23.75
1551	000886	海南高速	2012/1/13	买开	3.13	0	0
1552	000886	海南高速	2012/4/27	止赢	3.76	24795.54	20.13
1553	000887	中鼎股份	2002/1/25	买开	6.13	0	0
1554	000887	中鼎股份	2002/3/8	止赢	7.88	28504	28.55

续表

序号	股票代码	股票名称	买卖时间	信号类型	价格（元）	收益（元）	收益率（%）
1555	000887	中鼎股份	2005/7/29	买开	1.03	0	0
1556	000887	中鼎股份	2005/8/26	止赢	1.49	57151.32	44.66
1557	000889	茂业通信	2005/7/22	买开	2.14	0	0
1558	000889	茂业通信	2005/8/19	止赢	2.64	23329	23.36
1559	000890	法尔胜	2002/1/25	买开	7.55	0	0
1560	000890	法尔胜	2002/3/8	止赢	9.39	24334	24.37
1561	000890	法尔胜	2005/7/22	买开	2.46	0	0
1562	000890	法尔胜	2005/8/19	止赢	3.05	29694.7	23.98
1563	000892	*ST 星美	2005/7/29	买开	2.32	0	0
1564	000892	*ST 星美	2005/8/26	止赢	2.86	23240.52	23.28
1565	000892	*ST 星美	2010/7/9	买开	5.67	0	0
1566	000892	*ST 星美	2010/8/20	止赢	6.85	25539.92	20.81
1567	000892	*ST 星美	2012/8/10	买开	3.26	0	0
1568	000892	*ST 星美	2013/1/4	到期	3.7	19950.48	13.5
1569	000895	双汇发展	2008/10/24	买开	27.7	0	0
1570	000895	双汇发展	2008/12/19	止赢	34.8	25588.39	25.63
1571	000897	津滨发展	2002/1/25	买开	6.49	0	0
1572	000897	津滨发展	2002/3/8	止赢	7.98	22923.65	22.96
1573	000898	鞍钢股份	2008/11/7	买开	5.81	0	0
1574	000898	鞍钢股份	2008/11/14	止赢	7.35	26464.9	26.51
1575	000898	鞍钢股份	2010/7/9	买开	7.7	0	0
1576	000898	鞍钢股份	2010/10/15	止赢	10.01	37780.06	30
1577	000899	赣能股份	2008/11/6	买开	2.7	0	0
1578	000899	赣能股份	2008/11/14	止赢	3.27	21079.17	21.11
1579	000900	现代投资	2013/7/26	买开	5.78	0	0
1580	000900	现代投资	2013/10/18	止赢	7.47	29194.74	29.24
1581	000901	航天科技	2005/7/22	买开	3.06	0	0
1582	000901	航天科技	2005/8/26	止赢	3.79	23819.9	23.86
1583	000901	航天科技	2008/7/4	买开	8.8	0	0
1584	000901	航天科技	2008/7/18	止赢	10.87	29002.77	23.52
1585	000902	新洋丰	2002/1/25	买开	8.29	0	0
1586	000902	新洋丰	2002/3/8	止赢	10.42	25653.72	25.69
1587	000902	新洋丰	2005/7/22	买开	2.2	0	0
1588	000902	新洋丰	2005/8/19	止赢	2.73	30144.28	24.09

续表

序号	股票代码	股票名称	买卖时间	信号类型	价格（元）	收益（元）	收益率(%)
1589	000905	厦门港务	2002/2/1	买开	7.18	0	0
1590	000905	厦门港务	2002/3/22	止赢	9.38	30593.2	30.64
1591	000906	物产中拓	2005/7/22	买开	2.12	0	0
1592	000906	物产中拓	2005/8/12	止赢	2.57	21194.55	21.23
1593	000906	物产中拓	2012/1/13	买开	6.38	0	0
1594	000906	物产中拓	2012/5/4	止赢	7.84	27615.9	22.88
1595	000908	景峰医药	2002/1/25	买开	6.63	0	0
1596	000908	景峰医药	2002/3/8	止赢	8.62	29969.4	30.02
1597	000908	景峰医药	2005/7/15	买开	1.58	0	0
1598	000908	景峰医药	2005/8/19	止赢	1.92	27852.11	21.52
1599	000908	景峰医药	2008/11/7	买开	2.9	0	0
1600	000908	景峰医药	2008/11/14	止赢	3.61	38391.82	24.48
1601	000908	景峰医药	2010/7/9	买开	6.35	0	0
1602	000908	景峰医药	2010/11/5	止赢	7.93	48423.84	24.88
1603	000908	景峰医药	2012/1/13	买开	4.85	0	0
1604	000908	景峰医药	2012/2/10	止赢	6	57455.16	23.71
1605	000909	数源科技	2002/2/1	买开	8.26	0	0
1606	000909	数源科技	2002/3/8	止赢	10.24	23934.23	23.97
1607	000909	数源科技	2005/7/29	买开	4.06	0	0
1608	000909	数源科技	2005/9/16	止赢	5.5	43771.68	35.47
1609	000909	数源科技	2013/7/5	买开	4.56	0	0
1610	000909	数源科技	2013/8/2	止赢	6.25	61774.57	37.06
1611	000910	大亚科技	2002/1/25	买开	8.39	0	0
1612	000910	大亚科技	2002/3/29	止赢	10.07	19993.67	20.02
1613	000910	大亚科技	2008/4/11	买开	8.7	0	0
1614	000910	大亚科技	2008/4/25	止赢	10.51	24856.74	20.8
1615	000910	大亚科技	2012/1/13	买开	4.91	0	0
1616	000910	大亚科技	2012/3/16	止赢	6.08	34291.53	23.83
1617	000911	南宁糖业	2005/7/29	买开	3.8	0	0
1618	000911	南宁糖业	2005/8/5	止赢	4.57	20232.53	20.26
1619	000911	南宁糖业	2008/11/13	买开	7.53	0	0
1620	000911	南宁糖业	2009/2/6	止赢	10.24	43086.28	35.99
1621	000912	*ST 天化	2003/7/18	买开	5.93	0	0
1622	000912	*ST 天化	2003/12/5	到期	6.79	14480.68	14.5

续表

序号	股票代码	股票名称	买卖时间	信号类型	价格（元）	收益（元）	收益率(%)
1623	000912	*ST 天化	2010/7/9	买开	6.47	0	0
1624	000912	*ST 天化	2010/11/5	止赢	8.89	42633.15	37.4
1625	000913	钱江摩托	2002/2/1	买开	10.7	0	0
1626	000913	钱江摩托	2002/3/22	止赢	12.95	20994.75	21.03
1627	000913	钱江摩托	2012/1/13	买开	4.33	0	0
1628	000913	钱江摩托	2012/3/2	止赢	5.55	33946.51	28.18
1629	000915	山大华特	2002/2/1	买开	13.73	0	0
1630	000915	山大华特	2002/6/27	止赢	16.75	21961.44	22
1631	000915	山大华特	2012/1/13	买开	11.23	0	0
1632	000915	山大华特	2012/3/16	止赢	13.85	28332.69	23.33
1633	000917	电广传媒	2005/7/22	买开	5.67	0	0
1634	000917	电广传媒	2005/8/26	止赢	7.08	24830.1	24.87
1635	000917	电广传媒	2005/12/23	买开	5.32	0	0
1636	000917	电广传媒	2006/3/31	止赢	6.57	29206.25	23.5
1637	000918	嘉凯城	2005/7/29	买开	1.79	0	0
1638	000918	嘉凯城	2005/9/16	止赢	2.23	24544.08	24.58
1639	000918	嘉凯城	2012/1/20	买开	3.81	0	0
1640	000918	嘉凯城	2012/2/24	止赢	5.07	41014.27	33.07
1641	000920	南方汇通	2005/7/22	买开	2.91	0	0
1642	000920	南方汇通	2005/8/5	止赢	3.93	34998.24	35.05
1643	000920	南方汇通	2012/1/13	买开	6.21	0	0
1644	000920	南方汇通	2012/2/24	止赢	7.51	28143.71	20.93
1645	000922	佳电股份	2005/7/22	买开	1.87	0	0
1646	000922	佳电股份	2005/8/19	止赢	2.63	40580.21	40.64
1647	000926	福星股份	2002/1/25	买开	8.54	0	0
1648	000926	福星股份	2002/3/8	止赢	10.89	27476.21	27.52
1649	000926	福星股份	2008/6/27	买开	5.82	0	0
1650	000926	福星股份	2008/7/11	止赢	7.4	34461.38	27.15
1651	000927	*ST 夏利	2005/5/13	买开	2.15	0	0
1652	000927	*ST 夏利	2005/6/10	止赢	2.75	27864.6	27.91
1653	000928	中钢国际	2002/2/1	买开	6.6	0	0
1654	000928	中钢国际	2002/3/8	止赢	8.12	22994.56	23.03
1655	000929	兰州黄河	2002/2/1	买开	8.1	0	0
1656	000929	兰州黄河	2002/3/15	止赢	9.8	20955.9	20.99

续表

序号	股票代码	股票名称	买卖时间	信号类型	价格（元）	收益（元）	收益率(%)
1657	000929	兰州黄河	2005/7/22	买开	2.33	0	0
1658	000929	兰州黄河	2005/8/26	止赢	2.81	24812.16	20.6
1659	000929	兰州黄河	2008/11/7	买开	3.57	0	0
1660	000929	兰州黄河	2008/11/14	止赢	4.53	38943.37	26.89
1661	000930	中粮生化	2008/11/7	买开	2.68	0	0
1662	000930	中粮生化	2008/11/21	止赢	3.29	22726.77	22.76
1663	000931	中关村	2002/1/25	买开	11.32	0	0
1664	000931	中关村	2002/3/15	止赢	14.45	27606.6	27.65
1665	000931	中关村	2012/1/13	买开	4.95	0	0
1666	000931	中关村	2012/3/30	止赢	6.43	37993.08	29.9
1667	000932	华菱钢铁	2008/11/7	买开	3.5	0	0
1668	000932	华菱钢铁	2008/11/14	止赢	4.52	29098.56	29.14
1669	000933	神火股份	2005/11/18	买开	6.16	0	0
1670	000933	神火股份	2006/2/10	止赢	8.27	34201	34.25
1671	000933	神火股份	2010/7/9	买开	16.8	0	0
1672	000933	神火股份	2010/9/10	止赢	20.75	31422.26	23.51
1673	000933	神火股份	2013/7/5	买开	4.61	0	0
1674	000933	神火股份	2013/8/16	止赢	5.96	48195	29.28
1675	000935	四川双马	2002/1/25	买开	5.85	0	0
1676	000935	四川双马	2002/3/8	止赢	7.38	26114.04	26.15
1677	000935	四川双马	2008/11/7	买开	4.15	0	0
1678	000935	四川双马	2008/11/14	止赢	5.3	34800.15	27.71
1679	000935	四川双马	2011/12/23	买开	7.13	0	0
1680	000935	四川双马	2012/1/20	止赢	8.83	38125.89	23.84
1681	000936	华西股份	2002/1/25	买开	12.76	0	0
1682	000936	华西股份	2002/3/22	止赢	15.72	23162	23.2
1683	000937	冀中能源	2005/12/9	买开	4.82	0	0
1684	000937	冀中能源	2006/2/10	止赢	6.14	27343.79	27.39
1685	000937	冀中能源	2011/12/23	买开	16.25	0	0
1686	000937	冀中能源	2012/2/24	止赢	20.3	31602.14	24.92
1687	000937	冀中能源	2012/12/7	买开	11.11	0	0
1688	000937	冀中能源	2012/12/28	止赢	13.65	36108.64	22.86
1689	000939	凯迪生态	2008/11/7	买开	4.04	0	0
1690	000939	凯迪生态	2008/11/14	止赢	4.89	21007.75	21.04

续表

序号	股票代码	股票名称	买卖时间	信号类型	价格（元）	收益（元）	收益率(%)
1691	000948	南天信息	2003/11/21	买开	7.84	0	0
1692	000948	南天信息	2004/2/13	止赢	9.42	20121.3	20.15
1693	000948	南天信息	2012/1/13	买开	7.78	0	0
1694	000948	南天信息	2012/2/17	止赢	9.43	25367.1	21.21
1695	000949	新乡化纤	2002/1/25	买开	4.61	0	0
1696	000949	新乡化纤	2002/3/8	止赢	5.89	27723.51	27.77
1697	000949	新乡化纤	2005/7/29	买开	2.04	0	0
1698	000949	新乡化纤	2005/9/2	止赢	2.52	29927.04	23.53
1699	000949	新乡化纤	2008/6/27	买开	3.97	0	0
1700	000949	新乡化纤	2008/7/11	止赢	5.21	48926.68	31.23
1701	000950	建峰化工	2002/2/1	买开	9.96	0	0
1702	000950	建峰化工	2002/3/8	止赢	12.64	26867	26.91
1703	000950	建峰化工	2004/11/5	买开	1.69	0	0
1704	000950	建峰化工	2004/12/31	止赢	2.25	41863.36	33.14
1705	000950	建峰化工	2008/11/7	买开	6.49	0	0
1706	000950	建峰化工	2008/11/14	止赢	8.05	40308.85	24.04
1707	000950	建峰化工	2010/7/9	买开	7.28	0	0
1708	000950	建峰化工	2010/8/6	止赢	9.39	60105.46	28.98
1709	000951	中国重汽	2005/7/29	买开	6.98	0	0
1710	000951	中国重汽	2005/10/14	止赢	8.98	28609.99	28.65
1711	000952	广济药业	2003/11/14	买开	5.24	0	0
1712	000952	广济药业	2004/2/13	止赢	6.31	20388.85	20.42
1713	000952	广济药业	2008/11/7	买开	6.02	0	0
1714	000952	广济药业	2008/11/21	止赢	7.71	33652.97	28.07
1715	000952	广济药业	2010/7/9	买开	9.3	0	0
1716	000952	广济药业	2010/8/6	止赢	11.16	30613.73	20
1717	000952	广济药业	2012/1/13	买开	6.73	0	0
1718	000952	广济药业	2012/3/9	止赢	8.14	38367.52	20.95
1719	000953	河池化工	2002/1/25	买开	7.05	0	0
1720	000953	河池化工	2002/3/8	止赢	9.2	30450.45	30.5
1721	000953	河池化工	2003/11/7	买开	3.74	0	0
1722	000953	河池化工	2004/2/13	止赢	4.55	28135.36	21.66
1723	000953	河池化工	2010/7/9	买开	4.83	0	0
1724	000953	河池化工	2010/7/30	止赢	5.82	32296.78	20.5

续表

序号	股票代码	股票名称	买卖时间	信号类型	价格（元）	收益（元）	收益率(%)
1725	000953	河池化工	2012/1/13	买开	3.95	0	0
1726	000953	河池化工	2012/2/3	止赢	4.75	38339.2	20.25
1727	000955	欣龙控股	2003/11/14	买开	5.05	0	0
1728	000955	欣龙控股	2004/2/20	止赢	6.28	24319.56	24.36
1729	000955	欣龙控股	2005/7/29	买开	2.38	0	0
1730	000955	欣龙控股	2005/9/2	止赢	3.03	33809.74	27.31
1731	000957	中通客车	2008/10/17	买开	2.94	0	0
1732	000957	中通客车	2008/11/28	止赢	3.77	28188.46	28.23
1733	000958	东方能源	2003/11/7	买开	5.81	0	0
1734	000958	东方能源	2004/2/6	止赢	7	20450.15	20.48
1735	000958	东方能源	2005/7/22	买开	2.35	0	0
1736	000958	东方能源	2005/9/9	止赢	2.92	29091.67	24.26
1737	000958	东方能源	2008/4/24	买开	6.94	0	0
1738	000958	东方能源	2008/5/16	止赢	8.9	41961.63	28.24
1739	000958	东方能源	2008/7/11	买开	5.27	0	0
1740	000958	东方能源	2008/12/5	到期	3.58	–60921.12	–32.07
1741	000959	首钢股份	2008/11/7	买开	2.8	0	0
1742	000959	首钢股份	2009/2/6	止赢	3.45	23179	23.21
1743	000959	首钢股份	2010/7/9	买开	3.26	0	0
1744	000959	首钢股份	2010/8/20	止赢	3.99	27466.25	22.39
1745	000960	锡业股份	2002/2/1	买开	6.52	0	0
1746	000960	锡业股份	2002/3/22	止赢	7.91	21286.46	21.32
1747	000960	锡业股份	2010/7/9	买开	15.77	0	0
1748	000960	锡业股份	2010/8/6	止赢	19.83	31091.48	25.75
1749	000960	锡业股份	2014/1/17	买开	9.94	0	0
1750	000960	锡业股份	2014/2/28	止赢	12.2	34424.32	22.74
1751	000961	中南建设	2010/6/11	买开	8.93	0	0
1752	000961	中南建设	2010/7/9	止赢	10.82	21132.08	21.16
1753	000962	东方钽业	2005/7/22	买开	3.47	0	0
1754	000962	东方钽业	2005/8/26	止赢	4.31	24171	24.21
1755	000963	华东医药	2005/1/21	买开	4.39	0	0
1756	000963	华东医药	2005/6/24	到期	4.65	5913.45	5.92
1757	000963	华东医药	2008/11/7	买开	6.86	0	0
1758	000963	华东医药	2008/12/5	止赢	9.38	38734.92	36.73

续表

序号	股票代码	股票名称	买卖时间	信号类型	价格（元）	收益（元）	收益率(%)
1759	000965	天保基建	2005/7/29	买开	2.16	0	0
1760	000965	天保基建	2005/9/2	止赢	2.69	24499.78	24.54
1761	000966	长源电力	2002/1/25	买开	6.86	0	0
1762	000966	长源电力	2002/3/8	止赢	8.37	21978.05	22.01
1763	000966	长源电力	2005/7/22	买开	2.24	0	0
1764	000966	长源电力	2005/8/12	止赢	2.93	37414.56	30.8
1765	000966	长源电力	2012/1/13	买开	3.31	0	0
1766	000966	长源电力	2012/3/2	止赢	3.98	32062.85	20.24
1767	000967	上风高科	2003/11/14	买开	6.28	0	0
1768	000967	上风高科	2004/2/13	止赢	7.63	21463.65	21.5
1769	000967	上风高科	2005/7/22	买开	3.15	0	0
1770	000967	上风高科	2005/9/2	止赢	4.05	34556.4	28.57
1771	000968	煤气化	2010/7/9	买开	13.44	0	0
1772	000968	煤气化	2010/8/20	止赢	16.61	23549.94	23.59
1773	000968	煤气化	2013/7/26	买开	7.07	0	0
1774	000968	煤气化	2013/11/8	止赢	9.41	40718.34	33.1
1775	000969	安泰科技	2003/11/14	买开	7.55	0	0
1776	000969	安泰科技	2004/1/9	止赢	9.28	22879.24	22.91
1777	000969	安泰科技	2005/7/22	买开	4.51	0	0
1778	000969	安泰科技	2005/8/12	止赢	5.73	33099.81	27.05
1779	000970	中科三环	2002/6/7	买开	14.51	0	0
1780	000970	中科三环	2002/8/30	止赢	17.47	20367.75	20.4
1781	000970	中科三环	2004/7/9	买开	8.81	0	0
1782	000970	中科三环	2004/8/13	止赢	10.69	25575.51	21.34
1783	000971	高升控股	2005/7/29	买开	2.37	0	0
1784	000971	高升控股	2005/9/2	止赢	2.86	20643.7	20.68
1785	000971	高升控股	2012/1/13	买开	3.23	0	0
1786	000971	高升控股	2012/2/17	止赢	3.88	24174.8	20.12
1787	000972	新中基	2007/11/16	买开	12.09	0	0
1788	000972	新中基	2007/12/4	止赢	15.4	27333.98	27.38
1789	000972	新中基	2008/11/7	买开	4.2	0	0
1790	000972	新中基	2008/11/14	止赢	5.2	30191	23.81
1791	000972	新中基	2012/1/13	买开	4.43	0	0
1792	000972	新中基	2012/6/8	到期	3.57	–30385.52	–19.41

续表

序号	股票代码	股票名称	买卖时间	信号类型	价格（元）	收益（元）	收益率（%）
1793	000973	佛塑科技	2005/7/22	买开	2.9	0	0
1794	000973	佛塑科技	2005/9/16	止赢	3.67	26511.87	26.55
1795	000973	佛塑科技	2008/10/17	买开	2.84	0	0
1796	000973	佛塑科技	2008/10/22	止赢	3.62	34600.8	27.46
1797	000975	银泰资源	2005/7/22	买开	2.05	0	0
1798	000975	银泰资源	2005/8/26	止赢	2.56	24840.57	24.88
1799	000976	*ST 春晖	2002/2/1	买开	7.45	0	0
1800	000976	*ST 春晖	2002/3/15	止赢	9.01	20907.13	20.94
1801	000976	*ST 春晖	2008/11/7	买开	1.76	0	0
1802	000976	*ST 春晖	2008/11/21	止赢	2.2	30098.64	25
1803	000977	浪潮信息	2012/1/13	买开	14.97	0	0
1804	000977	浪潮信息	2012/3/9	止赢	18.4	22878.1	22.91
1805	000978	桂林旅游	2004/1/9	买开	7.24	0	0
1806	000978	桂林旅游	2004/2/6	止赢	9.97	37649.44	37.71
1807	000979	中弘股份	2012/1/13	买开	5.45	0	0
1808	000979	中弘股份	2012/2/24	止赢	7.16	31328.91	31.38
1809	000980	金马股份	2012/1/13	买开	4.36	0	0
1810	000980	金马股份	2012/3/9	止赢	5.36	22901	22.94
1811	000982	中银绒业	2011/10/28	买开	6.65	0	0
1812	000982	中银绒业	2012/2/24	止赢	8.02	20570.55	20.6
1813	000983	西山煤电	2005/11/18	买开	4.7	0	0
1814	000983	西山煤电	2005/12/23	止赢	5.7	21244	21.28
1815	000983	西山煤电	2010/7/9	买开	19.42	0	0
1816	000983	西山煤电	2010/10/15	止赢	27.4	49603.68	41.09
1817	000985	大庆华科	2006/11/24	买开	5.65	0	0
1818	000985	大庆华科	2006/12/22	止赢	7.16	26684.71	26.73
1819	000985	大庆华科	2008/11/7	买开	5.1	0	0
1820	000985	大庆华科	2008/11/21	止赢	6.4	32156.8	25.49
1821	000987	广州友谊	2003/11/14	买开	5.09	0	0
1822	000987	广州友谊	2004/2/13	止赢	6.49	27462.39	27.5
1823	000988	华工科技	2003/11/14	买开	10.58	0	0
1824	000988	华工科技	2004/1/16	止赢	13.04	23215.02	23.25
1825	000988	华工科技	2005/12/16	买开	4.4	0	0
1826	000988	华工科技	2006/1/13	止赢	5.33	25933.04	21.14

续表

序号	股票代码	股票名称	买卖时间	信号类型	价格（元）	收益（元）	收益率(%)
1827	000989	九 芝 堂	2003/1/10	买开	10.11	0	0
1828	000989	九 芝 堂	2003/4/18	止赢	12.31	21727.21	21.76
1829	000990	诚志股份	2005/7/29	买开	4.56	0	0
1830	000990	诚志股份	2005/9/2	止赢	5.75	26056.24	26.1
1831	000990	诚志股份	2012/1/13	买开	6.8	0	0
1832	000990	诚志股份	2012/2/24	止赢	8.27	27136.21	21.62
1833	000995	*ST 皇台	2004/1/16	买开	4.68	0	0
1834	000995	*ST 皇台	2004/2/13	止赢	5.73	22401.75	22.44
1835	000995	*ST 皇台	2008/10/24	买开	2.62	0	0
1836	000995	*ST 皇台	2008/11/14	止赢	3.38	35355.97	29.01
1837	000996	中国中期	2008/11/7	买开	11.46	0	0
1838	000996	中国中期	2008/12/5	止赢	17.81	55321.2	55.41
1839	000998	隆平高科	2008/11/7	买开	13.48	0	0
1840	000998	隆平高科	2008/11/14	止赢	16.37	21406.24	21.44
1841	000999	华润三九	2002/1/25	买开	9.58	0	0
1842	000999	华润三九	2002/6/28	到期	10.99	14695.02	14.72
1843	000999	华润三九	2003/11/14	买开	4.9	0	0
1844	000999	华润三九	2004/1/30	止赢	5.98	25170.48	22.04
1845	001696	宗申动力	2002/2/1	买开	7.05	0	0
1846	001696	宗申动力	2002/3/22	止赢	9	27617.85	27.66
1847	001696	宗申动力	2005/6/3	买开	4.52	0	0
1848	001696	宗申动力	2005/8/12	止赢	5.69	32895.72	25.88
1849	001696	宗申动力	2008/6/27	买开	7.77	0	0
1850	001696	宗申动力	2008/7/11	止赢	10.91	64457.92	40.41
1851	001896	豫能控股	2002/2/1	买开	7.11	0	0
1852	001896	豫能控股	2002/3/29	止赢	8.87	24715.68	24.75
1853	001896	豫能控股	2005/7/22	买开	1.91	0	0
1854	001896	豫能控股	2005/8/5	止赢	2.33	27309.24	21.99
1855	001896	豫能控股	2008/11/7	买开	2.38	0	0
1856	001896	豫能控股	2008/11/21	止赢	3.2	52041.3	34.45
1857	001896	豫能控股	2010/6/11	买开	4.93	0	0
1858	001896	豫能控股	2010/10/29	到期	5.45	21356.92	10.55
1859	002001	新 和 成	2006/12/15	买开	5	0	0
1860	002001	新 和 成	2007/1/19	止赢	6.55	30953.5	31

续表

序号	股票代码	股票名称	买卖时间	信号类型	价格（元）	收益（元）	收益率（%）
1861	002001	新和成	2010/7/9	买开	26	0	0
1862	002001	新和成	2010/7/30	止赢	32.6	33098.99	25.38
1863	002001	新和成	2014/6/27	买开	12.45	0	0
1864	002001	新和成	2014/8/22	止赢	15.31	37448.85	22.97
1865	002002	鸿达兴业	2010/7/9	买开	6.56	0	0
1866	002002	鸿达兴业	2010/11/26	到期	6.85	4414.09	4.42
1867	002004	华邦健康	2012/12/7	买开	14.07	0	0
1868	002004	华邦健康	2013/5/3	到期	13.8	-1915.92	-1.92
1869	002005	德豪润达	2006/8/11	买开	4.53	0	0
1870	002005	德豪润达	2006/10/12	止赢	5.5	21379.77	21.41
1871	002005	德豪润达	2008/11/7	买开	2.34	0	0
1872	002005	德豪润达	2008/12/5	止赢	3.05	36672.92	30.34
1873	002005	德豪润达	2012/8/10	买开	6.17	0	0
1874	002005	德豪润达	2012/9/14	止赢	7.5	33856.48	21.56
1875	002006	精功科技	2008/11/7	买开	4.53	0	0
1876	002006	精功科技	2008/11/14	止赢	5.7	25787.96	25.83
1877	002009	天奇股份	2008/11/7	买开	4.45	0	0
1878	002009	天奇股份	2008/11/14	止赢	5.75	29169.4	29.21
1879	002009	天奇股份	2012/1/13	买开	7.3	0	0
1880	002009	天奇股份	2012/2/24	止赢	9.12	32068.39	24.93
1881	002010	传化股份	2012/1/13	买开	6.11	0	0
1882	002010	传化股份	2012/3/9	止赢	7.63	24839.84	24.88
1883	002011	盾安环境	2012/1/13	买开	9.04	0	0
1884	002011	盾安环境	2012/3/9	止赢	11.05	22200.45	22.23
1885	002012	凯恩股份	2008/11/7	买开	3.05	0	0
1886	002012	凯恩股份	2008/11/14	止赢	3.82	25207.49	25.25
1887	002013	中航机电	2012/1/13	买开	13.61	0	0
1888	002013	中航机电	2012/2/24	止赢	17.1	25602.64	25.64
1889	002014	永新股份	2008/10/24	买开	5.25	0	0
1890	002014	永新股份	2008/12/5	止赢	6.72	27957.93	28
1891	002015	*ST 霞客	2008/11/7	买开	3.69	0	0
1892	002015	*ST 霞客	2008/11/14	止赢	4.57	23811.92	23.85
1893	002016	世荣兆业	2011/12/30	买开	5.45	0	0
1894	002016	世荣兆业	2012/2/10	止赢	6.59	20885.95	20.92

续表

序号	股票代码	股票名称	买卖时间	信号类型	价格（元）	收益（元）	收益率(%)
1895	002017	东信和平	2008/11/7	买开	4.22	0	0
1896	002017	东信和平	2008/11/21	止赢	5.09	20585.08	20.62
1897	002018	华信国际	2008/11/7	买开	8.13	0	0
1898	002018	华信国际	2008/11/14	止赢	10.35	27263.82	27.31
1899	002018	华信国际	2010/7/9	买开	6.54	0	0
1900	002018	华信国际	2010/7/30	止赢	8.75	42825.38	33.79
1901	002018	华信国际	2012/1/13	买开	4.41	0	0
1902	002018	华信国际	2012/2/3	止赢	5.4	37949.68	22.45
1903	002019	亿帆鑫富	2006/5/12	买开	7.57	0	0
1904	002019	亿帆鑫富	2006/5/26	止赢	9.36	23610.09	23.65
1905	002019	亿帆鑫富	2012/1/13	买开	7.22	0	0
1906	002019	亿帆鑫富	2012/2/10	止赢	10.66	58645.12	47.65
1907	002020	京新药业	2008/10/17	买开	3.88	0	0
1908	002020	京新药业	2008/11/21	止赢	4.79	23417.94	23.45
1909	002021	中捷资源	2008/7/4	买开	5.56	0	0
1910	002021	中捷资源	2008/7/25	止赢	7.02	26218.68	26.26
1911	002021	中捷资源	2008/11/7	买开	3.08	0	0
1912	002021	中捷资源	2008/11/14	止赢	3.78	28565.6	22.73
1913	002021	中捷资源	2012/1/13	买开	4.21	0	0
1914	002021	中捷资源	2012/3/23	止赢	5.13	33607.6	21.85
1915	002022	科华生物	2008/11/7	买开	17.97	0	0
1916	002022	科华生物	2008/12/19	止赢	22.9	27391.08	27.43
1917	002022	科华生物	2012/1/13	买开	9.78	0	0
1918	002022	科华生物	2012/6/8	到期	10.48	9079.7	7.16
1919	002023	海特高新	2008/11/7	买开	3.59	0	0
1920	002023	海特高新	2008/12/5	止赢	4.84	34766.26	34.82
1921	002023	海特高新	2012/2/3	买开	8.22	0	0
1922	002023	海特高新	2012/3/30	止赢	10.01	29225.33	21.78
1923	002024	苏宁云商	2008/10/24	买开	13.16	0	0
1924	002024	苏宁云商	2008/11/28	止赢	18.18	38086.74	38.15
1925	002024	苏宁云商	2010/5/14	买开	10.5	0	0
1926	002024	苏宁云商	2010/8/6	止赢	13.06	33528.32	24.38
1927	002026	山东威达	2006/8/25	买开	4.86	0	0
1928	002026	山东威达	2007/1/19 0	止赢	5.97	22804.94	22.84

续表

序号	股票代码	股票名称	买卖时间	信号类型	价格（元）	收益（元）	收益率(%)
1929	002026	山东威达	2013/7/5	买开	5.3	0	0
1930	002026	山东威达	2013/11/22	到期	5.78	11075.04	9.06
1931	002027	七喜控股	2008/11/7	买开	2.35	0	0
1932	002027	七喜控股	2008/11/21	止赢	2.83	20394.72	20.43
1933	002027	七喜控股	2012/1/13	买开	4.06	0	0
1934	002027	七喜控股	2012/4/13	止赢	5.02	28346.88	23.65
1935	002028	思源电气	2012/1/13	买开	11.13	0	0
1936	002028	思源电气	2012/2/24	止赢	13.71	23145.18	23.18
1937	002029	七匹狼	2013/7/26	买开	7.26	0	0
1938	002029	七匹狼	2013/9/13	止赢	8.72	20079.38	20.11
1939	002029	七匹狼	2014/1/24	买开	7.04	0	0
1940	002029	七匹狼	2014/6/13	到期	7.53	8322.16	6.96
1941	002031	巨轮智能	2012/1/13	买开	5.51	0	0
1942	002031	巨轮智能	2012/3/9	止赢	7.14	29537.22	29.58
1943	002034	美欣达	2012/12/7	买开	8.41	0	0
1944	002034	美欣达	2013/1/18	止赢	10.11	20182.4	20.21
1945	002035	华帝股份	2008/11/7	买开	3	0	0
1946	002035	华帝股份	2008/11/14	止赢	3.78	25960.74	26
1947	002035	华帝股份	2012/2/3	买开	7.94	0	0
1948	002035	华帝股份	2012/3/9	止赢	9.95	31751.97	25.31
1949	002036	汉麻产业	2012/1/20	买开	9.75	0	0
1950	002036	汉麻产业	2012/2/10	止赢	12	23042.25	23.08
1951	002036	汉麻产业	2013/7/5	买开	6.55	0	0
1952	002036	汉麻产业	2013/8/9	止赢	8.19	30677.83	25.04
1953	002037	久联发展	2013/7/1	买开	9.77	0	0
1954	002037	久联发展	2013/8/23	止赢	12.43	27185.2	27.23
1955	002038	双鹭药业	2008/7/4	买开	25.8	0	0
1956	002038	双鹭药业	2008/7/18	止赢	31.08	20433.6	20.47
1957	002040	南京港	2008/6/27	买开	5.04	0	0
1958	002040	南京港	2008/8/1	止赢	6.22	23376.98	23.41
1959	002040	南京港	2008/11/7	买开	3.03	0	0
1960	002040	南京港	2008/12/5	止赢	3.86	33654.01	27.39
1961	002040	南京港	2012/1/13	买开	5.13	0	0
1962	002040	南京港	2012/3/30	止赢	6.39	38325.41	24.56

续表

序号	股票代码	股票名称	买卖时间	信号类型	价格（元）	收益（元）	收益率(%)
1963	002041	登海种业	2011/6/24	买开	20.26	0	0
1964	002041	登海种业	2011/7/15	止赢	24.42	20500.48	20.53
1965	002042	华孚色纺	2012/1/13	买开	7.44	0	0
1966	002042	华孚色纺	2012/2/10	止赢	8.98	20666.79	20.7
1967	002043	兔宝宝	2008/11/7	买开	2.95	0	0
1968	002043	兔宝宝	2008/11/14	止赢	3.71	25723.72	25.76
1969	002043	兔宝宝	2012/1/13	买开	6.29	0	0
1970	002043	兔宝宝	2012/3/16	止赢	7.91	32244.48	25.76
1971	002044	江苏三友	2012/1/13	买开	8.5	0	0
1972	002044	江苏三友	2012/3/16	止赢	10.72	26078.34	26.12
1973	002044	江苏三友	2012/12/7	买开	6.37	0	0
1974	002044	江苏三友	2013/1/11	止赢	7.69	26015.88	20.72
1975	002045	国光电器	2011/6/24	买开	7.28	0	0
1976	002045	国光电器	2011/9/9	止赢	8.81	20983.95	21.02
1977	002046	轴研科技	2008/11/7	买开	5.5	0	0
1978	002046	轴研科技	2008/11/21	止赢	6.83	24144.82	24.18
1979	002046	轴研科技	2012/1/13	买开	13.4	0	0
1980	002046	轴研科技	2012/2/17	止赢	16.22	26014.5	21.04
1981	002047	宝鹰股份	2010/7/9	买开	4.82	0	0
1982	002047	宝鹰股份	2010/8/6	止赢	6.39	32522.54	32.57
1983	002047	宝鹰股份	2012/1/13	买开	2.87	0	0
1984	002047	宝鹰股份	2012/2/24	止赢	3.46	27130.57	20.56
1985	002048	宁波华翔	2008/11/7	买开	3.01	0	0
1986	002048	宁波华翔	2008/12/5	止赢	4.12	36820.92	36.88
1987	002050	三花股份	2008/11/7	买开	8.3	0	0
1988	002050	三花股份	2008/12/5	止赢	10.76	29593.8	29.64
1989	002051	中工国际	2008/11/7	买开	8.23	0	0
1990	002051	中工国际	2008/11/21	止赢	9.92	20503.09	20.53
1991	002051	中工国际	2014/5/16	买开	15.05	0	0
1992	002051	中工国际	2014/8/15	止赢	18.52	27662.84	23.06
1993	002052	同洲电子	2008/7/4	买开	8.53	0	0
1994	002052	同洲电子	2008/7/25	止赢	10.36	21420.15	21.45
1995	002052	同洲电子	2008/10/24	买开	4.87	0	0
1996	002052	同洲电子	2008/11/14	止赢	5.86	24577.75	20.33

续表

序号	股票代码	股票名称	买卖时间	信号类型	价格（元）	收益（元）	收益率(%)
1997	002052	同洲电子	2013/7/5	买开	7.5	0	0
1998	002052	同洲电子	2013/7/26	止赢	9.19	32682.9	22.53
1999	002054	德美化工	2008/10/24	买开	6.46	0	0
2000	002054	德美化工	2008/12/5	止赢	9.04	39876.48	39.94
2001	002054	德美化工	2011/1/28	买开	11.22	0	0
2002	002054	德美化工	2011/3/18	止赢	14.31	38365.44	27.54
2003	002055	得润电子	2008/10/24	买开	4.56	0	0
2004	002055	得润电子	2008/11/14	止赢	6.3	38099.05	38.16
2005	002056	横店东磁	2012/12/7	买开	11.08	0	0
2006	002056	横店东磁	2012/12/21	止赢	13.36	20545.08	20.58
2007	002057	中钢天源	2008/11/7	买开	3.57	0	0
2008	002057	中钢天源	2008/11/14	止赢	4.3	20417.38	20.45
2009	002057	中钢天源	2011/10/28	买开	16.51	0	0
2010	002057	中钢天源	2011/11/25	止赢	22.76	45387.5	37.86
2011	002057	中钢天源	2012/12/7	买开	9.28	0	0
2012	002057	中钢天源	2012/12/21	止赢	11.78	44395	26.94
2013	002059	云南旅游	2008/11/7	买开	3.13	0	0
2014	002059	云南旅游	2008/11/14	止赢	3.85	22968.71	23
2015	002060	粤水电	2008/11/7	买开	4.8	0	0
2016	002060	粤水电	2008/11/14	止赢	6.05	26002.5	26.04
2017	002061	江山化工	2008/11/7	买开	3.47	0	0
2018	002061	江山化工	2008/11/21	止赢	4.49	29350.49	29.39
2019	002061	江山化工	2013/7/26	买开	5.14	0	0
2020	002061	江山化工	2013/10/18	止赢	6.26	28068.33	21.79
2021	002063	远光软件	2008/10/31	买开	8.45	0	0
2022	002063	远光软件	2008/12/5	止赢	11.37	34502.72	34.56
2023	002064	华峰氨纶	2008/6/27	买开	8.75	0	0
2024	002064	华峰氨纶	2008/7/11	止赢	10.6	21110.35	21.14
2025	002066	瑞泰科技	2008/10/24	买开	5.95	0	0
2026	002066	瑞泰科技	2008/12/5	止赢	7.78	30709.24	30.76
2027	002067	景兴纸业	2012/9/28	买开	2.11	0	0
2028	002067	景兴纸业	2012/10/26	止赢	2.86	35491.5	35.55
2029	002069	獐子岛	2008/6/27	买开	19.72	0	0
2030	002069	獐子岛	2008/7/11	止赢	23.89	21112.71	21.15

续表

序号	股票代码	股票名称	买卖时间	信号类型	价格（元）	收益（元）	收益率(%)
2031	002070	众和股份	2008/11/7	买开	3.55	0	0
2032	002070	众和股份	2008/12/5	止赢	4.69	32063.64	32.11
2033	002071	长城影视	2008/11/7	买开	3.42	0	0
2034	002071	长城影视	2008/11/21	止赢	4.24	23939.89	23.98
2035	002072	凯瑞德	2008/11/7	买开	2.61	0	0
2036	002072	凯瑞德	2008/12/5	止赢	3.39	29839.69	29.89
2037	002073	软控股份	2010/5/21	买开	14.3	0	0
2038	002073	软控股份	2010/8/6	止赢	17.45	21993.3	22.03
2039	002074	国轩高科	2008/11/7	买开	4.52	0	0
2040	002074	国轩高科	2008/11/14	止赢	5.76	27391.61	27.43
2041	002074	国轩高科	2011/6/24	买开	9.81	0	0
2042	002074	国轩高科	2011/7/15	止赢	12	28318.88	22.32
2043	002076	雪 莱 特	2008/7/4	买开	7.16	0	0
2044	002076	雪 莱 特	2008/7/25	止赢	9.41	31376.25	31.42
2045	002076	雪 莱 特	2008/11/7	买开	3.99	0	0
2046	002076	雪 莱 特	2008/11/21	止赢	4.91	30166.79	23.06
2047	002078	太阳纸业	2010/7/9	买开	10.16	0	0
2048	002078	太阳纸业	2010/9/17	止赢	12.33	21324.59	21.36
2049	002079	苏州固锝	2012/1/13	买开	10.17	0	0
2050	002079	苏州固锝	2012/3/9	止赢	13.37	31417.6	31.47
2051	002080	中材科技	2008/11/7	买开	15.27	0	0
2052	002080	中材科技	2008/11/28	止赢	18.6	21771.54	21.81
2053	002081	金 螳 螂	2012/1/13	买开	33.8	0	0
2054	002081	金 螳 螂	2012/2/24	止赢	42.3	25109	25.15
2055	002082	栋梁新材	2008/10/24	买开	3.84	0	0
2056	002082	栋梁新材	2008/11/14	止赢	4.89	27302.1	27.34
2057	002083	孚日股份	2008/7/4	买开	5.59	0	0
2058	002083	孚日股份	2008/7/18	止赢	6.75	20719.92	20.75
2059	002084	海鸥卫浴	2010/7/9	买开	6.32	0	0
2060	002084	海鸥卫浴	2010/8/6	止赢	8.36	32229.95	32.28
2061	002084	海鸥卫浴	2012/1/13	买开	4.11	0	0
2062	002084	海鸥卫浴	2012/2/17	止赢	5.04	29797.2	22.63
2063	002085	万丰奥威	2008/11/7	买开	3.4	0	0
2064	002085	万丰奥威	2008/12/5	止赢	4.13	21437.91	21.47

续表

序号	股票代码	股票名称	买卖时间	信号类型	价格（元）	收益（元）	收益率(%)
2065	002086	东方海洋	2008/11/7	买开	9.04	0	0
2066	002086	东方海洋	2008/12/5	止赢	11.7	29379.7	29.42
2067	002088	鲁阳节能	2012/1/13	买开	9.67	0	0
2068	002088	鲁阳节能	2012/2/24	止赢	11.82	22198.75	22.23
2069	002089	新海宜	2008/11/7	买开	3.6	0	0
2070	002089	新海宜	2008/11/21	止赢	4.5	24962.4	25
2071	002089	新海宜	2012/1/13	买开	8.86	0	0
2072	002089	新海宜	2012/2/24	止赢	11.11	31601.25	25.4
2073	002090	金智科技	2008/11/7	买开	7.26	0	0
2074	002090	金智科技	2008/11/28	止赢	9.15	25993.16	26.03
2075	002090	金智科技	2010/7/9	买开	11.64	0	0
2076	002090	金智科技	2010/8/6	止赢	14.16	27160.55	21.65
2077	002091	江苏国泰	2012/12/7	买开	7.62	0	0
2078	002091	江苏国泰	2013/2/1	止赢	9.37	22930.25	22.97
2079	002092	中泰化学	2011/12/30	买开	7.49	0	0
2080	002092	中泰化学	2012/2/24	止赢	10.35	38126.67	38.18
2081	002094	青岛金王	2012/1/13	买开	8.8	0	0
2082	002094	青岛金王	2012/3/16	止赢	11.34	28818.84	28.86
2083	002095	生意宝	2008/11/7	买开	9.6	0	0
2084	002095	生意宝	2008/11/14	止赢	11.69	21738.08	21.77
2085	002095	生意宝	2012/1/13	买开	11.18	0	0
2086	002095	生意宝	2012/2/17	止赢	13.68	27105	22.36
2087	002096	南岭民爆	2008/6/27	买开	10	0	0
2088	002096	南岭民爆	2008/7/25	止赢	13.88	38741.8	38.8
2089	002096	南岭民爆	2008/10/24	买开	5.78	0	0
2090	002096	南岭民爆	2008/11/14	止赢	7.54	42074.55	30.45
2091	002097	山河智能	2008/11/7	买开	7.25	0	0
2092	002097	山河智能	2008/11/14	止赢	10.96	51094.12	51.17
2093	002098	浔兴股份	2008/11/7	买开	4	0	0
2094	002098	浔兴股份	2008/12/5	止赢	5.42	35446.04	35.5
2095	002099	海翔药业	2012/12/7	买开	5.5	0	0
2096	002099	海翔药业	2012/12/28	止赢	6.64	20695.56	20.73
2097	002102	冠福股份	2008/11/7	买开	2.81	0	0
2098	002102	冠福股份	2008/12/5	止赢	3.99	41928.94	41.99

续表

序号	股票代码	股票名称	买卖时间	信号类型	价格（元）	收益（元）	收益率（%）
2099	002104	恒宝股份	2011/1/28	买开	13.22	0	0
2100	002104	恒宝股份	2011/3/18	止赢	16.89	27715.83	27.76
2101	002104	恒宝股份	2012/2/3	买开	8.53	0	0
2102	002104	恒宝股份	2012/6/21	到期	9.31	11629.81	9.14
2103	002105	信隆实业	2008/11/7	买开	2.6	0	0
2104	002105	信隆实业	2008/11/14	止赢	3.18	22273.75	22.31
2105	002105	信隆实业	2012/1/13	买开	4.32	0	0
2106	002105	信隆实业	2012/2/24	止赢	5.2	24801.91	20.37
2107	002106	莱宝高科	2008/10/24	买开	6.01	0	0
2108	002106	莱宝高科	2008/11/14	止赢	7.43	23591.87	23.63
2109	002106	莱宝高科	2012/1/13	买开	16.3	0	0
2110	002106	莱宝高科	2012/2/24	止赢	20.55	32087.5	26.07
2111	002107	沃华医药	2010/7/9	买开	13.39	0	0
2112	002107	沃华医药	2010/9/3	止赢	16.23	21177.88	21.21
2113	002108	沧州明珠	2010/5/28	买开	13.03	0	0
2114	002108	沧州明珠	2010/7/2	止赢	16.66	27816.69	27.86
2115	002108	沧州明珠	2011/6/3	买开	8.74	0	0
2116	002108	沧州明珠	2011/7/15	止赢	11.61	41795.81	32.84
2117	002108	沧州明珠	2012/1/13	买开	7.1	0	0
2118	002108	沧州明珠	2012/3/2	止赢	8.58	35138.16	20.85
2119	002110	三钢闽光	2008/11/7	买开	5.07	0	0
2120	002110	三钢闽光	2008/11/14	止赢	6.2	22254.21	22.29
2121	002112	三变科技	2012/1/13	买开	7.36	0	0
2122	002112	三变科技	2012/4/27	止赢	8.93	21298.62	21.33
2123	002113	天润控股	2008/11/7	买开	3.13	0	0
2124	002113	天润控股	2008/11/14	止赢	3.82	22011.68	22.04
2125	002114	罗平锌电	2012/8/10	买开	6.02	0	0
2126	002114	罗平锌电	2012/11/2	止赢	7.55	25376.58	25.42
2127	002115	三维通信	2008/11/7	买开	6.48	0	0
2128	002115	三维通信	2008/11/21	止赢	8.55	31894.56	31.94
2129	002115	三维通信	2010/7/9	买开	13.05	0	0
2130	002115	三维通信	2010/9/3	止赢	17.42	43984.05	33.49
2131	002117	东港股份	2008/11/7	买开	6.7	0	0
2132	002117	东港股份	2008/12/5	止赢	8.55	27570.56	27.61

续表

序号	股票代码	股票名称	买卖时间	信号类型	价格（元）	收益（元）	收益率(%)
2133	002117	东港股份	2012/12/7	买开	6.53	0	0
2134	002117	东港股份	2013/1/18	止赢	8.38	35989.9	28.33
2135	002118	紫鑫药业	2008/11/7	买开	7.85	0	0
2136	002118	紫鑫药业	2008/11/14	止赢	9.51	21113.54	21.15
2137	002118	紫鑫药业	2010/7/9	买开	11.25	0	0
2138	002118	紫鑫药业	2010/8/20	止赢	14.19	31516.79	26.13
2139	002120	新海股份	2012/1/13	买开	6.59	0	0
2140	002120	新海股份	2012/3/23	止赢	7.92	20150.83	20.18
2141	002121	科陆电子	2008/11/7	买开	8.03	0	0
2142	002121	科陆电子	2008/11/14	止赢	10.43	29841.61	29.89
2143	002122	天马股份	2013/7/5	买开	3.67	0	0
2144	002122	天马股份	2013/9/27	止赢	4.59	25030.44	25.07
2145	002125	湘潭电化	2008/11/7	买开	4.17	0	0
2146	002125	湘潭电化	2008/11/28	止赢	5.1	22267.92	22.3
2147	002126	银轮股份	2012/1/13	买开	11.93	0	0
2148	002126	银轮股份	2012/3/9	止赢	14.37	20420.36	20.45
2149	002128	露天煤业	2010/7/9	买开	17.61	0	0
2150	002128	露天煤业	2010/8/20	止赢	22.76	29200.5	29.24
2151	002128	露天煤业	2012/1/13	买开	13.99	0	0
2152	002128	露天煤业	2012/5/4	止赢	17.48	32094.04	24.95
2153	002130	沃尔核材	2010/7/9	买开	12.29	0	0
2154	002130	沃尔核材	2010/7/23	止赢	15.18	23478.36	23.52
2155	002130	沃尔核材	2011/12/30	买开	12.86	0	0
2156	002130	沃尔核材	2012/2/24	止赢	15.73	27440.07	22.32
2157	002130	沃尔核材	2012/12/7	买开	7.28	0	0
2158	002130	沃尔核材	2013/1/18	止赢	9.02	35838.79	23.9
2159	002130	沃尔核材	2013/7/26	买开	5.77	0	0
2160	002130	沃尔核材	2013/12/6	止赢	7.14	43979.73	23.74
2161	002132	恒星科技	2008/11/7	买开	3.99	0	0
2162	002132	恒星科技	2008/12/5	止赢	5.34	33783.75	33.83
2163	002132	恒星科技	2011/12/23	买开	6.87	0	0
2164	002132	恒星科技	2012/2/24	止赢	8.28	27344.13	20.52
2165	002134	天津普林	2012/1/13	买开	5.72	0	0
2166	002134	天津普林	2012/2/24	止赢	7.02	22692.8	22.73

续表

序号	股票代码	股票名称	买卖时间	信号类型	价格（元）	收益（元）	收益率（%）
2167	002135	东南网架	2011/6/17	买开	9.01	0	0
2168	002135	东南网架	2011/7/15	止赢	11.33	25710.24	25.75
2169	002136	安纳达	2012/1/13	买开	14.28	0	0
2170	002136	安纳达	2012/3/2	止赢	17.66	23632.96	23.67
2171	002136	安纳达	2012/12/7	买开	7.72	0	0
2172	002136	安纳达	2013/4/3	止赢	9.33	25674.67	20.85
2173	002137	实益达	2012/1/13	买开	5.84	0	0
2174	002137	实益达	2012/3/9	止赢	7.6	30090.71	30.14
2175	002138	顺络电子	2012/2/3	买开	14.03	0	0
2176	002138	顺络电子	2012/6/21	到期	10.06	-28250.52	-28.3
2177	002139	拓邦股份	2012/1/13	买开	9.16	0	0
2178	002139	拓邦股份	2012/2/17	止赢	11.12	21364	21.4
2179	002140	东华科技	2010/7/9	买开	18.53	0	0
2180	002140	东华科技	2010/8/6	止赢	23.69	27802.08	27.85
2181	002140	东华科技	2012/2/3	买开	20.3	0	0
2182	002140	东华科技	2012/6/21	到期	20.53	1441.88	1.13
2183	002143	印纪传媒	2010/7/9	买开	8.96	0	0
2184	002143	印纪传媒	2010/8/13	止赢	11.89	32648.99	32.7
2185	002148	北纬通信	2012/12/70	买开	11.32	0	0
2186	002148	北纬通信	2013/1/11	止赢	16.06	41806.8	41.87
2187	002148	北纬通信	2014/8/1	买开	18.62	0	0
2188	002148	北纬通信	2014/8/15	止赢	23.45	36635.55	25.94
2189	002150	通润装备	2010/7/9	买开	10.31	0	0
2190	002150	通润装备	2010/8/6	止赢	13	26049.96	26.09
2191	002154	报喜鸟	2012/1/20	买开	10.81	0	0
2192	002154	报喜鸟	2012/2/24	止赢	12.98	20042.11	20.07
2193	002154	报喜鸟	2012/12/7	买开	8.32	0	0
2194	002154	报喜鸟	2013/2/8	止赢	10.28	28157.36	23.56
2195	002154	报喜鸟	2013/7/26	买开	5.7	0	0
2196	002154	报喜鸟	2013/9/27	止赢	7.18	38232.84	25.96
2197	002157	正邦科技	2012/1/13	买开	7.85	0	0
2198	002157	正邦科技	2012/2/3	止赢	9.45	20350.4	20.38
2199	002158	汉钟精机	2012/1/13	买开	11.1	0	0
2200	002158	汉钟精机	2012/2/17	止赢	13.41	20778.45	20.81

续表

序号	股票代码	股票名称	买卖时间	信号类型	价格（元）	收益（元）	收益率（%）
2201	002160	常铝股份	2013/7/26	买开	3.75	0	0
2202	002160	常铝股份	2013/8/16	止赢	5.64	50323.14	50.4
2203	002161	远望谷	2011/10/28	买开	17.18	0	0
2204	002161	远望谷	2012/3/23	到期	18.85	9706.04	9.72
2205	002161	远望谷	2012/12/7	买开	5.6	0	0
2206	002161	远望谷	2013/1/18	止赢	7.19	31012.95	28.39
2207	002162	悦心健康	2012/1/13	买开	5.53	0	0
2208	002162	悦心健康	2012/2/17	止赢	6.82	23292.24	23.33
2209	002162	悦心健康	2013/3/22	买开	4.85	0	0
2210	002162	悦心健康	2013/8/9	到期	5.05	5062.81	4.12
2211	002165	红宝丽	2010/7/9	买开	14.1	0	0
2212	002165	红宝丽	2010/8/6	止赢	16.93	20039.23	20.07
2213	002167	东方锆业	2010/6/8	买开	17.97	0	0
2214	002167	东方锆业	2010/6/25	止赢	21.62	20279.41	20.31
2215	002167	东方锆业	2012/12/7	买开	12.08	0	0
2216	002167	东方锆业	2013/1/18	止赢	15.12	30138.56	25.17
2217	002167	东方锆业	2013/7/5	买开	10.4	0	0
2218	002167	东方锆业	2013/11/22	到期	10.91	7329.21	4.9
2219	002168	深圳惠程	2012/1/13	买开	9.34	0	0
2220	002168	深圳惠程	2012/2/24	止赢	11.67	24907.7	24.95
2221	002169	智光电气	2011/6/24	买开	9.15	0	0
2222	002169	智光电气	2011/7/22	止赢	11.38	24333.77	24.37
2223	002170	芭田股份	2013/8/2	买开	4.38	0	0
2224	002170	芭田股份	2013/9/6	止赢	5.32	21428.24	21.46
2225	002172	澳洋科技	2010/7/9	买开	7.89	0	0
2226	002172	澳洋科技	2010/8/6	止赢	9.66	22399.35	22.43
2227	002177	御银股份	2012/12/7	买开	4.48	0	0
2228	002177	御银股份	2013/5/3	周期	4.76	6240.36	6.25
2229	002178	延华智能	2014/5/23	买开	9.04	0	0
2230	002178	延华智能	2014/7/11	止赢	11.79	30373.75	30.42
2231	002179	中航光电	2010/7/9	买开	11.7	0	0
2232	002179	中航光电	2010/8/13	止赢	14.06	20140.25	20.17
2233	002184	海得控制	2012/1/13	买开	6.31	0	0
2234	002184	海得控制	2012/2/24	止赢	7.65	21204.16	21.24

续表

序号	股票代码	股票名称	买卖时间	信号类型	价格（元）	收益（元）	收益率(%)
2235	002185	华天科技	2012/1/13	买开	6.2	0	0
2236	002185	华天科技	2012/2/10	止赢	7.48	20613.12	20.65
2237	002186	全聚德	2013/8/2	买开	14.07	0	0
2238	002186	全聚德	2013/9/17	止赢	17	20791.28	20.82
2239	002192	*ST融捷	2011/6/3	买开	18.67	0	0
2240	002192	*ST融捷	2011/6/24	止赢	22.56	20803.72	20.84
2241	002192	*ST融捷	2011/12/30	买开	13.92	0	0
2242	002192	*ST融捷	2012/2/17	止赢	16.72	24194.79	20.11
2243	002195	二三四五	2012/12/7	买开	10.34	0	0
2244	002195	二三四五	2013/1/18	止赢	12.48	20663.83	20.7
2245	002196	方正电机	2012/1/13	买开	11.46	0	0
2246	002196	方正电机	2012/3/9	止赢	13.9	21257.28	21.29
2247	002198	嘉应制药	2012/1/13	买开	8.3	0	0
2248	002198	嘉应制药	2012/7/13	到期	8.94	7699.19	7.71
2249	002199	东晶电子	2012/1/13	买开	9.98	0	0
2250	002199	东晶电子	2012/2/17	止赢	13.02	30415.21	30.46
2251	002199	东晶电子	2012/12/7	买开	5.46	0	0
2252	002199	东晶电子	2013/5/3	到期	5.64	4281.48	3.3
2253	002201	九鼎新材	2010/7/9	买开	9.58	0	0
2254	002201	九鼎新材	2010/7/23	止赢	11.96	24804.36	24.84
2255	002202	金风科技	2010/7/9	买开	16.78	0	0
2256	002202	金风科技	2010/9/10	止赢	20.47	21955.49	21.99
2257	002203	海亮股份	2012/1/20	买开	10.08	0	0
2258	002203	海亮股份	2012/5/17	止赢	12.84	27337.8	27.38
2259	002204	大连重工	2012/12/7	买开	10.78	0	0
2260	002204	大连重工	2013/1/11	止赢	13.6	26118.85	26.16
2261	002204	大连重工	2013/8/2	买开	5.79	0	0
2262	002204	大连重工	2013/9/13	止赢	7.38	34488.69	27.46
2263	002205	国统股份	2012/1/20	买开	13.39	0	0
2264	002205	国统股份	2012/2/17	止赢	16.35	22072.72	22.11
2265	002207	准油股份	2012/12/7	买开	10.01	0	0
2266	002207	准油股份	2013/1/18	止赢	12.2	21845.25	21.88
2267	002207	准油股份	2014/7/25:	买开	11.8	0	0
2268	002207	准油股份	2014/8/8	止赢	15.25	35472.9	29.24

续表

序号	股票代码	股票名称	买卖时间	信号类型	价格（元）	收益（元）	收益率（%）
2269	002208	合肥城建	2012/1/13	买开	5.55	0	0
2270	002208	合肥城建	2012/2/10	止赢	6.89	24107.93	24.14
2271	002211	宏达新材	2012/1/13	买开	6.73	0	0
2272	002211	宏达新材	2012/5/11	止赢	8.08	20028.6	20.06
2273	002213	特尔佳	2010/7/9	买开	9.03	0	0
2274	002213	特尔佳	2010/8/20	止赢	11.61	28527.06	28.57
2275	002214	大立科技	2012/12/7	买开	13.14	0	0
2276	002214	大立科技	2013/1/18	止赢	17.49	33051.3	33.11
2277	002215	诺普信	2012/1/12	买开	8.44	0	0
2278	002215	诺普信	2012/6/8	到期	8.23	–2484.3	–2.49
2279	002218	拓日新能	2011/10/28	买开	9.45	0	0
2280	002218	拓日新能	2012/1/13	止赢	11.4	20603.7	20.63
2281	002218	拓日新能	2012/12/14	买开	5.59	0	0
2282	002218	拓日新能	2013/3/1	止赢	7.58	42751.16	35.6
2283	002220	天宝股份	2012/12/7	买开	6.29	0	0
2284	002220	天宝股份	2013/1/11	止赢	8.02	27462.03	27.5
2285	002222	福晶科技	2012/1/13	买开	6.45	0	0
2286	002222	福晶科技	2012/3/9	止赢	7.91	22600.8	22.64
2287	002224	三力士	2010/7/9	买开	12.55	0	0
2288	002224	三力士	2010/9/3	止赢	15.36	22356.36	22.39
2289	002224	三力士	2012/1/13	买开	7.25	0	0
2290	002224	三力士	2012/2/10	止赢	8.79	25879.7	21.24
2291	002227	奥特迅	2012/12/7	买开	14.74	0	0
2292	002227	奥特迅	2013/1/25	止赢	18.34	24386.4	24.42
2293	002227	奥特迅	2014/6/27	买开	18.97	0	0
2294	002227	奥特迅	2014/7/11	止赢	23.2	27617.68	22.3
2295	002230	科大讯飞	2014/5/23	买开	23.2	0	0
2296	002230	科大讯飞	2014/7/4	止赢	28.73	23795.58	23.84
2297	002231	奥维通信	2012/12/7	买开	5.77	0	0
2298	002231	奥维通信	2013/1/11	止赢	7.11	23188.7	23.22
2299	002232	启明信息	2012/1/13	买开	7.49	0	0
2300	0002232	启明信息	2012/4/6	止赢	9.44	25995.45	26.03
2301	002233	塔牌集团	2011/12/23	买开	8.94	0	0
2302	002233	塔牌集团	2012/2/24	止赢	11.33	26691.52	26.73

续表

序号	股票代码	股票名称	买卖时间	信号类型	价格（元）	收益（元）	收益率(%)
2303	002234	民和股份	2013/4/19	买开	8.5	0	0
2304	002234	民和股份	2013/5/17	止赢	10.41	22436.77	22.47
2305	002236	大华股份	2010/5/21	买开	41.2	0	0
2306	002236	大华股份	2010/7/9	止赢	54.68	32662.04	32.72
2307	002236	大华股份	2011/6/24	买开	41	0	0
2308	002236	大华股份	2011/8/5	止赢	51.6	34153.2	25.85
2309	002237	恒邦股份	2010/7/9	买开	31.34	0	0
2310	002237	恒邦股份	2010/8/13	止赢	39.17	24946.37	24.98
2311	002238	天威视讯	2012/12/7	买开	9.37	0	0
2312	002238	天威视讯	2013/1/11	止赢	11.55	23230.08	23.27
2313	002240	威华股份	2012/1/13	买开	4.02	0	0
2314	002240	威华股份	2012/2/17	止赢	4.9	21857.44	21.89
2315	002241	歌尔声学	2011/6/17	买开	21.7	0	0
2316	002241	歌尔声学	2011/7/22	止赢	27.35	25995.65	26.04
2317	002243	通产丽星	2012/1/13	买开	8.25	0	0
2318	002243	通产丽星	2012/2/17	止赢	10	21180.25	21.21
2319	002244	滨江集团	2012/1/20	买开	6.93	0	0
2320	002244	滨江集团	2012/2/24	止赢	8.87	27951.52	27.99
2321	002245	澳洋顺昌	2011/6/24	买开	8.05	0	0
2322	002245	澳洋顺昌	2011/7/15	止赢	10.68	32619.89	32.67
2323	002246	北化股份	2010/7/9	买开	9.94	0	0
2324	002246	北化股份	2010/7/30	止赢	12.8	28728.71	28.77
2325	002246	北化股份	2012/1/13	买开	8.58	0	0
2326	002246	北化股份	2012/2/24	止赢	10.57	29732.59	23.19
2327	002247	帝龙新材	2012/1/13	买开	11	0	0
2328	002247	帝龙新材	2012/3/2	止赢	13.29	20786.33	20.82
2329	002248	华东数控	2012/12/7	买开	6.21	0	0
2330	002248	华东数控	2013/3/1	止赢	7.88	26850.26	26.89
2331	002249	大洋电机	2012/12/7	买开	5.64	0	0
2332	002249	大洋电机	2012/12/28	止赢	7.02	24430.14	24.47
2333	002252	上海莱士	2011/6/24	买开	23.96	0	0
2334	002252	上海莱士	2011/7/22	止赢	30.73	28210.59	28.26
2335	002253	川大智胜	2012/12/7	买开	11.18	0	0
2336	002253	川大智胜	2013/1/18	止赢	14.76	31972.98	32.02

续表

序号	股票代码	股票名称	买卖时间	信号类型	价格（元）	收益（元）	收益率(%)
2337	002256	彩虹精化	2010/7/9	买开	8	0	0
2338	002256	彩虹精化	2010/11/5	止赢	9.66	20718.46	20.75
2339	002256	彩虹精化	2012/1/13	买开	7.56	0	0
2340	002256	彩虹精化	2012/2/10	止赢	9.1	24486.01	20.37
2341	002259	升达林业	2010/7/9	买开	6.07	0	0
2342	002259	升达林业	2010/8/6	止赢	7.32	20561.25	20.59
2343	002259	升达林业	2012/1/13	买开	2.95	0	0
2344	002259	升达林业	2012/2/17	止赢	3.64	28079.55	23.39
2345	002260	德奥通航	2012/1/13	买开	5.56	0	0
2346	002260	德奥通航	2012/2/24	止赢	6.83	22806.66	22.84
2347	002263	大东南	2012/1/13	买开	5.56	0	0
2348	002263	大东南	2012/2/17	止赢	6.7	20472.12	20.5
2349	002265	西仪股份	2012/1/13	买开	5.87	0	0
2350	002265	西仪股份	2012/3/9	止赢	8.7	48138.3	48.21
2351	002268	卫士通	2010/5/21	买开	17.34	0	0
2352	002268	卫士通	2010/6/4	止赢	21.2	22225.88	22.26
2353	002269	美邦服饰	2013/7/26	买开	8.61	0	0
2354	002269	美邦服饰	2013/9/13	止赢	10.91	26673.1	26.71
2355	002270	法因数控	2012/1/13	买开	7.55	0	0
2356	002270	法因数控	2012/2/10	止赢	9.55	26450	26.49
2357	002272	川润股份	2011/12/23	买开	8.88	0	0
2358	002272	川润股份	2012/2/1	止赢	13.26	49248.72	49.32
2359	002274	华昌化工	2010/7/23	买开	9.2	0	0
2360	002274	华昌化工	2010/8/6	止赢	11.78	28000.74	28.04
2361	002275	桂林三金	2012/1/13	买开	11.71	0	0
2362	002275	桂林三金	2012/6/8	到期	12.73	8696.52	8.71
2363	002277	友阿股份	2012/12/7	买开	8.5	0	0
2364	002277	友阿股份	2013/1/18	止赢	10.27	20792.2	20.82
2365	002277	友阿股份	2013/7/5	买开	7.56	0	0
2366	002277	友阿股份	2013/9/6	止赢	9.41	29433.5	24.47
2367	002279	久其软件	2012/12/7	买开	7.33	0	0
2368	002279	久其软件	2013/5/3	到期	7.76	5857.46	5.87
2369	002281	光迅科技	2012/12/7	买开	15.72	0	0
2370	002281	光迅科技	2012/12/28	止赢	19.58	24514.86	24.55

续表

序号	股票代码	股票名称	买卖时间	信号类型	价格（元）	收益（元）	收益率(%)
2371	002283	天润曲轴	2011/6/3	买开	12.34	0	0
2372	002283	天润曲轴	2011/7/15	止赢	15.44	25082.1	25.12
2373	002283	天润曲轴	2012/12/7	买开	5.58	0	0
2374	002283	天润曲轴	2013/1/18	止赢	6.8	27232.85	21.86
2375	002285	世联行	2014/6/27	买开	8.1	0	0
2376	002285	世联行	2014/7/18	止赢	9.84	21448.98	21.48
2377	002288	超华科技	2013/7/5	买开	7.13	0	0
2378	002288	超华科技	2013/8/2	止赢	9.07	27167.75	27.21
2379	002289	宇顺电子	2012/1/13	买开	15.14	0	0
2380	002289	宇顺电子	2012/2/10	止赢	25.23	66543.55	66.64
2381	002293	罗莱家纺	2013/7/19	买开	17.97	0	0
2382	002293	罗莱家纺	2013/10/25	止赢	22.61	25779.85	25.82
2383	002296	辉煌科技	2012/1/13	买开	15.86	0	0
2384	002296	辉煌科技	2012/2/24	止赢	19.52	23039.71	23.08
2385	002296	辉煌科技	2012/12/7	买开	10.4	0	0
2386	002296	辉煌科技	2013/1/4	止赢	13.51	36635.81	29.9
2387	002297	博云新材	2012/1/13	买开	12.49	0	0
2388	002297	博云新材	2012/2/16	止赢	15.12	21024.22	21.06
2389	002302	西部建设	2013/7/12	买开	9.19	0	0
2390	002302	西部建设	2013/8/23	止赢	11.18	21621.36	21.65
2391	002308	威创股份	2012/1/13	买开	8.94	0	0
2392	002308	威创股份	2012/6/8	到期	9.86	10274.56	10.29
2393	002311	海大集团	2011/6/10	买开	14.93	0	0
2394	002311	海大集团	2011/8/19	止赢	17.97	20328.47	20.36
2395	002311	海大集团	2013/8/9	买开	9.87	0	0
2396	002311	海大集团	2013/9/30	止赢	12.5	31925.57	26.65
2397	002313	日海通讯	2014/5/16	买开	10.49	0	0
2398	002313	日海通讯	2014/6/27	止赢	12.84	22367.3	22.4
2399	002316	键桥通讯	2012/1/13	买开	8.65	0	0
2400	002316	键桥通讯	2012/2/24	止赢	11.12	28511.21	28.55
2401	002316	键桥通讯	2012/8/3	买开	6.87	0	0
2402	002316	键桥通讯	2012/9/7	止赢	8.45	29432.24	23
2403	002317	众生药业	2012/1/13	买开	19.67	0	0
2404	002317	众生药业	2012/6/8	到期	21.3	8273.88	8.29

续表

序号	股票代码	股票名称	买卖时间	信号类型	价格（元）	收益（元）	收益率（%）
2405	002319	乐通股份	2012/1/13	买开	9.56	0	0
2406	002319	乐通股份	2012/3/9	止赢	11.98	25274.47	25.31
2407	002319	乐通股份	2014/1/17	买开	6.92	0	0
2408	002319	乐通股份	2014/3/7	止赢	8.37	26139.15	20.95
2409	002320	海峡股份	2012/12/7	买开	8.57	0	0
2410	002320	海峡股份	2013/4/12	止赢	12.16	41827.09	41.89
2411	002321	华英农业	2012/1/20	买开	13.39	0	0
2412	002321	华英农业	2012/3/9	止赢	17.97	34153.05	34.2
2413	002321	华英农业	2012/12/7	买开	4.93	0	0
2414	002321	华英农业	2012/12/14	止赢	6.6	45255.33	33.87
2415	002322	理工监测	2011/6/24	买开	46.65	0	0
2416	002322	理工监测	2011/7/29	止赢	56.49	21057.6	21.09
2417	002323	雅百特	2013/7/5	买开	11.32	0	0
2418	002323	雅百特	2013/8/23	止赢	14.13	24784.2	24.82
2419	002324	普利特	2012/1/13	买开	10.02	0	0
2420	002324	普利特	2012/2/24	止赢	12.05	20228.95	20.26
2421	002325	洪涛股份	2012/2/3	买开	16.3	0	0
2422	002325	洪涛股份	2012/2/24	止赢	19.8	21437.5	21.47
2423	002326	永太科技	2011/6/24	买开	24.18	0	0
2424	002326	永太科技	2011/7/15	止赢	31.13	28696.54	28.74
2425	002326	永太科技	2012/1/13	买开	13.44	0	0
2426	002326	永太科技	2012/2/17	止赢	16.25	26793.35	20.91
2427	002327	富安娜	2013/7/5	买开	13.86	0	0
2428	002327	富安娜	2013/9/6	止赢	16.74	20747.52	20.78
2429	002330	得利斯	2012/1/13	买开	9.45	0	0
2430	002330	得利斯	2012/4/13	止赢	12.4	31169.7	31.22
2431	002330	得利斯	2013/7/26	买开	4.71	0	0
2432	002330	得利斯	2013/12/13	止赢	5.87	32171.44	24.63
2433	002334	英威腾	2012/1/20	买开	22.5	0	0
2434	002334	英威腾	2012/2/24	止赢	28.73	27642.51	27.69
2435	002334	英威腾	2013/7/5	买开	7.57	0	0
2436	002334	英威腾	2013/8/9	止赢	9.7	35764.82	28.14
2437	002337	赛象科技	2012/1/13	买开	9.1	0	0
2438	002337	赛象科技	2012/2/17	止赢	11.6	27430	27.47

续表

序号	股票代码	股票名称	买卖时间	信号类型	价格（元）	收益（元）	收益率(%)
2439	002338	奥普光电	2012/12/7	买开	15.44	0	0
2440	002338	奥普光电	2013/1/25	止赢	19.43	25799.34	25.84
2441	002342	巨力索具	2011/12/30	买开	5.58	0	0
2442	002342	巨力索具	2012/3/23	止赢	6.74	20757.04	20.79
2443	002345	潮宏基	2012/11/23	买开	16.48	0	0
2444	002345	潮宏基	2013/1/18	止赢	20.2	22535.77	22.57
2445	002345	潮宏基	2014/11/21	买开	8.58	0	0
2446	002345	潮宏基	2014/12/31	平盘	8.4	-2559.78	-2.1
2447	002346	柘中股份	2012/1/13	买开	12.15	0	0
2448	002346	柘中股份	2012/4/6	止赢	14.97	23174.77	23.21
2449	002346	柘中股份	2014/5/16	买开	7.62	0	0
2450	002346	柘中股份	2014/8/1	止赢	9.67	32996.8	26.9
2451	002347	泰尔重工	2012/1/6	买开	14.88	0	0
2452	002347	泰尔重工	2012/2/10	止赢	18.6	24961.2	25
2453	002347	泰尔重工	2013/7/26	买开	6.41	0	0
2454	002347	泰尔重工	2013/12	到期	7.19	15142.14	12.17
2455	002349	精华制药	2012/2/3	买开	17.43	0	0
2456	002349	精华制药	2012/2/24	止赢	21.42	22854.72	22.89
2457	002351	漫步者	2012/1/13	买开	9	0	0
2458	002351	漫步者	2012/3/16	止赢	10.9	21078.6	21.11
2459	002353	杰瑞股份	2012/5/4	买开	41.59	0	0
2460	002353	杰瑞股份	2012/9/21	到期	44.75	7584	7.6
2461	002355	兴民钢圈	2013/4/3	买开	6.75	0	0
2462	002355	兴民钢圈	2013/5/17	止赢	8.52	26181.85	26.22
2463	002358	森源电气	2012/12/14	买开	11.26	0	0
2464	002358	森源电气	2013/1/18	止赢	13.65	21192.13	21.23
2465	002360	同德化工	2013/7/5	买开	6.95	0	0
2466	002360	同德化工	2013/8/23	止赢	8.52	22554.63	22.59
2467	002362	汉王科技	2012/1/13	买开	11.96	0	0
2468	002362	汉王科技	2012/2/24	止赢	14.73	23123.96	23.16
2469	002364	中恒电气	2012/1/13	买开	13.3	0	0
2470	002364	中恒电气	2012/4/6	止赢	16.65	25148.45	25.19
2471	002365	永安药业	2012/1/13	买开	9.58	0	0
2472	002365	永安药业	2012/2/24	止赢	11.97	24908.58	24.95

续表

序号	股票代码	股票名称	买卖时间	信号类型	价格（元）	收益（元）	收益率(%)
2473	002366	台海核电	2012/1/13	买开	9.35	0	0
2474	002366	台海核电	2012/2/24	止赢	11.56	23600.59	23.64
2475	002368	太极股份	2012/1/13	买开	16.6	0	0
2476	002368	太极股份	2012/4/13	止赢	20.16	21413.4	21.45
2477	002369	卓翼科技	2014/5/23	买开	8.98	0	0
2478	002369	卓翼科技	2014/9/5	止赢	11.31	25907.28	25.95
2479	002370	亚太药业	2012/1/13	买开	8.09	0	0
2480	002370	亚太药业	2012/2/17	止赢	10.15	25424.51	25.46
2481	002374	丽鹏股份	2013/7/5	买开	6.53	0	0
2482	002374	丽鹏股份	2013/8/16	止赢	8.07	23546.59	23.58
2483	002375	亚厦股份	2012/1/13	买开	21.86	0	0
2484	002375	亚厦股份	2012/2/10	止赢	27.05	23702.72	23.74
2485	002376	新北洋	2013/7/5	买开	8.24	0	0
2486	002376	新北洋	2013/7/26	止赢	10	21325.92	21.36
2487	002380	科远股份	2014/5/23	买开	20.87	0	0
2488	002380	科远股份	2014/6/13	止赢	25.05	19997.11	20.03
2489	002381	双箭股份	2012/1/13	买开	11.46	0	0
2490	002381	双箭股份	2012/3/2	止赢	14.68	28052.64	28.1
2491	002381	双箭股份	2013/7/5	买开	8.75	0	0
2492	002381	双箭股份	2013/9/18	止赢	11	32789.25	25.71
2493	002382	蓝帆医疗	2012/12/7	买开	7.8	0	0
2494	002382	蓝帆医疗	2013/2/22	止赢	9.55	22401.75	22.44
2495	002384	东山精密	2012/2/3	买开	19.12	0	0
2496	002384	东山精密	2012/6/21	到期	12.45	–34830.75	–34.88
2497	002384	东山精密	2012/12/7	买开	7.83	0	0
2498	002384	东山精密	2013/3/8	止赢	9.46	13494.77	20.82
2499	002384	东山精密	2014/7/25	买开	9.86	0	0
2500	002384	东山精密	2014/9/5	止赢	12.13	17976.13	23.02
2501	002385	大北农	2012/6/8	买开	17.6	0	0
2502	002385	大北农	2012/7/6	止赢	21.5	22124.7	22.16
2503	002385	大北农	2013/6/28	买开	10.32	0	0
2504	002385	大北农	2013/8/9	止赢	12.54	26158.26	21.51
2505	002387	黑牛食品	2012/12/7	买开	7.49	0	0
2506	002387	黑牛食品	2012/12/28	止赢	9.1	21462.92	21.5

续表

序号	股票代码	股票名称	买卖时间	信号类型	价格（元）	收益（元）	收益率(%)
2507	002390	信邦制药	2012/1/12	买开	10.32	0	0
2508	002390	信邦制药	2012/3/9	止赢	13.63	32024.25	32.07
2509	002391	长青股份	2012/1/13	买开	13.1	0	0
2510	002391	长青股份	2012/3/23	止赢	15.91	21417.82	21.45
2511	002391	长青股份	2014/6/27	买开	13.04	0	0
2512	002391	长青股份	2014/9/5	止赢	16.41	31243.27	25.84
2513	002392	北京利尔	2012/1/13	买开	8.44	0	0
2514	002392	北京利尔	2012/3/9	止赢	10.7	26735.8	26.78
2515	002392	北京利尔	2012/12/7	买开	6.26	0	0
2516	002392	北京利尔	2013/1/11	止赢	7.52	25401.6	20.13
2517	002395	双象股份	2013/7/19	买开	6.72	0	0
2518	002395	双象股份	2013/8/16	止赢	9.58	42493.88	42.56
2519	002397	梦洁家纺	2012/12/7	买开	10.01	0	0
2520	002397	梦洁家纺	2013/1/18	止赢	12.42	24039.75	24.08
2521	002397	梦洁家纺	2014/8/1	买开	8.09	0	0
2522	002397	梦洁家纺	2014/9/5	止赢	9.8	26108.28	21.14
2523	002398	建研集团	2012/1/13	买开	14.75	0	0
2524	002398	建研集团	2012/2/24	止赢	18.78	27279.07	27.32
2525	002401	中海科技	2012/8/10	买开	7.64	0	0
2526	002401	中海科技	2012/9/7	止赢	11.12	45480.12	45.55
2527	002403	爱仕达	2012/1/13	买开	8.42	0	0
2528	002403	爱仕达	2012/2/17	止赢	10.64	26324.76	26.37
2529	002404	嘉欣丝绸	2012/1/13	买开	9.35	0	0
2530	002404	嘉欣丝绸	2012/2/17	止赢	11.26	20396.89	20.43
2531	002405	四维图新	2012/1/13	买开	19.42	0	0
2532	002405	四维图新	2012/2/24	止赢	24.4	25602.18	25.64
2533	002407	多氟多	2012/1/13	买开	17.47	0	0
2534	002407	多氟多	2012/3/9	止赢	20.97	20002.5	20.03
2535	002408	齐翔腾达	2011/12/23	买开	17.66	0	0
2536	002408	齐翔腾达	2012/2/3	止赢	22.3	26234.56	26.27
2537	002411	九九久	2012/1/13	买开	9.35	0	0
2538	002411	九九久	2012/2/17	止赢	11.99	28192.55	28.24
2539	002412	汉森制药	2014/7/4	买开	16.18	0	0
2540	002412	汉森制药	2014/9/26	止赢	19.79	22277.31	22.31

续表

序号	股票代码	股票名称	买卖时间	信号类型	价格（元）	收益（元）	收益率(%)
2541	002413	雷科防务	2012/1/13	买开	8.8	0	0
2542	002413	雷科防务	2012/2/17	止赢	10.72	21784.32	21.82
2543	002415	海康威视	2013/7/19	买开	20.29	0	0
2544	002415	海康威视	2013/9/6	止赢	24.55	20963.45	21
2545	002417	*ST 元达	2012/12/7	买开	5.8	0	0
2546	002417	*ST 元达	2013/1/11	止赢	7.07	21863.05	21.9
2547	002420	毅昌股份	2012/1/13	买开	6.49	0	0
2548	002420	毅昌股份	2012/6/8	到期	6.91	6461.7	6.47
2549	002421	达实智能	2012/1/20	买开	14.29	0	0
2550	002421	达实智能	2012/2/24	止赢	17.2	20332.18	20.36
2551	002421	达实智能	2012/11/30	买开	13.17	0	0
2552	002421	达实智能	2012/12/28	止赢	16.37	29113.61	24.3
2553	002422	科伦药业	2012/1/20	买开	40.55	0	0
2554	002422	科伦药业	2012/6/1	止赢	48.75	20188.4	20.22
2555	002422	科伦药业	2014/7/25	买开	26.79	0	0
2556	002422	科伦药业	2014/9/19	止赢	32.7	26399.97	22.06
2557	002424	贵州百灵	2012/1/13	买开	13.88	0	0
2558	002424	贵州百灵	2012/6/8	到期	15.98	15105.3	15.13
2559	002425	凯撒股份	2012/1/13	买开	8.13	0	0
2560	002425	凯撒股份	2012/2/17	止赢	10.14	24684.81	24.72
2561	002426	胜利精密	2012/1/13	买开	6.96	0	0
2562	002426	胜利精密	2012/3/9	止赢	8.66	24388.2	24.43
2563	002427	尤夫股份	2012/1/13	买开	6.84	0	0
2564	002427	尤夫股份	2012/3/9	止赢	8.31	21457.59	21.49
2565	002428	云南锗业	2013/11/15	买开	11.54	0	0
2566	002428	云南锗业	2013/12/6	止赢	14.23	23273.88	23.31
2567	002429	兆驰股份	2012/1/13	买开	7.56	0	0
2568	002429	兆驰股份	2012/2/24	止赢	9.78	29319.54	29.37
2569	002429	兆驰股份	2013/7/5	买开	7.88	0	0
2570	002429	兆驰股份	2013/7/26	止赢	10	34647.16	26.9
2571	002430	杭氧股份	2012/12/7	买开	8.75	0	0
2572	002430	杭氧股份	2013/1/18	止赢	11.48	31152.03	31.2
2573	002431	棕榈园林	2012/1/13	买开	21.21	0	0
2574	002431	棕榈园林	2012/2/24	止赢	26.45	24664.69	24.71

续表

序号	股票代码	股票名称	买卖时间	信号类型	价格（元）	收益（元）	收益率(%)
2575	002432	九安医疗	2012/1/13	买开	8.53	0	0
2576	002432	九安医疗	2012/2/17	止赢	10.25	20132.6	20.16
2577	002434	万里扬	2012/1/13	买开	7.75	0	0
2578	002434	万里扬	2012/2/24	止赢	9.76	25894.83	25.94
2579	002435	长江润发	2013/7/5	买开	6.63	0	0
2580	002435	长江润发	2013/8/2	止赢	8.52	28463.4	28.51
2581	002436	兴森科技	2012/1/20	买开	15.48	0	0
2582	002436	兴森科技	2012/2/24	止赢	18.8	21414	21.45
2583	002437	誉衡药业	2012/1/13	买开	16.05	0	0
2584	002437	誉衡药业	2012/6/8	到期	17.94	11757.7	11.78
2585	002438	江苏神通	2012/12/7	买开	11.02	0	0
2586	002438	江苏神通	2013/1/18	止赢	13.26	20294.4	20.33
2587	002440	闰土股份	2013/11/1	买开	14.23	0	0
2588	002440	闰土股份	2013/11/29	止赢	17.4	22240.72	22.28
2589	002442	龙星化工	2012/1/13	买开	6.96	0	0
2590	002442	龙星化工	2012/2/24	止赢	8.4	20658.23	20.69
2591	002443	金洲管道	2012/1/13	买开	8.76	0	0
2592	002443	金洲管道	2012/2/24	止赢	10.53	20174.46	20.21
2593	002444	巨星科技	2012/1/13	买开	8.75	0	0
2594	002444	巨星科技	2012/3/9	止赢	11.31	29212.16	29.26
2595	002446	盛路通信	2012/1/13	买开	9.35	0	0
2596	002446	盛路通信	2012/2/24	止赢	11.36	21464.78	21.5
2597	002447	壹桥海参	2013/7/26	买开	17.11	0	0
2598	002447	壹桥海参	2013/8/23	止赢	21.52	25732.35	25.77
2599	002448	中原内配	2012/1/13	买开	22.4	0	0
2600	002448	中原内配	2012/4/27	止赢	26.89	20011.93	20.04
2601	002448	中原内配	2013/11/15	买开	11.33	0	0
2602	002448	中原内配	2014/4/4	到期	12.26	9808.71	8.21
2603	002455	百川股份	2014/6/27	买开	7.18	0	0
2604	002455	百川股份	2014/8/8	止赢	8.69	20998.06	21.03
2605	002465	海格通信	2014/5/23	买开	13.41	0	0
2606	002465	海格通信	2014/9/5	止赢	17.13	27695.39	27.74
2607	002469	三维工程	2014/5/9	买开	9.78	0	0
2608	002469	三维工程	2014/8/15	止赢	12.13	23991.15	24.03

续表

序号	股票代码	股票名称	买卖时间	信号类型	价格（元）	收益（元）	收益率(%)
2609	002472	双环传动	2012/12/7	买开	6.63	0	0
2610	002472	双环传动	2013/1/18	止赢	8.15	22891.19	22.93
2611	002474	榕基软件	2014/5/16	买开	6.26	0	0
2612	002474	榕基软件	2014/6/13	止赢	8.3	32538	32.59
2613	002475	立讯精密	2013/7/26	买开	21.2	0	0
2614	002475	立讯精密	2013/8/9	止赢	26.6	25428.6	25.47
2615	002477	雏鹰农牧	2013/7/19	买开	9.98	0	0
2616	002477	雏鹰农牧	2013/8/9	止赢	12.5	25212.61	25.25
2617	002479	富春环保	2013/7/26	买开	7.69	0	0
2618	002479	富春环保	2013/10/18	止赢	9.3	20904.24	20.94
2619	002481	双塔食品	2013/8/9	买开	10.35	0	0
2620	002481	双塔食品	2013/9/13	止赢	12.86	24213.96	24.25
2621	002483	润邦股份	2012/12/7	买开	6.98	0	0
2622	002483	润邦股份	2013/3/1	止赢	8.98	28609.99	28.65
2623	002486	嘉麟杰	2013/7/5	买开	3.37	0	0
2624	002486	嘉麟杰	2013/8/9	止赢	4.43	31406.74	31.45
2625	002487	大金重工	2012/12/7	买开	8.61	0	0
2626	002487	大金重工	2013/2/1	止赢	10.48	21686.39	21.72
2627	002487	大金重工	2013/7/5	买开	4.74	0	0
2628	002487	大金重工	2013/9/13	止赢	5.69	24284.86	20.04
2629	002489	浙江永强	2012/12/7	买开	8.27	0	0
2630	002489	浙江永强	2013/5/3	到期	9.47	14487.6	14.51
2631	002492	恒基达鑫	2014/5/9	买开	8.27	0	0
2632	002492	恒基达鑫	2014/6/27	止赢	9.97	20524.1	20.56
2633	002497	雅化集团	2012/12/7	买开	7.7	0	0
2634	002497	雅化集团	2012/12/28	止赢	9.25	20098.85	20.13
2635	002502	骅威股份	2012/12/7	买开	8.17	0	0
2636	002502	骅威股份	2013/2/22	止赢	9.87	20775.7	20.81
2637	002509	天广消防	2013/7/5	买开	9.1	0	0
2638	002509	天广消防	2013/11/22	到期	9.05	–548.6	–0.55
2639	002512	达华智能	2012/7/27	买开	8.34	0	0
2640	002512	达华智能	2012/9/7	止赢	12.21	46331.64	46.4
2641	002513	蓝丰生化	2012/8/10	买开	9.72	0	0
2642	002513	蓝丰生化	2012/8/24	止赢	13.59	39752.64	39.81

续表

序号	股票代码	股票名称	买卖时间	信号类型	价格（元）	收益（元）	收益率(%)
2643	002515	金字火腿	2012/12/14	买开	11.5	0	0
2644	002515	金字火腿	2013/5/10	到期	13.11	13978.02	14
2645	002518	科士达	2012/12/7	买开	8.62	0	0
2646	002518	科士达	2013/1/11	止赢	10.48	21544.38	21.58
2647	002519	银河电子	2013/7/5	买开	9.06	0	0
2648	002519	银河电子	2013/8/2	止赢	11.85	30745.8	30.79
2649	002530	丰东股份	2012/12/7	买开	5.37	0	0
2650	002530	丰东股份	2013/2/1	止赢	6.47	20453.4	20.48
2651	002538	司尔特	2012/12/7	买开	10.75	0	0
2652	002538	司尔特	2013/2/1	止赢	13.06	21455.28	21.49
2653	002540	亚太科技	2013/7/5	买开	6.5	0	0
2654	002540	亚太科技	2013/8/23	止赢	8.18	25806.48	25.85
2655	002541	鸿路钢构	2012/12/7	买开	10.14	0	0
2656	002541	鸿路钢构	2012/12/28	止赢	13.1	29147.12	29.19
2657	002550	千红制药	2014/5/16	买开	16.61	0	0
2658	002550	千红制药	2014/8/15	止赢	20.78	25065.87	25.11
2659	002552	宝鼎重工	2014/6/13	买开	6.6	0	0
2660	002552	宝鼎重工	2014/6/27	止赢	9.5	43871.2	43.94
2661	002559	亚威股份	2012/12/7	买开	8.76	0	0
2662	002559	亚威股份	2013/1/18	止赢	10.67	21770.18	21.8
2663	002559	亚威股份	2013/7/5	买开	7.93	0	0
2664	002559	亚威股份	2013/8/23	止赢	9.6	25534.31	21.06
2665	002568	百润股份	2012/12/7	买开	12.8	0	0
2666	002568	百润股份	2012/12/28	止赢	15.66	22308	22.34
2667	002568	百润股份	2013/7/19	买开	15.38	0	0
2668	002568	百润股份	2013/12/6	到期	14.59	−6255.22	−5.14
2669	002571	德力股份	2013/11/15	买开	9.92	0	0
2670	002571	德力股份	2014/2/7	止赢	12.68	27779.4	27.82
2671	002572	索菲亚	2013/6/28	买开	13.87	0	0
2672	002572	索菲亚	2013/8/23	止赢	17.08	23108.79	23.14
2673	002572	索菲亚	2014/3/21	买开	15.66	0	0
2674	002572	索菲亚	2014/8/8	到期	17.96	18004.39	14.69
2675	002575	群兴玩具	2013/6/28	买开	6.47	0	0
2676	002575	群兴玩具	2013/7/26	止赢	7.83	20987.52	21.02

续表

序号	股票代码	股票名称	买卖时间	信号类型	价格（元）	收益（元）	收益率(%)
2677	002577	雷柏科技	2013/5/3	买开	8.86	0	0
2678	002577	雷柏科技	2013/6/7	止赢	10.66	20284.2	20.32
2679	002581	未名医药	2013/7/5	买开	10.32	0	0
2680	002581	未名医药	2013/9/18	止赢	13.44	30186	30.23
2681	002587	奥拓电子	2014/8/1	买开	12.48	0	0
2682	002587	奥拓电子	2014/9/5	止赢	15	20160	20.19
2683	002588	史丹利	2014/6/27	买开	20.55	0	0
2684	002588	史丹利	2014/8/1	止赢	25.43	23707.04	23.75
2685	002597	金禾实业	2013/7/5	买开	8.07	0	0
2686	002597	金禾实业	2013/8/2	止赢	10.05	24498.55	24.54
2687	002630	华西能源	2014/5/23	买开	16.92	0	0
2688	002630	华西能源	2014/8/8	止赢	20.58	21597.66	21.63
2689	002632	道明光学	2013/7/5	买开	9.47	0	0
2690	002632	道明光学	2013/8/23	止赢	11.88	25408.63	25.45
2691	002635	安洁科技	2014/4/4	买开	30.19	0	0
2692	002635	安洁科技	2014/5/9	止赢	36.59	21164.8	21.2
2693	002671	龙泉股份	2014/6/27	买开	7.96	0	0
2694	002671	龙泉股份	2014/9/5	止赢	9.61	20695.95	20.73
2695	002672	东江环保	2014/1/24	买开	33.31	0	0
2696	002672	东江环保	2014/2/21	止赢	41.2	23646.33	23.69
2697	002700	新疆浩源	2014/8/1	买开	20.55	0	0
2698	002700	新疆浩源	2014/11/21	止赢	25.29	23026.93	23.07
2699	300002	神州泰岳	2012/1/13	买开	17.9	0	0
2700	300002	神州泰岳	2012/2/24	止赢	22.16	23762.28	23.8
2701	300004	南风股份	2012/12/7	买开	15.11	0	0
2702	300004	南风股份	2013/1/18	止赢	22.31	47577.6	47.65
2703	300006	莱美药业	2012/5/4	买开	14.12	0	0
2704	300006	莱美药业	2012/9/14	止赢	17.16	21495.84	21.53
2705	300007	汉威电子	2012/12/7	买开	10.72	0	0
2706	300007	汉威电子	2013/1/18	止赢	13.1	22167.32	22.2
2707	300008	上海佳豪	2012/12/7	买开	5.93	0	0
2708	300008	上海佳豪	2013/1/18	止赢	7.18	21047.5	21.08
2709	300010	立思辰	2012/1/13	买开	8.78	0	0
2710	300010	立思辰	2012/2/17	止赢	10.72	22061.69	22.1

续表

序号	股票代码	股票名称	买卖时间	信号类型	价格（元）	收益（元）	收益率（%）
2711	300012	华测检测	2013/7/5	买开	12.12	0	0
2712	300012	华测检测	2013/8/2	止赢	15.56	28338.72	28.38
2713	300013	新宁物流	2012/1/13	买开	8.15	0	0
2714	300013	新宁物流	2012/3/9	止赢	9.82	20459.17	20.49
2715	300014	亿纬锂能	2011/6/17	买开	14.43	0	0
2716	300014	亿纬锂能	2011/7/15	止赢	18.48	28021.95	28.07
2717	300016	北陆药业	2012/1/20	买开	8.2	0	0
2718	300016	北陆药业	2012/6/1	止赢	10.5	28004.8	28.05
2719	300016	北陆药业	2013/7/5	买开	7.16	0	0
2720	300016	北陆药业	2013/8/2	止赢	8.66	26704.5	20.95
2721	300018	中元华电	2013/7/5	买开	5.25	0	0
2722	300018	中元华电	2013/10/11	止赢	6.83	30050.02	30.1
2723	300019	硅宝科技	2013/7/5	买开	8.19	0	0
2724	300019	硅宝科技	2013/8/23	止赢	10.06	22797.18	22.83
2725	300020	银江股份	2011/6/24	买开	11.98	0	0
2726	300020	银江股份	2011/7/15	止赢	14.68	22501.81	22.54
2727	300022	吉峰农机	2011/6/24	买开	11.04	0	0
2728	300022	吉峰农机	2011/7/15	止赢	14.34	29845.2	29.89
2729	300024	机器人	2011/6/24	买开	21.73	0	0
2730	300024	机器人	2011/8/12	止赢	27.75	27661.9	27.7
2731	300027	华谊兄弟	2014/5/23	买开	21.48	0	0
2732	300027	华谊兄弟	2014/11/21	止赢	26.85	24959.76	25
2733	300029	天龙光电	2012/12/7	买开	5.72	0	0
2734	300029	天龙光电	2013/5/3	到期	6.37	11346.4	11.36
2735	300030	阳普医疗	2011/6/24	买开	11.42	0	0
2736	300030	阳普医疗	2011/7/15	止赢	13.82	20983.2	21.02
2737	300032	金龙机电	2012/1/20	买开	13.06	0	0
2738	300032	金龙机电	2012/2/17	止赢	15.88	21558.9	21.59
2739	300033	同花顺	2012/1/13	买开	14.88	0	0
2740	300033	同花顺	2012/2/24	止赢	19.09	28249.1	28.29
2741	300034	钢研高纳	2012/1/13	买开	12.01	0	0
2742	300034	钢研高纳	2012/3/9	止赢	15.08	25520.91	25.56
2743	300035	中科电气	2012/1/20	买开	9.46	0	0
2744	300035	中科电气	2012/3/9	止赢	12.96	36939	37

续表

序号	股票代码	股票名称	买卖时间	信号类型	价格（元）	收益（元）	收益率(%)
2745	300036	超图软件	2011/6/24	买开	17	0	0
2746	300036	超图软件	2011/8/19	止赢	20.44	20203.12	20.24
2747	300036	超图软件	2012/12/7	买开	9.03	0	0
2748	300036	超图软件	2012/12/28	止赢	11.11	27570.4	23.03
2749	300037	新宙邦	2012/12/7	买开	14.43	0	0
2750	300037	新宙邦	2013/1/18	止赢	17.91	24078.12	24.12
2751	300038	梅泰诺	2012/12/7	买开	6.88	0	0
2752	300038	梅泰诺	2013/2/8	止赢	9.86	43248.73	43.31
2753	300039	上海凯宝	2012/2/3	买开	18.15	0	0
2754	300039	上海凯宝	2012/3/16	止赢	22.08	21618.93	21.65
2755	300040	九洲电气	2013/7/5	买开	5.06	0	0
2756	300040	九洲电气	2013/11/22	到期	5.63	11247.81	11.26
2757	300044	赛为智能	2012/1/20	买开	11.02	0	0
2758	300044	赛为智能	2012/2/17	止赢	13.8	25186.8	25.23
2759	300048	合康变频	2012/12/7	买开	6.81	0	0
2760	300048	合康变频	2013/2/8	止赢	8.85	29910.49	29.96
2761	300049	福瑞股份	2012/1/13	买开	9.67	0	0
2762	300049	福瑞股份	2012/2/24	止赢	12	24057.25	24.1
2763	300054	鼎龙股份	2012/2/3	买开	26.77	0	0
2764	300054	鼎龙股份	2012/3/16	止赢	32.82	22560.45	22.6
2765	300054	鼎龙股份	2012/7/27	买开	19.7	0	0
2766	300054	鼎龙股份	2012/8/24	止赢	25.6	36550.5	29.95
2767	300054	鼎龙股份	2013/4/12	买开	16.28	0	0
2768	300054	鼎龙股份	2013/9/27	到期	18.81	24571.35	15.54
2769	300054	鼎龙股份	2014/5/23	买开	10.63	0	0
2770	300054	鼎龙股份	2014/7/4	止赢	13.67	52087.36	28.6
2771	300057	万顺股份	2014/5/23	买开	9.3	0	0
2772	300057	万顺股份	2014/9/12	止赢	11.28	21257.28	21.29
2773	300059	东方财富	2012/1/13	买开	17.83	0	0
2774	300059	东方财富	2012/2/24	止赢	24.4	36792	36.85
2775	300059	东方财富	2012/12/7	买开	8.3	0	0
2776	300059	东方财富	2013/1/18	止赢	10.07	29051	21.33
2777	300061	康耐特	2012/8/10	买开	7.23	0	0
2778	300061	康耐特	2013/1/4	到期	7.83	8286	8.3

续表

序号	股票代码	股票名称	买卖时间	信号类型	价格（元）	收益（元）	收益率(%)
2779	300062	中能电气	2012/1/13	买开	8.71	0	0
2780	300062	中能电气	2012/2/24	止赢	10.52	20748.04	20.78
2781	300063	天龙集团	2012/8/10	买开	8.73	0	0
2782	300063	天龙集团	2012/9/7	止赢	10.84	24132.08	24.17
2783	300063	天龙集团	2014/6/27	买开	6.95	0	0
2784	300063	天龙集团	2014/8/15	止赢	9.98	53888.55	43.6
2785	300064	豫金刚石	2012/2/3	买开	13.68	0	0
2786	300064	豫金刚石	2012/3/16	止赢	17.3	26418.75	26.46
2787	300065	海兰信	2012/2/3	买开	20.21	0	0
2788	300065	海兰信	2012/3/9	止赢	25.14	24354.2	24.39
2789	300065	海兰信	2012/8/10	买开	9.23	0	0
2790	300065	海兰信	2012/9/14	止赢	13.37	55542.25	44.85
2791	300065	海兰信	2012/12/7	买开	8.01	0	0
2792	300065	海兰信	2013/1/11	止赢	10.92	64968.66	36.33
2793	300067	安诺其	2012/1/13	买开	7.51	0	0
2794	300067	安诺其	2012/3/9	止赢	12.09	60891.1	60.99
2795	300072	三聚环保	2012/5/4	买开	9.59	0	0
2796	300072	三聚环保	2012/8/10	止赢	11.7	21967.21	22
2797	300073	当升科技	2012/2/3	买开	10.1	0	0
2798	300073	当升科技	2012/3/16	止赢	12.77	26395.62	26.44
2799	300074	华平股份	2013/6/14	买开	17	0	0
2800	300074	华平股份	2013/7/19	止赢	23.03	35414.2	35.47
2801	300075	数字政通	2012/2/3	买开	17.69	0	0
2802	300075	数字政通	2012/3/9	止赢	21.52	21616.52	21.65
2803	300077	国民技术	2011/10/28	买开	21.89	0	0
2804	300077	国民技术	2011/11/18	止赢	27.47	25450.38	25.49
2805	300077	国民技术	2012/12/7	买开	13.39	0	0
2806	300077	国民技术	2013/3/1	止赢	17.25	36009.94	28.83
2807	300080	易成新能	2012/8/10	买开	5.96	0	0
2808	300080	易成新能	2012/12/14	止赢	7.26	21778.9	21.81
2809	300083	劲胜精密	2012/1/13	买开	10.24	0	0
2810	300083	劲胜精密	2012/2/24	止赢	12.83	25252.5	25.29
2811	300088	长信科技	2012/1/13	买开	12.3	0	0
2812	300088	长信科技	2012/2/10	止赢	14.98	21753.55	21.79

续表

序号	股票代码	股票名称	买卖时间	信号类型	价格（元）	收益（元）	收益率(%)
2813	300090	盛运环保	2014/8/1	买开	14.2	0	0
2814	300090	盛运环保	2014/10/10	止赢	17.11	20460.21	20.49
2815	300092	科新机电	2012/12/7	买开	8.62	0	0
2816	300092	科新机电	2013/1/4	止赢	10.67	23745.15	23.78
2817	300095	华伍股份	2013/7/5	买开	9.15	0	0
2818	300095	华伍股份	2013/11/15	止赢	11.44	24988.48	25.03
2819	300100	双林股份	2013/7/5	买开	5.57	0	0
2820	300100	双林股份	2013/8/16	止赢	6.9	23841.58	23.88
2821	300101	振芯科技	2012/12/7	买开	10.51	0	0
2822	300101	振芯科技	2012/12/28	止赢	13.21	25650	25.69
2823	300102	乾照光电	2012/12/7	买开	7.63	0	0
2824	300102	乾照光电	2013/1/18	止赢	9.18	20283.3	20.31
2825	300103	达刚路机	2012/8/3	买开	7.04	0	0
2826	300103	达刚路机	2012/9/7	止赢	8.69	23401.95	23.44
2827	300104	乐视网	2012/12/7	买开	15.8	0	0
2828	300104	乐视网	2013/1/11	止赢	19.23	21674.17	21.71
2829	300107	建新股份	2014/5/23	买开	9.38	0	0
2830	300107	建新股份	2014/7/4	止赢	11.3	20438.4	20.47
2831	300109	新开源	2012/12/7	买开	6.63	0	0
2832	300109	新开源	2013/1/18	止赢	8.23	24095.99	24.13
2833	300111	向日葵	2012/12/7	买开	5.41	0	0
2834	300111	向日葵	2013/1/18	止赢	6.87	26945.76	26.99
2835	300111	向日葵	2014/1/3	买开	3.7	0	0
2836	300111	向日葵	2014/2/14	止赢	4.57	29724.42	23.51
2837	300116	坚瑞消防	2012/12/7	买开	8.08	0	0
2838	300116	坚瑞消防	2013/3/1	止赢	9.95	23107.59	23.14
2839	300116	坚瑞消防	2013/7/5	买开	5.08	0	0
2840	300116	坚瑞消防	2013/7/26	止赢	6.5	34266.02	27.95
2841	300118	东方日升	2012/12/7	买开	4.15	0	0
2842	300118	东方日升	2013/2/22	止赢	5.05	21654	21.69
2843	300124	汇川技术	2012/8/10	买开	19.2	0	0
2844	300124	汇川技术	2012/12/21	止赢	23.5	22360	22.4
2845	300127	银河磁体	2012/12/7	买开	15.64	0	0
2846	300127	银河磁体	2012/12/21	止赢	20.45	30707.04	30.75

续表

序号	股票代码	股票名称	买卖时间	信号类型	价格（元）	收益（元）	收益率(%)
2847	300127	银河磁体	2014/5/23	买开	11.12	0	0
2848	300127	银河磁体	2014/7/11	止赢	13.58	28794.3	22.12
2849	300132	青松股份	2013/7/5	买开	6.97	0	0
2850	300132	青松股份	2013/11/15	止赢	10.31	47845.51	47.92
2851	300133	华策影视	2012/7/6	买开	12.72	0	0
2852	300133	华策影视	2012/8/10	止赢	15.29	20171.93	20.2
2853	300144	宋城演艺	2012/12/7	买开	11.4	0	0
2854	300144	宋城演艺	2013/2/22	止赢	14.26	25047.88	25.09
2855	300145	南方泵业	2014/5/23	买开	17.2	0	0
2856	300145	南方泵业	2014/8/22	止赢	20.75	20607.75	20.64
2857	300148	天舟文化	2012/12/7	买开	9.81	0	0
2858	300148	天舟文化	2012/12/28	止赢	12.09	23205.84	23.24
2859	300148	天舟文化	2014/5/16	买开	17.07	0	0
2860	300148	天舟文化	2014/8/22	止赢	21.85	34353.86	28
2861	300149	量子高科	2014/5/30	买开	6.79	0	0
2862	300149	量子高科	2014/8/15	止赢	8.16	20145.85	20.18
2863	300150	世纪瑞尔	2013/7/5	买开	7.08	0	0
2864	300150	世纪瑞尔	2013/7/26	止赢	8.93	26090.55	26.13
2865	300156	神雾环保	2012/8/10	买开	10.92	0	0
2866	300156	神雾环保	2012/9/7	止赢	13.58	24320.38	24.36
2867	300158	振东制药	2012/12/7	买开	8.28	0	0
2868	300158	振东制药	2013/1/18	止赢	10.4	25565.08	25.6
2869	300160	秀强股份	2012/12/7	买开	7.15	0	0
2870	300160	秀强股份	2013/3/22	止赢	8.66	21087.15	21.12
2871	300166	东方国信	2012/12/7	买开	10.6	0	0
2872	300166	东方国信	2013/1/11	止赢	14.34	35227.06	35.28
2873	300167	迪威视讯	2012/8/10	买开	10.06	0	0
2874	300167	迪威视讯	2012/9/7	止赢	12.12	20445.49	20.48
2875	300171	东富龙	2014/8/1	买开	22.12	0	0
2876	300171	东富龙	2014/9/19	止赢	28.4	28347.91	28.39
2877	300173	智慧松德	2012/12/7	买开	6.85	0	0
2878	300173	智慧松德	2013/1/18	止赢	8.78	28131.68	28.18
2879	300175	朗源股份	2013/7/26	买开	3.5	0	0
2880	300175	朗源股份	2013/8/16	止赢	4.25	21396	21.43

续表

序号	股票代码	股票名称	买卖时间	信号类型	价格（元）	收益（元）	收益率(%)
2881	300177	中海达	2014/5/23	买开	13.3	0	0
2882	300177	中海达	2014/7/11	止赢	16.36	22971.42	23.01
2883	300178	腾邦国际	2014/6/27	买开	16.22	0	0
2884	300178	腾邦国际	2014/8/22	止赢	19.86	22404.21	22.44
2885	300179	四方达	2013/7/26	买开	6.3	0	0
2886	300179	四方达	2013/11/8	止赢	8.89	41048.91	41.11
2887	300181	佐力药业	2012/12/7	买开	11.3	0	0
2888	300181	佐力药业	2013/1/18	止赢	13.65	20764.6	20.8
2889	300188	美亚柏科	2012/12/7	买开	21.08	0	0
2890	300188	美亚柏科	2013/2/22	止赢	26.58	26048	26.09
2891	300188	美亚柏科	2013/11/8	买开	13.52	0	0
2892	300188	美亚柏科	2013/11/15	止赢	18.66	47719.75	38.02
2893	300190	维尔利	2012/12/7	买开	18.28	0	0
2894	300190	维尔利	2013/2/1	止赢	23	25780.64	25.82
2895	300191	潜能恒信	2012/12/7	买开	12.32	0	0
2896	300191	潜能恒信	2013/1/11	止赢	15.09	22448.08	22.48
2897	300191	潜能恒信	2013/7/5	买开	8.51	0	0
2898	300191	潜能恒信	2013/9/27	止赢	13.91	77371.2	63.45
2899	300198	纳川股份	2012/12/7	买开	10.02	0	0
2900	300198	纳川股份	2013/1/18	止赢	12.56	25311.1	25.35
2901	300199	翰宇药业	2012/12/14	买开	12.99	0	0
2902	300199	翰宇药业	2013/1/18	止赢	16.3	25440.66	25.48
2903	300200	高盟新材	2013/7/26	买开	6.84	0	0
2904	300200	高盟新材	2013/10/18	止赢	9.3	35908.62	35.96
2905	300201	海伦哲	2013/7/19	买开	4.2	0	0
2906	300201	海伦哲	2013/12/6	到期	4.23	713.2	0.71
2907	300202	聚龙股份	2013/7/5	买开	21.03	0	0
2908	300202	聚龙股份	2013/9/6	止赢	28.18	33941.05	34
2909	300208	恒顺众昇	2013/8/2	买开	5.54	0	0
2910	300208	恒顺众昇	2013/12/20	到期	5.55	180.23	0.18
2911	300214	日科化学	2013/7/5	买开	7.84	0	0
2912	300214	日科化学	2013/11/22	到期	8.57	9296.54	9.31
2913	300215	电科院	2014/8/1	买开	7.48	0	0
2914	300215	电科院	2014/8/22	止赢	9.02	20555.93	20.59

续表

序号	股票代码	股票名称	买卖时间	信号类型	价格（元）	收益（元）	收益率（%）
2915	300217	东方电热	2014/10/31	买开	9.86	0	0
2916	300217	东方电热	2014/12/31	平盘	10.33	4759.22	4.77
2917	300219	鸿利光电	2012/12/7	买开	5.71	0	0
2918	300219	鸿利光电	2013/1/18	止赢	7.34	28502.18	28.55
2919	300225	金力泰	2014/8/1	买开	7.82	0	0
2920	300225	金力泰	2014/9/12	止赢	10.19	30260.15	30.31
2921	300228	富瑞特装	2014/7/25	买开	48.45	0	0
2922	300228	富瑞特装	2014/9/19	止赢	60.0	23793	23.84
2923	300241	瑞丰光电	2013/11/8	买开	10.21	0	0
2924	300241	瑞丰光电	2014/1/3	止赢	12.73	24643.07	24.68
2925	300247	乐金健康	2013/7/5	买开	6.85	0	0
2926	300247	乐金健康	2013/8/23	止赢	8.47	23613.13	23.65
2927	300249	依米康	2013/7/5	买开	6.21	0	0
2928	300249	依米康	2013/7/26	止赢	7.72	24277.78	24.32
2929	300251	光线传媒	2014/8/1	买开	17.99	0	0
2930	300251	光线传媒	2014/12/12	止赢	24.96	38683.5	38.74
2931	300262	巴安水务	2013/6/28	买开	12.56	0	0
2932	300262	巴安水务	2013/10/18	止赢	17.67	40619.39	40.68
2933	300269	联建光电	2013/7/5	买开	7.59	0	0
2934	300269	联建光电	2013/8/2	止赢	10.74	41438.25	41.5
2935	300272	开能环保	2013/7/5	买开	9.14	0	0
2936	300272	开能环保	2013/7/26	止赢	11.23	22831.15	22.87
2937	300274	阳光电源	2014/6/6	买开	13.87	0	0
2938	300274	阳光电源	2014/8/8	止赢	17.96	29443.9	29.49
2939	300275	梅安森	2013/7/5	买开	10.15	0	0
2940	300275	梅安森	2013/7/26	止赢	12.25	20657.7	20.69
2941	300284	苏交科	2014/5/23	买开	8.27	0	0
2942	300284	苏交科	2014/9/19	止赢	12.08	45998.13	46.07
2943	300285	国瓷材料	2014/5/23	买开	25.19	0	0
2944	300285	国瓷材料	2014/6/20	止赢	30.9	22628.73	22.67
2945	300298	三诺生物	2014/5/23	买开	36.25	0	0
2946	300298	三诺生物	2014/9/12	止赢	44.69	23243.76	23.28
2947	300302	同有科技	2014/8/1	买开	19.39	0	0
2948	300302	同有科技	2014/9/5	止赢	24.24	24972.65	25.01

续表

序号	股票代码	股票名称	买卖时间	信号类型	价格（元）	收益（元）	收益率(%)
2949	300308	中际装备	2014/10/31	买开	9.48	0	0
2950	300308	中际装备	2014/11/28	止赢	11.66	22959.76	23
2951	300335	迪森股份	2014/5/30	买开	10.43	0	0
2952	300335	迪森股份	2014/8/8	止赢	12.54	20199.03	20.23
2953	300337	银邦股份	2014/6/6	买开	12.69	0	0
2954	300337	银邦股份	2014/8/15	止赢	16.18	27459.33	27.5
2955	300341	麦迪电气	2014/5/30	买开	9.41	0	0
2956	300341	麦迪电气	2014/12/26	止赢	14.05	49235.04	49.31
2957	300352	北信源	2014/7/25	买开	18.7	0	0
2958	300352	北信源	2014/8/29	止赢	22.51	20341.59	20.37
2959	600000	浦发银行	2003/1/10	买开	9.63	0	0
2960	600000	浦发银行	2003/4/11	止赢	11.88	23328	23.36
2961	600000	浦发银行	2008/11/7	买开	12.76	0	0
2962	600000	浦发银行	2009/1/16	止赢	15.62	27524.64	22.41
2963	600005	武钢股份	2004/11/5	买开	3.57	0	0
2964	600005	武钢股份	2005/2/4	止赢	4.68	31045.59	31.09
2965	600005	武钢股份	2008/11/7	买开	4.55	0	0
2966	600005	武钢股份	2008/11/14	止赢	5.78	35278.86	27.03
2967	600007	中国国贸	2002/1/25	买开	7.41	0	0
2968	600007	中国国贸	2002/3/8	止赢	8.93	20482.01	20.51
2969	600010	包钢股份	2014/10/31	买开	2.81	0	0
2970	600010	包钢股份	2014/12/5	止赢	3.59	27715.74	27.76
2971	600015	华夏银行	2008/10/17	买开	7.84	0	0
2972	600015	华夏银行	2009/2/6	止赢	9.49	21012.75	21.05
2973	600015	华夏银行	2013/8/2	买开	6.45	0	0
2974	600015	华夏银行	2013/9/13	止赢	8.12	31198.94	25.89
2975	600019	宝钢股份	2008/11/7	买开	4.58	0	0
2976	600019	宝钢股份	2008/11/14	止赢	5.57	21583	21.62
2977	600021	上海电力	2005/12/9	买开	3.95	0	0
2978	600021	上海电力	2006/5/12	止赢	4.77	20727.96	20.76
2979	600026	中海发展	2008/11/7	买开	7.41	0	0
2980	600026	中海发展	2008/11/14	止赢	9.5	28162.75	28.21
2981	600026	中海发展	2010/7/9	买开	8.59	0	0
2982	600026	中海发展	2010/10/15	止赢	10.93	34765.38	27.24

续表

序号	股票代码	股票名称	买卖时间	信号类型	价格（元）	收益（元）	收益率（%）
2983	600027	华电国际	2008/11/7	买开	3.2	0	0
2984	600027	华电国际	2008/11/21	止赢	4.01	25274.44	25.31
2985	600028	中国石化	2013/7/5	买开	4.19	0	0
2986	600028	中国石化	2013/11/22	止赢	5.05	20493.8	20.53
2987	600030	中信证券	2005/4/1	买开	4.71	0	0
2988	600030	中信证券	2005/6/10	止赢	6.16	30738.55	30.79
2989	600031	三一重工	2005/11/4	买开	5.72	0	0
2990	600031	三一重工	2006/3/24	止赢	7.38	28976.96	29.02
2991	600031	三一重工	2011/12/23	买开	12.25	0	0
2992	600031	三一重工	2012/3/2	止赢	14.84	27156.15	21.14
2993	600033	福建高速	2004/6/25	买开	5.51	0	0
2994	600033	福建高速	2004/10/29	止赢	6.69	21382.78	21.42
2995	600037	歌华有线	2008/4/11	买开	18.24	0	0
2996	600037	歌华有线	2008/5/9	止赢	21.93	20199.06	20.23
2997	600038	中直股份	2008/11/7	买开	7.8	0	0
2998	600038	中直股份	2008/11/21	止赢	10.14	29954.34	30
2999	600039	四川路桥	2008/10/31	买开	4.2	0	0
3000	600039	四川路桥	2008/11/14	止赢	5.75	36848.16	36.9
3001	600048	保利地产	2008/6/27	买开	13.29	0	0
3002	600048	保利地产	2008/7/11	止赢	16.91	27197.06	27.24
3003	600048	保利地产	2010/7/9	买开	11.42	0	0
3004	600048	保利地产	2010/10/15	止赢	15.53	45584.01	35.99
3005	600051	宁波联合	2002/1/25	买开	7.3	0	0
3006	600051	宁波联合	2002/3/8	止赢	9.2	25988.2	26.03
3007	600051	宁波联合	2012/1/13	买开	8.79	0	0
3008	600051	宁波联合	2012/2/17	止赢	10.74	27832.35	22.18
3009	600052	浙江广厦	2008/11/7	买开	2.8	0	0
3010	600052	浙江广厦	2008/11/14	止赢	3.39	21039.41	21.07
3011	600053	中江地产	2004/1/30	买开	2.79	0	0
3012	600053	中江地产	2004/2/13	止赢	3.52	26125.24	26.16
3013	600053	中江地产	2012/1/13	买开	5.9	0	0
3014	600053	中江地产	2012/2/24	止赢	7.21	27885.97	22.2
3015	600055	华润万东	2001/10/26	买开	14.9	0	0
3016	600055	华润万东	2001/12/7	止赢	18.45	23788.56	23.83

续表

序号	股票代码	股票名称	买卖时间	信号类型	价格（元）	收益（元）	收益率(%)
3017	600055	华润万东	2004/8/27	买开	5.03	0	0
3018	600055	华润万东	2004/9/17	止赢	6.39	33328.15	27.04
3019	600055	华润万东	2012/12/7	买开	7.38	0	0
3020	600055	华润万东	2013/1/18	止赢	9.44	43579.29	27.91
3021	600056	中国医药	2002/2/1	买开	13.16	0	0
3022	600056	中国医药	2002/6/28	止赢	15.81	20105.55	20.14
3023	600056	中国医药	2003/11/7	买开	6.17	0	0
3024	600056	中国医药	2004/2/20	止赢	7.71	29849.82	24.96
3025	600056	中国医药	2008/6/27	买开	11.03	0	0
3026	600056	中国医药	2008/7/11	止赢	13.96	39578.45	26.56
3027	600056	中国医药	2010/7/9	买开	13.2	0	0
3028	600056	中国医药	2010/9/3	止赢	16.28	43868.45	23.33
3029	600058	五矿发展	2008/11/7	买开	9.41	0	0
3030	600058	五矿发展	2008/11/14	止赢	11.39	21009.79	21.04
3031	600059	古越龙山	2003/11/7	买开	6.09	0	0
3032	600059	古越龙山	2003/12/12	止赢	7.51	23280.9	23.32
3033	600061	国投安信	2002/1/25	买开	7.04	0	0
3034	600061	国投安信	2002/3/8	止赢	8.96	27231.36	27.27
3035	600061	国投安信	2012/1/13	买开	5.32	0	0
3036	600061	国投安信	2012/2/17	止赢	6.51	28339.85	22.37
3037	600062	华润双鹤	1999/5/21	买开	8.55	0	0
3038	600062	华润双鹤	1999/6/11	止赢	10.3	20436.5	20.47
3039	600062	华润双鹤	2004/10/29	买开	4.49	0	0
3040	600062	华润双鹤	2004/11/19	止赢	5.55	28311.55	23.61
3041	600062	华润双鹤	2008/9/12	买开	19.64	0	0
3042	600062	华润双鹤	2008/12/5	止赢	23.78	31153.51	21.08
3043	600062	华润双鹤	2012/1/13	买开	13.12	0	0
3044	600062	华润双鹤	2012/3/2	止赢	15.85	37122.55	20.81
3045	600063	皖维高新	2008/11/7	买开	4.27	0	0
3046	600063	皖维高新	2008/11/14	止赢	5.17	21045.6	21.08
3047	600063	皖维高新	2010/7/9	买开	7.66	0	0
3048	600063	皖维高新	2010/8/27	止赢	9.26	25176.01	20.89
3049	600064	南京高科	2010/7/9	买开	11.19	0	0
3050	600064	南京高科	2010/11/5	止赢	14.63	30695.13	30.74

续表

序号	股票代码	股票名称	买卖时间	信号类型	价格（元）	收益（元）	收益率(%)
3051	600067	冠城大通	2010/5/14	买开	7.83	0	0
3052	600067	冠城大通	2010/7/23	止赢	10.07	28564.48	28.61
3053	600067	冠城大通	2014/5/16	买开	4.85	0	0
3054	600067	冠城大通	2014/7/11	止赢	6.08	32468.31	25.36
3055	600068	葛洲坝	2008/8/29	买开	6.14	0	0
3056	600068	葛洲坝	2008/11/14	止赢	8.84	43907.41	43.97
3057	600069	*ST 银鸽	2002/1/25	买开	4.03	0	0
3058	600069	*ST 银鸽	2002/2/8	止赢	4.85	20316.31	20.35
3059	600069	*ST 银鸽	2008/6/27	买开	6.39	0	0
3060	600069	*ST 银鸽	2008/7/11	止赢	8.08	31685.81	26.45
3061	600069	*ST 银鸽	2012/1/13	买开	6.04	0	0
3062	600069	*ST 银鸽	2012/3/2	止赢	7.77	43260.38	28.64
3063	600070	浙江富润	2008/11/7	买开	2.91	0	0
3064	600070	浙江富润	2008/11/14	止赢	3.5	20244.08	20.27
3065	600070	浙江富润	2012/1/13	买开	7.31	0	0
3066	600070	浙江富润	2012/2/24	止赢	8.89	25878.83	21.61
3067	600071	*ST 光学	2002/1/25	买开	5.78	0	0
3068	600071	*ST 光学	2002/3/8	止赢	8.09	39905.25	39.97
3069	600071	*ST 光学	2005/7/29	买开	2.95	0	0
3070	600071	*ST 光学	2005/9/16	止赢	3.67	34007.04	24.41
3071	600071	*ST 光学	2008/11/7	买开	2.67	0	0
3072	600071	*ST 光学	2008/12/5	止赢	3.56	57607.91	33.33
3073	600072	钢构工程	2010/7/9	买开	11.4	0	0
3074	600072	钢构工程	2010/9/3	止赢	13.83	21281.94	21.32
3075	600072	钢构工程	2012/1/13	买开	15.52	0	0
3076	600072	钢构工程	2012/3/9	止赢	19.22	28789.69	23.84
3077	600073	上海梅林	2008/11/7	买开	3.7	0	0
3078	600073	上海梅林	2008/11/21	止赢	4.5	21588.8	21.62
3079	600074	保千里	1999/5/21	买开	11.5	0	0
3080	600074	保千里	1999/6/18	止赢	14.3	24309.6	24.35
3081	600074	保千里	2003/1/10	买开	6.35	0	0
3082	600074	保千里	2003/6/13	到期	6.64	5653.26	4.57
3083	600074	保千里	2005/7/29	买开	2.61	0	0
3084	600074	保千里	2005/12/23	到期	2.85	11866.8	9.2

续表

序号	股票代码	股票名称	买卖时间	信号类型	价格（元）	收益（元）	收益率(%)
3085	600074	保千里	2008/8/22	买开	3.05	0	0
3086	600074	保千里	2008/8/29	止赢	3.79	34087.36	24.26
3087	600074	保千里	2012/1/13	买开	2.84	0	0
3088	600074	保千里	2012/2/30	止赢	3.65	49644.1	28.52
3089	600075	新疆天业	2008/11/7	买开	4.35	0	0
3090	600075	新疆天业	2008/11/14	止赢	5.32	22265.39	22.3
3091	600075	新疆天业	2012/1/13	买开	8.18	0	0
3092	600075	新疆天业	2012/3/2	止赢	9.87	25152.26	20.66
3093	600076	青鸟华光	2002/1/25	买开	10.82	0	0
3094	600076	青鸟华光	2002/3/8	止赢	13.47	24454.21	24.49
3095	600076	青鸟华光	2005/7/22	买开	2.3	0	0
3096	600076	青鸟华光	2005/8/26	止赢	2.85	29635.65	23.91
3097	600076	青鸟华光	2010/7/9	买开	4.95	0	0
3098	600076	青鸟华光	2010/8/13	止赢	6.09	35260.21	23.03
3099	600076	青鸟华光	2012/1/13	买开	3.5	0	0
3100	600076	青鸟华光	2012/2/17	止赢	4.52	54731.16	29.14
3101	600076	青鸟华光	2012/8/10	买开	2.84	0	0
3102	600076	青鸟华光	2012/11/2	止赢	3.43	50234.38	20.77
3103	600077	宋都股份	2002/1/25	买开	10.05	0	0
3104	600077	宋都股份	2002/6/7	止赢	12.3	22353.75	22.39
3105	600079	人福医药	2002/1/25	买开	10.02	0	0
3106	600079	人福医药	2002/3/8	止赢	12.38	23517.4	23.55
3107	600079	人福医药	2008/7/4	买开	4.25	0	0
3108	600079	人福医药	2008/8/1	止赢	5.44	34438.6	28
3109	600079	人福医药	2008/11/7	买开	3.06	0	0
3110	600079	人福医药	2008/11/14	止赢	3.69	32315.86	20.59
3111	600080	金花股份	2002/1/25	买开	8.8	0	0
3112	600080	金花股份	2002/4/5	止赢	10.91	23940.06	23.98
3113	600080	金花股份	2005/7/29	买开	2.71	0	0
3114	600080	金花股份	2005/9/2	止赢	3.49	35522.76	28.78
3115	600081	东风科技	2008/11/7	买开	2.72	0	0
3116	600081	东风科技	2008/12/5	止赢	3.44	26430.48	26.47
3117	600081	东风科技	2012/1/13	买开	6.53	0	0
3118	600081	东风科技	2012/2/17	止赢	8.18	31812	25.27

续表

序号	股票代码	股票名称	买卖时间	信号类型	价格（元）	收益（元）	收益率(%)
3119	600082	海泰发展	2012/1/13	买开	3.32	0	0
3120	600082	海泰发展	2012/2/24	止赢	4.06	22255.5	22.29
3121	600083	博信股份	2004/8/27	买开	2.74	0	0
3122	600083	博信股份	2004/9/17	止赢	3.35	22229.01	22.26
3123	600084	中葡股份	2001/10/26	买开	9.42	0	0
3124	600084	中葡股份	2001/11/23	止赢	11.35	20456.07	20.49
3125	600084	中葡股份	2008/11/7	买开	2.09	0	0
3126	600084	中葡股份	2008/12/5	止赢	3.02	53372.7	44.5
3127	600084	中葡股份	2012/1/13	买开	5.29	0	0
3128	600084	中葡股份	2012/3/16	止赢	6.9	52590.66	30.43
3129	600085	同仁堂	2012/1/13	买开	13.68	0	0
3130	600085	同仁堂	2012/6/8	到期	15.52	13428.32	13.45
3131	600088	中视传媒	2008/11/7	买开	7.3	0	0
3132	600088	中视传媒	2008/11/14	止赢	8.77	20106.66	20.14
3133	600089	特变电工	2008/6/27	买开	14.96	0	0
3134	600089	特变电工	2008/7/11	止赢	17.98	20155.48	20.19
3135	600090	啤酒花	2004/9/10	买开	3.02	0	0
3136	600090	啤酒花	2004/9/24	止赢	3.73	23474.02	23.51
3137	600090	啤酒花	2008/11/7	买开	2.88	0	0
3138	600090	啤酒花	2008/11/14	止赢	3.59	30311.31	24.65
3139	600091	*ST 明科	2008/11/7	买开	2.54	0	0
3140	600091	*ST 明科	2008/12/5	止赢	3.18	25159.04	25.2
3141	600091	*ST 明科	2010/7/9	买开	4.33	0	0
3142	600091	*ST 明科	2010/7/30	止赢	5.66	38282.72	30.72
3143	600093	禾嘉股份	2004/1/9	买开	4.18	0	0
3144	600093	禾嘉股份	2004/2/13	止赢	5.03	20303.96	20.33
3145	600093	禾嘉股份	2012/1/13	买开	4.32	0	0
3146	600093	禾嘉股份	2012/3/2	止赢	5.19	24125.1	20.14
3147	600094	大名城	2002/1/25	买开	6.85	0	0
3148	600094	大名城	2002/3/22	止赢	8.24	20260.64	20.29
3149	600094	大名城	2008/4/25	买开	3.96	0	0
3150	600094	大名城	2011/10/14	止赢	6.67	81950.4	68.43
3151	600095	哈高科	2012/1/13	买开	4.91	0	0
3152	600095	哈高科	2012/2/24	止赢	5.93	20742.72	20.77

续表

序号	股票代码	股票名称	买卖时间	信号类型	价格（元）	收益（元）	收益率(%)
3153	600096	云天化	2010/7/9	买开	15.98	0	0
3154	600096	云天化	2010/9/3	止赢	20.48	28116	28.16
3155	600097	开创国际	2003/11/14	买开	6.19	0	0
3156	600097	开创国际	2004/1/16	止赢	7.65	23549.8	23.59
3157	600097	开创国际	2005/7/22	买开	3.47	0	0
3158	600097	开创国际	2005/8/26	止赢	4.48	35809.55	29.11
3159	600098	广州发展	2008/11/7	买开	4.44	0	0
3160	600098	广州发展	2008/12/19	止赢	5.74	29234.39	29.28
3161	600099	林海股份	2002/1/25	买开	8.11	0	0
3162	600099	林海股份	2002/3/22	止赢	10.11	24622	24.66
3163	600099	林海股份	2005/7/22	买开	2.23	0	0
3164	600099	林海股份	2005/8/26	止赢	2.79	31163.44	25.11
3165	600099	林海股份	2012/1/13	买开	5.19	0	0
3166	600099	林海股份	2012/2/24	止赢	6.24	31317.29	20.23
3167	600100	同方股份	2008/11/7	买开	7.52	0	0
3168	600100	同方股份	2008/12/5	止赢	10.37	37839.45	37.9
3169	600101	明星电力	2008/11/7	买开	3.54	0	0
3170	600101	明星电力	2008/12/5	止赢	4.29	21154.5	21.19
3171	600101	明星电力	2012/1/13	买开	9.48	0	0
3172	600101	明星电力	2012/2/24	止赢	11.57	26595.25	22.05
3173	600103	青山纸业	2005/7/22	买开	1.85	0	0
3174	600103	青山纸业	2005/9/20	止赢	2.3	24287.85	24.32
3175	600105	永鼎股份	1999/12/30	买开	12.6	0	0
3176	600105	永鼎股份	2000/2/18	止赢	16.18	28367.92	28.41
3177	600105	永鼎股份	2005/7/22	买开	3.57	0	0
3178	600105	永鼎股份	2005/8/26	止赢	4.71	40819.98	31.93
3179	600105	永鼎股份	2012/1/13	买开	6.21	0	0
3180	600105	永鼎股份	2012/2/17	止赢	7.49	34658.55	20.61
3181	600107	美尔雅	2002/2/1	买开	5.86	0	0
3182	600107	美尔雅	2002/3/8	止赢	7.4	26240.06	26.28
3183	600107	美尔雅	2008/9/19	买开	7.73	0	0
3184	600107	美尔雅	2008/9/26	止赢	9.61	30572.55	24.32
3185	600107	美尔雅	2012/1/13	买开	6.67	0	0
3186	600107	美尔雅	2012/2/24	止赢	8.04	32003.2	20.54

续表

序号	股票代码	股票名称	买卖时间	信号类型	价格（元）	收益（元）	收益率(%)
3187	600108	亚盛集团	2002/2/1	买开	4.91	0	0
3188	600108	亚盛集团	2002/4/12	止赢	5.94	20946.08	20.98
3189	600108	亚盛集团	2005/7/22	买开	1.58	0	0
3190	600108	亚盛集团	2005/8/19	止赢	1.9	24391.68	20.25
3191	600108	亚盛集团	2008/11/7	买开	2.78	0	0
3192	600108	亚盛集团	2008/11/14	止赢	3.35	29605.23	20.5
3193	600108	亚盛集团	2012/1/13	买开	4.44	0	0
3194	600108	亚盛集团	2012/2/24	止赢	5.44	39071	22.52
3195	600110	中科英华	2001/10/26	买开	10.3	0	0
3196	600110	中科英华	2002/3/8	止赢	14.63	41975.02	42.04
3197	600110	中科英华	2008/11/7	买开	3.8	0	0
3198	600110	中科英华	2008/11/14	止赢	4.57	28651.71	20.26
3199	600111	北方稀土	2005/7/22	买开	3.69	0	0
3200	600111	北方稀土	2005/8/19	止赢	5.05	36800.24	36.86
3201	600111	北方稀土	2011/12/30	买开	37.63	0	0
3202	600111	北方稀土	2012/1/20	止赢	45.62	28923.79	21.23
3203	600111	北方稀土	2012/11/2	买开	30.95	0	0
3204	600111	北方稀土	2012/12/21	止赢	37.41	34367.2	20.87
3205	600111	北方稀土	2013/7/5	买开	22.29	0	0
3206	600111	北方稀土	2013/8/9	止赢	28.16	52254.73	26.33
3207	600112	天成控股	2002/1/25	买开	7.85	0	0
3208	600112	天成控股	2002/3/8	止赢	9.67	23148.58	23.18
3209	600112	天成控股	2010/7/9	买开	9.87	0	0
3210	600112	天成控股	2010/8/13	止赢	11.92	25469.2	20.77
3211	600114	东睦股份	2012/1/13	买开	8.81	0	0
3212	600114	东睦股份	2012/2/24	止赢	10.72	21646.03	21.68
3213	600117	西宁特钢	2002/2/1	买开	4.79	0	0
3214	600117	西宁特钢	2002/3/8	止赢	5.96	24388.65	24.43
3215	600117	西宁特钢	2010/7/9	买开	6.41	0	0
3216	600117	西宁特钢	2010/8/6	止赢	7.81	27052.2	21.84
3217	600118	中国卫星	2003/11/14	买开	8.98	0	0
3218	600118	中国卫星	2004/1/30	止赢	11.09	23461.1	23.5
3219	600118	中国卫星	2005/7/22	买开	4.51	0	0
3220	600118	中国卫星	2005/8/19	止赢	5.44	25350.87	20.62

续表

序号	股票代码	股票名称	买卖时间	信号类型	价格（元）	收益（元）	收益率（%）
3221	600118	中国卫星	2012/9/7	买开	10.53	0	0
3222	600118	中国卫星	2013/1/11	止赢	14.12	50403.6	34.09
3223	600119	长江投资	2003/12/26	买开	5.51	0	0
3224	600119	长江投资	2004/2/6	止赢	7.01	27181.5	27.22
3225	600119	长江投资	2005/7/22	买开	2.58	0	0
3226	600119	长江投资	2005/8/12	止赢	3.11	26017.17	20.54
3227	600119	长江投资	2008/7/4	买开	4.19	0	0
3228	600119	长江投资	2008/8/8	止赢	5.15	34873.92	22.91
3229	600119	长江投资	2012/1/13	买开	5.16	0	0
3230	600119	长江投资	2012/3/9	止赢	6.2	37593.92	20.16
3231	600120	浙江东方	2003/12/26	买开	4.86	0	0
3232	600120	浙江东方	2004/2/6	止赢	6.45	32666.54	32.72
3233	600121	郑州煤电	2002/1/25	买开	8.87	0	0
3234	600121	郑州煤电	2002/3/8	止赢	10.81	21838.59	21.87
3235	600121	郑州煤电	2005/11/4	买开	2.66	0	0
3236	600121	郑州煤电	2006/2/10	止赢	3.62	43785.59	36.09
3237	600122	宏图高科	2002/1/25	买开	8.4	0	0
3238	600122	宏图高科	2002/3/8	止赢	10.12	20443.92	20.48
3239	600122	宏图高科	2008/11/7	买开	7.58	0	0
3240	600122	宏图高科	2008/12/5	止赢	9.44	29428.91	24.54
3241	600123	兰花科创	2010/7/9	买开	26.33	0	0
3242	600123	兰花科创	2010/10/8	止赢	33.29	26392.32	26.43
3243	600125	铁龙物流	2002/2/1	买开	9.91	0	0
3244	600125	铁龙物流	2002/4/12	止赢	12.29	23978.5	24.02
3245	600125	铁龙物流	2008/6/27	买开	5.08	0	0
3246	600125	铁龙物流	2008/7/18	止赢	6.21	27461.26	22.24
3247	600125	铁龙物流	2012/11/30	买开	5.74	0	0
3248	600125	铁龙物流	2012/12/28	止赢	7.02	33552.64	22.3
3249	600126	杭钢股份	2008/11/7	买开	3.33	0	0
3250	600126	杭钢股份	2008/11/28	止赢	4.29	28785.6	28.83
3251	600127	金健米业	2005/7/22	买开	1.69	0	0
3252	600127	金健米业	2005/8/12	止赢	2.15	27177.72	27.22
3253	600128	弘业股份	2002/2/1	买开	8.14	0	0
3254	600128	弘业股份	2002/7/5	止赢	10.36	27230.51	27.27

续表

序号	股票代码	股票名称	买卖时间	信号类型	价格（元）	收益（元）	收益率(%)
3255	600128	弘业股份	2008/11/7	买开	10.77	0	0
3256	600128	弘业股份	2008/12/5	止赢	14.07	38821.19	30.64
3257	600129	太极集团	2004/9/3	买开	6.98	0	0
3258	600129	太极集团	2004/9/24	止赢	8.43	20742.25	20.77
3259	600129	太极集团	2005/7/22	买开	4.02	0	0
3260	600129	太极集团	2005/9/2	止赢	5.97	58320.59	48.51
3261	600129	太极集团	2010/7/9	买开	7.55	0	0
3262	600129	太极集团	2010/8/6	止赢	9.15	37724.79	21.19
3263	600130	波导股份	2005/7/29	买开	3.1	0	0
3264	600130	波导股份	2005/9/16	止赢	3.74	20613.76	20.65
3265	600130	波导股份	2012/1/13	买开	2.74	0	0
3266	600130	波导股份	2012/4/20	止赢	3.29	24108.15	20.07
3267	600131	岷江水电	2002/1/25	买开	8.4	0	0
3268	600131	岷江水电	2002/3/15	止赢	10.19	21275.94	21.31
3269	600132	重庆啤酒	2007/12/7	买开	26.17	0	0
3270	600132	重庆啤酒	2008/1/4	止赢	34.24	30787.06	30.84
3271	600132	重庆啤酒	2012/12/7	买开	13.85	0	0
3272	600132	重庆啤酒	2013/3/8	止赢	18.94	47866.36	36.75
3273	600133	东湖高新	2002/1/25	买开	8.95	0	0
3274	600133	东湖高新	2002/3/8	止赢	11.49	28336.24	28.38
3275	600133	东湖高新	2003/11/14	买开	5.65	0	0
3276	600133	东湖高新	2004/2/13	止赢	6.8	26011.85	20.35
3277	600133	东湖高新	2005/7/22	买开	3.24	0	0
3278	600133	东湖高新	2005/8/19	止赢	3.92	32185.08	20.99
3279	600135	乐凯胶片	2002/1/25	买开	10.91	0	0
3280	600135	乐凯胶片	2002/3/22	止赢	13.25	21415.68	21.45
3281	600135	乐凯胶片	2012/12/7	买开	5.5	0	0
3282	600135	乐凯胶片	2013/1/11	止赢	7.02	33412.64	27.64
3283	600136	道博股份	2005/7/15	买开	3.05	0	0
3284	600136	道博股份	2005/8/5	止赢	3.7	21279.05	21.31
3285	600136	道博股份	2008/11/7	买开	2.75	0	0
3286	600136	道博股份	2008/12/5	止赢	3.36	26788.14	22.18
3287	600136	道博股份	2012/1/13	买开	6.86	0	0
3288	600136	道博股份	2012/2/17	止赢	8.38	32594.88	22.16

续表

序号	股票代码	股票名称	买卖时间	信号类型	价格（元）	收益（元）	收益率(%)
3289	600137	浪莎股份	2003/11/14	买开	4.66	0	0
3290	600137	浪莎股份	2003/11/28	止赢	6.14	31711.96	31.76
3291	600137	浪莎股份	2010/7/9	买开	12.24	0	0
3292	600137	浪莎股份	2010/8/6	止赢	15.5	34934.16	26.63
3293	600138	中青旅	2003/11/14	买开	6.32	0	0
3294	600138	中青旅	2004/1/16	止赢	8.08	27806.24	27.85
3295	600139	西部资源	2003/11/7	买开	6.69	0	0
3296	600139	西部资源	2004/2/6	止赢	8.13	21492	21.52
3297	600139	西部资源	2005/7/29	买开	2.98	0	0
3298	600139	西部资源	2005/8/12	止赢	3.59	24763.56	20.47
3299	600139	西部资源	2011/12/30	买开	13.63	0	0
3300	600139	西部资源	2012/1/20	止赢	16.36	29101.8	20.03
3301	600141	兴发集团	2008/11/7	买开	7.35	0	0
3302	600141	兴发集团	2008/11/14	止赢	9.76	32739.85	32.79
3303	600141	兴发集团	2010/7/9	买开	12.67	0	0
3304	600141	兴发集团	2010/8/6	止赢	16.3	37871.78	28.65
3305	600143	金发科技	2012/12/7	买开	4.57	0	0
3306	600143	金发科技	2013/1/18	止赢	6.08	32991.98	33.04
3307	600145	*ST 新亿	2005/7/15	买开	1.98	0	0
3308	600145	*ST 新亿	2005/9/2	止赢	2.41	21684.47	21.72
3309	600146	商赢环球	2003/11/14	买开	4.89	0	0
3310	600146	商赢环球	2003/12/5	止赢	6.85	40021.24	40.08
3311	600146	商赢环球	2004/11/5	买开	3.18	0	0
3312	600146	商赢环球	2004/12/3	止赢	4.18	43851.99	31.45
3313	600146	商赢环球	2012/1/13	买开	9.45	0	0
3314	600146	商赢环球	2012/2/10	止赢	13.5	78322.95	42.86
3315	600146	商赢环球	2012/7/6	买开	10.0	0	0
3316	600146	商赢环球	2012/10/11	止赢	14.07	105938.02	40.7
3317	600148	长春一东	2002/2/1	买开	8.62	0	0
3318	600148	长春一东	2002/4/19	止赢	10.45	21196.89	21.23
3319	600148	长春一东	2012/1/13	买开	8.12	0	0
3320	600148	长春一东	2012/3/9	止赢	10.22	31210.21	25.86
3321	600149	廊坊发展	2001/12/28	买开	8.93	0	0
3322	600149	廊坊发展	2002/3/15	止赢	12.6	41034.27	41.1

续表

序号	股票代码	股票名称	买卖时间	信号类型	价格（元）	收益（元）	收益率(%)
3323	600149	廊坊发展	2008/11/7	买开	2.1	0	0
3324	600149	廊坊发展	2008/11/14	止赢	2.85	50164.5	35.71
3325	600149	廊坊发展	2014/2/7	买开	4.76	0	0
3326	600149	廊坊发展	2014/2/28	止赢	6.58	72667.13	38.24
3327	600150	中国船舶	2008/11/7	买开	34.81	0	0
3328	600150	中国船舶	2008/11/14	止赢	42.12	20965.07	21
3329	600151	航天机电	2008/11/7	买开	3.6	0	0
3330	600151	航天机电	2008/11/14	止赢	4.51	25239.77	25.28
3331	600152	维科精华	2002/2/1	买开	6.69	0	0
3332	600152	维科精华	2002/4/26	止赢	8.07	20596.49	20.63
3333	600152	维科精华	2008/11/7	买开	2.26	0	0
3334	600152	维科精华	2008/11/21	止赢	2.8	28692.9	23.89
3335	600152	维科精华	2012/1/13	买开	7.06	0	0
3336	600152	维科精华	2012/3/9	止赢	8.63	32985.7	22.24
3337	600152	维科精华	2012/12/7	买开	4.04	0	0
3338	600152	维科精华	2013/2/22	止赢	5.19	51457.9	28.47
3339	600153	建发股份	2001/10/26	买开	12.05	0	0
3340	600153	建发股份	2002/3/29	到期	12.66	5054.46	5.06
3341	600155	宝硕股份	2002/1/25	买开	6.11	0	0
3342	600155	宝硕股份	2002/3/22	止赢	7.88	28925.34	28.97
3343	600156	华升股份	2002/1/25	买开	6.59	0	0
3344	600156	华升股份	2002/3/8	止赢	8.3	25908.21	25.95
3345	600156	华升股份	2003/11/14	买开	3.66	0	0
3346	600156	华升股份	2004/2/6	止赢	4.48	28090.74	22.4
3347	600156	华升股份	2008/11/7	买开	2.26	0	0
3348	600156	华升股份	2008/11/14	止赢	2.89	42653.53	27.88
3349	600156	华升股份	2012/1/13	买开	4.02	0	0
3350	600156	华升股份	2012/2/17	止赢	5.09	51923.9	26.62
3351	600157	永泰能源	2011/9/30	买开	14.49	0	0
3352	600157	永泰能源	2012/2/24	止赢	18.3	26250.9	26.29
3353	600158	中体产业	2002/1/25	买开	12.3	0	0
3354	600158	中体产业	2002/4/5	止赢	14.9	21104.2	21.14
3355	600158	中体产业	2008/11/7	买开	3.36	0	0
3356	600158	中体产业	2008/11/14	止赢	4.45	39120.1	32.44

续表

序号	股票代码	股票名称	买卖时间	信号类型	价格（元）	收益（元）	收益率(%)
3357	600160	巨化股份	2005/7/29	买开	2.98	0	0
3358	600160	巨化股份	2005/9/2	止赢	3.72	24794.44	24.83
3359	600160	巨化股份	2008/11/7	买开	3.49	0	0
3360	600160	巨化股份	2008/11/21	止赢	4.21	25637.04	20.63
3361	600160	巨化股份	2011/12/16	买开	19.44	0	0
3362	600160	巨化股份	2012/3/9	止赢	23.7	32750.88	21.91
3363	600161	天坛生物	2005/7/22	买开	4.11	0	0
3364	600161	天坛生物	2005/8/26	止赢	5.15	25265.76	25.3
3365	600162	香江控股	2005/7/22	买开	2.16	0	0
3366	600162	香江控股	2005/8/12	止赢	2.96	36980.8	37.04
3367	600163	*ST 南纸	2008/7/4	买开	4.42	0	0
3368	600163	*ST 南纸	2008/7/18	止赢	5.6	26656.2	26.7
3369	600165	新日恒力	2005/7/22	买开	2.17	0	0
3370	600165	新日恒力	2005/9/2	止赢	2.68	23466.63	23.5
3371	600165	新日恒力	2008/6/27	买开	4.32	0	0
3372	600165	新日恒力	2008/7/25	止赢	5.24	26183.19	21.3
3373	600166	福田汽车	2005/7/29	买开	3.27	0	0
3374	600166	福田汽车	2005/9/16	止赢	3.99	21985.2	22.02
3375	600166	福田汽车	2008/11/7	买开	3.44	0	0
3376	600166	福田汽车	2008/11/21	止赢	4.19	26483.25	21.8
3377	600167	联美控股	2005/7/22	买开	2.8	0	0
3378	600167	联美控股	2005/8/12	止赢	3.38	20682.81	20.71
3379	600167	联美控股	2012/1/13	买开	7.61	0	0
3380	600167	联美控股	2012/3/9	止赢	9.14	24160.23	20.11
3381	600168	武汉控股	2005/7/29	买开	2.86	0	0
3382	600168	武汉控股	2005/9/16	止赢	3.53	23391.04	23.43
3383	600169	太原重工	2005/7/22	买开	3.5	0	0
3384	600169	太原重工	2005/8/5	止赢	4.2	19969.59	20
3385	600170	上海建工	2010/7/9	买开	9.92	0	0
3386	600170	上海建工	2010/8/13	止赢	12.37	24659.25	24.7
3387	600170	上海建工	2011/12/23	买开	8.34	0	0
3388	600170	上海建工	2012/2/24	止赢	10.28	28874.95	23.26
3389	600170	上海建工	2012/8/10	买开	6.82	0	0
3390	600170	上海建工	2012/9/14	止赢	8.42	35788.8	23.46

续表

序号	股票代码	股票名称	买卖时间	信号类型	价格（元）	收益（元）	收益率(%)
3391	600171	上海贝岭	2012/1/13	买开	4.47	0	0
3392	600171	上海贝岭	2012/3/2	止赢	6.68	49364.77	49.44
3393	600172	黄河旋风	2008/11/7	买开	3.34	0	0
3394	600172	黄河旋风	2008/11/14	止赢	4.07	21823.36	21.86
3395	600172	黄河旋风	2012/12/7	买开	6.34	0	0
3396	600172	黄河旋风	2013/3/15	止赢	7.72	26403.53	21.77
3397	600173	卧龙地产	2002/1/25	买开	7.4	0	0
3398	600173	卧龙地产	2002/3/8	止赢	8.98	21318.93	21.35
3399	600173	卧龙地产	2005/7/22	买开	1.69	0	0
3400	600173	卧龙地产	2005/8/26	止赢	2.26	40744.73	33.73
3401	600173	卧龙地产	2010/5/7	买开	6.38	0	0
3402	600173	卧龙地产	2010/6/4	止赢	7.68	32818.49	20.38
3403	600173	卧龙地产	2012/1/13	买开	3.63	0	0
3404	600173	卧龙地产	2012/2/24	止赢	4.54	48458.4	25.07
3405	600175	美都能源	2012/1/13	买开	2.68	0	0
3406	600175	美都能源	2012/2/24	止赢	3.29	22726.77	22.76
3407	600176	中国巨石	2002/1/25	买开	7.42	0	0
3408	600176	中国巨石	2002/3/8	止赢	9.2	23951.68	23.99
3409	600176	中国巨石	2005/1/7	买开	3.87	0	0
3410	600176	中国巨石	2005/6/10	到期	4.26	12438.67	10.08
3411	600176	中国巨石	2012/9/7	买开	7.54	0	0
3412	600176	中国巨石	2012/12/14	止赢	9.36	32696.29	24.14
3413	600178	东安动力	2008/6/26	买开	6.06	0	0
3414	600178	东安动力	2008/7/18	止赢	7.5	23725.44	23.76
3415	600178	东安动力	2010/7/9	买开	9.71	0	0
3416	600178	东安动力	2010/8/6	止赢	12.29	32735.04	26.57
3417	600178	东安动力	2012/1/13	买开	5.47	0	0
3418	600178	东安动力	2012/2/24	止赢	6.78	37232.83	23.95
3419	600179	黑化股份	2002/2/1	买开	6.06	0	0
3420	600179	黑化股份	2002/3/22	止赢	7.34	21089.28	21.12
3421	600179	黑化股份	2005/7/22	买开	2.4	0	0
3422	600179	黑化股份	2005/8/12	止赢	2.92	26124.8	21.67
3423	600179	黑化股份	2008/11/7	买开	3.01	0	0
3424	600179	黑化股份	2008/11/14	止赢	3.63	30127.05	20.6

续表

序号	股票代码	股票名称	买卖时间	信号类型	价格（元）	收益（元）	收益率（%）
3425	600179	黑化股份	2012/1/13	买开	4.15	0	0
3426	600179	黑化股份	2012/2/3	止赢	5.52	58055.11	33.01
3427	600180	瑞茂通	2005/7/29	买开	3.49	0	0
3428	600180	瑞茂通	2005/8/19	止赢	4.42	26607.3	26.65
3429	600180	瑞茂通	2008/9/19	买开	2.01	0	0
3430	600180	瑞茂通	2008/10/17	止赢	2.48	29480.75	23.38
3431	600182	S 佳通	2005/12/16	买开	3.17	0	0
3432	600182	S 佳通	2006/5/19	止赢	3.93	23938.48	23.97
3433	600182	S 佳通	2012/1/13	买开	6.53	0	0
3434	600182	S 佳通	2012/4/20	止赢	8.53	37799.99	30.63
3435	600183	生益科技	2002/2/1	买开	7.71	0	0
3436	600183	生益科技	2002/3/8	止赢	9.49	23051	23.09
3437	600183	生益科技	2005/7/15	买开	3.86	0	0
3438	600183	生益科技	2005/8/12	止赢	4.65	25077.77	20.47
3439	600184	光电股份	2008/4/11	买开	11.07	0	0
3440	600184	光电股份	2008/5/9	止赢	14.12	27507.95	27.55
3441	600185	格力地产	2010/6/11	买开	7.91	0	0
3442	600185	格力地产	2010/7/23	止赢	9.96	25877.15	25.92
3443	600185	格力地产	2012/1/13	买开	5.09	0	0
3444	600185	格力地产	2012/2/24	止赢	6.7	39647.85	31.63
3445	600187	国中水务	2003/11/14	买开	5.1	0	0
3446	600187	国中水务	2003/12/5	止赢	6.19	21340.02	21.37
3447	600187	国中水务	2005/5/27	买开	1.19	0	0
3448	600187	国中水务	2005/6/17	止赢	1.46	27414.45	22.69
3449	600188	兖州煤业	2005/11/18	买开	5.31	0	0
3450	600188	兖州煤业	2006/1/13	止赢	6.48	22000.68	22.03
3451	600189	吉林森工	2002/1/25	买开	8.19	0	0
3452	600189	吉林森工	2002/3/22	止赢	9.87	20480.88	20.51
3453	600189	吉林森工	2012/1/13	买开	6.4	0	0
3454	600189	吉林森工	2012/3/9	止赢	7.75	25305.75	21.09
3455	600192	长城电工	2002/1/25	买开	6.54	0	0
3456	600192	长城电工	2002/3/8	止赢	7.9	20763.12	20.8
3457	600193	创兴资源	2003/11/14	买开	5.23	0	0
3458	600193	创兴资源	2004/2/13	止赢	6.5	24245.57	24.28

续表

序号	股票代码	股票名称	买卖时间	信号类型	价格（元）	收益（元）	收益率（%）
3459	600195	中牧股份	2003/11/14	买开	4.39	0	0
3460	600195	中牧股份	2003/12/5	止赢	5.44	23881.21	23.92
3461	600195	中牧股份	2012/12/7	买开	11.26	0	0
3462	600195	中牧股份	2013/1/18	止赢	14.03	30345.34	24.6
3463	600196	复星医药	2002/1/25	买开	13.08	0	0
3464	600196	复星医药	2002/3/22	止赢	15.94	21830.38	21.87
3465	600197	伊力特	2012/1/13	买开	8.91	0	0
3466	600197	伊力特	2012/2/24	止赢	11.21	25773.8	25.81
3467	600198	大唐电信	2001/8/31	买开	18.28	0	0
3468	600198	大唐电信	2001/10/26	止赢	22.43	22667.3	22.7
3469	600198	大唐电信	2003/11/21	买开	8.36	0	0
3470	600198	大唐电信	2004/1/30	止赢	10.37	29368.11	24.04
3471	600199	金种子酒	2002/2/1	买开	7.12	0	0
3472	600199	金种子酒	2002/7/5	到期	8.18	14864.39	14.89
3473	600199	金种子酒	2005/7/29	买开	1.49	0	0
3474	600199	金种子酒	2005/8/19	止赢	1.86	28400.83	24.83
3475	600200	江苏吴中	2006/11/24	买开	3.1	0	0
3476	600200	江苏吴中	2007/1/19	止赢	3.85	24156.75	24.19
3477	600200	江苏吴中	2012/12/7	买开	6.33	0	0
3478	600200	江苏吴中	2013/1/18	止赢	8.14	35351.12	28.59
3479	600201	金宇集团	2008/11/7	买开	4.06	0	0
3480	600201	金宇集团	2008/11/21	止赢	5.0	23117.42	23.15
3481	600202	哈空调	2002/1/25	买开	8.14	0	0
3482	600202	哈空调	2002/3/8	止赢	10.09	23918.7	23.96
3483	600202	哈空调	2006/11/17	买开	5.98	0	0
3484	600202	哈空调	2007/1/19	止赢	8.29	47666.85	38.63
3485	600206	有研新材	2002/1/25	买开	13.97	0	0
3486	600206	有研新材	2002/3/8	止赢	16.97	21440.99	21.47
3487	600206	有研新材	2005/7/22	买开	3.6	0	0
3488	600206	有研新材	2005/8/26	止赢	4.4	26872.81	22.22
3489	600206	有研新材	2008/11/7	买开	5.55	0	0
3490	600206	有研新材	2008/11/14	止赢	7.26	45400.5	30.81
3491	600206	有研新材	2012/1/13	买开	9.97	0	0
3492	600206	有研新材	2012/3/9	止赢	11.97	38550	20.06

续表

序号	股票代码	股票名称	买卖时间	信号类型	价格（元）	收益（元）	收益率(%)
3493	600206	有研新材	2014/6/13	买开	10.33	0	0
3494	600206	有研新材	2014/8/8	止赢	13.0	59458.23	25.85
3495	600207	安彩高科	2011/12/30	买开	4.29	0	0
3496	600207	安彩高科	2012/2/24	止赢	5.3	23507.76	23.54
3497	600208	新湖中宝	2012/1/13	买开	3.34	0	0
3498	600208	新湖中宝	2012/2/24	止赢	4.12	23318.1	23.35
3499	600209	罗顿发展	2002/2/1	买开	9.93	0	0
3500	600209	罗顿发展	2002/3/22	止赢	11.93	20110	20.14
3501	600209	罗顿发展	2003/11/14	买开	3.7	0	0
3502	600209	罗顿发展	2003/12/12	止赢	4.56	27798.64	23.24
3503	600209	罗顿发展	2005/7/29	买开	1.82	0	0
3504	600209	罗顿发展	2005/8/26	止赢	2.33	41180.45	28.02
3505	600210	紫江企业	2002/1/25	买开	10.97	0	0
3506	600210	紫江企业	2002/3/15	止赢	13.2	20297.46	20.33
3507	600211	西藏药业	2003/11/14	买开	6.6	0	0
3508	600211	西藏药业	2004/2/6	止赢	7.96	20574.08	20.61
3509	600211	西藏药业	2008/4/25	买开	9.01	0	0
3510	600211	西藏药业	2008/5/15	止赢	11.39	31713.5	26.42
3511	600213	亚星客车	2003/11/21	买开	5.51	0	0
3512	600213	亚星客车	2004/2/6	止赢	7.17	30080.86	30.13
3513	600213	亚星客车	2005/7/22	买开	1.83	0	0
3514	600213	亚星客车	2005/8/19	止赢	2.28	31854.14	24.59
3515	600213	亚星客车	2008/11/7	买开	2.64	0	0
3516	600213	亚星客车	2008/12/5	止赢	3.25	37180.11	23.11
3517	600215	长春经开	2008/11/7	买开	3.04	0	0
3518	600215	长春经开	2008/12/5	止赢	3.68	21020.8	21.05
3519	600216	浙江医药	2012/1/13	买开	19.78	0	0
3520	600216	浙江医药	2012/2/24	止赢	24.22	22413.11	22.45
3521	600217	*ST 秦岭	2005/7/22	买开	1.42	0	0
3522	600217	*ST 秦岭	2005/8/26	止赢	1.81	27423.63	27.46
3523	600217	*ST 秦岭	2008/11/7	买开	1.49	0	0
3524	600217	*ST 秦岭	2008/11/14	止赢	1.9	34916.42	27.52
3525	600217	*ST 秦岭	2012/1/13	买开	2.97	0	0
3526	600217	*ST 秦岭	2012/2/10	止赢	3.59	33676.54	20.88

续表

序号	股票代码	股票名称	买卖时间	信号类型	价格（元）	收益（元）	收益率(%)
3527	600218	全柴动力	2008/11/7	买开	2.67	0	0
3528	600218	全柴动力	2008/11/21	止赢	3.68	37770.97	37.83
3529	600218	全柴动力	2012/9/28	买开	7.72	0	0
3530	600218	全柴动力	2012/12/7	止赢	9.79	36790.11	26.81
3531	600219	南山铝业	2008/11/7	买开	5.01	0	0
3532	600219	南山铝业	2008/11/14	止赢	6.23	24314.6	24.35
3533	600219	南山铝业	2010/7/9	买开	8.03	0	0
3534	600219	南山铝业	2010/10/8	止赢	9.97	29907.05	24.16
3535	600220	江苏阳光	2008/11/7	买开	3.15	0	0
3536	600220	江苏阳光	2008/11/14	止赢	3.88	23139.54	23.17
3537	600222	太龙药业	2006/10/13	买开	4.24	0	0
3538	600222	太龙药业	2006/10/20	止赢	5.18	22136.06	22.17
3539	600222	太龙药业	2008/11/7	买开	2.9	0	0
3540	600222	太龙药业	2008/12/5	止赢	3.54	26840.31	22.07
3541	600222	太龙药业	2010/7/9	买开	5.89	0	0
3542	600222	太龙药业	2010/8/6	止赢	7.32	35935.91	24.28
3543	600223	鲁商置业	2012/1/13	买开	4.78	0	0
3544	600223	鲁商置业	2012/2/24	止赢	6.3	31751.28	31.8
3545	600223	鲁商置业	2012/9/28	买开	3.61	0	0
3546	600223	鲁商置业	2012/11/2	止赢	4.55	34164.31	26.04
3547	600225	天津松江	2002/2/1	买开	8.15	0	0
3548	600225	天津松江	2002/4/12	止赢	10.38	27319.74	27.36
3549	600226	升华拜克	2001/11/2	买开	19.04	0	0
3550	600226	升华拜克	2002/3/22	止赢	23.88	25380.95	25.42
3551	600226	升华拜克	2005/7/22	买开	3.34	0	0
3552	600226	升华拜克	2005/8/26	止赢	4.05	26541.23	21.26
3553	600226	升华拜克	2008/11/7	买开	5.7	0	0
3554	600226	升华拜克	2008/11/14	止赢	7.06	36014.16	23.86
3555	600226	升华拜克	2010/7/23	买开	7.2	0	0
3556	600226	升华拜克	2010/8/20	止赢	9.15	50481.59	27.08
3557	600227	赤天化	2010/7/9	买开	5.09	0	0
3558	600227	赤天化	2010/8/6	止赢	6.57	29031.68	29.08
3559	600228	昌九生化	2005/7/22	买开	2.2	0	0
3560	600228	昌九生化	2005/8/26	止赢	2.81	27685.46	27.73

续表

序号	股票代码	股票名称	买卖时间	信号类型	价格（元）	收益（元）	收益率(%)
3561	600228	昌九生化	2008/10/24	买开	2.92	0	0
3562	600228	昌九生化	2008/11/14	止赢	3.51	25691.55	20.21
3563	600228	昌九生化	2014/7/18	买开	8.2	0	0
3564	600228	昌九生化	2014/8/22	止赢	10.73	47014.98	30.85
3565	600229	城市传媒	2002/1/25	买开	7.3	0	0
3566	600229	城市传媒	2002/3/8	止赢	8.84	21064.12	21.1
3567	600230	沧州大化	2008/11/7	买开	6.84	0	0
3568	600230	沧州大化	2008/11/14	止赢	8.53	24668.92	24.71
3569	600230	沧州大化	2010/7/9	买开	11.9	0	0
3570	600230	沧州大化	2010/9/3	止赢	15.5	37555.2	30.25
3571	600230	沧州大化	2012/1/13	买开	7.55	0	0
3572	600230	沧州大化	2012/3/9	止赢	9.57	43133.05	26.75
3573	600231	凌钢股份	2010/7/9	买开	6.2	0	0
3574	600231	凌钢股份	2010/8/6	止赢	7.57	22062.49	22.1
3575	600231	凌钢股份	2012/9/7	买开	3.77	0	0
3576	600231	凌钢股份	2012/12/28	止赢	4.58	26114.4	21.49
3577	600232	金鹰股份	2002/1/25	买开	10.1	0	0
3578	600232	金鹰股份	2002/3/8	止赢	12.31	21848.06	21.88
3579	600232	金鹰股份	2008/11/7	买开	2.6	0	0
3580	600232	金鹰股份	2008/11/14	止赢	3.15	25666.31	21.15
3581	600232	金鹰股份	2012/1/13	买开	4.9	0	0
3582	600232	金鹰股份	2012/3/9	止赢	5.89	29610.89	20.2
3583	600233	大杨创世	2002/1/25	买开	13.41	0	0
3584	600233	大杨创世	2002/4/5	止赢	16.79	25164.11	25.21
3585	600233	大杨创世	2008/7/4	买开	5.84	0	0
3586	600233	大杨创世	2008/7/25	止赢	7.61	37775.34	30.31
3587	600233	大杨创世	2008/10/17	买开	3.29	0	0
3588	600233	大杨创世	2008/11/14	止赢	4.16	42819.66	26.44
3589	600233	大杨创世	2012/1/13	买开	9.38	0	0
3590	600233	大杨创世	2012/3/2	止赢	11.42	44394.48	21.75
3591	600234	山水文化	2005/7/22	买开	1.34	0	0
3592	600234	山水文化	2005/8/26	止赢	1.91	42473.55	42.54
3593	600234	山水文化	2012/1/13	买开	3.74	0	0
3594	600234	山水文化	2012/2/17	止赢	4.61	33007.8	23.26

续表

序号	股票代码	股票名称	买卖时间	信号类型	价格（元）	收益（元）	收益率(%)
3595	600235	民丰特纸	2008/11/7	买开	2.85	0	0
3596	600235	民丰特纸	2008/11/21	止赢	3.5	22772.75	22.81
3597	600236	桂冠电力	2008/10/17	买开	4.59	0	0
3598	600236	桂冠电力	2008/11/14	止赢	5.86	27626.31	27.67
3599	600236	桂冠电力	2010/7/9	买开	4.37	0	0
3600	600236	桂冠电力	2010/11/5	止赢	5.29	26756.36	21.05
3601	600237	铜峰电子	2005/7/29	买开	3.77	0	0
3602	600237	铜峰电子	2005/9/2	止赢	4.59	21717.71	21.75
3603	600237	铜峰电子	2012/1/13	买开	4.78	0	0
3604	600237	铜峰电子	2012/2/24	止赢	5.74	24341.75	20.08
3605	600239	云南城投	2004/8/27	买开	3.29	0	0
3606	600239	云南城投	2004/9/17	止赢	4.11	24886.19	24.92
3607	600239	云南城投	2012/1/13	买开	6.3	0	0
3608	600239	云南城投	2012/2/24	止赢	8.36	40664.39	32.7
3609	600241	时代万恒	2003/11/14	买开	7.63	0	0
3610	600241	时代万恒	2004/2/13	止赢	9.19	20414.15	20.45
3611	600241	时代万恒	2005/7/29	买开	4.29	0	0
3612	600241	时代万恒	2005/9/2	止赢	5.22	25992.56	21.68
3613	600241	时代万恒	2012/1/13	买开	8.4	0	0
3614	600241	时代万恒	2012/3/30	止赢	10.82	41904.72	28.81
3615	600242	*ST 中昌	2003/11/14	买开	4.83	0	0
3616	600242	*ST 中昌	2003/12/5	止赢	5.92	22532.48	22.57
3617	600242	*ST 中昌	2005/7/29	买开	1.69	0	0
3618	600242	*ST 中昌	2005/8/26	止赢	2.11	30323.15	24.85
3619	600242	*ST 中昌	2012/1/13	买开	6.07	0	0
3620	600242	*ST 中昌	2012/2/24	止赢	7.59	38031.92	25.04
3621	600243	青海华鼎	2003/11/14	买开	5.48	0	0
3622	600243	青海华鼎	2004/2/6	止赢	6.61	20588.6	20.62
3623	600243	青海华鼎	2005/7/22	买开	2.87	0	0
3624	600243	青海华鼎	2005/9/16	止赢	3.61	30960.86	25.78
3625	600243	青海华鼎	2008/10/24	买开	3.35	0	0
3626	600243	青海华鼎	2008/11/7	止赢	4.03	30566.69	20.3
3627	600246	万通地产	2004/1/16	买开	9.08	0	0
3628	600246	万通地产	2004/2/6	止赢	11.87	30678.84	30.73

续表

序号	股票代码	股票名称	买卖时间	信号类型	价格（元）	收益（元）	收益率(%)
3629	600246	万通地产	2008/10/17	买开	6.83	0	0
3630	600246	万通地产	2008/11/21	止赢	8.89	39249.19	30.16
3631	600246	万通地产	2012/1/13	买开	3.12	0	0
3632	600246	万通地产	2012/2/24	止赢	3.97	46008.81	27.24
3633	600247	*ST 成城	2003/11/14	买开	5.72	0	0
3634	600247	*ST 成城	2004/2/6	止赢	7.04	23041.92	23.08
3635	600247	*ST 成城	2004/9/3	买开	3.48	0	0
3636	600247	*ST 成城	2005/1/21	到期	4.13	22885.2	18.68
3637	600248	延长化建	2002/1/25	买开	11.74	0	0
3638	600248	延长化建	2002/3/8	止赢	14.63	24579.45	24.62
3639	600248	延长化建	2012/1/13	买开	6.9	0	0
3640	600248	延长化建	2012/3/16	止赢	8.59	30384.51	24.49
3641	600249	两面针	2012/1/13	买开	4.65	0	0
3642	600249	两面针	2012/3/9	止赢	5.7	22546.64	22.58
3643	600250	南纺股份	2004/9/3	买开	5.75	0	0
3644	600250	南纺股份	2004/11/19	止赢	7.32	27263.05	27.3
3645	600250	南纺股份	2005/7/22	买开	2.59	0	0
3646	600250	南纺股份	2005/8/12	止赢	3.15	27401.37	21.62
3647	600250	南纺股份	2011/12/23	买开	4.91	0	0
3648	600250	南纺股份	2012/2/17	止赢	6.12	37869.37	24.64
3649	600251	冠农股份	2008/9/12	买开	26.62	0	0
3650	600251	冠农股份	2008/9/26	止赢	32.88	23475	23.52
3651	600252	中恒集团	2005/7/15	买开	2.63	0	0
3652	600252	中恒集团	2005/8/19	止赢	3.28	24677.24	24.71
3653	600256	广汇能源	2008/10/31	买开	5.83	0	0
3654	600256	广汇能源	2008/11/14	止赢	7.47	28086.64	28.13
3655	600256	广汇能源	2012/8/10	买开	13.65	0	0
3656	600256	广汇能源	2012/10/12	止赢	17.0	31302.4	24.54
3657	600257	大湖股份	2003/11/21	买开	9.23	0	0
3658	600257	大湖股份	2004/2/6	止赢	11.19	21203.28	21.24
3659	600257	大湖股份	2008/6/27	买开	3.99	0	0
3660	600257	大湖股份	2008/7/25	止赢	5.49	45371.99	37.59
3661	600257	大湖股份	2012/1/13	买开	5.96	0	0
3662	600257	大湖股份	2012/3/16	止赢	7.5	42779.66	25.84

续表

序号	股票代码	股票名称	买卖时间	信号类型	价格（元）	收益（元）	收益率(%)
3663	600258	首旅酒店	2003/11/14	买开	7.3	0	0
3664	600258	首旅酒店	2003/12/5	止赢	8.84	21064.12	21.1
3665	600258	首旅酒店	2008/6/27	买开	20.53	0	0
3666	600258	首旅酒店	2008/7/4	止赢	26.43	34638.9	28.74
3667	600258	首旅酒店	2008/11/7	买开	7.05	0	0
3668	600258	首旅酒店	2008/11/21	止赢	8.74	37088.73	23.97
3669	600258	首旅酒店	2012/1/13	买开	11.68	0	0
3670	600258	首旅酒店	2012/2/24	止赢	14.19	41096.22	21.49
3671	600259	广晟有色	2002/1/25	买开	7.8	0	0
3672	600259	广晟有色	2002/3/8	止赢	9.5	21761.7	21.79
3673	600259	广晟有色	2005/7/22	买开	1.61	0	0
3674	600259	广晟有色	2005/8/5	止赢	1.97	27111.24	22.36
3675	600260	凯乐科技	2003/11/14	买开	7.61	0	0
3676	600260	凯乐科技	2004/2/13	止赢	9.51	24928	24.97
3677	600260	凯乐科技	2005/7/22	买开	3.23	0	0
3678	600260	凯乐科技	2005/9/2	止赢	3.93	26960.5	21.67
3679	600260	凯乐科技	2008/11/7	买开	4.43	0	0
3680	600260	凯乐科技	2008/11/21	止赢	5.49	36108.9	23.93
3681	600260	凯乐科技	2013/7/26	买开	6.78	0	0
3682	600260	凯乐科技	2013/8/29	止赢	8.23	39876.43	21.39
3683	600261	阳光照明	2008/6/27	买开	8.7	0	0
3684	600261	阳光照明	2008/7/25	止赢	11.76	35119.63	35.17
3685	600262	北方股份	2002/1/25	买开	10.24	0	0
3686	600262	北方股份	2002/3/8	止赢	12.75	24472.5	24.51
3687	600262	北方股份	2005/7/22	买开	2.8	0	0
3688	600262	北方股份	2005/9/2	止赢	3.56	33642.92	27.14
3689	600262	北方股份	2008/10/17	买开	4.48	0	0
3690	600262	北方股份	2008/11/14	止赢	6	53307.92	33.93
3691	600262	北方股份	2012/1/13	买开	12.62	0	0
3692	600262	北方股份	2012/2/24	止赢	16.01	56355.37	26.86
3693	600265	ST 景谷	2012/1/13	买开	6.0	0	0
3694	600265	ST 景谷	2012/2/24	止赢	7.73	28788.93	28.83
3695	600268	国电南自	2005/7/29	买开	6.2	0	0
3696	600268	国电南自	2005/9/16	止赢	8.17	31724.88	31.77

续表

序号	股票代码	股票名称	买卖时间	信号类型	价格（元）	收益（元）	收益率（%）
3697	600268	国电南自	2008/10/24	买开	6.58	0	0
3698	600268	国电南自	2008/11/14	止赢	9.14	51036.17	38.91
3699	600269	赣粤高速	2008/12/31	买开	7.8	0	0
3700	600269	赣粤高速	2009/2/13	止赢	9.92	27138.12	27.18
3701	600273	嘉化能源	2005/7/22	买开	2.25	0	0
3702	600273	嘉化能源	2005/8/26	止赢	2.77	23076.04	23.11
3703	600275	武昌鱼	2003/11/14	买开	4.02	0	0
3704	600275	武昌鱼	2003/12/5	止赢	4.97	23596.1	23.63
3705	600275	武昌鱼	2008/11/7	买开	1.21	0	0
3706	600275	武昌鱼	2008/11/14	止赢	1.51	30514.79	24.79
3707	600277	亿利能源	2010/7/9	买开	9.48	0	0
3708	600277	亿利能源	2010/8/20	止赢	12.19	28541.72	28.59
3709	600277	亿利能源	2012/1/13	买开	8.75	0	0
3710	600277	亿利能源	2012/3/9	止赢	10.66	27941.39	21.83
3711	600278	东方创业	2005/7/22	买开	3.04	0	0
3712	600278	东方创业	2005/8/12	止赢	3.72	22334.6	22.37
3713	600279	重庆港九	2005/7/29	买开	3.65	0	0
3714	600279	重庆港九	2005/9/2	止赢	4.47	22431.91	22.47
3715	600280	中央商场	2003/11/14	买开	6.43	0	0
3716	600280	中央商场	2004/1/30	止赢	7.8	21273.37	21.31
3717	600281	太化股份	2008/11/7	买开	2.88	0	0
3718	600281	太化股份	2008/11/21	止赢	3.52	22188.79	22.22
3719	600281	太化股份	2010/7/9	买开	6.54	0	0
3720	600281	太化股份	2010/7/30	止赢	8.41	34789.48	28.59
3721	600281	太化股份	2012/1/6	买开	4.69	0	0
3722	600281	太化股份	2012/2/17	止赢	6.03	44569.75	28.57
3723	600281	太化股份	2012/8/10	买开	4.28	0	0
3724	600281	太化股份	2012/8/22	止赢	5.2	42982.38	21.5
3725	600282	南钢股份	2008/11/7	买开	2.63	0	0
3726	600282	南钢股份	2008/12/5	止赢	3.37	28094.09	28.14
3727	600284	浦东建设	2008/11/7	买开	6.02	0	0
3728	600284	浦东建设	2008/11/14	止赢	7.69	27698.62	27.74
3729	600285	羚锐制药	2012/1/13	买开	8.11	0	0
3730	600285	羚锐制药	2012/3/2	止赢	9.76	20313.16	20.35

续表

序号	股票代码	股票名称	买卖时间	信号类型	价格（元）	收益（元）	收益率(%)
3731	600287	江苏舜天	2008/11/7	买开	3.05	0	0
3732	600287	江苏舜天	2008/11/21	止赢	3.67	20296.94	20.33
3733	600288	大恒科技	2008/11/7	买开	3.21	0	0
3734	600288	大恒科技	2008/12/5	止赢	4.45	38570.19	38.63
3735	600288	大恒科技	2012/1/13	买开	5.67	0	0
3736	600288	大恒科技	2012/2/24	止赢	6.94	30910.53	22.4
3737	600289	亿阳信通	2010/5/28	买开	9.35	0	0
3738	600289	亿阳信通	2010/10/15	到期	10.7	14416.64	14.44
3739	600289	亿阳信通	2012/1/13	买开	6.24	0	0
3740	600289	亿阳信通	2012/2/24	止赢	7.59	24646.96	21.63
3741	600291	西水股份	2012/1/13	买开	5.84	0	0
3742	600291	西水股份	2012/2/24	止赢	7.11	21713.19	21.75
3743	600293	三峡新材	2003/11/7	买开	4.74	0	0
3744	600293	三峡新材	2004/2/6	止赢	5.73	20854.36	20.89
3745	600293	三峡新材	2012/1/13	买开	6.67	0	0
3746	600293	三峡新材	2012/2/10	止赢	8.7	36625.25	30.43
3747	600295	鄂尔多斯	2003/11/14	买开	4.68	0	0
3748	600295	鄂尔多斯	2004/2/6	止赢	5.89	25815.35	25.85
3749	600295	鄂尔多斯	2008/11/7	买开	6.73	0	0
3750	600295	鄂尔多斯	2008/12/5	止赢	8.11	25690.07	20.51
3751	600295	鄂尔多斯	2012/1/13	买开	11.87	0	0
3752	600295	鄂尔多斯	2012/3/16	止赢	14.61	34745.94	23.08
3753	600297	广汇汽车	2008/11/7	买开	4.82	0	0
3754	600297	广汇汽车	2008/12/5	止赢	6.16	27758.09	27.8
3755	600297	广汇汽车	2012/1/13	买开	5.64	0	0
3756	600297	广汇汽车	2012/3/2	止赢	6.78	25714.99	20.21
3757	600298	安琪酵母	2007/11/23	买开	19.16	0	0
3758	600298	安琪酵母	2007/12/14	止赢	25.59	33506.73	33.56
3759	600298	安琪酵母	2012/12/7	买开	14.19	0	0
3760	600298	安琪酵母	2013/1/18	止赢	17.07	26982.72	20.3
3761	600299	蓝星新材	2002/1/25	买开	12.29	0	0
3762	600299	蓝星新材	2002/3/22	止赢	16.41	33470.88	33.52
3763	600299	蓝星新材	2008/11/7	买开	6.09	0	0
3764	600299	蓝星新材	2008/11/14	止赢	7.58	32520.73	24.47

续表

序号	股票代码	股票名称	买卖时间	信号类型	价格（元）	收益（元）	收益率（%）
3765	600299	蓝星新材	2010/7/9	买开	8.02	0	0
3766	600299	蓝星新材	2010/7/30	止赢	10.04	41543.31	25.19
3767	600299	蓝星新材	2012/1/13	买开	7.1	0	0
3768	600299	蓝星新材	2012/2/24	止赢	8.52	41174.34	20
3769	600299	蓝星新材	2012/8/10	买开	4.63	0	0
3770	600299	蓝星新材	2012/8/31	止赢	5.58	50537.14	20.52
3771	600300	维维股份	2008/11/7	买开	3.39	0	0
3772	600300	维维股份	2008/11/21	止赢	4.09	20617.8	20.65
3773	600300	维维股份	2012/1/13	买开	3.78	0	0
3774	600300	维维股份	2012/3/9	止赢	5.12	42577.16	35.45
3775	600301	*ST 南化	2005/12/9	买开	3.32	0	0
3776	600301	*ST 南化	2006/2/10	止赢	4.18	25864.5	25.9
3777	600301	*ST 南化	2008/11/7	买开	2.94	0	0
3778	600301	*ST 南化	2008/11/21	止赢	3.88	40074.08	31.97
3779	600301	*ST 南化	2012/8/10	买开	3.08	0	0
3780	600301	*ST 南化	2012/9/14	止赢	3.7	33197.29	20.13
3781	600302	标准股份	2005/7/22	买开	3.43	0	0
3782	600302	标准股份	2005/8/12	止赢	4.32	25907.9	25.95
3783	600303	曙光股份	2011/9/9	买开	7.54	0	0
3784	600303	曙光股份	2011/9/23	止赢	9.3	23305.92	23.34
3785	600305	恒顺醋业	2003/11/14	买开	7.73	0	0
3786	600305	恒顺醋业	2004/2/6	止赢	9.62	24413.13	24.45
3787	600305	恒顺醋业	2014/5/30	买开	14.84	0	0
3788	600305	恒顺醋业	2014/8/15	止赢	17.86	25210.96	20.35
3789	600308	华泰股份	2010/7/9	买开	9.52	0	0
3790	600308	华泰股份	2010/10/15	止赢	12.03	26324.87	26.37
3791	600308	华泰股份	2012/1/13	买开	3.55	0	0
3792	600308	华泰股份	2012/3/9	止赢	4.56	35789.35	28.45
3793	600309	万华化学	2004/7/2	买开	9.8	0	0
3794	600309	万华化学	2004/9/24	止赢	12.63	28832.04	28.88
3795	600309	万华化学	2010/7/9	买开	14.41	0	0
3796	600309	万华化学	2010/9/17	止赢	17.43	26887.06	20.96
3797	600309	万华化学	2012/1/13	买开	12.83	0	0
3798	600309	万华化学	2012/3/9	止赢	15.54	32679.89	21.12

续表

序号	股票代码	股票名称	买卖时间	信号类型	价格（元）	收益（元）	收益率（%）
3799	600310	桂东电力	2011/6/24	买开	17.13	0	0
3800	600310	桂东电力	2011/7/15	止赢	20.62	20339.73	20.37
3801	600311	荣华实业	2005/7/22	买开	2.95	0	0
3802	600311	荣华实业	2005/8/19	止赢	3.59	21662.08	21.69
3803	600311	荣华实业	2010/7/9	买开	7.47	0	0
3804	600311	荣华实业	2010/8/6	止赢	9.14	27082.4	22.36
3805	600311	荣华实业	2013/7/26	买开	5.17	0	0
3806	600311	荣华实业	2013/8/30	止赢	6.42	35731.25	24.18
3807	600312	平高电气	2008/9/12	买开	8.15	0	0
3808	600312	平高电气	2008/11/14	止赢	10.9	33690.25	33.74
3809	600312	平高电气	2010/7/16	买开	8.92	0	0
3810	600312	平高电气	2010/8/20	止赢	11.34	36120.92	27.13
3811	600313	农发种业	2005/7/22	买开	1.9	0	0
3812	600313	农发种业	2005/8/26	止赢	2.38	25224.97	25.26
3813	600316	洪都航空	2011/1/28	买开	26.2	0	0
3814	600316	洪都航空	2011/2/25	止赢	32.34	23399.54	23.44
3815	600317	营口港	2014/8/1	买开	2.41	0	0
3816	600317	营口港	2014/8/22	止赢	3.22	33559.11	33.61
3817	600318	巢东股份	2005/7/22	买开	2.23	0	0
3818	600318	巢东股份	2005/8/5	止赢	2.9	29999.25	30.04
3819	600319	亚星化学	2008/11/7	买开	2.81	0	0
3820	600319	亚星化学	2008/11/21	止赢	3.46	23096.45	23.13
3821	600319	亚星化学	2012/1/13	买开	5.08	0	0
3822	600319	亚星化学	2012/2/24	止赢	6.19	26783.19	21.85
3823	600320	振华重工	2004/5/28	买开	8.55	0	0
3824	600320	振华重工	2004/10/8	止赢	10.7	25107.7	25.15
3825	600320	振华重工	2010/7/9	买开	6.3	0	0
3826	600320	振华重工	2010/10/15	止赢	7.58	25311.99	20.32
3827	600321	国栋建设	2010/7/23	买开	6.07	0	0
3828	600321	国栋建设	2010/9/3	止赢	7.41	22041.65	22.08
3829	600321	国栋建设	2012/1/13	买开	3.9	0	0
3830	600321	国栋建设	2012/3/9	止赢	4.69	24616.4	20.26
3831	600322	天房发展	2008/6/27	买开	4.29	0	0
3832	600322	天房发展	2008/7/11	止赢	5.86	36541.75	36.6

续表

序号	股票代码	股票名称	买卖时间	信号类型	价格（元）	收益（元）	收益率(%)
3833	600322	天房发展	2012/1/13	买开	3.21	0	0
3834	600322	天房发展	2012/2/24	止赢	4.02	34313.22	25.23
3835	600323	瀚蓝环境	2012/1/13	买开	8.25	0	0
3836	600323	瀚蓝环境	2012/3/2	止赢	10.1	22390.55	22.42
3837	600326	西藏天路	2008/6/27	买开	5.56	0	0
3838	600326	西藏天路	2008/7/18	止赢	6.77	21729.18	21.76
3839	600326	西藏天路	2008/10/17	买开	3.1	0	0
3840	600326	西藏天路	2008/11/14	止赢	4.77	65298.67	53.87
3841	600327	大东方	2010/7/9	买开	9.06	0	0
3842	600327	大东方	2010/8/20	止赢	11.1	22480.8	22.52
3843	600327	大东方	2012/12/7	买开	4.1	0	0
3844	600327	大东方	2013/3/15	止赢	5.3	35696.41	29.27
3845	600328	兰太实业	2003/11/21	买开	8.02	0	0
3846	600328	兰太实业	2004/1/16	止赢	9.91	23530.49	23.57
3847	600328	兰太实业	2005/2/4	买开	3.93	0	0
3848	600328	兰太实业	2005/7/8	到期	4.67	23162	18.83
3849	600328	兰太实业	2006/11/24	买开	4.11	0	0
3850	600328	兰太实业	2007/1/19	止赢	5.21	39003.8	26.76
3851	600328	兰太实业	2012/1/13	买开	8.16	0	0
3852	600328	兰太实业	2012/3/2	止赢	10.35	49430.5	26.84
3853	600328	兰太实业	2012/12/7	买开	5.83	0	0
3854	600328	兰太实业	2013/2/1	止赢	7.07	49539.25	21.27
3855	600329	中新药业	2005/7/22	买开	4.41	0	0
3856	600329	中新药业	2005/9/2	止赢	5.53	25357.93	25.4
3857	600329	中新药业	2010/7/23	买开	12.25	0	0
3858	600329	中新药业	2010/10/22	止赢	15.01	28124.4	22.53
3859	600330	天通股份	2005/1/7	买开	6.39	0	0
3860	600330	天通股份	2005/2/25	止赢	7.71	20626.32	20.66
3861	600330	天通股份	2005/7/29	买开	3.03	0	0
3862	600330	天通股份	2005/8/26	止赢	3.66	24974.46	20.79
3863	600331	宏达股份	2004/7/9	买开	5.9	0	0
3864	600331	宏达股份	2004/9/17	止赢	7.23	22507.59	22.54
3865	600331	宏达股份	2010/7/9	买开	10.98	0	0
3866	600331	宏达股份	2010/9/3	止赢	14.57	39884.9	32.7

续表

序号	股票代码	股票名称	买卖时间	信号类型	价格（元）	收益（元）	收益率(%)
3867	600333	长春燃气	2005/11/4	买开	4.35	0	0
3868	600333	长春燃气	2006/1/25	止赢	5.56	27774.34	27.82
3869	600333	长春燃气	2012/1/13	买开	6.71	0	0
3870	600333	长春燃气	2012/3/9	止赢	8.09	26168.94	20.57
3871	600335	国机汽车	2003/11/21	买开	6.37	0	0
3872	600335	国机汽车	2004/2/13	止赢	7.69	20691	20.72
3873	600335	国机汽车	2008/7/4	买开	5.81	0	0
3874	600335	国机汽车	2008/7/11	止赢	7.29	30613.8	25.47
3875	600339	天利高新	2005/7/15	买开	2.41	0	0
3876	600339	天利高新	2005/7/29	止赢	3.07	27344.45	27.39
3877	600339	天利高新	2005/12/16	买开	3.15	0	0
3878	600339	天利高新	2006/4/14	止赢	3.85	28180.59	22.22
3879	600343	航天动力	2005/7/22	买开	3.0	0	0
3880	600343	航天动力	2005/8/26	止赢	3.64	21301.12	21.33
3881	600343	航天动力	2008/11/7	买开	5.01	0	0
3882	600343	航天动力	2008/11/21	止赢	6.56	37368.94	30.94
3883	600345	长江通信	2005/7/29	买开	5.19	0	0
3884	600345	长江通信	2005/8/5	止赢	6.58	26740.82	26.78
3885	600345	长江通信	2008/6/27	买开	7.15	0	0
3886	600345	长江通信	2008/7/25	止赢	8.74	28066.67	22.24
3887	600345	长江通信	2012/1/13	买开	9.83	0	0
3888	600345	长江通信	2012/3/2	止赢	14.4	71506.79	46.49
3889	600346	大橡塑	2005/7/29	买开	3.29	0	0
3890	600346	大橡塑	2005/9/2	止赢	4.04	22761.75	22.8
3891	600346	大橡塑	2008/11/7	买开	4.65	0	0
3892	600346	大橡塑	2008/11/21	止赢	5.78	29706.57	24.3
3893	600346	大橡塑	2012/1/13	买开	6.81	0	0
3894	600346	大橡塑	2012/2/24	止赢	8.18	30477.03	20.12
3895	600348	阳泉煤业	2010/7/9	买开	13.74	0	0
3896	600348	阳泉煤业	2010/10/8	止赢	17.35	26233.88	26.27
3897	600351	亚宝药业	2005/7/22	买开	3.04	0	0
3898	600351	亚宝药业	2005/8/12	止赢	3.7	21677.7	21.71
3899	600351	亚宝药业	2010/7/9	买开	7.6	0	0
3900	600351	亚宝药业	2010/8/6	止赢	9.64	32521.69	26.84

续表

序号	股票代码	股票名称	买卖时间	信号类型	价格（元）	收益（元）	收益率（%）
3901	600352	浙江龙盛	2005/11/4	买开	3.27	0	0
3902	600352	浙江龙盛	2006/3/31	到期	3.63	10992.6	11.01
3903	600352	浙江龙盛	2012/1/6	买开	5.84	0	0
3904	600352	浙江龙盛	2012/3/2	止赢	7.04	22707.6	20.55
3905	600353	旭光股份	2005/7/22	买开	3.56	0	0
3906	600353	旭光股份	2005/8/5	止赢	4.64	30290.76	30.34
3907	600355	精伦电子	2005/7/22	买开	2.47	0	0
3908	600355	精伦电子	2005/8/12	止赢	2.99	21021	21.05
3909	600355	精伦电子	2008/11/7	买开	2.73	0	0
3910	600355	精伦电子	2009/1/16	止赢	3.31	25602.36	21.25
3911	600355	精伦电子	2010/7/9	买开	4.68	0	0
3912	600355	精伦电子	2010/8/13	止赢	5.75	33304.82	22.86
3913	600356	恒丰纸业	2012/1/13	买开	6.07	0	0
3914	600356	恒丰纸业	2012/4/20	止赢	7.64	25824.93	25.86
3915	600358	国旅联合	2005/7/22	买开	1.98	0	0
3916	600358	国旅联合	2005/9/2	止赢	2.46	24205.92	24.24
3917	600358	国旅联合	2008/6/27	买开	4.91	0	0
3918	600358	国旅联合	2008/7/4	止赢	6.91	50380	40.73
3919	600358	国旅联合	2008/11/7	买开	2.49	0	0
3920	600358	国旅联合	2008/11/21	止赢	3.14	45302.41	26.1
3921	600359	新农开发	2002/1/25	买开	7.51	0	0
3922	600359	新农开发	2002/3/8	止赢	9.1	21139.05	21.17
3923	600359	新农开发	2005/7/22	买开	3.0	0	0
3924	600359	新农开发	2005/8/19	止赢	4.0	40208	33.33
3925	600359	新农开发	2012/8/10	买开	4.72	0	0
3926	600359	新农开发	2013/1/25	止赢	5.89	39748.41	24.79
3927	600360	华微电子	2005/11/25	买开	7.0	0	0
3928	600360	华微电子	2006/1/6	止赢	9.39	34090.96	34.14
3929	600360	华微电子	2008/6/27	买开	5.12	0	0
3930	600360	华微电子	2008/7/11	止赢	6.19	27907.74	20.9
3931	600360	华微电子	2008/11/7	买开	3.27	0	0
3932	600360	华微电子	2008/11/14	止赢	3.96	33964.56	21.1
3933	600360	华微电子	2012/1/13	买开	3.95	0	0
3934	600360	华微电子	2012/2/24	止赢	4.81	42312.86	21.77

续表

序号	股票代码	股票名称	买卖时间	信号类型	价格（元）	收益（元）	收益率（%）
3935	600362	江西铜业	2010/7/9	买开	25.0	0	0
3936	600362	江西铜业	2010/9/3	止赢	31.1	24363.4	24.4
3937	600363	联创光电	2003/1/10	买开	7.71	0	0
3938	600363	联创光电	2003/4/18	止赢	9.48	22921.49	22.96
3939	600365	通葡股份	2003/11/14	买开	5.17	0	0
3940	600365	通葡股份	2004/2/13	止赢	6.3	21823.69	21.86
3941	600366	宁波韵升	2002/6/21	买开	12.75	0	0
3942	600366	宁波韵升	2002/6/28	止赢	15.38	20595.53	20.63
3943	600366	宁波韵升	2008/11/7	买开	3.7	0	0
3944	600366	宁波韵升	2008/11/14	止赢	4.5	25964	21.62
3945	600366	宁波韵升	2011/6/24	买开	15.62	0	0
3946	600366	宁波韵升	2011/7/15	止赢	19.13	32720.21	22.47
3947	600367	红星发展	2003/8/8	买开	12.5	0	0
3948	600367	红星发展	2003/12/26	到期	13.74	9905.12	9.92
3949	600369	西南证券	2005/7/29	买开	1.31	0	0
3950	600369	西南证券	2005/9/2	止赢	1.64	25152.93	25.19
3951	600369	西南证券	2011/12/23	买开	8.1	0	0
3952	600369	西南证券	2012/3/9	止赢	10.16	31695.15	25.43
3953	600370	三房巷	2008/11/7	买开	2.52	0	0
3954	600370	三房巷	2008/12/5	止赢	3.35	32887.09	32.94
3955	600372	中航电子	2005/7/22	买开	2.39	0	0
3956	600372	中航电子	2005/9/16	止赢	2.88	20471.22	20.5
3957	600372	中航电子	2011/12/30	买开	24.24	0	0
3958	600372	中航电子	2012/3/2	止赢	29.19	24492.6	20.42
3959	600373	中文传媒	2005/7/29	买开	2.92	0	0
3960	600373	中文传媒	2005/9/9	止赢	3.57	22226.74	22.26
3961	600373	中文传媒	2008/11/7	买开	2.3	0	0
3962	600373	中文传媒	2008/11/14	止赢	3.02	38100.24	31.3
3963	600373	中文传媒	2014/8/1	买开	13.26	0	0
3964	600373	中文传媒	2014/8/22	止赢	16.75	41935.84	26.32
3965	600375	华菱星马	2008/7/4	买开	4.85	0	0
3966	600375	华菱星马	2008/8/1	止赢	6.3	29851.16	29.9
3967	600375	华菱星马	2008/11/7	买开	3.21	0	0
3968	600375	华菱星马	2008/11/14	止赢	4.13	37061.28	28.66

续表

序号	股票代码	股票名称	买卖时间	信号类型	价格（元）	收益（元）	收益率（%）
3969	600376	首开股份	2008/11/7	买开	5.09	0	0
3970	600376	首开股份	2008/11/14	止赢	6.48	27266.24	27.31
3971	600376	首开股份	2010/5/14	买开	13.7	0	0
3972	600376	首开股份	2010/7/23	止赢	16.81	28767.5	22.7
3973	600379	宝光股份	2005/7/29	买开	2.81	0	0
3974	600379	宝光股份	2005/9/2	止赢	3.44	22385.79	22.42
3975	600380	健康元	2004/1/9	买开	8.21	0	0
3976	600380	健康元	2004/2/6	止赢	10.73	30648.23	30.69
3977	600380	健康元	2012/9/28	买开	3.7	0	0
3978	600380	健康元	2012/11/2	止赢	4.81	39032.04	30
3979	600381	青海春天	2005/7/29	买开	2.13	0	0
3980	600381	青海春天	2005/9/9	止赢	2.65	24376.56	24.41
3981	600381	青海春天	2008/11/3	买开	2.96	0	0
3982	600381	青海春天	2008/12/12	止赢	3.97	42260.42	34.12
3983	600381	青海春天	2011/12/30	买开	5.7	0	0
3984	600381	青海春天	2012/2/17	止赢	7.32	47069.11	28.42
3985	600381	青海春天	2012/7/13	买开	3.7	0	0
3986	600381	青海春天	2012/8/3	止赢	4.8	63041.01	29.73
3987	600382	广东明珠	2008/6/27	买开	7.68	0	0
3988	600382	广东明珠	2008/11/21	到期	4.47	-41733.21	-41.8
3989	600382	广东明珠	2011/12/23	买开	6.53	0	0
3990	600382	广东明珠	2012/3/9	止赢	8.05	13486.96	23.28
3991	600385	山东金泰	2004/1/30	买开	3.41	0	0
3992	600385	山东金泰	2004/2/20	止赢	4.2	23131.98	23.17
3993	600385	山东金泰	2004/11/5	买开	1.41	0	0
3994	600385	山东金泰	2005/1/7	止赢	1.86	39132	31.91
3995	600385	山东金泰	2012/1/13	买开	3.7	0	0
3996	600385	山东金泰	2012/2/17	止赢	4.56	37482.23	23.24
3997	600386	北巴传媒	2008/9/19	买开	5.97	0	0
3998	600386	北巴传媒	2008/11/28	止赢	7.31	22411.5	22.45
3999	600387	海越股份	2010/7/9	买开	7.69	0	0
4000	600387	海越股份	2010/8/27	止赢	9.66	25578.48	25.62
4001	600388	龙净环保	2005/7/29	买开	4.83	0	0
4002	600388	龙净环保	2005/9/2	止赢	6.05	25219.85	25.26

续表

序号	股票代码	股票名称	买卖时间	信号类型	价格（元）	收益（元）	收益率（%）
4003	600388	龙净环保	2008/6/27	买开	12.02	0	0
4004	600388	龙净环保	2008/7/4	止赢	15.36	34645.81	27.79
4005	600388	龙净环保	2008/11/7	买开	10.51	0	0
4006	600388	龙净环保	2008/12/5	止赢	13.4	43682.34	27.5
4007	600389	江山股份	2005/7/29	买开	3.85	0	0
4008	600389	江山股份	2005/9/2	止赢	4.7	22044.75	22.08
4009	600389	江山股份	2010/7/9	买开	8.75	0	0
4010	600389	江山股份	2010/9/10	止赢	11.62	39861.43	32.8
4011	600389	江山股份	2012/1/6	买开	6.73	0	0
4012	600389	江山股份	2012/2/24	止赢	8.93	52599.81	32.69
4013	600391	成发科技	2003/11/14	买开	6.95	0	0
4014	600391	成发科技	2004/2/6	止赢	8.7	25140.5	25.18
4015	600391	成发科技	2008/6/27	买开	16.18	0	0
4016	600391	成发科技	2008/7/11	止赢	20.79	35501.61	28.49
4017	600391	成发科技	2012/8/24	买开	8.34	0	0
4018	600391	成发科技	2012/9/14	止赢	10.25	36559.31	22.9
4019	600392	盛和资源	2012/1/13	买开	9.9	0	0
4020	600392	盛和资源	2012/8/10	止赢	13.83	39634.05	39.7
4021	600393	东华实业	2005/7/22	买开	2.21	0	0
4022	600393	东华实业	2005/8/5	止赢	2.69	21686.88	21.72
4023	600393	东华实业	2005/12/9	买开	2.25	0	0
4024	600393	东华实业	2006/2/24	止赢	2.92	36082.18	29.78
4025	600393	东华实业	2008/6/27	买开	5.3	0	0
4026	600393	东华实业	2008/7/25	止赢	6.63	39342.73	25.09
4027	600393	东华实业	2010/7/9	买开	6.1	0	0
4028	600393	东华实业	2010/8/20	止赢	7.49	44556.45	22.79
4029	600393	东华实业	2012/1/13	买开	4.2	0	0
4030	600393	东华实业	2012/2/24	止赢	5.24	59273.76	24.76
4031	600395	盘江股份	2005/7/22	买开	3.26	0	0
4032	600395	盘江股份	2005/8/19	止赢	4.06	24502.4	24.54
4033	600395	盘江股份	2010/7/9	买开	18.79	0	0
4034	600395	盘江股份	2010/10/8	止赢	22.69	25732.2	20.76
4035	600396	金山股份	2003/11/2	买开	8.54	0	0
4036	600396	金山股份	2003/12/5	止赢	10.41	21864.04	21.9

续表

序号	股票代码	股票名称	买卖时间	信号类型	价格（元）	收益（元）	收益率(%)
4037	600396	金山股份	2008/11/7	买开	3.43	0	0
4038	600396	金山股份	2008/11/14	止赢	4.42	35024.22	28.86
4039	600397	安源煤业	2008/7/4	买开	5.92	0	0
4040	600397	安源煤业	2008/7/18	止赢	7.91	33563.34	33.61
4041	600399	抚顺特钢	2005/7/22	买开	3.27	0	0
4042	600399	抚顺特钢	2005/8/12	止赢	4.15	26870.8	26.91
4043	600399	抚顺特钢	2006/4/28	买开	2.61	0	0
4044	600399	抚顺特钢	2006/5/19	止赢	3.35	35820.44	28.35
4045	600399	抚顺特钢	2010/7/9	买开	5.14	0	0
4046	600399	抚顺特钢	2010/9/3	止赢	6.73	50011.86	30.93
4047	600400	红豆股份	2005/7/22	买开	2.88	0	0
4048	600400	红豆股份	2005/8/12	止赢	3.61	25309.09	25.35
4049	600400	红豆股份	2012/1/13	买开	3.74	0	0
4050	600400	红豆股份	2012/2/24	止赢	4.58	28025.76	22.46
4051	600401	*ST 海润	2008/10/17	买开	2.39	0	0
4052	600401	*ST 海润	2008/12/11	止赢	3.02	26320.13	26.36
4053	600403	大有能源	2012/1/13	买开	22.58	0	0
4054	600403	大有能源	2012/2/24	止赢	29.15	29052.54	29.1
4055	600403	大有能源	2012/11/23	买开	16.37	0	0
4056	600403	大有能源	2012/12/28	止赢	19.68	25983.5	20.22
4057	600405	动力源	2007/11/9	买开	8.74	0	0
4058	600405	动力源	2007/12/21	止赢	11.26	28788.48	28.83
4059	600405	动力源	2011/10/28	买开	6.93	0	0
4060	600405	动力源	2011/11/18	止赢	9.01	38492.49	30.01
4061	600405	动力源	2012/1/13	买开	6.3	0	0
4062	600405	动力源	2012/4/13	止赢	7.64	35359.91	21.27
4063	600408	*ST 安泰	2008/11/7	买开	3.06	0	0
4064	600408	*ST 安泰	2008/11/14	止赢	4.12	34587.8	34.64
4065	600408	*ST 安泰	2010/7/9	买开	5.44	0	0
4066	600408	*ST 安泰	2010/10/22	止赢	6.71	31290.26	23.35
4067	600410	华胜天成	2012/11/23	买开	5.83	0	0
4068	600410	华胜天成	2013/4/19	到期	6.22	6679.14	6.69
4069	600416	湘电股份	2008/11/7	买开	6.21	0	0
4070	600416	湘电股份	2008/11/14	止赢	7.46	20097.5	20.13

续表

序号	股票代码	股票名称	买卖时间	信号类型	价格（元）	收益（元）	收益率(%)
4071	600418	江淮汽车	2005/1/14	买开	5.35	0	0
4072	600418	江淮汽车	2005/2/25	止赢	6.53	22022.35	22.06
4073	600418	江淮汽车	2008/11/7	买开	2.57	0	0
4074	600418	江淮汽车	2008/12/5	止赢	3.18	28840.2	23.74
4075	600418	江淮汽车	2011/12/30	买开	5.96	0	0
4076	600418	江淮汽车	2012/3/2	止赢	7.9	48791	32.55
4077	600419	天润乳业	2005/7/22	买开	3.54	0	0
4078	600419	天润乳业	2005/7/29	止赢	4.41	24539.22	24.58
4079	600419	天润乳业	2012/1/13	买开	7.32	0	0
4080	600419	天润乳业	2012/2/17	止赢	8.86	26090.67	21.04
4081	600420	现代制药	2012/1/13	买开	9.75	0	0
4082	600420	现代制药	2012/3/16	止赢	12.06	23656.71	23.69
4083	600421	仰帆控股	2008/6/26	买开	3.97	0	0
4084	600421	仰帆控股	2008/8/1	止赢	4.97	25150.99	25.19
4085	600422	昆药集团	2005/7/15	买开	4.13	0	0
4086	600422	昆药集团	2005/8/12	止赢	5.21	26110.08	26.15
4087	600422	昆药集团	2006/4/28	买开	3.42	0	0
4088	600422	昆药集团	2006/6/2	止赢	4.37	34883.99	27.78
4089	600423	柳化股份	2008/11/7	买开	5.89	0	0
4090	600423	柳化股份	2008/11/14	止赢	7.69	30513.6	30.56
4091	600423	柳化股份	2012/1/13	买开	5.94	0	0
4092	600423	柳化股份	2012/3/9	止赢	7.78	40261.04	30.98
4093	600425	青松建化	2005/7/22	买开	3.01	0	0
4094	600425	青松建化	2005/7/29	止赢	3.81	26537.6	26.58
4095	600425	青松建化	2013/8/9	买开	3.6	0	0
4096	600425	青松建化	2013/9/6	止赢	4.37	26951.54	21.39
4097	600426	华鲁恒升	2010/7/9	买开	12.3	0	0
4098	600426	华鲁恒升	2010/8/6	止赢	15.18	23376.96	23.41
4099	600426	华鲁恒升	2012/1/13	买开	7.41	0	0
4100	600426	华鲁恒升	2012/2/17	止赢	8.97	25864.81	21.05
4101	600428	中远航运	2010/7/9	买开	7.12	0	0
4102	600428	中远航运	2010/10/15	止赢	8.98	26082.78	26.12
4103	600428	中远航运	2012/1/13	买开	4.14	0	0
4104	600428	中远航运	2012/3/2	止赢	5.19	31843.36	25.36

续表

序号	股票代码	股票名称	买卖时间	信号类型	价格（元）	收益（元）	收益率(%)
4105	600432	吉恩镍业	2010/7/9	买开	18.5	0	0
4106	600432	吉恩镍业	2010/9/3	止赢	22.77	23045.19	23.08
4107	600438	通威股份	2006/6/16	买开	7.54	0	0
4108	600438	通威股份	2006/7/7	止赢	9.18	21716.88	21.75
4109	600438	通威股份	2012/1/13	买开	4.87	0	0
4110	600438	通威股份	2012/2/24	止赢	5.96	27126.83	22.38
4111	600439	瑞贝卡	2008/11/7	买开	7.28	0	0
4112	600439	瑞贝卡	2008/12/5	止赢	9.75	33876.05	33.93
4113	600439	瑞贝卡	2012/1/13	买开	6.3	0	0
4114	600439	瑞贝卡	2012/3/9	止赢	7.75	30684.9	23.02
4115	600444	*ST 国通	2008/11/7	买开	9.48	0	0
4116	600444	*ST 国通	2008/11/21	止赢	11.43	20537.41	20.57
4117	600444	*ST 国通	2012/1/13	买开	6.72	0	0
4118	600444	*ST 国通	2012/2/17	止赢	8.14	25362.63	21.13
4119	600446	金证股份	2012/1/13	买开	5.82	0	0
4120	600446	金证股份	2012/4/13	止赢	7.31	25562.44	25.6
4121	600449	宁夏建材	2006/8/25	买开	3.74	0	0
4122	600449	宁夏建材	2006/11/3	止赢	4.56	21891.54	21.93
4123	600449	宁夏建材	2008/9/19	买开	10.1	0	0
4124	600449	宁夏建材	2008/11/14	止赢	13.65	42660.34	35.15
4125	600449	宁夏建材	2010/7/9	买开	20.75	0	0
4126	600449	宁夏建材	2010/7/21	止赢	25.05	33888.29	20.72
4127	600449	宁夏建材	2011/12/22	买开	19.06	0	0
4128	600449	宁夏建材	2012/2/24	止赢	24.18	52874.25	26.86
4129	600452	涪陵电力	2008/11/7	买开	3.85	0	0
4130	600452	涪陵电力	2008/11/21	止赢	4.84	25675.66	25.71
4131	600456	宝钛股份	2008/11/7	买开	9.92	0	0
4132	600456	宝钛股份	2008/11/14	止赢	12.33	24256.65	24.29
4133	600458	时代新材	2005/7/22	买开	2.8	0	0
4134	600458	时代新材	2005/8/12	止赢	3.68	31380.8	31.43
4135	600459	贵研铂业	2008/6/27	买开	16.68	0	0
4136	600459	贵研铂业	2008/11/21	到期	9.37	−43757.66	−43.82
4137	600461	洪城水业	2012/1/13	买开	7.3	0	0
4138	600461	洪城水业	2012/3/16	止赢	8.98	22979.03	23.01

续表

序号	股票代码	股票名称	买卖时间	信号类型	价格（元）	收益（元）	收益率(%)
4139	600462	石岘纸业	2005/7/22	买开	3.13	0	0
4140	600462	石岘纸业	2005/9/2	止赢	3.84	22649.7	22.68
4141	600462	石岘纸业	2010/7/9	买开	3.73	0	0
4142	600462	石岘纸业	2010/9/3	止赢	4.53	26194.41	21.45
4143	600463	空港股份	2008/11/7	买开	3.32	0	0
4144	600463	空港股份	2008/11/21	止赢	4.34	30676.51	30.72
4145	600466	蓝光发展	2003/11/14	买开	7.14	0	0
4146	600466	蓝光发展	2004/2/13	止赢	8.75	22514.24	22.55
4147	600467	好当家	2008/6/27	买开	8.24	0	0
4148	600467	好当家	2008/7/25	止赢	10.08	22295.28	22.33
4149	600467	好当家	2012/1/13	买开	8.41	0	0
4150	600467	好当家	2012/3/16	止赢	10.63	32145.6	26.4
4151	600467	好当家	2013/7/26	买开	5.03	0	0
4152	600467	好当家	2013/8/23	止赢	6.72	51560.2	33.6
4153	600468	百利电气	2005/7/29	买开	3.13	0	0
4154	600468	百利电气	2005/8/26	止赢	3.9	24563.77	24.6
4155	600468	百利电气	2012/1/13	买开	12.84	0	0
4156	600468	百利电气	2012/3/2	止赢	15.87	29269.8	23.6
4157	600470	六国化工	2011/6/24	买开	8.07	0	0
4158	600470	六国化工	2011/7/1	止赢	9.92	22890.05	22.92
4159	600476	湘邮科技	2005/7/22	买开	5.17	0	0
4160	600476	湘邮科技	2005/9/2	止赢	6.65	28583.24	28.63
4161	600476	湘邮科技	2008/6/27	买开	5.69	0	0
4162	600476	湘邮科技	2008/7/25	止赢	7.22	34431.11	26.89
4163	600476	湘邮科技	2012/1/13	买开	7.27	0	0
4164	600476	湘邮科技	2012/3/2	止赢	8.92	36765.3	22.7
4165	600478	科力远	2005/7/22	买开	2.92	0	0
4166	600478	科力远	2005/8/19	止赢	4.22	44453.49	44.52
4167	600478	科力远	2008/9/26	买开	5.62	0	0
4168	600478	科力远	2008/10/24	止赢	7.81	56061.81	38.97
4169	600478	科力远	2010/7/9	买开	11.49	0	0
4170	600478	科力远	2010/7/23	止赢	14.81	57595.37	28.89
4171	600479	千金药业	2010/7/9	买开	14.19	0	0
4172	600479	千金药业	2010/8/26	止赢	17.65	24344.56	24.38

续表

序号	股票代码	股票名称	买卖时间	信号类型	价格（元）	收益（元）	收益率(%)
4173	600480	凌云股份	2005/7/22	买开	3.03	0	0
4174	600480	凌云股份	2005/9/9	止赢	3.8	25373.81	25.41
4175	600480	凌云股份	2008/10/31	买开	3.25	0	0
4176	600480	凌云股份	2008/11/14	止赢	4.28	39567.46	31.69
4177	600480	凌云股份	2012/1/13	买开	8.09	0	0
4178	600480	凌云股份	2012/2/24	止赢	10.45	47818.31	29.17
4179	600481	双良节能	2012/1/13	买开	6.99	0	0
4180	600481	双良节能	2012/2/17	止赢	8.39	19997.61	20.03
4181	600482	风帆股份	2012/1/13	买开	7.91	0	0
4182	600482	风帆股份	2012/2/24	止赢	9.78	23605.01	23.64
4183	600485	信威集团	2007/11/9	买开	9.84	0	0
4184	600485	信威集团	2007/12/28	止赢	14.63	48604.13	48.68
4185	600485	信威集团	2012/2/3	买开	8.97	0	0
4186	600485	信威集团	2012/3/16	止赢	11.15	35969.99	24.3
4187	600486	扬农化工	2003/11/14	买开	9.28	0	0
4188	600486	扬农化工	2004/1/30	止赢	11.49	23777.39	23.81
4189	600486	扬农化工	2012/1/13	买开	14.3	0	0
4190	600486	扬农化工	2012/4/27	止赢	18.3	34475.99	27.97
4191	600488	天药股份	2003/11/14	买开	6.9	0	0
4192	600488	天药股份	2004/1/16	止赢	8.37	21272.37	21.3
4193	600488	天药股份	2005/12/16	买开	4.27	0	0
4194	600488	天药股份	2006/2/10	止赢	5.15	24886.4	20.61
4195	600488	天药股份	2006/8/11	买开	3.79	0	0
4196	600488	天药股份	2007/1/5	到期	3.94	5746.95	3.96
4197	600488	天药股份	2012/1/13	买开	5.18	0	0
4198	600488	天药股份	2012/2/24	止赢	6.47	37479.66	24.9
4199	600489	中金黄金	2010/7/23	买开	28.23	0	0
4200	600489	中金黄金	2010/8/9	止赢	35.09	24263.82	24.3
4201	600490	鹏欣资源	2012/10/12	买开	10.14	0	0
4202	600490	鹏欣资源	2012/11/2	止赢	12.91	27276.19	27.32
4203	600491	龙元建设	2008/11/7	买开	4.25	0	0
4204	600491	龙元建设	2008/11/14	止赢	5.77	35710.88	35.76
4205	600491	龙元建设	2010/7/9	买开	8.73	0	0
4206	600491	龙元建设	2010/8/6	止赢	10.57	28485.04	21.08

续表

序号	股票代码	股票名称	买卖时间	信号类型	价格（元）	收益（元）	收益率(%)
4207	600493	凤竹纺织	2008/11/7	买开	2.82	0	0
4208	600493	凤竹纺织	2008/12/5	止赢	3.53	25138.97	25.18
4209	600493	凤竹纺织	2012/1/13	买开	5.42	0	0
4210	600493	凤竹纺织	2012/2/17	止赢	6.54	25749.92	20.66
4211	600497	驰宏锌锗	2008/11/7	买开	7.16	0	0
4212	600497	驰宏锌锗	2008/11/14	止赢	8.88	23985.4	24.02
4213	600497	驰宏锌锗	2010/7/9	买开	15.85	0	0
4214	600497	驰宏锌锗	2010/9/30	止赢	21.75	45955.1	37.22
4215	600498	烽火通信	2005/7/29	买开	5.9	0	0
4216	600498	烽火通信	2005/8/26	止赢	7.14	20984.52	21.02
4217	600498	烽火通信	2008/10/24	买开	7.21	0	0
4218	600498	烽火通信	2008/11/21	止赢	9.14	32248.38	26.77
4219	600498	烽火通信	2013/6/14	买开	15.18	0	0
4220	600498	烽火通信	2013/7/19	止赢	19.55	43831.09	28.79
4221	600499	科达洁能	2006/8/25	买开	4.57	0	0
4222	600499	科达洁能	2006/12/29	止赢	5.78	26437.29	26.48
4223	600500	中化国际	2008/11/7	买开	6.5	0	0
4224	600500	中化国际	2008/12/19	止赢	8.86	36251.95	36.31
4225	600501	航天晨光	2008/7/4	买开	7.16	0	0
4226	600501	航天晨光	2008/7/18	止赢	9.12	27332.2	27.37
4227	600501	航天晨光	2008/11/7	买开	4.06	0	0
4228	600501	航天晨光	2008/11/21	止赢	5.18	34978.71	27.59
4229	600501	航天晨光	2012/1/13	买开	7.81	0	0
4230	600501	航天晨光	2012/2/24	止赢	9.82	41510.52	25.74
4231	600502	安徽水利	2013/7/26	买开	6.77	0	0
4232	600502	安徽水利	2013/9/13	止赢	8.26	21974.52	22.01
4233	600503	华丽家族	2014/1/17	买开	3.6	0	0
4234	600503	华丽家族	2014/6/6	到期	3.89	8043.45	8.06
4235	600506	香梨股份	2005/7/22	买开	2.32	0	0
4236	600506	香梨股份	2005/8/19	止赢	3.01	29696.22	29.74
4237	600506	香梨股份	2012/1/13	买开	7.02	0	0
4238	600506	香梨股份	2012/2/17	止赢	8.6	29068.85	22.51
4239	600507	方大特钢	2008/6/27	买开	3.73	0	0
4240	600507	方大特钢	2008/7/25	止赢	4.6	23289.03	23.32

续表

序号	股票代码	股票名称	买卖时间	信号类型	价格（元）	收益（元）	收益率(%)
4241	600507	方大特钢	2010/7/9	买开	6.64	0	0
4242	600507	方大特钢	2010/7/23	止赢	9.39	50844.76	41.42
4243	600509	天富能源	2005/7/22	买开	3.33	0	0
4244	600509	天富能源	2005/8/12	止赢	4.1	23088.45	23.12
4245	600510	黑牡丹	2005/7/29	买开	3.33	0	0
4246	600510	黑牡丹	2005/8/12	止赢	4.15	24587.71	24.62
4247	600510	黑牡丹	2012/1/13	买开	5.06	0	0
4248	600510	黑牡丹	2012/2/10	止赢	6.3	30402.33	24.51
4249	600511	国药股份	2012/1/13	买开	11.03	0	0
4250	600511	国药股份	2012/3/16	止赢	13.24	20004.92	20.04
4251	600512	腾达建设	2006/8/18	买开	3.3	0	0
4252	600512	腾达建设	2007/1/12	到期	3.95	19667.05	19.7
4253	600513	联环药业	2008/11/7	买开	4.99	0	0
4254	600513	联环药业	2008/11/28	止赢	5.99	20010	20.04
4255	600513	联环药业	2012/1/13	买开	10.79	0	0
4256	600513	联环药业	2012/4/20	止赢	13.06	25140.26	21.04
4257	600517	置信电气	2005/7/22	买开	3.15	0	0
4258	600517	置信电气	2005/8/12	止赢	4.52	43426.26	43.49
4259	600517	置信电气	2008/11/7	买开	12.18	0	0
4260	600517	置信电气	2008/11/14	止赢	16.98	56294.39	39.41
4261	600518	康美药业	2008/4/11	买开	8.61	0	0
4262	600518	康美药业	2008/4/30	止赢	10.42	20990.57	21.02
4263	600518	康美药业	2008/11/7	买开	6.49	0	0
4264	600518	康美药业	2008/12/5	止赢	7.96	27287.62	22.65
4265	600520	中发科技	2003/11/21	买开	6.92	0	0
4266	600520	中发科技	2004/1/16	止赢	8.4	21354.91	21.39
4267	600520	中发科技	2005/7/22	买开	3.51	0	0
4268	600520	中发科技	2005/9/2	止赢	4.48	33394.19	27.64
4269	600520	中发科技	2008/10/24	买开	3.19	0	0
4270	600520	中发科技	2008/12/5	止赢	4.05	41456.3	26.96
4271	600520	中发科技	2012/1/13	买开	8.29	0	0
4272	600520	中发科技	2012/2/10	止赢	10.36	48601.52	24.97
4273	600521	华海药业	2005/12/16	买开	9.3	0	0
4274	600521	华海药业	2006/5/19	止赢	12.21	31241.76	31.29

续表

序号	股票代码	股票名称	买卖时间	信号类型	价格（元）	收益（元）	收益率(%)
4275	600521	华海药业	2010/7/9	买开	12.91	0	0
4276	600521	华海药业	2010/8/6	止赢	15.7	28243.17	21.61
4277	600521	华海药业	2011/1/28	买开	14.55	0	0
4278	600521	华海药业	2011/4/22	止赢	17.57	32890.82	20.76
4279	600521	华海药业	2012/1/13	买开	10.09	0	0
4280	600521	华海药业	2012/3/16	止赢	12.8	51240.68	26.86
4281	600521	华海药业	2014/5/16	买开	10.13	0	0
4282	600521	华海药业	2014/7/25	止赢	12.3	51689.4	21.42
4283	600522	中天科技	2005/7/22	买开	3.58	0	0
4284	600522	中天科技	2005/8/5	止赢	4.49	25380.81	25.42
4285	600522	中天科技	2008/11/7	买开	5.7	0	0
4286	600522	中天科技	2008/11/21	止赢	6.85	25189.6	20.18
4287	600522	中天科技	2012/1/13	买开	15.85	0	0
4288	600522	中天科技	2012/2/17	止赢	19.02	29918.46	20
4289	600523	贵航股份	2005/7/22	买开	2.1	0	0
4290	600523	贵航股份	2005/8/19	止赢	2.72	29479.15	29.52
4291	600525	长园集团	2008/11/7	买开	9.43	0	0
4292	600525	长园集团	2008/11/14	止赢	12.73	34940.39	34.99
4293	600525	长园集团	2010/7/9	买开	14.92	0	0
4294	600525	长园集团	2010/9/10	止赢	18.52	32425.2	24.13
4295	600526	菲达环保	2004/9/3	买开	6.37	0	0
4296	600526	菲达环保	2004/10/22	止赢	8.33	30723	30.77
4297	600526	菲达环保	2008/11/7	买开	7.62	0	0
4298	600526	菲达环保	2008/12/5	止赢	10.01	40830.77	31.36
4299	600526	菲达环保	2014/6/27	买开	8.77	0	0
4300	600526	菲达环保	2014/8/15	止赢	11.58	54629.2	32.04
4301	600527	江南高纤	2005/7/29	买开	3.02	0	0
4302	600527	江南高纤	2005/9/2	止赢	4.31	42649.98	42.72
4303	600529	山东药玻	2005/7/22	买开	5.23	0	0
4304	600529	山东药玻	2005/10/21	止赢	6.33	21000.1	21.03
4305	600529	山东药玻	2008/9/12	买开	6.86	0	0
4306	600529	山东药玻	2008/11/14	止赢	8.92	36179.78	30.03
4307	600530	交大昂立	2003/11/21	买开	9.01	0	0
4308	600530	交大昂立	2004/2/13	止赢	11.04	22496.46	22.53

续表

序号	股票代码	股票名称	买卖时间	信号类型	价格（元）	收益（元）	收益率(%)
4309	600531	豫光金铅	2005/7/22	买开	3.74	0	0
4310	600531	豫光金铅	2005/8/12	止赢	4.52	20823.66	20.86
4311	600531	豫光金铅	2010/7/9	买开	14.13	0	0
4312	600531	豫光金铅	2010/9/3	止赢	17.46	28351.61	23.57
4313	600533	栖霞建设	2012/1/13	买开	3.18	0	0
4314	600533	栖霞建设	2012/2/24	止赢	3.96	24491.22	24.53
4315	600536	中国软件	2008/11/7	买开	5.76	0	0
4316	600536	中国软件	2008/12/5	止赢	7.32	27042.6	27.08
4317	600536	中国软件	2012/12/7	买开	9.65	0	0
4318	600536	中国软件	2013/1/18	止赢	11.93	29890.81	23.63
4319	600536	中国软件	2014/7/25	买开	18.83	0	0
4320	600536	中国软件	2014/8/15	止赢	23.67	40080.04	25.7
4321	600538	国发股份	2008/11/7	买开	2.38	0	0
4322	600538	国发股份	2008/11/14	止赢	3.06	28528.03	28.57
4323	600538	国发股份	2010/7/9	买开	4.82	0	0
4324	600538	国发股份	2010/9/10	止赢	6.03	32130.34	25.1
4325	600538	国发股份	2012/8/10	买开	3.63	0	0
4326	600538	国发股份	2012/8/24	止赢	4.58	41780.04	26.17
4327	600539	*ST 狮头	2012/1/13	买开	4.47	0	0
4328	600539	*ST 狮头	2012/2/17	止赢	5.53	23677.23	23.71
4329	600546	山煤国际	2010/7/9	买开	18.69	0	0
4330	600546	山煤国际	2010/9/3	止赢	22.56	20673.54	20.71
4331	600547	山东黄金	2010/7/23	买开	34.38	0	0
4332	600547	山东黄金	2010/8/20	止赢	42.74	24277.44	24.32
4333	600548	深高速	2008/6/27	买开	5.17	0	0
4334	600548	深高速	2008/7/18	止赢	6.36	22982.47	23.02
4335	600549	厦门钨业	2008/6/27	买开	8.02	0	0
4336	600549	厦门钨业	2008/7/25	止赢	10.36	29132.99	29.18
4337	600550	保变电气	2012/12/7	买开	5.94	0	0
4338	600550	保变电气	2013/1/18	止赢	7.3	22860.24	22.9
4339	600550	保变电气	2014/2/7	买开	4.03	0	0
4340	600550	保变电气	2014/2/28	止赢	5.14	33697.37	27.54
4341	600552	方兴科技	2013/7/26	买开	16.24	0	0
4342	600552	方兴科技	2013/9/6	止赢	19.69	21210.61	21.24

续表

序号	股票代码	股票名称	买卖时间	信号类型	价格（元）	收益（元）	收益率(%)
4343	600552	方兴科技	2014/5/23	买开	11.9	0	0
4344	600552	方兴科技	2014/7/4	止赢	14.4	25355	21.01
4345	600555	九龙山	2008/6/27	买开	8.28	0	0
4346	600555	九龙山	2008/7/25	止赢	11.22	35453.46	35.51
4347	600555	九龙山	2010/7/9	买开	4.33	0	0
4348	600555	九龙山	2010/8/6	止赢	5.69	42369.45	31.41
4349	600556	慧球科技	2005/7/29	买开	4.85	0	0
4350	600556	慧球科技	2005/8/26	止赢	5.95	22645.7	22.68
4351	600557	康缘药业	2005/7/22	买开	3.85	0	0
4352	600557	康缘药业	2005/8/12	止赢	4.93	28009.8	28.05
4353	600558	大西洋	2012/1/13	买开	9.31	0	0
4354	600558	大西洋	2012/3/2	止赢	11.33	21664.49	21.7
4355	600558	大西洋	2013/7/26	买开	5.92	0	0
4356	600558	大西洋	2013/10/11	止赢	7.15	25170.72	20.78
4357	600559	老白干酒	2005/7/29	买开	3.39	0	0
4358	600559	老白干酒	2005/9/16	止赢	4.34	27981.3	28.02
4359	600559	老白干酒	2008/7/4	买开	12.27	0	0
4360	600559	老白干酒	2008/7/25	止赢	15.55	34069.36	26.73
4361	600559	老白干酒	2012/1/13	买开	20.17	0	0
4362	600559	老白干酒	2012/2/10	止赢	26.96	54204.56	33.66
4363	600560	金自天正	2005/4/29	买开	4.96	0	0
4364	600560	金自天正	2005/9/9	止赢	6.06	22144.1	22.18
4365	600560	金自天正	2008/11/7	买开	6.25	0	0
4366	600560	金自天正	2008/12/5	止赢	7.76	29384.6	24.16
4367	600560	金自天正	2012/12/7	买开	6.23	0	0
4368	600560	金自天正	2013/2/1	止赢	7.63	33833.8	22.47
4369	600561	江西长运	2005/7/22	买开	3.53	0	0
4370	600561	江西长运	2005/8/26	止赢	4.38	24043.1	24.08
4371	600561	江西长运	2008/11/7	买开	4.02	0	0
4372	600561	江西长运	2008/12/5	止赢	5.11	33491.34	27.11
4373	600562	国睿科技	2005/7/22	买开	3.95	0	0
4374	600562	国睿科技	2005/8/19	止赢	4.96	25530.78	25.57
4375	600562	国睿科技	2012/1/13	买开	21.71	0	0
4376	600562	国睿科技	2012/2/17	止赢	26.51	27633.61	22.11

续表

序号	股票代码	股票名称	买卖时间	信号类型	价格（元）	收益（元）	收益率(%)
4377	600563	法拉电子	2005/7/22	买开	5.63	0	0
4378	600563	法拉电子	2005/8/26	止赢	7.09	25893.1	25.93
4379	600563	法拉电子	2008/7/4	买开	9.41	0	0
4380	600563	法拉电子	2008/7/25	止赢	11.63	29574.84	23.59
4381	600565	迪马股份	2008/11/7	买开	2.92	0	0
4382	600565	迪马股份	2008/11/14	止赢	3.53	20858.95	20.89
4383	600566	济川药业	2008/11/7	买开	3.77	0	0
4384	600566	济川药业	2008/11/21	止赢	4.54	20393.45	20.42
4385	600566	济川药业	2012/1/13	买开	6.36	0	0
4386	600566	济川药业	2012/2/10	止赢	8.03	31477.82	26.26
4387	600568	中珠控股	2003/11/14	买开	8.62	0	0
4388	600568	中珠控股	2004/2/6	止赢	10.69	23976.81	24.01
4389	600571	信雅达	2005/12/16	买开	4.15	0	0
4390	600571	信雅达	2006/1/25	止赢	5	20451	20.48
4391	600571	信雅达	2008/11/7	买开	2.66	0	0
4392	600571	信雅达	2008/11/14	止赢	3.28	27955.79	23.31
4393	600573	惠泉啤酒	2008/10/17	买开	4.29	0	0
4394	600573	惠泉啤酒	2008/11/14	止赢	5.25	22344	22.38
4395	600573	惠泉啤酒	2012/1/13	买开	6.61	0	0
4396	600573	惠泉啤酒	2012/3/9	止赢	8.08	27092.1	22.24
4397	600575	皖江物流	2008/11/7	买开	2.69	0	0
4398	600575	皖江物流	2008/11/21	止赢	3.53	31179.96	31.23
4399	600575	皖江物流	2013/7/26	买开	2.2	0	0
4400	600575	皖江物流	2013/8/14	止赢	3.19	58786.2	45
4401	600576	万家文化	2005/4/29	买开	2.8	0	0
4402	600576	万家文化	2005/6/9	止赢	3.51	25318.6	25.36
4403	600578	京能电力	2014/1/17	买开	3.33	0	0
4404	600578	京能电力	2014/3/7	止赢	4.01	20389.81	20.42
4405	600579	天华院	2005/7/22	买开	2.3	0	0
4406	600579	天华院	2005/8/19	止赢	2.8	21706.5	21.74
4407	600581	八一钢铁	2008/11/7	买开	3.95	0	0
4408	600581	八一钢铁	2008/11/14	止赢	5.39	36400.32	36.46
4409	600582	天地科技	2004/6/25	买开	7.48	0	0
4410	600582	天地科技	2004/7/23	止赢	8.99	20155.48	20.19

续表

序号	股票代码	股票名称	买卖时间	信号类型	价格（元）	收益（元）	收益率（%）
4411	600582	天地科技	2013/8/2	买开	6.15	0	0
4412	600582	天地科技	2013/9/6	止赢	7.49	26068.35	21.79
4413	600584	长电科技	2005/4/29	买开	4.29	0	0
4414	600584	长电科技	2005/8/5	止赢	5.27	22809.5	22.84
4415	600584	长电科技	2012/1/13	买开	5.23	0	0
4416	600584	长电科技	2012/2/24	止赢	6.34	25954.02	21.22
4417	600585	海螺水泥	2008/10/31	买开	16.96	0	0
4418	600585	海螺水泥	2008/11/14	止赢	24.46	44152.5	44.22
4419	600585	海螺水泥	2010/7/9	买开	16.75	0	0
4420	600585	海螺水泥	2010/8/27	止赢	21.99	44912.04	31.28
4421	600586	金晶科技	2006/3/17	买开	5.18	0	0
4422	600586	金晶科技	2006/5/12	止赢	6.24	20432.56	20.46
4423	600586	金晶科技	2008/10/24	买开	4.35	0	0
4424	600586	金晶科技	2008/11/14	止赢	5.53	32530.25	27.13
4425	600586	金晶科技	2010/7/9	买开	9.32	0	0
4426	600586	金晶科技	2010/7/30	止赢	11.19	30495.96	20.06
4427	600586	金晶科技	2012/1/13	买开	4.65	0	0
4428	600586	金晶科技	2012/2/24	止赢	5.75	43040.8	23.66
4429	600587	新华医疗	2005/5/20	买开	4.2	0	0
4430	600587	新华医疗	2005/6/17	止赢	5.36	27576.69	27.62
4431	600590	泰豪科技	2008/11/7	买开	3.79	0	0
4432	600590	泰豪科技	2008/11/14	止赢	4.56	20285.65	20.32
4433	600590	泰豪科技	2012/1/13	买开	6.55	0	0
4434	600590	泰豪科技	2012/3/2	止赢	7.96	25783.26	21.53
4435	600592	龙溪股份	2012/1/13	买开	6.97	0	0
4436	600592	龙溪股份	2012/2/24	止赢	8.41	20628	20.66
4437	600593	大连圣亚	2008/10/24	买开	3.44	0	0
4438	600593	大连圣亚	2008/11/7	止赢	4.85	40926.66	40.99
4439	600595	中孚实业	2005/6/3	买开	3.37	0	0
4440	600595	中孚实业	2005/8/5	止赢	4.53	34369.65	34.42
4441	600595	中孚实业	2008/6/27	买开	11.06	0	0
4442	600595	中孚实业	2008/7/11	止赢	13.98	35329.07	26.4
4443	600596	新安股份	2010/7/9	买开	10.07	0	0
4444	600596	新安股份	2010/8/6	止赢	14.03	39263.4	39.32

续表

序号	股票代码	股票名称	买卖时间	信号类型	价格（元）	收益（元）	收益率(%)
4445	600596	新安股份	2012/1/13	买开	6.3	0	0
4446	600596	新安股份	2012/2/24	止赢	7.87	34563.54	24.92
4447	600597	光明乳业	2004/9/3	买开	6.51	0	0
4448	600597	光明乳业	2004/9/30	止赢	8.01	23005.5	23.04
4449	600597	光明乳业	2005/7/22	买开	4.04	0	0
4450	600597	光明乳业	2005/8/26	止赢	4.85	24557.58	20.05
4451	600598	北大荒	2012/1/13	买开	8.16	0	0
4452	600598	北大荒	2012/6/8	到期	8.0	−1957.76	−1.96
4453	600599	熊猫金控	2005/7/29	买开	3.46	0	0
4454	600599	熊猫金控	2005/8/19	止赢	4.31	24529.3	24.57
4455	600599	熊猫金控	2010/7/9	买开	13.7	0	0
4456	600599	熊猫金控	2010/8/13	止赢	16.63	26519.42	21.39
4457	600600	青岛啤酒	2008/10/24	买开	16.6	0	0
4458	600600	青岛啤酒	2008/12/19	止赢	20.44	23097.6	23.13
4459	600603	大洲兴业	2003/5/23	买开	5.03	0	0
4460	600603	大洲兴业	2003/6/6	止赢	7.24	43868.49	43.94
4461	600603	大洲兴业	2004/11/12	买开	2.63	0	0
4462	600603	大洲兴业	2004/12/3	止赢	3.25	33778.83	23.57
4463	600609	金杯汽车	2005/7/29	买开	1.47	0	0
4464	600609	金杯汽车	2005/8/12	止赢	1.79	21736	21.77
4465	600610	中毅达	2003/11/21	买开	6.18	0	0
4466	600610	中毅达	2004/2/6	止赢	7.8	26172.73	26.21
4467	600610	中毅达	2005/7/22	买开	3.03	0	0
4468	600610	中毅达	2005/8/12	止赢	4.43	58053.79	46.2
4469	600610	中毅达	2008/11/7	买开	4.42	0	0
4470	600610	中毅达	2008/11/28	止赢	5.38	39778.56	21.72
4471	600611	大众交通	2002/1/25	买开	8.76	0	0
4472	600611	大众交通	2002/3/8	止赢	10.74	22568.04	22.6
4473	600611	大众交通	2010/7/9	买开	7.64	0	0
4474	600611	大众交通	2010/10/15	止赢	9.49	29553.75	24.21
4475	600612	老凤祥	2002/1/25	买开	9.35	0	0
4476	600612	老凤祥	2002/3/8	止赢	12.15	29901.19	29.95
4477	600612	老凤祥	2012/8/24	买开	19.48	0	0
4478	600612	老凤祥	2012/9/21	止赢	23.58	27224	21.05

续表

序号	股票代码	股票名称	买卖时间	信号类型	价格（元）	收益（元）	收益率(%)
4479	600613	神奇制药	2008/11/7	买开	4.52	0	0
4480	600613	神奇制药	2008/11/28	止赢	5.92	30926	30.97
4481	600614	鼎立股份	2002/1/25	买开	16.07	0	0
4482	600614	鼎立股份	2002/3/22	止赢	19.5	21310.59	21.34
4483	600615	丰华股份	2002/1/25	买开	9.63	0	0
4484	600615	丰华股份	2002/3/8	止赢	11.6	20424.96	20.46
4485	600615	丰华股份	2005/7/22	买开	2.03	0	0
4486	600615	丰华股份	2005/7/29	止赢	2.48	26581.95	22.17
4487	600617	国新能源	2005/4/29	买开	2.78	0	0
4488	600617	国新能源	2005/11/18	止赢	6.29	126068.67	126.26
4489	600617	国新能源	2008/6/27	买开	6.46	0	0
4490	600617	国新能源	2008/7/11	止赢	8.23	61714.57	27.4
4491	600617	国新能源	2008/11/7	买开	3.44	0	0
4492	600617	国新能源	2008/11/14	止赢	4.25	67365.27	23.55
4493	600617	国新能源	2012/7/13	买开	8.78	0	0
4494	600617	国新能源	2012/12/7	到期	9.4	24884.94	7.06
4495	600618	氯碱化工	2003/11/21	买开	7.31	0	0
4496	600618	氯碱化工	2004/2/6	止赢	9.31	27318.01	27.36
4497	600618	氯碱化工	2005/7/29	买开	3.52	0	0
4498	600618	氯碱化工	2005/8/12	止赢	5.65	76720.48	60.51
4499	600618	氯碱化工	2008/7/4	买开	5.15	0	0
4500	600618	氯碱化工	2008/7/25	止赢	6.2	41366.84	20.39
4501	600619	海立股份	2012/1/13	买开	6.82	0	0
4502	600619	海立股份	2012/3/2	止赢	8.39	22984.8	23.02
4503	600620	天宸股份	1998/8/21	买开	8.46	0	0
4504	600620	天宸股份	1998/9/18	止赢	10.86	28324.79	28.37
4505	600620	天宸股份	2012/1/13	买开	3.19	0	0
4506	600620	天宸股份	2012/4/20	止赢	4.03	33649.57	26.33
4507	600621	华鑫股份	2002/1/25	买开	6.42	0	0
4508	600621	华鑫股份	2002/3/8	止赢	7.73	20373.12	20.4
4509	600621	华鑫股份	2003/11/14	买开	5.13	0	0
4510	600621	华鑫股份	2003/12/5	止赢	6.58	33879.25	28.27
4511	600621	华鑫股份	2010/7/9	买开	6.47	0	0
4512	600621	华鑫股份	2010/11/26	到期	7.37	21321.9	13.91

续表

序号	股票代码	股票名称	买卖时间	信号类型	价格（元）	收益（元）	收益率(%)
4513	600621	华鑫股份	2012/1/13	买开	4.28	0	0
4514	600621	华鑫股份	2012/3/2	止赢	5.15	35385.5	20.33
4515	600622	嘉宝集团	2010/7/9	买开	8.58	0	0
4516	600622	嘉宝集团	2010/11/5	止赢	11.78	37238.4	37.3
4517	600622	嘉宝集团	2012/1/13	买开	5.61	0	0
4518	600622	嘉宝集团	2012/2/24	止赢	6.86	30453.75	22.28
4519	600624	复旦复华	2002/1/25	买开	9.06	0	0
4520	600624	复旦复华	2002/6/21	止赢	11.28	24464.39	24.5
4521	600624	复旦复华	2012/1/13	买开	5.31	0	0
4522	600624	复旦复华	2012/3/9	止赢	6.41	25675.1	20.72
4523	600626	申达股份	2005/7/29	买开	2.51	0	0
4524	600626	申达股份	2005/8/26	止赢	3.02	20287.8	20.32
4525	600626	申达股份	2008/7/4	买开	5.0	0	0
4526	600626	申达股份	2008/8/1	止赢	6.01	24194.55	20.2
4527	600626	申达股份	2008/11/7	买开	3.07	0	0
4528	600626	申达股份	2008/11/14	止赢	3.71	29923.85	20.85
4529	600628	新世界	2002/1/25	买开	7.97	0	0
4530	600628	新世界	2002/3/22	止赢	9.61	20545.92	20.58
4531	600629	华建集团	2005/7/29	买开	0.95	0	0
4532	600629	华建集团	2005/8/12	止赢	1.24	30480.45	30.53
4533	600630	龙头股份	1997/7/18	买开	5.03	0	0
4534	600630	龙头股份	1997/9/19	止赢	6.05	20247	20.28
4535	600630	龙头股份	2005/7/22	买开	2.2	0	0
4536	600630	龙头股份	2005/8/12	止赢	2.83	34288.38	28.64
4537	600630	龙头股份	2008/11/7	买开	3.9	0	0
4538	600630	龙头股份	2008/11/21	止赢	5.61	67331.25	43.85
4539	600630	龙头股份	2012/1/13	买开	4.89	0	0
4540	600630	龙头股份	2012/4/20	止赢	5.95	47739.22	21.68
4541	600633	浙报传媒	2008/6/27	买开	6.02	0	0
4542	600633	浙报传媒	2008/8/8	止赢	7.7	27864.48	27.91
4543	600634	中技控股	2004/1/9	买开	6.05	0	0
4544	600634	中技控股	2004/2/13	止赢	7.72	27561.67	27.6
4545	600634	中技控股	2004/10/29	买开	3.83	0	0
4546	600634	中技控股	2004/11/19	止赢	4.92	36152.04	28.46

续表

序号	股票代码	股票名称	买卖时间	信号类型	价格（元）	收益（元）	收益率(%)
4547	600634	中技控股	2008/11/7	买开	3.57	0	0
4548	600634	中技控股	2008/11/14	止赢	4.29	32811.84	20.17
4549	600634	中技控股	2012/8/10	买开	7.83	0	0
4550	600634	中技控股	2013/1/4	到期	8.27	10952.93	5.62
4551	600635	大众公用	2002/1/25	买开	8.0	0	0
4552	600635	大众公用	2002/3/15	止赢	9.61	20094.41	20.12
4553	600635	大众公用	2010/7/23	买开	6.65	0	0
4554	600635	大众公用	2010/11/5	止赢	8.36	30749.21	25.71
4555	600636	三爱富	2008/11/7	买开	3.5	0	0
4556	600636	三爱富	2008/11/14	止赢	4.2	19969.59	20
4557	600636	三爱富	2012/12/7	买开	11.76	0	0
4558	600636	三爱富	2013/1/18	止赢	14.58	28645.56	23.98
4559	600637	东方明珠	2005/7/22	买开	3.74	0	0
4560	600637	东方明珠	2005/8/19	止赢	4.54	21357.6	21.39
4561	600638	新黄浦	2008/11/7	买开	7.79	0	0
4562	600638	新黄浦	2008/11/21	止赢	9.71	24608.64	24.65
4563	600638	新黄浦	2010/7/9	买开	9.3	0	0
4564	600638	新黄浦	2010/8/20	止赢	11.18	25082.96	20.22
4565	600639	浦东金桥	2002/1/25	买开	9.19	0	0
4566	600639	浦东金桥	2002/3/1	止赢	11.04	20100.25	20.13
4567	600639	浦东金桥	2005/7/22	买开	4.11	0	0
4568	600639	浦东金桥	2005/8/12	止赢	5.63	44227.44	36.98
4569	600639	浦东金桥	2008/6/27	买开	10.0	0	0
4570	600639	浦东金桥	2008/7/25	止赢	12.07	33807.23	20.7
4571	600639	浦东金桥	2008/11/7	买开	6.2	0	0
4572	600639	浦东金桥	2008/11/14	止赢	7.76	49452.01	25.16
4573	600640	号百控股	2003/11/21	买开	7.58	0	0
4574	600640	号百控股	2004/1/9	止赢	9.41	24104.76	24.14
4575	600640	号百控股	2005/7/22	买开	3.14	0	0
4576	600640	号百控股	2005/8/12	止赢	4.7	61396.91	49.68
4577	600640	号百控股	2008/4/25	买开	7.33	0	0
4578	600640	号百控股	2008/5/30	止赢	11.97	116742.41	63.3
4579	600643	爱建集团	2005/7/22	买开	4.01	0	0
4580	600643	爱建集团	2005/8/12	止赢	4.9	22161	22.19

续表

序号	股票代码	股票名称	买卖时间	信号类型	价格（元）	收益（元）	收益率(%)
4581	600643	爱建集团	2010/7/9	买开	7.73	0	0
4582	600643	爱建集团	2010/7/23	止赢	9.48	27537.99	22.64
4583	600643	爱建集团	2012/1/13	买开	6.04	0	0
4584	600643	爱建集团	2012/2/24	止赢	7.48	35460	23.84
4585	600644	*ST 乐电	2008/11/7	买开	4.78	0	0
4586	600644	*ST 乐电	2008/12/5	止赢	6.15	28617.93	28.66
4587	600645	中源协和	2004/9/3	买开	4.08	0	0
4588	600645	中源协和	2004/9/17	止赢	5.72	40135.71	40.2
4589	600645	中源协和	2005/7/22	买开	2.33	0	0
4590	600645	中源协和	2005/8/12	止赢	3.2	52112.14	37.34
4591	600645	中源协和	2012/12/7	买开	15.81	0	0
4592	600645	中源协和	2013/2/1	止赢	20.59	57775.86	30.23
4593	600647	同达创业	1995/2/24	买开	8.05	0	0
4594	600647	同达创业	1995/5/19	止赢	12.99	61270.82	61.37
4595	600647	同达创业	2002/2/1	买开	10.75	0	0
4596	600647	同达创业	2002/3/15	止赢	13.39	39449.52	24.56
4597	600650	锦江投资	2002/1/25	买开	8.84	0	0
4598	600650	锦江投资	2002/3/8	止赢	10.99	24284.25	24.32
4599	600650	锦江投资	2008/6/27	买开	8.18	0	0
4600	600650	锦江投资	2008/8/22	止赢	10.48	34796.69	28.12
4601	600650	锦江投资	2010/7/9	买开	10.45	0	0
4602	600650	锦江投资	2010/11/5	止赢	13.33	43565.76	27.56
4603	600657	信达地产	2003/10/31	买开	5.66	0	0
4604	600657	信达地产	2003/11/21	止赢	6.95	22756.89	22.79
4605	600657	信达地产	2005/7/22	买开	1.95	0	0
4606	600657	信达地产	2005/8/26	止赢	2.43	30089.76	24.62
4607	600657	信达地产	2008/10/24	买开	2.85	0	0
4608	600657	信达地产	2008/12/5	止赢	3.78	49557.84	32.63
4609	600657	信达地产	2012/1/13	买开	3.7	0	0
4610	600657	信达地产	2012/2/24	止赢	4.83	61333	30.54
4611	600658	电子城	1999/2/9	买开	5.7	0	0
4612	600658	电子城	1999/3/5	止赢	7.46	30829.92	30.88
4613	600658	电子城	2005/7/22	买开	2.5	0	0
4614	600658	电子城	2005/8/12	止赢	3.05	28663.25	22

续表

序号	股票代码	股票名称	买卖时间	信号类型	价格（元）	收益（元）	收益率(%)
4615	600658	电子城	2008/11/7	买开	2.85	0	0
4616	600658	电子城	2008/11/21	止赢	3.69	46708.21	29.47
4617	600658	电子城	2012/1/13	买开	6.33	0	0
4618	600658	电子城	2012/2/24	止赢	8.26	62371.82	30.49
4619	600660	福耀玻璃	2002/6/21	买开	8.43	0	0
4620	600660	福耀玻璃	2002/9/6	止赢	10.44	23806.43	23.84
4621	600660	福耀玻璃	2008/11/7	买开	3.78	0	0
4622	600660	福耀玻璃	2008/11/14	止赢	4.59	26418.16	21.43
4623	600661	新南洋	2004/9/3	买开	7.03	0	0
4624	600661	新南洋	2005/1/21	止赢	8.6	22298.71	22.33
4625	600661	新南洋	2008/11/7	买开	4.1	0	0
4626	600661	新南洋	2008/12/5	止赢	5.4	38613.91	31.71
4627	600662	强生控股	2001/10/26	买开	10.34	0	0
4628	600662	强生控股	2001/12/7	止赢	12.83	24043.44	24.08
4629	600662	强生控股	2012/1/13	买开	4.21	0	0
4630	600662	强生控股	2012/3/9	止赢	5.06	24939	20.19
4631	600663	陆家嘴	2005/7/22	买开	4.45	0	0
4632	600663	陆家嘴	2005/8/12	止赢	5.96	33881.39	33.93
4633	600663	陆家嘴	2008/11/7	买开	10.89	0	0
4634	600663	陆家嘴	2008/11/14	止赢	13.84	36116.85	27.09
4635	600665	天地源	2003/11/14	买开	4.71	0	0
4636	600665	天地源	2003/12/19	止赢	5.81	23318.9	23.35
4637	600666	奥瑞德	2002/2/1	买开	8.98	0	0
4638	600666	奥瑞德	2002/4/5	止赢	10.85	20792.54	20.82
4639	600667	太极实业	2005/7/29	买开	1.87	0	0
4640	600667	太极实业	2005/9/2	止赢	2.27	21358	21.39
4641	600667	太极实业	2008/11/7	买开	2.27	0	0
4642	600667	太极实业	2008/11/14	止赢	2.73	24488.1	20.26
4643	600667	太极实业	2012/1/13	买开	5.07	0	0
4644	600667	太极实业	2012/3/2	止赢	6.23	33151.64	22.88
4645	600667	太极实业	2012/11/16	买开	2.95	0	0
4646	600667	太极实业	2012/12/7	止赢	4.04	65589.66	36.95
4647	600668	尖峰集团	1995/1/27	买开	2.91	0	0
4648	600668	尖峰集团	1995/4/7	止赢	3.52	20930.32	20.96

续表

序号	股票代码	股票名称	买卖时间	信号类型	价格（元）	收益（元）	收益率(%)
4649	600668	尖峰集团	2002/1/25	买开	5.83	0	0
4650	600668	尖峰集团	2002/3/8	止赢	7.25	29330.1	24.36
4651	600668	尖峰集团	2005/7/22	买开	1.95	0	0
4652	600668	尖峰集团	2005/9/2	止赢	2.63	52063.52	34.87
4653	600668	尖峰集团	2008/11/7	买开	2.74	0	0
4654	600668	尖峰集团	2008/11/14	止赢	3.58	61546.79	30.66
4655	600668	尖峰集团	2012/1/13	买开	7.95	0	0
4656	600668	尖峰集团	2012/4/13	止赢	9.69	57237.29	21.89
4657	600671	天目药业	2002/1/25	买开	7.88	0	0
4658	600671	天目药业	2002/3/8	止赢	9.6	21794.12	21.83
4659	600671	天目药业	2003/11/14	买开	4.94	0	0
4660	600671	天目药业	2004/2/20	止赢	6.41	36088.5	29.76
4661	600671	天目药业	2008/6/27	买开	5.71	0	0
4662	600671	天目药业	2008/7/25	止赢	7.09	37918.26	24.17
4663	600674	川投能源	2012/8/3	买开	6.37	0	0
4664	600674	川投能源	2012/11/23	止赢	7.71	21004.5	21.04
4665	600675	中华企业	2008/6/27	买开	6.96	0	0
4666	600675	中华企业	2008/7/11	止赢	8.38	20371.32	20.4
4667	600675	中华企业	2011/1/28	买开	6.63	0	0
4668	600675	中华企业	2011/3/25	止赢	8.04	25489.98	21.27
4669	600676	交运股份	2008/11/7	买开	3.35	0	0
4670	600676	交运股份	2008/11/21	止赢	4.09	22056.45	22.09
4671	600677	航天通信	2005/7/22	买开	2.36	0	0
4672	600677	航天通信	2005/8/26	止赢	3.02	27923.94	27.97
4673	600677	航天通信	2010/7/9	买开	7.78	0	0
4674	600677	航天通信	2010/8/6	止赢	9.94	35367.83	27.76
4675	600679	金山开发	2002/6/21	买开	17.7	0	0
4676	600679	金山开发	2002/7/19	止赢	21.77	22958.87	22.99
4677	600679	金山开发	2012/1/13	买开	5.82	0	0
4678	600679	金山开发	2012/2/24	止赢	7.1	26928.63	21.99
4679	600680	上海普天	2005/7/22	买开	4.12	0	0
4680	600680	上海普天	2005/8/12	止赢	5.96	44592.4	44.66
4681	600680	上海普天	2008/7/4	买开	7.25	0	0
4682	600680	上海普天	2008/7/25	止赢	8.84	31582.17	21.93

续表

序号	股票代码	股票名称	买卖时间	信号类型	价格（元）	收益（元）	收益率(%)
4683	600681	万鸿集团	2002/1/25	买开	7.48	0	0
4684	600681	万鸿集团	2002/5/17	止赢	10.3	37641.36	37.7
4685	600681	万鸿集团	2003/11/14	买开	4.11	0	0
4686	600681	万鸿集团	2003/12/12	止赢	5.68	52362.63	38.2
4687	600681	万鸿集团	2005/7/29	买开	0.95	0	0
4688	600681	万鸿集团	2005/8/19	止赢	1.16	41751.14	22.11
4689	600682	南京新百	2012/1/13	买开	6.99	0	0
4690	600682	南京新百	2012/3/9	止赢	8.76	25282.69	25.32
4691	600683	京投银泰	2010/7/9	买开	5.89	0	0
4692	600683	京投银泰	2010/8/6	止赢	7.17	21698.56	21.73
4693	600683	京投银泰	2012/1/13	买开	4.4	0	0
4694	600683	京投银泰	2012/2/24	止赢	5.55	31672.15	26.14
4695	600684	珠江实业	2008/6/27	买开	6.57	0	0
4696	600684	珠江实业	2008/7/11	止赢	8.1	23251.41	23.29
4697	600685	中船防务	2005/7/22	买开	2.59	0	0
4698	600685	中船防务	2005/8/5	止赢	3.14	21203.61	21.24
4699	600685	中船防务	2010/7/9	买开	17.82	0	0
4700	600685	中船防务	2010/9/10	止赢	22.08	28848.72	23.91
4701	600687	刚泰控股	2003/11/14	买开	5.73	0	0
4702	600687	刚泰控股	2003/11/21	止赢	7.33	27880	27.92
4703	600689	上海三毛	2002/2/1	买开	8.99	0	0
4704	600689	上海三毛	2002/3/22	止赢	11.15	23988.96	24.03
4705	600689	上海三毛	2003/11/14	买开	4.81	0	0
4706	600689	上海三毛	2004/1/30	止赢	5.91	28235.9	22.87
4707	600689	上海三毛	2008/6/27	买开	5	0	0
4708	600689	上海三毛	2008/7/25	止赢	6.59	48095.91	31.8
4709	600690	青岛海尔	2008/6/27	买开	9.13	0	0
4710	600690	青岛海尔	2008/7/25	止赢	11.0	20450.32	20.48
4711	600690	青岛海尔	2011/12/23	买开	8.68	0	0
4712	600690	青岛海尔	2012/3/2	止赢	11.57	39931.12	33.29
4713	600691	*ST 阳化	2002/1/25	买开	8.63	0	0
4714	600691	*ST 阳化	2002/3/8	止赢	10.92	26495.3	26.54
4715	600691	*ST 阳化	2010/7/9	买开	7.02	0	0
4716	600691	*ST 阳化	2010/7/30	止赢	8.8	31940.32	25.36

续表

序号	股票代码	股票名称	买卖时间	信号类型	价格（元）	收益（元）	收益率(%)
4717	600692	亚通股份	1996/1/26	买开	6.62	0	0
4718	600692	亚通股份	1996/4/5	止赢	8.85	33635.1	33.69
4719	600692	亚通股份	2002/1/25	买开	11.28	0	0
4720	600692	亚通股份	2002/3/8	止赢	14.42	37045.72	27.84
4721	600692	亚通股份	2005/12/16	买开	2.72	0	0
4722	600692	亚通股份	2006/4/7	止赢	3.37	40533.99	23.9
4723	600692	亚通股份	2008/6/27	买开	5.43	0	0
4724	600692	亚通股份	2008/8/1	止赢	7.06	62895.18	30.02
4725	600692	亚通股份	2008/11/7	买开	4.56	0	0
4726	600692	亚通股份	2008/11/21	止赢	6.2	97681.67	35.96
4727	600693	东百集团	2002/2/1	买开	8.13	0	0
4728	600693	东百集团	2002/3/22	止赢	9.78	20263.64	20.3
4729	600695	绿庭投资	2002/1/25	买开	7.81	0	0
4730	600695	绿庭投资	2002/3/8	止赢	10.46	33877.6	33.93
4731	600695	绿庭投资	2003/11/14	买开	4.69	0	0
4732	600695	绿庭投资	2004/2/13	止赢	5.7	28711.26	21.54
4733	600695	绿庭投资	2008/11/7	买开	3.93	0	0
4734	600695	绿庭投资	2008/12/5	止赢	5.17	50972.68	31.55
4735	600695	绿庭投资	2010/7/9	买开	5.12	0	0
4736	600695	绿庭投资	2010/8/6	止赢	6.18	43867.04	20.7
4737	600696	匹凸匹	2002/2/1	买开	7.21	0	0
4738	600696	匹凸匹	2002/3/29	止赢	8.88	23126.16	23.16
4739	600696	匹凸匹	2003/12/26	买开	4.6	0	0
4740	600696	匹凸匹	2004/2/20	止赢	5.88	34115.84	27.83
4741	600696	匹凸匹	2005/7/22	买开	1.84	0	0
4742	600696	匹凸匹	2005/8/12	止赢	2.32	40761.59	26.09
4743	600697	欧亚集团	2008/11/7	买开	12.25	0	0
4744	600697	欧亚集团	2008/12/5	止赢	14.9	21600.15	21.63
4745	600699	均胜电子	2005/7/22	买开	2.14	0	0
4746	600699	均胜电子	2005/9/2	止赢	2.78	29861.11	29.91
4747	600701	工大高新	2002/1/25	买开	7.06	0	0
4748	600701	工大高新	2002/3/8	止赢	8.76	24043.1	24.08
4749	600702	沱牌舍得	2008/10/24	买开	4.98	0	0
4750	600702	沱牌舍得	2008/12/5	止赢	6.3	26466	26.51

续表

序号	股票代码	股票名称	买卖时间	信号类型	价格（元）	收益（元）	收益率（%）
4751	600702	沱牌舍得	2010/7/9	买开	10.97	0	0
4752	600702	沱牌舍得	2010/7/23	止赢	13.18	25370.8	20.15
4753	600703	三安光电	2002/2/1	买开	8.32	0	0
4754	600703	三安光电	2002/3/8	止赢	10.56	26882.25	26.92
4755	600703	三安光电	2005/7/22	买开	2.12	0	0
4756	600703	三安光电	2005/8/26	止赢	2.65	31588.01	25
4757	600703	三安光电	2011/10/28	买开	12.45	0	0
4758	600703	三安光电	2011/11/4	止赢	15.24	35287.92	22.41
4759	600703	三安光电	2014/8/1	买开	13.77	0	0
4760	600703	三安光电	2014/12/19	到期	14.51	10327.44	5.37
4761	600704	物产中大	2005/7/29	买开	2.91	0	0
4762	600704	物产中大	2005/9/2	止赢	3.64	25047.76	25.09
4763	600704	物产中大	2011/12/23	买开	7.58	0	0
4764	600704	物产中大	2012/2/17	止赢	9.27	27761.64	22.3
4765	600705	中航资本	2002/2/10	买开	6.68	0	0
4766	600705	中航资本	2002/3/8	止赢	8.24	23317.32	23.35
4767	600705	中航资本	2004/9/3	买开	3.09	0	0
4768	600705	中航资本	2004/10/8	止赢	3.94	33779	27.51
4769	600706	曲江文旅	2008/6/27	买开	5.42	0	0
4770	600706	曲江文旅	2008/7/25	止赢	6.78	25053.92	25.09
4771	600707	彩虹股份	2002/1/25	买开	6.41	0	0
4772	600707	彩虹股份	2002/4/19	止赢	7.76	21028.96	21.06
4773	600707	彩虹股份	2012/1/13	买开	5.98	0	0
4774	600707	彩虹股份	2012/2/17	止赢	7.57	32043.27	26.59
4775	600708	光明地产	1999/5/14	买开	7.78	0	0
4776	600708	光明地产	1999/5/28	止赢	10.1	29774.88	29.82
4777	600708	光明地产	2002/1/25	买开	8.76	0	0
4778	600708	光明地产	2002/3/22	止赢	10.94	32161.53	24.89
4779	600708	光明地产	2004/9/3	买开	4.3	0	0
4780	600708	光明地产	2004/10/22	止赢	5.21	34054.02	21.16
4781	600708	光明地产	2008/6/27	买开	4.65	0	0
4782	600708	光明地产	2008/7/25	止赢	5.77	46819.36	24.09
4783	600708	光明地产	2012/1/13	买开	4.2	0	0
4784	600708	光明地产	2012/3/9	止赢	5.09	50958.75	21.19

续表

序号	股票代码	股票名称	买卖时间	信号类型	价格（元）	收益（元）	收益率(%)
4785	600710	*ST 常林	2005/7/22	买开	1.91	0	0
4786	600710	*ST 常林	2005/8/12	止赢	2.37	24047.42	24.08
4787	600710	*ST 常林	2012/1/13	买开	6.23	0	0
4788	600710	*ST 常林	2012/2/17	止赢	7.68	28749.15	23.27
4789	600711	盛屯矿业	2006/5/12	买开	4.24	0	0
4790	600711	盛屯矿业	2006/6/29	止赢	5.49	29436.25	29.48
4791	600711	盛屯矿业	2011/10/28	买开	16.48	0	0
4792	600711	盛屯矿业	2012/3/2	止赢	23.21	52635.33	40.84
4793	600712	南宁百货	2008/11/7	买开	3.34	0	0
4794	600712	南宁百货	2008/11/21	止赢	4.17	24812.86	24.85
4795	600713	南京医药	2002/1/25	买开	8.41	0	0
4796	600713	南京医药	2002/3/22	止赢	11.02	30985.93	31.03
4797	600714	金瑞矿业	2002/1/25	买开	12.31	0	0
4798	600714	金瑞矿业	2002/4/30	止赢	15.02	21980.81	22.01
4799	600714	金瑞矿业	2010/7/9	买开	7.58	0	0
4800	600714	金瑞矿业	2010/7/30	止赢	10.03	39258.8	32.32
4801	600715	*ST 松辽	2002/2/1	买开	6.21	0	0
4802	600715	*ST 松辽	2002/3/8	止赢	7.85	26367.92	26.41
4803	600715	*ST 松辽	2002/11/29	买开	4.29	0	0
4804	600715	*ST 松辽	2003/2/14	止赢	5.38	31972.97	25.41
4805	600715	*ST 松辽	2008/11/7	买开	1.69	0	0
4806	600715	*ST 松辽	2008/12/5	止赢	2.05	33515.99	21.3
4807	600715	*ST 松辽	2012/1/13	买开	4.95	0	0
4808	600715	*ST 松辽	2012/2/17	止赢	6.09	43822.75	23.03
4809	600716	凤凰股份	2002/1/25	买开	5.82	0	0
4810	600716	凤凰股份	2002/3/8	止赢	7.39	26934.91	26.98
4811	600716	凤凰股份	2008/9/19	买开	3.62	0	0
4812	600716	凤凰股份	2008/9/26	止赢	4.37	26188.5	20.72
4813	600716	凤凰股份	2010/7/9	买开	5.54	0	0
4814	600716	凤凰股份	2010/7/30	止赢	6.83	35424.69	23.29
4815	600718	东软集团	2005/7/15	买开	5.55	0	0
4816	600718	东软集团	2005/8/12	止赢	6.89	24107.93	24.14
4817	600719	XR 大连热	2008/11/7	买开	3.29	0	0
4818	600719	XR 大连热	2008/11/14	止赢	4.02	22154.77	22.19

续表

序号	股票代码	股票名称	买卖时间	信号类型	价格（元）	收益（元）	收益率(%)
4819	600719	XR 大连热	2012/1/12	买开	5.98	0	0
4820	600719	XR 大连热	2012/5/4	止赢	7.8	37020.63	30.43
4821	600720	祁连山	2005/7/22	买开	1.76	0	0
4822	600720	祁连山	2005/9/2	止赢	2.19	24395.19	24.43
4823	600720	祁连山	2008/6/27	买开	5.29	0	0
4824	600720	祁连山	2008/7/11	止赢	6.86	36763.13	29.68
4825	600720	祁连山	2008/10/24	买开	4.44	0	0
4826	600720	祁连山	2008/11/14	止赢	6.05	58072.7	36.26
4827	600721	百花村	2005/7/22	买开	2.36	0	0
4828	600721	百花村	2005/8/19	止赢	2.89	22423.78	22.46
4829	600722	*ST 金化	2002/1/25	买开	6.15	0	0
4830	600722	*ST 金化	2002/3/15	止赢	7.58	23216.05	23.25
4831	600722	*ST 金化	2005/7/22	买开	2.26	0	0
4832	600722	*ST 金化	2005/9/2	止赢	2.93	36374.3	29.65
4833	600722	*ST 金化	2010/7/9	买开	4.32	0	0
4834	600722	*ST 金化	2010/8/6	止赢	5.26	34508.34	21.76
4835	600722	*ST 金化	2012/1/13	买开	4.54	0	0
4836	600722	*ST 金化	2012/2/24	止赢	6.05	64033.07	33.26
4837	600725	云维股份	2005/7/22	买开	3.28	0	0
4838	600725	云维股份	2005/8/12	止赢	4.06	23744.76	23.78
4839	600725	云维股份	2010/7/9	买开	7.83	0	0
4840	600725	云维股份	2010/10/15	止赢	9.76	30372.41	24.65
4841	600726	华电能源	2002/1/25	买开	6.29	0	0
4842	600726	华电能源	2002/4/5	止赢	7.64	21429.9	21.46
4843	600727	鲁北化工	1999/5/28	买开	18	0	0
4844	600727	鲁北化工	1999/6/17	止赢	22.22	23408.34	23.44
4845	600727	鲁北化工	2008/6/27	买开	5.52	0	0
4846	600727	鲁北化工	2008/7/25	止赢	7.01	33170.39	26.99
4847	600727	鲁北化工	2008/11/7	买开	3.69	0	0
4848	600727	鲁北化工	2008/12/5	止赢	4.47	32888.69	21.14
4849	600728	佳都科技	2002/1/25	买开	10.16	0	0
4850	600728	佳都科技	2002/3/8	止赢	12.2	20047.08	20.08
4851	600728	佳都科技	2005/7/8	买开	2.27	0	0
4852	600728	佳都科技	2005/8/5	止赢	2.8	27909.27	23.35

续表

序号	股票代码	股票名称	买卖时间	信号类型	价格（元）	收益（元）	收益率(%)
4853	600728	佳都科技	2008/11/7	买开	2.7	0	0
4854	600728	佳都科技	2008/11/14	止赢	3.34	34845.43	23.7
4855	600729	重庆百货	2002/1/25	买开	11.04	0	0
4856	600729	重庆百货	2002/3/8	止赢	13.36	20982.08	21.01
4857	600730	中国高科	2002/1/25	买开	9.99	0	0
4858	600730	中国高科	2002/2/8	止赢	12.25	22588.7	22.62
4859	600730	中国高科	2012/1/13	买开	5.47	0	0
4860	600730	中国高科	2012/2/16	止赢	7.16	37714.04	30.9
4861	600731	湖南海利	2002/1/25	买开	6.72	0	0
4862	600731	湖南海利	2002/3/8	止赢	8.18	21692.69	21.73
4863	600731	湖南海利	2008/4/25	买开	5.15	0	0
4864	600731	湖南海利	2008/5/16	止赢	7.11	46116.84	38.06
4865	600731	湖南海利	2012/1/13	买开	4.68	0	0
4866	600731	湖南海利	2012/2/24	止赢	5.67	35282.62	21.15
4867	600732	*ST 新梅	2002/1/25	买开	9.21	0	0
4868	600732	*ST 新梅	2002/3/8	止赢	11.45	24283.84	24.32
4869	600732	*ST 新梅	2003/11/21	买开	5.99	0	0
4870	600732	*ST 新梅	2003/12/5	止赢	7.36	28305.58	22.87
4871	600732	*ST 新梅	2013/7/5	买开	4.05	0	0
4872	600732	*ST 新梅	2013/8/30	止赢	5.56	56526.84	37.28
4873	600733	S 前锋	2005/7/22	买开	2.82	0	0
4874	600733	S 前锋	2005/8/19	止赢	3.52	24784.9	24.82
4875	600733	S 前锋	2012/1/13	买开	12.6	0	0
4876	600733	S 前锋	2012/4/20	止赢	15.33	26923.26	21.67
4877	600735	新华锦	2004/8/27	买开	2.2	0	0
4878	600735	新华锦	2004/9/17	止赢	2.65	20423.7	20.45
4879	600735	新华锦	2008/6/27	买开	4.42	0	0
4880	600735	新华锦	2008/7/11	止赢	5.46	28214.16	23.53
4881	600735	新华锦	2010/7/23	买开	9.3	0	0
4882	600735	新华锦	2010/9/3	止赢	11.56	35888.8	24.3
4883	600736	苏州高新	2002/1/25	买开	7.4	0	0
4884	600736	苏州高新	2002/3/8	止赢	9.55	29009.95	29.05
4885	600737	中粮屯河	2005/2/4	买开	1.65	0	0
4886	600737	中粮屯河	2005/3/4	止赢	2.07	25416.3	25.45

续表

序号	股票代码	股票名称	买卖时间	信号类型	价格（元）	收益（元）	收益率(%)
4887	600737	中粮屯河	2008/9/19	买开	9.02	0	0
4888	600737	中粮屯河	2008/9/26	止赢	10.87	25615.09	20.51
4889	600737	中粮屯河	2008/11/7	买开	6.95	0	0
4890	600737	中粮屯河	2008/11/14	止赢	8.59	35407.61	23.6
4891	600737	中粮屯河	2010/7/9	买开	9.59	0	0
4892	600737	中粮屯河	2010/7/30	止赢	12.18	49937.79	27.01
4893	600738	兰州民百	2008/4/11	买开	6.73	0	0
4894	600738	兰州民百	2008/8/29	到期	3.75	-44211.28	-44.28
4895	600738	兰州民百	2008/11/7	买开	2.7	0	0
4896	600738	兰州民百	2008/11/28	止赢	3.27	11710.65	21.11
4897	600738	兰州民百	2012/1/13	买开	5.59	0	0
4898	600738	兰州民百	2012/4/13	止赢	7.45	22286.52	33.27
4899	600739	辽宁成大	2004/8/27	买开	3.23	0	0
4900	600739	辽宁成大	2004/9/17	止赢	4.23	30913	30.96
4901	600739	辽宁成大	2011/12/30	买开	12.29	0	0
4902	600739	辽宁成大	2012/2/24	止赢	14.76	26199.29	20.1
4903	600740	山西焦化	2010/7/9	买开	5.04	0	0
4904	600740	山西焦化	2010/8/27	止赢	6.12	21395.88	21.43
4905	600742	一汽富维	2003/11/14	买开	6.73	0	0
4906	600742	一汽富维	2004/2/6	止赢	8.15	21067.11	21.1
4907	600742	一汽富维	2011/12/23	买开	17.91	0	0
4908	600742	一汽富维	2012/1/20	止赢	21.95	27193.25	22.56
4909	600743	华远地产	1999/5/21	买开	7.8	0	0
4910	600743	华远地产	1999/6/18	止赢	9.43	20865.63	20.9
4911	600743	华远地产	2011/12/30	买开	3.37	0	0
4912	600743	华远地产	2012/2/24	止赢	4.1	26070.49	21.66
4913	600744	华银电力	1999/12/30	买开	7.7	0	0
4914	600744	华银电力	2000/3/3	止赢	9.47	22951.6	22.99
4915	600746	江苏索普	2002/2/1	买开	7.96	0	0
4916	600746	江苏索普	2002/3/15	止赢	9.94	24835.13	24.87
4917	600746	江苏索普	2008/11/7	买开	2.47	0	0
4918	600746	江苏索普	2008/11/14	止赢	3.21	37242.72	29.96
4919	600747	大连控股	2002/1/18	买开	7.67	0	0
4920	600747	大连控股	2002/3/15	止赢	9.78	27467.97	27.51

续表

序号	股票代码	股票名称	买卖时间	信号类型	价格（元）	收益（元）	收益率(%)
4921	600747	大连控股	2008/11/7	买开	2.65	0	0
4922	600747	大连控股	2008/11/14	止赢	3.28	30176.99	23.77
4923	600747	大连控股	2012/1/13	买开	4.78	0	0
4924	600747	大连控股	2012/4/20	止赢	6	39979.39	25.52
4925	600747	大连控股	2012/9/7	买开	3.74	0	0
4926	600747	大连控股	2013/1/4	止赢	4.58	44028.59	22.46
4927	600748	上实发展	2008/6/27 0	买开	10.08	0	0
4928	600748	上实发展	2008/7/11	止赢	12.88	27734	27.78
4929	600748	上实发展	2010/7/9	买开	8.13	0	0
4930	600748	上实发展	2010/8/20	止赢	10.05	30040.32	23.62
4931	600749	西藏旅游	1999/3/5	买开	10.98	0	0
4932	600749	西藏旅游	1999/3/19	止赢	13.28	20913.9	20.95
4933	600749	西藏旅游	2008/11/7	买开	2.76	0	0
4934	600749	西藏旅游	2008/11/21	止赢	3.88	48858.89	40.58
4935	600749	西藏旅游	2012/12/7	买开	7.27	0	0
4936	600749	西藏旅游	2013/1/4	止赢	8.88	37371.32	22.15
4937	600750	江中药业	2005/7/22	买开	4.13	0	0
4938	600750	江中药业	2005/9/2	止赢	5.13	24176	24.21
4939	600750	江中药业	2007/11/23	买开	14.52	0	0
4940	600750	江中药业	2007/12/21	止赢	17.91	28869.23	23.35
4941	600751	天海投资	2002/2/1	买开	7.13	0	0
4942	600751	天海投资	2002/3/22	止赢	8.78	23106.59	23.14
4943	600751	天海投资	2004/10/29	买开	2.39	0	0
4944	600751	天海投资	2004/11/26	止赢	2.89	25646	20.92
4945	600751	天海投资	2008/11/7	买开	2.42	0	0
4946	600751	天海投资	2008/12/5	止赢	2.97	33588.5	22.73
4947	600753	东方银星	2002/2/1	买开	8.06	0	0
4948	600753	东方银星	2002/3/22	止赢	10.33	28120.75	28.16
4949	600753	东方银星	2008/4/25	买开	6.21	0	0
4950	600753	东方银星	2008/5/16	止赢	7.69	30406.6	23.83
4951	600753	东方银星	2012/1/13	买开	5.24	0	0
4952	600753	东方银星	2012/2/10	止赢	6.38	34269.55	21.76
4953	600754	锦江股份	2002/1/25	买开	7.6	0	0
4954	600754	锦江股份	2002/3/8	止赢	9.5	24962.2	25

续表

序号	股票代码	股票名称	买卖时间	信号类型	价格（元）	收益（元）	收益率(%)
4955	600757	长江传媒	2002/2/1	买开	7.12	0	0
4956	600757	长江传媒	2002/4/26	止赢	9.02	26643.71	26.69
4957	600757	长江传媒	2008/11/7	买开	1.74	0	0
4958	600757	长江传媒	2008/11/21	止赢	2.13	28266.82	22.41
4959	600758	红阳能源	2002/2/1	买开	7.03	0	0
4960	600758	红阳能源	2002/3/15	止赢	8.58	22014.65	22.05
4961	600758	红阳能源	2003/11/21	买开	3.61	0	0
4962	600758	红阳能源	2004/2/6	止赢	4.54	31300.08	25.76
4963	600758	红阳能源	2010/7/9	买开	7.5	0	0
4964	600758	红阳能源	2010/8/6	止赢	9.75	45702	30
4965	600758	红阳能源	2012/1/13	买开	7.38	0	0
4966	600758	红阳能源	2012/2/24	止赢	9.01	43609.02	22.09
4967	600759	洲际油气	2012/12/7	买开	4.17	0	0
4968	600759	洲际油气	2012/12/21	止赢	5.19	24422.88	24.46
4969	600760	中航黑豹	1999/5/21	买开	9.61	0	0
4970	600760	中航黑豹	1999/6/18	止赢	13.11	36365	36.42
4971	600760	中航黑豹	2002/1/25	买开	5.85	0	0
4972	600760	中航黑豹	2002/3/8	止赢	7.05	27856.81	20.51
4973	600760	中航黑豹	2008/7/4	买开	3.79	0	0
4974	600760	中航黑豹	2008/8/15	止赢	4.75	41330.88	25.33
4975	600760	中航黑豹	2012/1/20	买开	7.86	0	0
4976	600760	中航黑豹	2012/5/4	止赢	10.23	61477.79	30.15
4977	600761	安徽合力	1998/9/4	买开	7.34	0	0
4978	600761	安徽合力	1998/9/30	止赢	8.86	20676.55	20.71
4979	600763	通策医疗	2005/2/18	买开	2.96	0	0
4980	600763	通策医疗	2005/3/11	止赢	3.83	29347.71	29.39
4981	600763	通策医疗	2005/7/29	买开	1.72	0	0
4982	600763	通策医疗	2005/8/12	止赢	2.2	35947.2	27.91
4983	600763	通策医疗	2008/6/27	买开	5.27	0	0
4984	600763	通策医疗	2008/7/25	止赢	6.83	48623.64	29.6
4985	600764	中电广通	2012/1/13	买开	5.41	0	0
4986	600764	中电广通	2012/2/24	止赢	6.6	21962.64	22
4987	600765	中航重机	2002/2/1	买开	8.98	0	0
4988	600765	中航重机	2002/3/22	止赢	10.89	21237.3	21.27

续表

序号	股票代码	股票名称	买卖时间	信号类型	价格（元）	收益（元）	收益率(%)
4989	600765	中航重机	2008/10/24	买开	7.09	0	0
4990	600765	中航重机	2008/11/7	止赢	8.59	25540.5	21.16
4991	600766	园城黄金	2008/11/7	买开	2.5	0	0
4992	600766	园城黄金	2008/11/21	止赢	3.02	20768.8	20.8
4993	600767	运盛医疗	2005/7/29	买开	1.23	0	0
4994	600767	运盛医疗	2005/8/12	止赢	1.53	24353.7	24.39
4995	600767	运盛医疗	2012/1/13	买开	3.83	0	0
4996	600767	运盛医疗	2012/2/24	止赢	4.78	30715.41	24.8
4997	600768	宁波富邦	2002/2/1	买开	10.16	0	0
4998	600768	宁波富邦	2002/3/22	止赢	12.28	20833.24	20.87
4999	600768	宁波富邦	2008/11/7	买开	2.72	0	0
5000	600768	宁波富邦	2008/11/21	止赢	3.47	33177	27.57
5001	600768	宁波富邦	2011/12/23	买开	7.48	0	0
5002	600768	宁波富邦	2012/2/17	止赢	10.3	57694.38	37.7
5003	600769	祥龙电业	1999/5/7	买开	8.28	0	0
5004	600769	祥龙电业	1999/6/11	止赢	10.51	26891.58	26.93
5005	600769	祥龙电业	2002/2/1	买开	6.24	0	0
5006	600769	祥龙电业	2002/3/22	止赢	7.57	26932.51	21.31
5007	600769	祥龙电业	2012/1/13	买开	3.23	0	0
5008	600769	祥龙电业	2012/2/17	止赢	3.92	32648.73	21.36
5009	600770	综艺股份	2003/11/14	买开	8.31	0	0
5010	600770	综艺股份	2003/12/5	止赢	10.87	30758.39	30.81
5011	600770	综艺股份	2008/11/7	买开	5.91	0	0
5012	600770	综艺股份	2008/12/5	止赢	8.32	53099.53	40.78
5013	600770	综艺股份	2012/12/7	买开	5.31	0	0
5014	600770	综艺股份	2013/1/18	止赢	6.7	47842.41	26.18
5015	600773	西藏城投	2002/1/25	买开	10.93	0	0
5016	600773	西藏城投	2002/3/22	止赢	13.29	21558.6	21.59
5017	600773	西藏城投	2005/7/22	买开	1.9	0	0
5018	600773	西藏城投	2005/8/19	止赢	2.44	34401.79	28.42
5019	600773	西藏城投	2008/11/7	买开	1.82	0	0
5020	600773	西藏城投	2008/11/21	止赢	2.64	69826.28	45.05
5021	600773	西藏城投	2011/12/23	买开	11.21	0	0
5022	600773	西藏城投	2012/2/3	止赢	13.54	46586.02	20.79

续表

序号	股票代码	股票名称	买卖时间	信号类型	价格（元）	收益（元）	收益率(%)
5023	600774	汉商集团	2003/11/14	买开	5.17	0	0
5024	600774	汉商集团	2004/1/16	止赢	6.27	21244.3	21.28
5025	600774	汉商集团	2008/11/7	买开	2.65	0	0
5026	600774	汉商集团	2008/11/14	止赢	3.18	24146.27	20
5027	600774	汉商集团	2012/1/13	买开	5.26	0	0
5028	600774	汉商集团	2012/3/9	止赢	6.36	30206	20.91
5029	600775	南京熊猫	2005/7/22	买开	2.89	0	0
5030	600775	南京熊猫	2005/8/12	止赢	3.88	34204.5	34.26
5031	600775	南京熊猫	2008/11/7	买开	3.17	0	0
5032	600775	南京熊猫	2008/11/21	止赢	4.06	37523.29	28.08
5033	600776	东方通信	2005/7/29	买开	2.69	0	0
5034	600776	东方通信	2005/8/12	止赢	3.31	23013.78	23.05
5035	600776	东方通信	2008/11/7	买开	2.39	0	0
5036	600776	东方通信	2008/11/21	止赢	3.59	61503.59	50.21
5037	600777	新潮实业	1998/9/4	买开	8.97	0	0
5038	600777	新潮实业	1998/9/25	止赢	10.77	20035.8	20.07
5039	600777	新潮实业	2002/1/25	买开	8.7	0	0
5040	600777	新潮实业	2002/3/8	止赢	10.64	26651.73	22.3
5041	600777	新潮实业	2012/1/13	买开	3.5	0	0
5042	600777	新潮实业	2012/4/6	止赢	4.48	40807.2	28
5043	600778	友好集团	2005/7/29	买开	2.38	0	0
5044	600778	友好集团	2005/8/19	止赢	3.09	29786.62	29.83
5045	600778	友好集团	2008/11/7	买开	2.69	0	0
5046	600778	友好集团	2008/11/21	止赢	3.35	31711.01	24.54
5047	600780	通宝能源	2003/9/30	买开	6.24	0	0
5048	600780	通宝能源	2003/12/12	止赢	7.54	20801.3	20.83
5049	600780	通宝能源	2005/7/22	买开	2.64	0	0
5050	600780	通宝能源	2005/8/19	止赢	3.17	24148.92	20.08
5051	600780	通宝能源	2005/12/9	买开	2.35	0	0
5052	600780	通宝能源	2006/5/12	到期	2.58	14094.17	9.79
5053	600781	辅仁药业	2001/11/16	买开	10.77	0	0
5054	600781	辅仁药业	2001/12/7	止赢	12.95	20210.77	20.24
5055	600781	辅仁药业	2002/11/29	买开	7.26	0	0
5056	600781	辅仁药业	2002/12/20	止赢	8.82	25719.71	21.49

续表

序号	股票代码	股票名称	买卖时间	信号类型	价格（元）	收益（元）	收益率(%)
5057	600782	新钢股份	2010/7/9	买开	5.65	0	0
5058	600782	新钢股份	2010/11/5	止赢	6.94	22796.88	22.83
5059	600783	鲁信创投	2002/1/25	买开	7.43	0	0
5060	600783	鲁信创投	2002/2/28	止赢	8.97	20694.53	20.73
5061	600783	鲁信创投	2004/9/3	买开	4.6	0	0
5062	600783	鲁信创投	2004/12/3	止赢	5.91	34225.06	28.48
5063	600783	鲁信创投	2005/7/29	买开	2.82	0	0
5064	600783	鲁信创投	2005/9/2	止赢	3.5	37121.2	24.11
5065	600784	鲁银投资	2005/7/29	买开	2.3	0	0
5066	600784	鲁银投资	2005/8/19	止赢	2.86	24311.28	24.35
5067	600784	鲁银投资	2008/11/7	买开	2.95	0	0
5068	600784	鲁银投资	2008/11/21	止赢	3.58	26436.05	21.36
5069	600784	鲁银投资	2012/7/27	买开	5.14	0	0
5070	600784	鲁银投资	2013/1/11	止赢	7.29	62648.85	41.83
5071	600785	新华百货	2012/12/7	买开	13.02	0	0
5072	600785	新华百货	2013/2/8	止赢	16.18	24230.88	24.27
5073	600787	中储股份	2008/7/4	买开	5.69	0	0
5074	600787	中储股份	2008/7/11	止赢	6.93	21759.52	21.79
5075	600789	鲁抗医药	2008/11/7	买开	2.76	0	0
5076	600789	鲁抗医药	2008/11/21	止赢	3.35	21344.43	21.38
5077	600790	轻纺城	2002/1/25	买开	5.69	0	0
5078	600790	轻纺城	2002/4/19	止赢	7.04	23689.8	23.73
5079	600792	云煤能源	2012/12/7	买开	9.13	0	0
5080	600792	云煤能源	2013/2/8	止赢	12.08	32261.2	32.31
5081	600793	ST 宜纸	2003/11/14	买开	5	0	0
5082	600793	ST 宜纸	2004/2/6	止赢	6.26	25162.21	25.2
5083	600793	ST 宜纸	2012/8/10	买开	7.61	0	0
5084	600793	ST 宜纸	2012/10/19	止赢	9.33	28170.16	22.6
5085	600794	保税科技	2003/12/26	买开	6.01	0	0
5086	600794	保税科技	2004/2/6	止赢	7.84	30403.62	30.45
5087	600794	保税科技	2008/6/27	买开	5.54	0	0
5088	600794	保税科技	2008/7/25	止赢	6.67	26488.33	20.4
5089	600797	浙大网新	2002/10/18	买开	10.05	0	0
5090	600797	浙大网新	2003/3/14	到期	11.53	14703.8	14.73

续表

序号	股票代码	股票名称	买卖时间	信号类型	价格（元）	收益（元）	收益率(%)
5091	600798	宁波海运	2002/2/1	买开	6.99	0	0
5092	600798	宁波海运	2002/3/22	止赢	8.4	20140.44	20.17
5093	600798	宁波海运	2012/1/13	买开	2.97	0	0
5094	600798	宁波海运	2012/6/8	到期	3.15	7250.22	6.06
5095	600800	天津磁卡	2012/8/10	买开	2.41	0	0
5096	600800	天津磁卡	2012/8/31	止赢	3.23	33973.42	34.02
5097	600801	华新水泥	2005/7/22	买开	3	0	0
5098	600801	华新水泥	2005/8/12	止赢	4.00	33283	33.33
5099	600802	福建水泥	2002/1/25	买开	5.2	0	0
5100	600802	福建水泥	2002/3/8	止赢	6.8	30721.61	30.77
5101	600802	福建水泥	2005/7/22	买开	1.89	0	0
5102	600802	福建水泥	2005/8/19	止赢	2.57	46837.04	35.98
5103	600802	福建水泥	2008/11/7	买开	3.14	0	0
5104	600802	福建水泥	2008/11/14	止赢	4.41	71381.61	40.45
5105	600803	新奥股份	2002/1/25	买开	8.67	0	0
5106	600803	新奥股份	2002/4/12	止赢	10.41	20037.84	20.07
5107	600803	新奥股份	2005/7/22	买开	3.42	0	0
5108	600803	新奥股份	2005/8/19	止赢	4.64	42637.77	35.67
5109	600803	新奥股份	2008/11/7	买开	4.44	0	0
5110	600803	新奥股份	2008/11/14	止赢	5.45	36778.13	22.75
5111	600804	鹏博士	2002/2/1	买开	8.6	0	0
5112	600804	鹏博士	2002/3/22	止赢	10.38	20665.8	20.7
5113	600804	鹏博士	2005/7/22	买开	2.26	0	0
5114	600804	鹏博士	2005/8/19	止赢	3.09	44126.95	36.73
5115	600805	悦达投资	2002/1/25	买开	5.13	0	0
5116	600805	悦达投资	2002/6/28	止赢	6.68	30167.64	30.21
5117	600806	昆明机床	2004/8/27	买开	4.26	0	0
5118	600806	昆明机床	2004/9/17	止赢	5.18	21563.87	21.6
5119	600806	昆明机床	2005/7/22	买开	2.96	0	0
5120	600806	昆明机床	2005/8/26	止赢	3.68	29444.4	24.32
5121	600806	昆明机床	2012/1/13	买开	5.81	0	0
5222	600806	昆明机床	2012/3/9	止赢	7.54	44677.25	29.78
5123	600807	天业股份	2001/11/2	买开	11.14	0	0
5124	600807	天业股份	2001/11/30	止赢	14.44	29577.89	29.62

续表

序号	股票代码	股票名称	买卖时间	信号类型	价格（元）	收益（元）	收益率(%)
5125	600807	天业股份	2004/1/16	买开	4.22	0	0
5126	600807	天业股份	2004/2/13	止赢	5.23	30883.79	23.93
5127	600807	天业股份	2004/8/27	买开	2.79	0	0
5128	600807	天业股份	2004/9/17	止赢	3.47	38860.64	24.37
5129	600807	天业股份	2005/7/29	买开	1.59	0	0
5130	600807	天业股份	2005/8/19	止赢	1.91	39791.03	20.13
5131	600807	天业股份	2011/6/3	买开	7.4	0	0
5132	600807	天业股份	2011/6/10	止赢	10.18	88954.45	37.57
5133	600807	天业股份	2012/9/6	买开	5.67	0	0
5134	600807	天业股份	2012/9/14	止赢	7.55	107682.65	33.16
5135	600810	神马股份	2008/11/7	买开	3.4	0	0
5136	600810	神马股份	2008/12/5	止赢	4.27	25549.29	25.59
5137	600810	神马股份	2012/12/7	买开	4.87	0	0
5138	600810	神马股份	2013/2/8	止赢	6.51	42102.09	33.68
5139	600812	华北制药	2005/7/22	买开	2	0	0
5140	600812	华北制药	2005/8/26	止赢	2.6	29955	30
5141	600812	华北制药	2012/1/13	买开	6.09	0	0
5142	600812	华北制药	2012/3/2	止赢	7.54	30812.5	23.81
5143	600814	杭州解百	2002/2/1	买开	6.13	0	0
5144	600814	杭州解百	2002/4/19	止赢	7.38	20360	20.39
5145	600815	厦工股份	2005/7/22	买开	2.15	0	0
5146	600815	厦工股份	2005/8/26	止赢	2.65	23220.5	23.26
5147	600815	厦工股份	2012/4/6	买开	7.88	0	0
5148	600815	厦工股份	2012/6/1	止赢	9.98	32699.09	26.65
5149	600816	安信信托	2001/9/7	买开	8.12	0	0
5150	600816	安信信托	2001/10/12	止赢	10.1	24346.09	24.38
5151	600816	安信信托	2005/7/22	买开	1.97	0	0
5152	600816	安信信托	2005/8/5	止赢	2.45	30169.92	24.37
5153	600817	ST 宏盛	2002/1/25	买开	16.76	0	0
5154	600817	ST 宏盛	2002/4/30	止赢	20.6	22874.88	22.91
5155	600818	中路股份	2003/11/21	买开	6.86	0	0
5156	600818	中路股份	2004/2/20	止赢	8.49	23724.64	23.76
5157	600819	耀皮玻璃	2005/7/29	买开	3.37	0	0
5158	600819	耀皮玻璃	2005/8/12	止赢	4.51	33777.07	33.83

续表

序号	股票代码	股票名称	买卖时间	信号类型	价格（元）	收益（元）	收益率(%)
5159	600819	耀皮玻璃	2008/11/7	买开	4.05	0	0
5160	600819	耀皮玻璃	2008/12/4	止赢	5.3	41118.75	30.86
5161	600820	隧道股份	2008/6/27	买开	8.17	0	0
5162	600820	隧道股份	2008/11/14	止赢	10.96	34096.59	34.15
5163	600820	隧道股份	2010/7/9	买开	8.79	0	0
5164	600820	隧道股份	2010/9/30	止赢	10.67	28560.96	21.39
5165	600821	津劝业	2002/1/25	买开	5.54	0	0
5166	600821	津劝业	2002/3/8	止赢	6.85	23610.13	23.65
5167	600821	津劝业	2012/1/13	买开	3.93	0	0
5168	600821	津劝业	2012/3/16	止赢	4.95	31946.39	25.95
5169	600822	上海物贸	2003/11/21	买开	7.54	0	0
5170	600822	上海物贸	2004/2/6	止赢	9.08	20392.68	20.42
5171	600822	上海物贸	2008/11/7	买开	4.9	0	0
5172	600822	上海物贸	2008/11/28	止赢	6.93	49663.95	41.43
5173	600822	上海物贸	2012/1/13	买开	5.27	0	0
5174	600822	上海物贸	2012/3/9	止赢	6.56	41376.75	24.48
5175	600823	世茂股份	2008/6/27	买开	9.41	0	0
5176	600823	世茂股份	2008/7/14	止赢	11.41	21222	21.25
5177	600823	世茂股份	2010/5/14	买开	10.37	0	0
5178	600823	世茂股份	2010/07/9	止赢	12.65	26539.2	21.99
5179	600824	益民集团	2005/12/16	买开	3.78	0	0
5180	600824	益民集团	2006/2/17	止赢	4.59	21396.15	21.43
5181	600825	新华传媒	2005/11/4	买开	3.56	0	0
5182	600825	新华传媒	2006/1/6	止赢	4.33	21596.19	21.63
8183	600825	新华传媒	2010/7/9	买开	7.97	0	0
5184	600825	新华传媒	2010/9/17	止赢	10.33	35853.12	29.61
5185	600826	兰生股份	2012/1/13	买开	9.65	0	0
5186	600826	兰生股份	2012/2/17	止赢	11.6	20176.66	20.21
5187	600827	百联股份	2004/8/27	买开	5.95	0	0
5188	600827	百联股份	2004/9/17	止赢	7.27	22150.92	22.18
5189	600827	百联股份	2008/11/7	买开	7.38	0	0
5190	600827	百联股份	2008/12/19	止赢	9.33	32137.95	26.42
5191	600828	成商集团	2002/1/25	买开	8.76	0	0
5192	600828	成商集团	2002/3/22	止赢	11.49	31116.54	31.16

续表

序号	股票代码	股票名称	买卖时间	信号类型	价格（元）	收益（元）	收益率(%)
5193	600828	成商集团	2003/11/14	买开	5.17	0	0
5194	600828	成商集团	2004/2/20	止赢	6.63	36873.76	28.24
5195	600828	成商集团	2010/6/11	买开	15.01	0	0
5196	600828	成商集团	2010/8/6	止赢	19.23	46934.83	28.11
5197	600828	成商集团	2012/12/7	买开	4.23	0	0
5198	600828	成商集团	2013/2/8	止赢	5.09	43353.46	20.33
5199	600829	人民同泰	2012/1/13	买开	9.79	0	0
5200	600829	人民同泰	2012/3/16	止赢	11.98	22335.81	22.37
5201	600829	人民同泰	2012/12/7	买开	7.49	0	0
5202	600829	人民同泰	2013/1/18	止赢	9.26	28787.29	23.63
5203	600830	香溢融通	2003/11/14	买开	4.4	0	0
5204	600830	香溢融通	2003/12/5	止赢	5.51	25189.23	25.23
5205	600830	香溢融通	2012/1/13	买开	6.43	0	0
5206	600830	香溢融通	2012/3/9	止赢	7.88	28112.61	22.55
5207	600831	广电网络	2004/7/9	买开	9.39	0	0
5208	600831	广电网络	2004/8/13	止赢	11.98	27539.46	27.58
5209	600831	广电网络	2008/6/27	买开	8.64	0	0
5210	600831	广电网络	2008/7/4	止赢	10.78	31457.99	24.77
5211	600831	广电网络	2012/12/7	买开	6.1	0	0
5212	600831	广电网络	2013/3/1	止赢	7.43	34447	21.8
5213	600833	第一医药	2003/11/14	买开	5.23	0	0
5214	600833	第一医药	2004/2/6	止赢	6.35	21381.92	21.41
5215	600833	第一医药	2008/11/7	买开	4.17	0	0
5216	600833	第一医药	2008/12/5	止赢	5.3	32753.05	27.1
5217	600833	第一医药	2012/1/13	买开	7.15	0	0
5218	600833	第一医药	2012/3/2	止赢	8.91	37700.95	24.62
5219	600834	申通地铁	2001/10/26	买开	11.89	0	0
5220	600834	申通地铁	2002/3/29	到期	12.71	6885.54	6.9
5221	600834	申通地铁	2003/11/14	买开	5.74	0	0
5222	600834	申通地铁	2004/1/16	止赢	6.99	23173.75	21.78
5223	600834	申通地铁	2012/1/13	买开	6.03	0	0
5224	600834	申通地铁	2012/5/18	止赢	7.56	32781.77	25.37
5225	600836	界龙实业	2002/2/1	买开	10.3	0	0
5226	600836	界龙实业	2002/4/12	止赢	12.4	20357.39	20.39

续表

序号	股票代码	股票名称	买卖时间	信号类型	价格（元）	收益（元）	收益率(%)
5227	600836	界龙实业	2005/11/11	买开	3.84	0	0
5228	600836	界龙实业	2006/3/17	止赢	5.15	40885.11	34.11
5229	600836	界龙实业	2008/6/20	买开	7.51	0	0
5230	600836	界龙实业	2008/7/4	止赢	10.59	65721.04	41.01
5231	600836	界龙实业	2012/1/13	买开	6.61	0	0
5232	600836	界龙实业	2012/3/9	止赢	8.24	55556.91	24.66
5233	600837	海通证券	2008/9/12	买开	15.68	0	0
5234	600837	海通证券	2008/9/26	止赢	21.52	37183.28	37.24
5235	600838	上海九百	2005/7/22	买开	2.26	0	0
5236	600838	上海九百	2005/9/2	止赢	2.87	26950.41	26.99
5237	600838	上海九百	2012/1/13	买开	5.56	0	0
5238	600838	上海九百	2012/3/9	止赢	6.74	26829.66	21.22
5239	600839	四川长虹	2001/9/21	买开	7.9	0	0
5240	600839	四川长虹	2001/10/26	止赢	9.79	23887.71	23.92
5241	600839	四川长虹	2008/11/7	买开	2.92	0	0
5242	600839	四川长虹	2008/12/5	止赢	3.81	37601.61	30.48
5243	600839	四川长虹	2011/12/30	买开	2.14	0	0
5244	600839	四川长虹	2012/3/2	止赢	2.76	46495.65	28.97
5245	600841	上柴股份	2002/1/25	买开	10.66	0	0
5246	600841	上柴股份	2002/4/12	止赢	13.01	22010.1	22.05
5247	600841	上柴股份	2005/7/29	买开	5.44	0	0
5248	600841	上柴股份	2005/8/12	止赢	7.7	50472.57	41.54
5249	600841	上柴股份	2012/7/27	买开	9.53	0	0
5250	600841	上柴股份	2012/8/3	止赢	12.01	44615.21	26.02
5251	600843	上工申贝	1997/7/11	买开	4.88	0	0
5252	600843	上工申贝	1997/8/8	止赢	6.2	27008.51	27.05
5253	600843	上工申贝	2005/5/20	买开	3.88	0	0
5254	600843	上工申贝	2005/6/10	止赢	4.88	32597	25.77
5255	600843	上工申贝	2012/1/13	买开	6.52	0	0
5256	600843	上工申贝	2012/3/9	止赢	7.94	34541.5	21.78
5257	600845	宝信软件	2008/11/7	买开	11.41	0	0
5258	600845	宝信软件	2008/12/5	止赢	14.92	30716.01	30.76
5259	600846	同济科技	2002/1/25	买开	7.91	0	0

续表

序号	股票代码	股票名称	买卖时间	信号类型	价格（元）	收益（元）	收益率(%)
5260	600846	同济科技	2002/3/8	止赢	9.61	21459.1	21.49
5261	600846	同济科技	2003/11/14	买开	5.14	0	0
5262	600846	同济科技	2004/2/6	止赢	6.49	31765.5	26.26
5263	600846	同济科技	2005/7/15	买开	2.97	0	0
5264	600846	同济科技	2005/8/19	止赢	3.64	34346.21	22.56
5265	600846	同济科技	2010/7/9	买开	5.75	0	0
5266	600846	同济科技	2010/8/20	止赢	7.19	46591.2	25.04
5267	600847	万里股份	1997/7/11	买开	4.88	0	0
5268	600847	万里股份	1997/7/18	止赢	6.00	22916.32	22.95
5269	600847	万里股份	2004/1/9	买开	3.87	0	0
5270	600847	万里股份	2004/1/30	止赢	4.73	27199.22	22.22
5271	600848	上海临港	2002/2/1	买开	7.69	0	0
5272	600848	上海临港	2002/3/22	止赢	9.5	23501.04	23.54
5273	600848	上海临港	2004/1/9	买开	4.4	0	0
5274	600848	上海临港	2004/2/6	止赢	5.4	27950	22.73
5275	600848	上海临港	2012/1/13	买开	6.7	0	0
5276	600848	上海临港	2012/2/10	止赢	8.12	31891.78	21.19
5277	600850	华东电脑	2005/7/29	买开	3.46	0	0
5278	600850	华东电脑	2005/8/26	止赢	4.18	20777.75	20.81
5279	600850	华东电脑	2008/11/7	买开	3.3	0	0
5280	600850	华东电脑	2008/11/21	止赢	3.97	24417.48	20.3
5281	600851	海欣股份	2005/7/29	买开	3.49	0	0
5282	600851	海欣股份	2005/9/16	止赢	4.27	22315.8	22.35
5283	600851	海欣股份	2012/1/13	买开	6.21	0	0
5284	600851	海欣股份	2012/3/16	止赢	7.63	27850.46	22.87
5285	600853	龙建股份	2005/7/22	买开	1.82	0	0
5286	600853	龙建股份	2005/8/19	止赢	2.19	20298.94	20.33
5287	600853	龙建股份	2008/4/25	买开	4.25	0	0
5288	600853	龙建股份	2008/9/12	到期	2.6	–46505.25	–38.82
5289	600854	春兰股份	2012/1/13	买开	3.51	0	0
5290	600854	春兰股份	2012/3/9	止赢	4.28	21904.2	21.94
5291	600855	航天长峰	1996/9/20	买开	4.6	0	0
5292	600855	航天长峰	1996/10/25	止赢	5.9	28217.8	28.26
5293	600855	航天长峰	2003/11/14	买开	5.41	0	0

续表

序号	股票代码	股票名称	买卖时间	信号类型	价格（元）	收益（元）	收益率(%)
9294	600855	航天长峰	2004/2/6	止赢	6.66	29501.25	23.11
5295	600855	航天长峰	2008/7/4	买开	6.71	0	0
5296	600855	航天长峰	2008/7/25	止赢	8.19	34565.39	22.06
5297	600856	中天能源	2002/1/25	买开	6.7	0	0
5298	600856	中天能源	2002/3/8	止赢	8.25	23099.65	23.13
5299	600856	中天能源	2003/11/14	买开	4.32	0	0
5300	600856	中天能源	2004/2/6	止赢	5.6	36319.99	29.63
5301	600856	中天能源	2008/6/27	买开	4.86	0	0
5302	600856	中天能源	2008/7/25	止赢	6.06	39116.39	24.69
5303	600856	中天能源	2008/11/7	买开	2.31	0	0
5304	600856	中天能源	2008/11/14	止赢	2.89	49450.23	25.11
5305	600856	中天能源	2012/1/13	买开	3.91	0	0
5306	600856	中天能源	2012/3/9	止赢	4.79	55289.51	22.51
5307	600857	宁波中百	2001/3/2	买开	13.2	0	0
5308	600857	宁波中百	2001/7/13	止赢	15.88	20271.52	20.3
5309	600857	宁波中百	2003/11/14	买开	5.15	0	0
5310	600857	宁波中百	2003/11/21	止赢	6.21	24649.24	20.58
5311	600858	银座股份	2002/1/25	买开	6.2	0	0
5312	600858	银座股份	2002/3/8	止赢	8.19	32046.96	32.1
5313	600858	银座股份	2008/11/7	买开	13.23	0	0
5314	600858	银座股份	2008/12/19	止赢	16.48	32301.75	24.57
5315	600858	银座股份	2012/12/7	买开	8.00	0	0
5316	600858	银座股份	2013/1/4	止赢	9.67	34091.38	20.88
5317	600859	王府井	2013/8/2	买开	15.23	0	0
5318	600859	王府井	2013/9/27	止赢	20.09	31862.16	31.91
5319	600860	京城股份	2005/7/22	买开	3.35	0	0
5320	600860	京城股份	2005/8/12	止赢	4.09	22056.45	22.09
5321	600860	京城股份	2012/1/13	买开	4.05	0	0
5322	600860	京城股份	2012/2/24	止赢	5.07	30610.2	25.19
5323	600860	京城股份	2014/4/11	买开	5.3	0	0
5324	600860	京城股份	2014/8/8	止赢	6.48	33772.77	22.26
5325	600862	南通科技	2000/6/16	买开	14.94	0	0
5326	600862	南通科技	2000/9/15	止赢	18.05	20784.13	20.82
5327	600862	南通科技	2003/1/10	买开	4.52	0	0

续表

序号	股票代码	股票名称	买卖时间	信号类型	价格（元）	收益（元）	收益率(%)
5328	600862	南通科技	2003/2/28	止赢	5.48	25544.64	21.24
5329	600862	南通科技	2005/7/29	买开	1.55	0	0
5330	600862	南通科技	2005/8/19	止赢	1.86	29076.15	20
5331	600862	南通科技	2008/11/7	买开	3.54	0	0
5332	600862	南通科技	2008/11/14	止赢	4.43	43729.25	25.14
5333	600862	南通科技	2012/1/13	买开	3.96	0	0
5334	600862	南通科技	2012/2/24	止赢	4.84	48224.01	22.22
5335	600863	内蒙华电	2013/8/9	买开	3.1	0	0
5336	600863	内蒙华电	2013/10/25	止赢	3.72	19969.58	20
5337	600865	百大集团	2012/1/13	买开	4.96	0	0
5338	600865	百大集团	2012/3/9	止赢	6.3	26975.54	27.02
5339	600866	星湖科技	2002/1/25	买开	7.29	0	0
5340	600866	星湖科技	2002/3/8	止赢	9.2	26159.36	26.2
5341	600866	星湖科技	2005/7/29	买开	2.17	0	0
5342	600866	星湖科技	2005/9/16	止赢	2.77	34736.39	27.65
5343	600866	星湖科技	2008/4/25	买开	4.34	0	0
5344	600866	星湖科技	2008/5/9	止赢	5.36	37576.8	23.5
5345	600866	星湖科技	2012/1/13	买开	5.51	0	0
5346	600866	星湖科技	2012/2/24	止赢	6.62	39660.29	20.15
5347	600867	通化东宝	2002/1/25	买开	6.91	0	0
5348	600867	通化东宝	2002/3/8	止赢	8.32	20374.5	20.41
5349	600868	梅雁吉祥	1999/5/21	买开	4.67	0	0
5350	600868	梅雁吉祥	1999/6/18	止赢	6.2	32712.92	32.76
5351	600868	梅雁吉祥	2012/8/10	买开	1.64	0	0
5352	600868	梅雁吉祥	2012/8/24	止赢	2.13	39488.62	29.88
5353	600869	智慧能源	2002/2/1	买开	10.72	0	0
5354	600869	智慧能源	2002/4/30	止赢	13	21235.92	21.27
5355	600870	*ST 厦华	1999/3/5	买开	10.95	0	0
5356	600870	*ST 厦华	1999/4/9	止赢	13.38	22156.74	22.19
5357	600871	石化油服	2002/1/25	买开	4.34	0	0
5358	600871	石化油服	2002/3/8	止赢	5.36	23466.12	23.5
5359	600872	中炬高新	2002/2/7	买开	5.92	0	0
5360	600872	中炬高新	2002/6/28	止赢	7.66	29346.84	29.39
5361	600872	中炬高新	2008/11/7	买开	2.76	0	0

续表

序号	股票代码	股票名称	买卖时间	信号类型	价格（元）	收益（元）	收益率(%)
5362	600872	中炬高新	2008/11/21	止赢	3.38	28935.41	22.46
5363	600872	中炬高新	2010/7/9	买开	6.67	0	0
5364	600872	中炬高新	2010/8/6	止赢	8.41	41027.45	26.09
5365	600872	中炬高新	2012/1/13	买开	4.1	0	0
5366	600872	中炬高新	2012/2/24	止赢	4.96	41470.07	20.98
5367	600873	梅花生物	2002/1/25	买开	7.41	0	0
5368	600873	梅花生物	2002/3/8	止赢	9.17	23716	23.75
5369	600873	梅花生物	2008/11/7	买开	3.59	0	0
5370	600873	梅花生物	2008/11/14	止赢	4.33	25393.84	20.61
5371	600874	创业环保	2002/1/25	买开	7.57	0	0
5372	600874	创业环保	2002/3/8	止赢	9.28	22554.89	22.59
5373	600875	东方电气	2002/2/1	买开	6.03	0	0
5374	600875	东方电气	2002/3/8	止赢	7.25	20200.76	20.23
5375	600875	东方电气	2008/11/7	买开	17.56	0	0
5376	600875	东方电气	2008/11/14	止赢	22.55	34011.84	28.42
5377	600876	洛阳玻璃	2002/2/1	买开	6.53	0	0
5378	600876	洛阳玻璃	2002/3/8	止赢	7.95	21711.79	21.75
5379	600876	洛阳玻璃	2008/11/7	买开	1.69	0	0
5380	600876	洛阳玻璃	2008/11/14	止赢	2.06	26534.17	21.89
5381	600881	亚泰集团	1999/5/21	买开	7.14	0	0
5382	600881	亚泰集团	1999/6/18	止赢	9.07	26989.12	27.03
5383	600881	亚泰集团	2005/7/29	买开	2.14	0	0
5384	600881	亚泰集团	2005/9/16	止赢	2.57	25409.98	20.09
5385	600881	亚泰集团	2008/11/7	买开	5.3	0	0
5386	600881	亚泰集团	2008/11/14	止赢	6.46	33138.88	21.89
5387	600882	华联矿业	2002/1/25	买开	6.52	0	0
5388	600882	华联矿业	2002/3/8	止赢	7.96	22052.16	22.09
5389	600882	华联矿业	2005/7/29	买开	2.32	0	0
5390	600882	华联矿业	2005/8/19	止赢	3.01	36146.34	29.74
5391	600883	博闻科技	2002/1/25	买开	11.27	0	0
5392	600883	博闻科技	2002/3/8	止赢	13.66	21173	21.21
5393	600883	博闻科技	2005/7/15	买开	3.23	0	0
5394	600883	博闻科技	2005/8/190	止赢	4.02	29511.24	24.46
5395	600883	博闻科技	2008/11/7 0	买开	3.41	0	0

续表

序号	股票代码	股票名称	买卖时间	信号类型	价格（元）	收益（元）	收益率(%)
5396	600883	博闻科技	2008/11/14	止赢	4.19	34246.68	22.87
5397	600883	博闻科技	2012/12/7	买开	5.35	0	0
5398	600883	博闻科技	2013/1/11	止赢	6.75	47996.2	26.17
5399	600884	杉杉股份	2012/1/13	买开	11.97	0	0
5400	600884	杉杉股份	2012/3/9	止赢	14.69	22687.51	22.72
5401	600885	宏发股份	1999/12/30	买开	6.91	0	0
5402	600885	宏发股份	2000/2/18	止赢	10.27	48552.01	48.63
5403	600885	宏发股份	2002/1/25	买开	9.32	0	0
5404	600885	宏发股份	2002/4/5	止赢	11.75	38576.25	26.07
5405	600885	宏发股份	2003/11/14	买开	5.53	0	0
5406	600885	宏发股份	2004/2/20	止赢	6.99	49099.79	26.4
5407	600885	宏发股份	2006/8/11	买开	3.96	0	0
5408	600885	宏发股份	2007/1/5	到期	4.00	2367.36	1.01
5409	600885	宏发股份	2010/7/9	买开	6.26	0	0
5410	600885	宏发股份	2010/8/270	止赢	7.79	57687.11	24.44
5411	600887	伊利股份	2008/11/7	买开	6.93	0	0
5412	600887	伊利股份	2008/12/5	止赢	9.01	29968.65	30.01
5413	600889	南京化纤	2002/2/1	买开	7.9	0	0
5414	600889	南京化纤	2002/4/30	止赢	9.73	23129.36	23.16
5415	600889	南京化纤	2005/7/22	买开	2.28	0	0
5416	600889	南京化纤	2005/8/26	止赢	2.78	26888	21.93
5417	600889	南京化纤	2010/7/9	买开	5.84	0	0
5418	600889	南京化纤	2010/9/10	止赢	7.11	32412.94	21.75
5419	600890	中房股份	2012/8/10	买开	2.97	0	0
5420	600890	中房股份	2012/8/24	止赢	3.85	29584.72	29.63
5421	600891	秋林集团	1998/9/4	买开	6.21	0	0
5422	600891	秋林集团	1998/9/18	止赢	7.66	23313.1	23.35
5423	600891	秋林集团	2002/1/25	买开	4.88	0	0
5424	600891	秋林集团	2002/3/8	止赢	6.34	36736.52	29.92
5425	600891	秋林集团	2005/7/29	买开	1.37	0	0
5426	600891	秋林集团	2005/8/12	止赢	1.66	33668.13	21.17
5427	600892	宝诚股份	2005/4/1	买开	2.19	0	0
2428	600892	宝诚股份	2005/11/18	止赢	4.17	90274.14	90.41
5429	600892	宝诚股份	2008/11/7	买开	4.03	0	0

续表

序号	股票代码	股票名称	买卖时间	信号类型	价格（元）	收益（元）	收益率(%)
5430	600892	宝诚股份	2008/11/14	止赢	5.08	49386.74	26.05
5431	600892	宝诚股份	2012/2/3	买开	9.7	0	0
5432	600892	宝诚股份	2012/2/24	止赢	12.13	59678.38	25.05
5433	600893	中航动力	1998/9/4	买开	7.16	0	0
5434	600893	中航动力	1998/10/9	止赢	8.66	20917.5	20.95
5435	600893	中航动力	2002/2/1	买开	4.61	0	0
5436	600893	中航动力	2002/3/8	止赢	5.63	26640.36	22.13
5437	600893	中航动力	2011/10/28	买开	12.48	0	0
5438	600893	中航动力	2012/2/10	止赢	15.29	33009.07	22.52
5439	600894	广日股份	2002/2/1	买开	5.48	0	0
5440	600894	广日股份	2002/3/15	止赢	6.66	21499.6	21.53
5441	600894	广日股份	2005/7/22	买开	1.75	0	0
5442	600894	广日股份	2005/8/26	止赢	2.13	26271.31	21.71
5443	600895	张江高科	2002/6/21	买开	8.38	0	0
5444	600895	张江高科	2002/6/28	止赢	10.75	28238.55	28.28
5445	600896	中海海盛	2010/7/9	买开	6.21	0	0
5446	600896	中海海盛	2010/10/28	止赢	7.54	21383.74	21.42
5447	600897	厦门空港	2002/1/25	买开	10.05	0	0
5448	600897	厦门空港	2002/3/22	止赢	12.07	20068.7	20.1
5449	600898	三联商社	2005/7/29	买开	2.97	0	0
5450	600898	三联商社	2005/9/16	止赢	3.68	23869.49	23.91
5451	600960	渤海活塞	2012/1/13	买开	8.41	0	0
5452	600960	渤海活塞	2012/3/9	止赢	10.38	23387.84	23.42
5453	600961	株冶集团	2008/11/7	买开	3.73	0	0
5454	600961	株冶集团	2008/11/14	止赢	4.77	27839.76	27.88
5455	600962	*ST 中鲁	2008/6/27	买开	15.27	0	0
5456	600962	*ST 中鲁	2008/7/18	止赢	18.38	20333.17	20.37
5457	600962	*ST 中鲁	2008/10/24	买开	6.53	0	0
5458	600962	*ST 中鲁	2008/11/14	止赢	7.9	25138.13	20.98
5459	600962	*ST 中鲁	2010/7/9	买开	9.32	0	0
5460	600962	*ST 中鲁	2010/8/6	止赢	11.57	34890.75	24.14
5461	600969	郴电国际	2008/11/7	买开	2.92	0	0

续表

序号	股票代码	股票名称	买卖时间	信号类型	价格（元）	收益（元）	收益率(%)
5462	600969	郴电国际	2008/12/5	止赢	3.85	31801.34	31.85
5463	600969	郴电国际	2012/12/7	买开	8.27	0	0
5464	600969	郴电国际	2013/1/11	止赢	9.98	27139.39	20.68
5465	600970	中材国际	2008/11/28	买开	29.68	0	0
5466	600970	中材国际	2009/2/6	止赢	38.92	31083.35	31.13
5467	600970	中材国际	2012/1/13	买开	16.13	0	0
5468	600970	中材国际	2012/2/24	止赢	19.98	31158.05	23.87
5469	600971	恒源煤电	2010/7/9	买开	22.64	0	0
5470	600971	恒源煤电	2010/7/30	止赢	27.17	19977.3	20.01
5471	600975	新五丰	2008/6/27	买开	8.86	0	0
5472	600975	新五丰	2008/8/7	止赢	11.42	28848.64	28.89
5473	600976	健民集团	2006/9/1	买开	5.34	0	0
5474	600976	健民集团	2006/12/22	止赢	6.98	30664.72	30.71
5475	600976	健民集团	2008/11/7	买开	4.14	0	0
5476	600976	健民集团	2008/12/19	止赢	5.15	31744.31	24.4
5477	600978	宜华木业	2007/11/23	买开	15.63	0	0
5478	600978	宜华木业	2007/12/28	止赢	18.77	20058.32	20.09
5479	600978	宜华木业	2008/11/7	买开	2.5	0	0
5480	600978	宜华木业	2008/11/14	止赢	3.14	30604.16	25.6
5481	600978	宜华木业	2012/1/13	买开	3.61	0	0
5482	600978	宜华木业	2012/2/17	止赢	4.36	31101.76	20.78
5483	600980	北矿磁材	2012/12/7	买开	9.59	0	0
5484	600980	北矿磁材	2012/12/28	止赢	11.53	20197.34	20.23
5485	600982	宁波热电	2014/5/30	买开	5.26	0	0
5486	600982	宁波热电	2014/8/29	止赢	6.8	29232.28	29.28
5487	600984	*ST 建机	2012/1/13	买开	5.07	0	0
5488	600984	*ST 建机	2012/2/17	止赢	6.27	23632.8	23.67
5489	600985	雷鸣科化	2008/10/24	买开	4.78	0	0
5490	600985	雷鸣科化	2008/11/21	止赢	6.25	30706.83	30.75
5491	600985	雷鸣科化	2010/7/9	买开	11.67	0	0
5492	600985	雷鸣科化	2010/8/20	止赢	14.53	31897.58	24.51

续表

序号	股票代码	股票名称	买卖时间	信号类型	价格（元）	收益（元）	收益率(%)
5493	600986	科达股份	2009/8/28	买开	6.25	0	0
5494	600986	科达股份	2009/11/20	止赢	7.92	26679.92	26.72
5495	600987	航民股份	2008/11/7	买开	3.09	0	0
5496	600987	航民股份	2008/12/5	止赢	3.85	24557.88	24.6
5497	600990	四创电子	2008/11/7	买开	7.12	0	0
5498	600990	四创电子	2008/12/5	止赢	8.73	22577.03	22.61
5499	600990	四创电子	2011/2/11	买开	28.08	0	0
5500	600990	四创电子	2011/3/11	止赢	33.99	25684.87	21.05
5501	600990	四创电子	2011/6/17	买开	23.21	0	0
5502	600990	四创电子	2011/7/8	止赢	29.69	41122.09	27.92
5503	600992	贵绳股份	2008/11/7	买开	3.99	0	0
5504	600992	贵绳股份	2008/12/5	止赢	5.03	26026.01	26.07
5505	600992	贵绳股份	2012/1/13	买开	7.05	0	0
5506	600992	贵绳股份	2012/2/24	止赢	8.81	31329.76	24.96
5507	600993	马应龙	2008/6/27	买开	18.72	0	0
5508	600993	马应龙	2008/7/25	止赢	22.75	21491.99	21.53
5509	600997	开滦股份	2010/7/9	买开	13.3	0	0
5510	600997	开滦股份	2010/8/6	止赢	16.15	21394.95	21.43
5511	600999	招商证券	2011/12/30	买开	10.18	0	0
5512	600999	招商证券	2012/3/2	止赢	12.49	22656.47	22.69
5513	601003	柳钢股份	2010/7/9	买开	4.42	0	0
5514	601003	柳钢股份	2010/9/3	止赢	5.61	26882.1	26.92
5515	601005	重庆钢铁	2008/11/7	买开	3.12	0	0
5516	601005	重庆钢铁	2008/11/21	止赢	3.84	23042.16	23.08
5517	601006	大秦铁路	2008/12/31	买开	8.02	0	0
5518	601006	大秦铁路	2009/2/13	止赢	9.82	22409.99	22.44
5519	601008	连云港	2008/11/7	买开	3.93	0	0
6520	601008	连云港	2009/2/6	止赢	5.38	36840.15	36.9
5521	601088	中国神华	2010/7/9	买开	22.18	0	0
5522	601088	中国神华	2010/10/15	止赢	28.46	28266.28	28.31
5523	601101	昊华能源	2012/12/7	买开	10.94	0	0

续表

序号	股票代码	股票名称	买卖时间	信号类型	价格（元）	收益（元）	收益率（%）
5524	601101	昊华能源	2012/12/28	止赢	13.38	22269.88	22.3
5525	601111	中国国航	2008/6/27	买开	8.11	0	0
5526	601111	中国国航	2008/7/11	止赢	9.77	20436.27	20.47
5527	601168	西部矿业	2010/7/9	买开	9.71	0	0
5528	601168	西部矿业	2010/9/10	止赢	12.15	25090.52	25.13
5529	601186	中国铁建	2012/1/12	买开	4.00	0	0
5530	601186	中国铁建	2012/6/8	到期	4.38	9485.56	9.5
5531	601208	东材科技	2012/12/7	买开	5.92	0	0
5532	601208	东材科技	2013/3/1	止赢	7.18	21251.16	21.28
5533	601218	吉鑫科技	2013/7/26	买开	3.32	0	0
5534	601218	吉鑫科技	2013/9/13	止赢	4.00	20451	20.48
5535	601390	中国中铁	2012/1/13	买开	2.52	0	0
5536	601390	中国中铁	2012/6/8	到期	2.58	2377.38	2.38
5537	601515	东风股份	2014/8/1	买开	10.17	0	0
5538	601515	东风股份	2014/9/12	止赢	12.26	20519.62	20.55
5539	601519	大智慧	2012/12/7	买开	4.02	0	0
5540	601519	大智慧	2013/2/1	止赢	5.00	24341.24	24.38
5541	601588	北辰实业	2008/6/27	买开	5.98	0	0
5542	601588	北辰实业	2008/7/4	止赢	7.59	26882.17	26.92
5543	601600	中国铝业	2010/7/9	买开	9.1	0	0
5544	601600	中国铝业	2010/9/30	止赢	11.14	22382.88	22.42
5545	601600	中国铝业	2013/7/26	买开	3.13	0	0
5546	601600	中国铝业	2013/9/13	止赢	3.78	25307.74	20.77
5547	601607	上海医药	1999/5/14	买开	9.72	0	0
5548	601607	上海医药	1999/5/28	止赢	11.68	20133.12	20.16
5549	601628	中国人寿	2008/11/7	买开	19.18	0	0
5550	601628	中国人寿	2009/2/13	止赢	23.39	21913.04	21.95
5551	601666	平煤股份	2010/7/9	买开	13.77	0	0
5552	601666	平煤股份	2010/7/23	止赢	17.07	23928.29	23.97
5553	601666	平煤股份	2011/12/30	买开	10.57	0	0

续表

序号	股票代码	股票名称	买卖时间	信号类型	价格（元）	收益（元）	收益率(%)
5554	601666	平煤股份	2012/2/24	止赢	13.44	33507.25	27.15
5555	601677	明泰铝业	2013/7/5	买开	7.22	0	0
5556	601677	明泰铝业	2013/10/18	止赢	8.87	22817.85	22.85
5557	601688	华泰证券	2012/1/13	买开	7.87	0	0
5558	601688	华泰证券	2012/3/9	止赢	9.9	25754.61	25.79
5559	601699	潞安环能	2011/12/23	买开	20.72	0	0
5560	601699	潞安环能	2012/1/20	止赢	24.92	20239.8	20.27
5561	601727	上海电气	2010/7/9	买开	6.73	0	0
5562	601727	上海电气	2010/9/10	止赢	8.09	20176.96	20.21
5563	601808	中海油服	2011/9/16	买开	13.83	0	0
5564	601808	中海油服	2011/10/28	止赢	17.09	23533.94	23.57
5565	601898	中煤能源	2010/7/9	买开	8.76	0	0
5566	601898	中煤能源	2010/10/8	止赢	10.77	22909.98	22.95
5567	601899	紫金矿业	2010/7/23	买开	5.72	0	0
5568	601899	紫金矿业	2010/9/30	止赢	7.27	27056.8	27.1
5569	601918	国投新集	2010/7/9	买开	10.58	0	0
5570	601918	国投新集	2010/10/8	止赢	13.07	23498.13	23.53
5571	601918	国投新集	2014/6/27	买开	2.84	0	0
5572	601918	国投新集	2014/7/18	止赢	3.61	33342.54	27.11
5573	601919	中国远洋	2010/7/9	买开	8.98	0	0
5574	601919	中国远洋	2010/10/15	止赢	11.39	26796.8	26.84
5575	601919	中国远洋	2012/1/13	买开	4.48	0	0
5576	601919	中国远洋	2012/2/10	止赢	5.47	27902.15	22.1
5577	601958	金钼股份	2010/7/9	买开	12.44	0	0
5578	601958	金钼股份	2010/9/3	止赢	15.43	23997.75	24.04
5579	601991	大唐发电	2008/10/31	买开	5.88	0	0
5580	601991	大唐发电	2008/11/14	止赢	7.16	21735.68	21.77

序号	股票代码	股票名称	买卖时间	信号类型	价格（元）	收益（元）	收益率(%)
综合统计	**测出只数**	**测出股次**	**买卖次数**	**盈利次数**	**周线胜率%**	**净利润万元**	**24年收益率%**
统计数据	1499只股	2790股次	5580股次	5541股次	99.3	8791	58.65

特注1：双向买卖股次5580/2=单向选出买入2790股次。

特注2：表列利润和收益率按选出后20周获利20%计算得出。

特注3：表格所列股票名称和数据来自2014年12月前资料。

后　记

倾多年时光与精力，倾多年思维与智慧，倾多年执着与追求，这本历时十年的书，总算写完了。不是文字有多难写，而是选股理论与实践难以统一。十年一晃已经过去，恒定坚守的命题总算有了答案，写下来给自己看看，同道知音亦可翻阅。我觉得最有意义的是，常常费费脑筋很有好处，常思考，勤动笔，有益于身心健康。孜孜不倦的脑力劳动，伴我度过了退休十年的满满时光。每一次的发现，每一次的成功，让人感到无比高兴。每一次大量数据的计算，每一次公式参数的修改，让人感到收获无穷。我凝聚大量的心血，终于找到了股市自身的点滴规律，找到了它，也就找到了一个恒定坚守的地方。

诗向会人吟，书贡识者颂。
书中有黄金，全凭慧眼明。
独辟问籴道，稳操有奇招。
乱市且不惊，繁华处独行。
恒定长坚守，节节攀高升。
昭示人亦知，知音贤能识。

出版社的同志说本书马上就要开印了，为了核实有关数据，我再次启动财富软件 V6.30 评测系统，对 24 年的数据进行计算。结果显示：按选出后 20 周股价涨幅 20% 计算，【问籴 01】周线公式 24 年（1991 至 2014 年）评测系统发出 2787 股次买入信号，盈利信号 2768 股次，周线胜率 99.32%。与此同时，还加入 2015 年的数据，对 25 年的数据进行计算。结果显示：按选出后 20 周股价涨幅 20% 计算，【问籴 01】周线公式 25 年（1991 至 2015 年）

评测系统发出 2976 股次买入信号，盈利信号 2952 股次，周线胜率 99.19%。计算结果再次确认底部恒定坚守的可靠性。

若需要【问氽 01】数学公式电子版的读者，请登录我的 QQ 信箱 2401099065，可酌情索取。

光盘中刻有【问氽 01】公式的安装和使用方法。

郭和才

2016 年 1 月 11 日写于长沙